高等学校投资学专业主要课程系列教材

投资银行理论与实务

（第二版）

主　编　张　震　杨丽萍

副主编　王晓华　陈　熹

高等教育出版社·北京

内容简介

　　本书在第一版的基础上,依据资本市场理论和投资银行业务发展的实践,吸收了国内外最新的科研成果。本书中,作者结合在证券公司的从业经历、参与中国资本市场投资银行业务的研究与实践经验和在投资银行学课程教学中的探索与体会,对投资银行的理论实务做了全面的阐述。

　　本书共分 12 章,依次为投资银行导论、投资银行的基本理论、证券发行与承销、证券经纪业务、证券自营业务、企业并购、投资咨询与资产管理、项目融资、风险投资、投资银行的金融创新、投资银行的风险管理、投资银行内部控制与外部监管。本书理论和实践相结合、结构合理,重点突出,条理清晰,便于教师讲授和学生学习。

　　本书可以作为高等院校金融学专业本科生相关课程教材,还可以作为广大社会读者全面了解投资银行知识的读本。

图书在版编目(C I P)数据

　　投资银行理论与实务/张震,杨丽萍主编.－－2 版
.－－北京:高等教育出版社,2021.10(2025.1 重印)
　　ISBN 978-7-04-056499-0

　　Ⅰ.①投…　Ⅱ.①张…②杨…　Ⅲ.①投资银行-高
等学校-教材　Ⅳ.①F830.33

　　中国版本图书馆 CIP 数据核字(2021)第 149899 号

投资银行理论与实务(第二版)
Touzi Yinhang Lilun yu Shiwu

| 策划编辑 | 赵　鹏 | 责任编辑 | 宋志伟 | 封面设计 | 张　志 | 版式设计 | 杜微言 |
| 插图绘制 | 黄云燕 | 责任校对 | 陈　杨 | 责任印制 | 刁　毅 | | |

出版发行	高等教育出版社	网　　址	http://www.hep.edu.cn
社　　址	北京市西城区德外大街 4 号		http://www.hep.com.cn
邮政编码	100120	网上订购	http://www.hepmall.com.cn
印　　刷	涿州市京南印刷厂		http://www.hepmall.com
开　　本	787mm×1092mm　1/16		http://www.hepmall.cn
印　　张	21	版　　次	2015 年 10 月第 1 版
字　　数	480 千字		2021 年 10 月第 2 版
购书热线	010-58581118	印　　次	2025 年 1 月第 2 次印刷
咨询电话	400-810-0598	定　　价	49.00 元

编委会名单

编委会顾问: 曾康霖

编委会主任: 周好文

编委会副主任: (按姓氏拼音排序)

蔡则祥　　陈尊厚　　郭颂平　　贺　瑛　　吴少新　　赵福春

编委会主要成员: (按姓氏拼音排序)

边智群　　蔡则祥　　曹　艺　　陈尊厚　　程培先　　郭颂平　　贺　瑛

姜佰谦　　休江鹏　　刘东辉　　刘志梅　　马　欣　　秦菊香　　孙　莉

唐明琴　　王春满　　王家华　　吴少新　　许传华　　许文新　　杨丽萍

杨兆廷　　张　维　　赵福春　　周好文

总前言

金融是现代经济的核心,在资源配置中起关键作用。在金融全球化背景下,其运行状况关系到一国经济运行的稳定和效率,乃至影响国家经济安全。近年来,随着我国经济实力的不断增长,中国金融国际化的步伐在加快,金融人才需求呈现出高端化和多样化的趋势,这对我国金融高等教育和金融人才培养提出了新的要求。未来我国金融人才的培养既要适应经济全球化的大趋势,更要立足中国经济、金融改革与发展实际,确立多样化人才培养目标,不断创新人才培养模式,既要培养厚基础、宽口径、复合型、国际化高级人才,又要培养专业技能熟练、实践能力强的应用型专门人才,以满足社会经济发展对金融人才的多样化、多层次需求。

从我国目前金融人才供求水平来看,主要是人才质量和结构矛盾较为突出。一方面,国内许多金融类企业面临适应经济、金融全球化的"应用创新型"专业人才紧缺的状况,"招不到合适人才";另一方面,每年金融类专业部分毕业生就业形势严峻,"找不到对口工作"。究其原因,主要是由于目前我国金融学专业人才培养的质量和专业结构还远远不能满足经济和社会发展的需求。因此,抓紧培养知识、能力、素质协调发展的"应用创新型"金融人才显得尤为重要。"应用创新型"人才应全面掌握金融学专业基本理论体系和专门知识、金融领域基本工作技能以及金融分析的基本工具和方法;能熟练运用计算机、外语和数学等现代金融活动所必需的工具;具有良好的人文品德修养、职业道德和社会责任感;形成良好的金融职业素养。

作为对培养金融专业新型人才这一社会需求的回应,2012年12月,在高等教育出版社的组织协调下,原中国人民银行所属六所院校聚首北京,共同商定联合编写金融学专业"应用创新型"人才培养系列教材。这些原中国人民银行所属院校从事金融教学、研究已经50多年,专业功底厚实。更为难得的是它们始终参与、跟踪我国金融改革发展,熟悉金融业务及其发展变化,较早形成了实力型师资团队,教材建设的经验也比较丰富。以它们为主通力合作,承担编写工作,再合适不过。

为了能够让该系列教材的研发有的放矢、凝聚共识,结合新时期金融学"应用创新型"人才培养的主要特点,编委会总结了我国高校金融学专业所选用教材现存的主要问题:一是教材老化太快。以国有银行股改上市为标志,近十年来金融业的转型变化最快、最为实质,从制度、组织、内部管理、经营机制,到业务、产品和技术手段,均被不断创新,市场逻辑强力主导金融变革前行。仅从业务层面看,资本节约型业务成为普遍选择,零售业务、小企业融资、"三农"服务以及中间业务蓬勃发展,财富管理等各类资产管理业务在银行、证券、保险等行业迅速兴起。传统业务正在向多元化价值增值型业务转型,综合经营已经显化。新情况的产生凸显出已有教材的局限性,书本与现实的差距正在拉大。二是教材选择左右为难。已有版本大部分是研究型的,教材优秀,越编越厚,理论"够肥",技能"偏瘦",不太适合"应用创新型"人才的培养和教学,学生厌烦,老师无奈,用人单位抱怨。纠结之中,大家盼望能出一套新书,把金融服务的基本理论、知识和技能讲得清楚、明白而简练,把近年来金融转型的创新发展及其趋势概括进来,以利对学生进行未来从业的基本功训练。

基于对以上问题的分析和总结,编委会对本系列教材的研发明确提出了以下五点要求:

其一,教材内容要兼顾眼前和长远,较好地适应金融业发展变化。现代金融业创新很快,但方向和路径确定:一是不断提升服务质量,更新技术,使公众金融消费更加便利、安全;二是科学管理公众财富,努力实现公众财富的安全和增值;三是不断提高经营水平以利增加社会福利,防止风险损失外化。把握以上三条,内容的取舍选择就有"主心骨",可以按这三条组织贯穿。具体到各门课程,要认真概括现阶段金融业的创新变化,参照国际同业的最新发展,分析未来发展趋势,对现有教材的基本知识和技能重新提炼,全面更新。

其二,教材主要侧重金融专业的基本技能。金融实务虽然浩繁庞杂,但其业内一般性、普适性的技艺可以被提炼出来。任何行业都有业内通用的技术元素,正像一套令人眼花缭乱的"武术"一样,不过是由一些基本的"拳脚招式"有机整合而成。基本招式学到手,变成自己的能力,方才称得上基本技能。基本技能提炼得越全面、越准确,教材内容就越稳定、应变能力就越强。因此,本系列教材的内容力求精练、简约,表达清晰,按国际同业通用规则标准化讲述。

其三,理解和掌握基本技能,必须明确相关基本理论和知识,做到"知其所以然"。本系列教材以基本技能为导向,即掌握技能需要什么理论知识,就讲什么理论知识,并不追求理论的全面系统性,不考证理论的来龙去脉。换句话说,讲理论知识是为了应用,而不是去探讨研究。在经济学、数学、统计学、会计学等公共基础课程中,已经奠定了专业理论基础,一些原理、模型等理论工具讲得比较系统、清楚。专业基础课如金融学、金融市场学、投资学等,不再需要重复讲述公共课中已有的理论,只讲更为专业对口并被实践应用的理论。而一般专业课则只讲知识和技能,必须提到的理论,点到为止,直接将理论工具加以运用。如此,大幅度减少重复内容,避免教材越编越厚。

其四,编写形式新颖。本系列教材的编写体例力争实现内容与形式的统一,并进行了大胆探索与创新,各章有引例(引言)、知识结构图、小资料(小案例、小链接)、本章小结、复习思考题、关键术语、案例分析、本章实训、延伸阅读等栏目,便于在教学中启迪思维,开拓视野。

其五,网络资源支持。本系列教材通过二维码技术将纸质教材与数字化资源实现互联,尤其是部分教材与主编所在高校负责的省级精品资源共享课(省级精品课程)实现互联,通过为广大教师、学生提供相关课程的教学课件、教学计划、教学大纲、案例、试卷等辅助教学资源和学习资料,力求对大家的教学和学习有所帮助,也希望成为金融学专业教师资源共建共享的有效途径。

本系列教材的大纲完成后,编委会于2013年4月邀请国内著名专家召开了教材大纲审定会议。审定专家有:西南财经大学曾康霖教授、中央财经大学李健教授、南开大学范小云教授、厦门大学陈蓉教授、康国彬教授。专家们在认真听取了各位主编对大纲的介绍后,逐一对大纲提出了具体指导性意见。会后,各位主编根据专家的意见进行了认真修改和完善。为进一步提高本系列教材的编写质量并广泛征求意见,2013 年 11 月,在各位主编提交样章后,编委会又邀请了一批专家对本系列教材的样章进行了审定。审定专家有:中南财经政法大学朱新蓉教授、韩旺红教授、张金林教授、章晟教授、万健琳副教授;湖南大学乔海曙教授、彭建刚教授、姚小义教授;厦门大学康国彬教授和陈蓉教授;对外经济贸易大学邹亚生教授;江西财经大学桂荷发教授;中央财经大学许飞琼教授、栾华教授、马亚副教授、聂利君副教授;内蒙古财经大学王青山教授;南开大学何青副教授。专家们结合本系列教材的编写原则和设计要求,认真审阅了样章,对所评审教材样章提出了具体修改意见,并对下一步的写作提出了很多宝贵意见。评审后,各位主编又根据专家的意见进行了认真修改、完善,最后编写完成并定稿。可以说,本系列教材不仅反映了原中国人民银行所属六所高校几十位教师的研究成果和教学经验,而且凝聚了审稿专家和所有参与本项目研究、写作的全国同行专家的智慧,是集体智慧的结晶。

教材出版了,编写工作只完成了起步阶段的任务。对教材中的不足与不当之处,敬请广大读者和教师批评与指正,以便再版时修止和完善。

金融学专业"应用创新型"人才培养系列教材编委会
2014 年 7 月

第二版前言

投资银行课程定位于研究资本市场业务和发展规律，也是一门适应我国资本市场发展不断变化的实务性极强的应用类课程，尤其在我国资本市场全面推进注册制改革的大背景下，该门课程的内容更是与时俱进。秉承贴近时代，反映现实的宗旨，本书力求实现理论与实践的有机结合，依据经典资本市场理论和投资银行业务发展的实践，不断吸收国内外最新的科研成果和相关的同类教材的内容，按照我国投资银行理论与实务的教学要求，参考中国资本市场投资银行业务的实践经验，以及结合作者在投资银行教学中的探索与体会，在基本保持本书的原有框架前提下，对投资银行的具体业务做了全面的阐述，并将最新的政策与业务实践补充进来。本教材按照原有的经典体系，分为12章，依次为投资银行导论、投资银行的基本理论、证券发行与承销、证券经纪业务、证券自营业务、企业并购、投资咨询与资产管理、项目融资、风险投资、投资银行的金融创新、投资银行的风险管理和投资银行内部控制与外部监管。但是为了适应相关政策的变更和业务实践的发展，对于各章内容都做了最新修订，以突出本教材及时追踪理论前沿、资料翔实的固有特征，阐述深入浅出，力求保持一以贯之的可读性、启发性和可操作性。

本教材最大的特色依然坚持实践性与应用性，充分体现理论和实践的相结合。每章内容均以鲜活的引例开篇，既提示了本章学习的重点，又一定程度上激发了学生的求知欲望。内容上增加了最新业务发展，改写了部分案例，将上一版教材中不曾涉及的规律性的内容进行了创新扩充，并适应时代发展，提供了由单项选择题、多项选择题和判断题组成的即测即评模块，使学生能够更加直观地获得学习成效反馈。本教材在不改变原有体系结构的前提下做了内容的合理扩充和深化，保持了深入浅出、言简意赅、重点突出、条理清晰的既有风格，便于教师讲授和学生学习。本教材依旧定位于复合型、应用型人才培养，引导学生全面、系统地了解和掌握投资银行的学科特点、业务性质和具体业务操作流程、程序，为学生今后从事相关的金融业务打下良好的基础。本教材主要适用于复合型、应用型高等院校金融学类专业的本科生教学，同时可作为从事投资银行业务的相关人员提升业务水平的参考，还可供所有关心和感兴趣投资银行学的高等院校师生、金融实务界及政府界人士阅读。

本教材由上海师范大学、北京理工大学珠海学院、南昌大学等长期从事金融学教学、科研与金融实践的教师几经修改、精心编著完成。上海师范大学张震教授、北京理工大学珠海学院杨丽萍教授负责全书的框架设计和定稿。撰写的具体分工如下：第一、二、十一章由北京理工大学珠海学院杨丽萍编写；第三、十、十二章由上海师范大学张震编写；第四、六、七章由上海师范大学王晓华编写；第五、八、九章由南昌大学陈熹编写。

本教材再版过程中得到了上海师范大学刘江会教授的关心，他在百忙之中为本书的

I

编写提出了非常宝贵的意见;同时也得到了上海师范大学、北京理工大学珠海学院、南昌大学和高等教育出版社的大力支持;国内外同行的研究成果也为我们完成本教材的再版工作提供了大量参考素材,在此一并表示衷心的感谢。

尽管我们在教材的编写过程中力求教材体系与内容精准性和与时俱进,但由于资料和水平有限,本书错漏或不妥之处仍然在所难免,敬请同行与其他读者批评指正,以便我们不断提高完善。

编者

2021 年 4 月

第一版前言

投资银行是一门研究资本市场业务和发展规律的学科,也是适应我国资本市场发展的实务极强的应用类课程。本书力求理论与实践的有机结合,依据资本市场理论和投资银行业务发展的实践,吸收国内最新的科研成果和相关的同类教材的内容,按照我国投资银行理论与实务的教学要求,结合作者在证券公司的从业经历,参考中国资本市场投资银行业务的实践经验,以及投资银行教学中的探索与体会,对投资银行的具体业务做了全面的阐述。教材共分12章,依次为投资银行导论、投资银行的基本理论、证券发行与承销、证券经纪业务、证券自营业务、企业并购、投资咨询与资产管理、项目融资、风险投资、投资银行的金融创新、投资银行的风险管理、投资银行内部控制与外部监管。教材内容丰富、资料翔实,阐述深入浅出,具有可读性、启发性和可操作性。

本教材最大的特色是实践性与应用性,理论和实践相结合。本书以"经济运行中的投资银行"为主线,力求"厚基础、重实践",在详细介绍投资银行基础知识和基本理论的同时,通过设置本章实训扩充教材内容,拓展学生的知识面,提升学生的实践能力。每章内容以引例开篇,既巧妙地提示了本章学习的重点,又激发了学生的求知欲望。内容安排和形式的设计是本教材的主要特点与创新之处。此外还将投资银行中不曾涉及的规律性的内容进行了创新扩充。本教材结构合理,深入浅出,言简意赅,重点突出,条理清晰,便于教师讲授和学生学习。本教材立足于培养应用型人才,引导学生全面、系统地了解和掌握投资银行的学科特点、业务性质和具体操作流程、程序,培养与提高学生对投资银行业务的认识,帮助学生掌握投资银行相关业务的基础知识,为今后从事相关的金融业务打下良好的基础。本教材主要适用于培养应用型高等院校金融学专业的本科生,同时对从事投资银行业务的相关人员具有一定的参考价值,也可供所有关心投资银行学的高等院校师生、金融实务界及政府界人士使用。对涉及投资银行业务活动的政府管理部门、咨询部门和企业工作人员,以及证券公司的从业人员也是重要的学习用书。

本教材由北京理工大学珠海学院、河北金融学院、南京审计学院、河南工程学院等长期从事金融学教学、科研与金融实践的教师几经修改、精心编著完成。北京理工大学珠海学院杨丽萍教授负责全书的框架设计和定稿。撰写的具体分工如下:第一、二、十一章由北京理工大学珠海学院杨丽萍、江西中医药大学李永强编写;第三、十、十二章由河南工程学院党灿明编写;第四、五、七章由南京审计学院董雪梅编写;第六、八、九章由河北金融学院沈双生编写。

本教材在编写过程中得到了西南财经大学曾康霖教授的关心,在百忙之中为本书的编写提出了非常宝贵的意见;同时也得到了北京理工大学珠海学院、河北金融学院、南京审计学院、江西中医药大学、河南工程学院、高等教育出版社的大力支持;国内外同行的研究成果为我们完成本教材的编写工作提供了大量参考素材,在此一并表示衷心的感谢。

尽管我们在教材编写过程中力求教材体系与内容精准性和与时俱进,但由于资料和水平有限,本书错漏或不妥之处在所难免,敬请同行与读者批评指正,以便我们不断提高完善。

编者
2015 年 3 月

目录

第一章
投资银行导论

章前引例

    小姜高考中取得优异的成绩,成功考入国内著名大学的金融专业。有人问他未来的职业规划。他的回答是未来想要进入国内一流投资银行工作。可见,在莘莘学子的心中,投资银行在金融行业具有重要地位。

    通过本章的学习你应该掌握什么是投资银行、投资银行的主要功能、投资银行与商业银行的区别,比较全面地了解投资银行的组织结构、主要业务、发展模式、发展历程与发展趋势。

本章知识结构图

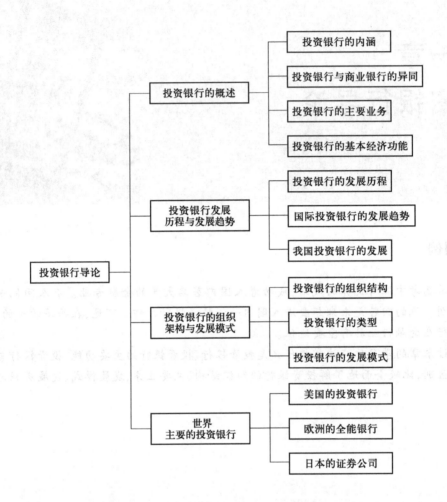

第一节　投资银行的概述

一、投资银行的内涵

（一）投资银行的定义

投资银行是美国和欧洲大陆的称谓，英国称之为商人银行，在日本则指证券公司。投资银行业的发展日新月异，对投资银行的界定也就显得十分困难。美国著名金融专家罗伯特·库恩在其所著《投资银行学》中将投资银行的定义按业务范围大小划分为以下四类：

广义投资银行：指经营金融业务的金融机构，业务包括证券、国际海上保险以及不动产投资等几乎全部金融活动。

较广义投资银行:指经营全部资本市场业务的金融机构,业务包括证券承销与经纪、企业融资、兼并收购、咨询服务、资产管理、风险投资等,与第一个定义相比,不包括不动产经纪、保险和抵押业务。

较狭义投资银行:指经营部分资本市场业务的金融机构,业务包括证券承销与经纪、企业融资、兼并收购等,与第二个定义相比,不包括风险投资、基金管理和风险管理工具等创新业务。

狭义投资银行:仅限于从事一级市场证券承销和资本筹措、二级市场证券交易和经纪业务的金融机构。

国际投资银行界普遍认为,较广泛的定义较符合现代投资银行的实际状况,属于投资银行的最佳界定。

(二)投资银行的特点

投资银行是与商业银行相对应的一个概念,是金融业适应现代经济发展形成的一个新兴行业。它区别于其他相关行业的显著特点是:其一,它属于金融服务业,这是区别于一般性咨询、中介服务业的标志;其二,它主要服务于资本市场,这是区别于商业银行的标志;其三,它是智力密集型行业,这是区别于其他专业性金融服务机构的标志。

二、投资银行与商业银行的异同

商业银行与投资银行都具有资金融通的金融中介功能,名称上都冠有“银行”字样,但实质上投资银行与商业银行之间存在明显差异(见表1-1)。

表1-1　投资银行与商业银行的区别

	投资银行	商业银行
本源业务	证券承销	存贷款
功能	直接融资,并侧重长期融资	间接融资,并侧重短期融资
业务概貌	无法用资产负债表反映	表内与表外业务
主要利润来源	佣金	存贷款利差
经营方针与原则	在控制风险前提下更注重开拓	追求收益性、安全性、流动性三者结合,坚持稳健原则
监管部门	主要是证券管理机构	银行监管部门
风险特征	一般情况下,投资人面临的风险较大,投资银行风险较小	一般情况下,存款人面临的风险较小,商业银行风险较大

(一)市场定位不同

投资银行是资本市场的核心。投资银行是最典型的投资性金融机构,是在资本市场上为企业发行债券、股票、筹集长期资金提供中介服务的金融机构,其基本特征是综合经营资本市场业务。投资银行实施区域市场定位,即立足于国内经济发达地区和大中城市;

实施行业市场定位,即依托经济效益好、市场潜力大的行业;实施客户市场定位,即面向经营管理约束机制强、市场化程度高的经济成分,以股东企业为基础,发展以机构客户为主的基本客户群。

商业银行是货币市场的核心,在货币市场上以多种金融负债筹集资金,以多种金融资产为经营对象,向客户提供货币收付、借贷以及各种与货币运动有关的或者与之相联系的金融服务。商业银行在经营管理上,定位于集约型经营方式;在经营地域上,定位于经济发达的地区。现代商业银行的三大支柱业务是资产业务、负债业务和中间业务。

(二)本源业务不同

从事直接融资的投资银行,虽然业务范围十分广泛,一般包括证券一级市场和二级市场交易、项目融资、资产管理、咨询服务等,但是证券发行和承销是投资银行的一项最核心的业务,从本质上讲,投资银行就是证券承销商。

从事间接融资的商业银行,其主要业务包括负债业务、资产业务和派生出来的表外业务。资金存贷业务是商业银行业务的本源和实质,其他业务则是在此基础上的延伸和扩展,商业银行在本质上是存贷款银行。

(三)利润来源和构成不同

投资银行的利润来源包括三个方面:一是佣金,包括在一级市场上承销证券获取的佣金、在二级市场上作为证券交易经纪商收取的佣金,以及在金融工具创新中从资产及投资优化组合管理中从收取的佣金。二是资金运营收入,包括投资收益与其他收入,是投资银行参与债券、股票、外汇以及金融衍生工具投资,参与企业兼并、包装、上市和资金对外融通而获取的收入。三是利息收入,它既包括信用交易中证券抵押贷款的利息收入,又包括客户存入保证金的存差利息收入。

商业银行的利润来源包括三方面:一是存贷利差。二是资金运营收入,主要来自两部分,产业投资和证券投资。三是表外业务,主要包括三类,承诺业务、担保业务和金融衍生工具业务,商业银行通过开展表外业务收取中介费和佣金。从收入结构看,商业银行的核心收入是存贷利差,排在商业银行收入的第一位,表外业务的佣金收入则排在次要位置,尽管表外业务的利润有逐渐增长的趋势。

(四)经营管理风格不同

投资银行的经营突出稳健和创新并重的策略。一方面,在证券一级市场的承销和在企业兼并中的投资都属于高风险业务,而在证券二级市场的经纪业务要随时防范证券市场的价格波动的风险;另一方面,投资银行的主要利润来源于佣金,必须要有创新精神,对人才具有综合的要求,以便向客户提供优质而专业的服务。

商业银行由于资产来源和运用的特殊性,必须保证资金的安全性和流动性,坚持稳健的管理风格,力求避免挤兑现象,保证银行安全。

三、投资银行的主要业务

投资银行核心业务大致分为三类:传统型、创新型和引申型。传统型业务主要包括证券发行与承销、证券经纪和自营,这是投资银行最本源、最基础的业务,也是投资银行业兴起至今利润最丰厚的业务;创新型业务是 20 世纪六七十年代发展起来的诸如企业并购、财务顾问、投资咨询以及资产证券化等业务;引申型业务则指资产管理和新的衍生品交易等。

(一)证券发行与承销

证券发行指商业组织或政府组织为筹集资金,按照法律规定的条件和程序,向社会投资人出售有价证券的行为。证券承销是指在证券发行过程中,投资银行按照协议帮助发行人推销其发行的有价证券的活动。证券发行与承销是投资银行根据协议,依法协助证券发行人发行、销售其证券的行为。证券发行与承销业务是投资银行最本源、最基础的业务活动,是投资银行为公司或政府机构等融资的主要手段之一,也是投资银行区别于商业银行的最本质特征之一。证券发行与承销业务也称为证券一级市场业务。投资银行承销的业务范围很广,包括本国中央政府、地方政府、政府机构发行的债券,企业发行的股票和债券,外国政府和公司在本国和世界发行的证券,国际金融机构发行的证券等。

(二)证券经纪业务

证券经纪业务指投资银行代理客户买卖有价证券的业务,又称代理买卖证券业务,它是投资银行最基本的一项业务。具体是指投资银行通过其设立的营业场所(即证券营业部)和在证券交易所的席位,接受客户委托,按照客户的要求,代理客户买卖证券的业务。在证券经纪业务中,投资银行不为客户垫付资金,不分享客户买卖证券的差价,不承担客户的价格风险,只收取一定比例的佣金作为业务收入。投资银行在二级市场中扮演着做市商、经纪商和交易商三重角色。作为做市商,在证券承销结束之后,投资银行有义务为该证券创造一个流动性较强的二级市场,并维持市场价格的稳定。作为经纪商,投资银行代表买方或卖方,按照客户提出的价格代理交易。作为交易商,投资银行有自营买卖证券的需要,这是因为投资银行接受客户的委托,管理着大量的资产,必须要保证这些资产的保值与增值。此外,投资银行还在二级市场上进行无风险套利和风险套利等活动。

(三)证券自营业务

证券自营业务是投资银行以自主支配的资金或证券,在证券的一级市场和二级市场上以自己的名义买卖证券获取利润并自担风险的业务活动。从国际上看,投资银行的自营业务按交易场所分为场外(如柜台)自营买卖和场内(交易所)自营买卖。场外自营买卖指投资银行通过柜台交易等方式,与客户直接洽谈成交的证券交易;场内自营买卖指投资银行自己通过集中交易场所(证券交易所)买卖证券的行为。我国的证券自营业务,一般是指场内自营买卖业务。

(四)企业并购业务

企业并购业务指投资银行在企业收购、兼并活动中,作为中介人或代理人为客户企业提供决策和财务服务,或作为产权投资商直接投资于并购企业产权获取产权交易差价的业务活动。企业并购业务已经成为现代投资银行重要的业务组成部分。投资银行可以以多种方式参与企业的并购活动,如寻找兼并与收购的对象、向猎手公司和猎物公司提供有关买卖价格或非价格条款的咨询、帮助猎手公司制定并购计划或帮助猎物公司针对恶意的收购制定反收购计划、帮助安排资金融通和过桥贷款等。此外,并购中往往还包括"垃圾债券"的发行、企业改组和资产结构重组等活动。

(五) 项目融资

项目融资是针对一个特定的经济单位或项目策划安排的一揽子融资的技术手段。借款者可以只依赖该经济单位的现金流量和所获收益还款,并以该经济单位的资产作为借款担保。投资银行在项目融资中起着非常关键的作用,它将与项目有关的政府机关、金融机构、投资者与项目发起人等紧密联系在一起,协调律师、会计师、工程师等一起进行项目可行性研究,进而通过发行债券、基金、股票,或拆借、拍卖、抵押贷款等形式融通项目投资所需的资金。投资银行在项目融资中的主要工作是:项目评估、融资方案设计、有关法律文件的起草、有关的信用评级、证券价格确定和承销等。

(六) 财务顾问与投资咨询

投资银行财务顾问的服务对象既可以是企业,也可以是政府机构。投资银行的财务顾问业务主要包括企业的财务顾问业务和政府机构的财务顾问业务。企业的财务顾问业务是以企业的融资为主体的一系列资本运营的策划和咨询业务的总称,主要指投资银行在企业股份制改造、上市、在二级市场再融资(或投资管理)以及发生兼并、收购、出售资产等重大交易活动时为其提供专业性财务意见。政府机构的财务顾问业务主要体现在为政府的经济改革政策提供咨询,特别是在经济发展战略和规划、对外开放政策、产业结构布局和调整、国企改革方针和政策以及企业民营化的实施等方面。

投资银行的投资咨询业务是联结证券一级市场和二级市场,沟通证券市场投资者、经营者和证券发行者的纽带和桥梁。习惯上将投资咨询业务的范畴定位于为参与证券二级市场的投资者提供投资意见和管理服务。

(七) 理财业务

理财业务是投资银行作为客户的金融顾问或经营管理顾问而提供咨询、策划或操作的业务活动。它分为两类:第一类是根据企业、个人或政府的要求,对某个行业、某个市场、某种产品或证券进行深入的研究与分析,提供较为全面的、长期的决策分析资料;第二类是在企业经营遇到困难时,帮助企业出谋划策,提出应变措施,诸如制定发展战略、重建财务制度、出售转让子公司等。

(八) 资产证券化

资产证券化指投资银行把某企业的一定资产作为担保而进行的证券发行,是一种与传统债券筹资十分不同的新型融资方式。进行资产转化的企业称为资产证券发起人。发起人将持有的各种流动性较差的金融资产,如住房抵押贷款、信用卡应收款等,分类整理为一批资产组合,出售给特定的交易组织,即金融资产的买方(主要是投资银行),再由特定的交易组织以买下的金融资产为担保发行资产支持证券,用于收回购买资金。这一系列过程就称为资产证券化。

(九) 风险投资

风险投资指对新兴企业在创业期和拓展期进行的资金融通,具有风险大、收益高的特点。新兴企业一般指运用新技术或新发明,生产新产品,具备很大的市场潜力,可以获得远高于市场平均利润的利润,但却具有极大风险的公司。由于高风险,普通投资者往往不愿涉足,但这类公司又最需要资金的支持,因而为投资银行提供了广阔的市场空间。

（十）金融创新

金融创新指投资银行在证券经营管理领域利用新思维、新组织方式和新技术,构造新型的融资模式,通过各种金融衍生工具的使用,取得经营成果的业务活动。首先,投资银行作为经纪商代理客户买卖金融衍生工具并收取佣金;其次,投资银行也可以获得一定的价差收入,因为投资银行往往首先作为客户的对手方进行金融衍生工具的买卖,然后寻找另一客户做相反的抵补交易;最后,这些金融衍生工具还可以帮助投资银行进行风险控制,免受损失。金融创新也打破了原有机构中银行和非银行、商业银行和投资银行之间的界限和传统的市场划分,加剧了金融市场的竞争。通过金融衍生工具的设立与交易,投资银行进一步拓展了业务空间和资本收益。

四、投资银行的基本经济功能

作为资本市场的直接融资机构,投资银行有四个基本功能。

（一）媒介资金供求

投资银行是资本市场上沟通资金供求两方面的桥梁。投资银行向投资者推荐发行股票或债券的筹资者,也可为投资者寻找合适的投资机会。但从根本上说,投资银行并不介入投资者和筹资者之间的权利和义务,由投资者和筹资者双方接触,并且相互拥有权利和承担相应的义务。在媒介的过程中,投资银行收取手续费,而不是像商业银行一样在间接融资中赚取存贷利差。投资银行为企业筹措中长期资金。

投资银行通过四个中介作用来发挥其媒介资金供求的功能:

1. 期限中介

投资银行通过对其接触的各种不同期限资金进行期限转换来发挥短期和长期资金之间的期限中介作用。通过期限转换,可以使得资金运用灵活、机动,同时化解资金被锁定的风险。

2. 风险中介

投资银行不仅可以为投资者和筹资者提供资金融通的渠道,而且可以为投资者和筹资者降低投资和融资的风险。风险中介可以通过多样化的组合投资为投资者降低风险。同时,投资银行可以利用其对金融市场的深刻了解,为筹资者提供关于资金的需求、融资的成本等多方面的信息,并通过各种证券的承销大大降低筹资者的风险。

3. 信息中介

投资银行作为金融市场的核心机构之一,是各种金融信息交汇的场所,因此,它有能力为资金供需双方提供信息中介服务。投资银行还可以通过雇用经济、金融、会计、审计、法律等各方面的专家来完成这些工作。投资银行可以通过规模效应、专业化和分工有效降低信息加工及合约成本。

4. 流动性中介

投资银行为客户提供各种票据、证券以及现金之间的互换机制。当一个持有股票的客户临时需要现金时，充当做市商的投资银行可以购进客户持有的股票，从而满足客户的流动性需求。而在保证金交易中，投资银行可以以客户的证券作为抵押，贷款给客户购进股票。通过这些方式，投资银行为金融市场的交易者提供了流动性中介。

（二）构造证券市场

证券市场是证券发行与流通的市场，也是资金供求的中心。证券市场可以分为证券发行市场和证券交易市场。从证券发行市场来看，由于证券发行是一项非常烦琐的工作，证券发行者必须准备各种资料，进行大量的宣传工作，提供各种技术条件，办理复杂的手续。因此，仅仅依靠发行者自身的力量向投资者发行证券，不仅成本高，而且效果也不理想。所以，证券发行工作一般需要投资银行的积极参与才能顺利完成。在发行市场中，投资银行通过咨询、承销、分销、代销、私募等方式帮助构建证券发行市场。在证券交易市场中，投资银行以多重身份参与，对维持价格的稳定性和连续性、提高交易效率，起到了重要的作用：第一，投资银行在证券发行完成以后的一段时间内，为了使证券具备良好的流通性，常常以做市商的身份进行买卖，以维持证券上市流通后的价格稳定。第二，投资银行以自营商和做市商的身份活跃于交易市场，维持市场秩序，搜集市场信息，进行市场预测，吞吐大量证券，发挥价格发现的功能，从而起到活跃并稳定交易市场的作用。第三，投资银行以经纪商的身份接受客户委托进行证券买卖，提高了交易效率，稳定了交易秩序，使交易活动得以顺利进行。

在证券市场上，投资银行所从事的多种证券业务的创新，为市场创造了多样化的金融衍生工具，极大地便利了交易的进行。现代的投资活动对投资品的期限、变现性、报酬率、风险及组合有了更多的要求，对投资的安全性也日益重视。这使得投资银行有强大的动力显示其创新精神和开拓能力。本着分散风险、保持最佳流动性的追求和最大利益的原则，投资银行面对客户的需求，不断推出创新的金融工具，使得证券交易领域大大拓宽，不断激发出新的活力。可以说，没有投资银行的金融业务创新，就没有现代高效率的证券市场。

（三）优化资源配置

1. 投资银行的证券发行业务与优化资源配置

投资银行从自身的利益出发，更愿意帮助那些产业前景好、经营业绩优良和具有发展潜力的企业通过发行股票和债券从金融市场上筹集所需要的资金，从而使资金流入效益较好的行业和企业，达到促进资源配置的优化。

2. 投资银行的并购业务与优化资源配置

并购在资源有效配置中的作用可以从宏观和微观两个层面体现：

第一，宏观作用。将那些不适应当地环境而处于劣势的企业兼并掉或者使这些资产重新组合，有助于当地经济、投资环境的改善。将这些资产重新投入适应当地环境的生产领域，也会使原来无效益的资产通过流动和组合发挥新的作用，有助于宏观资源配置状况的改善。

第二，微观作用。企业并购的微观作用表现在两个方面，一是可以使被并购企业的原有资产或资源配置的有效性提高；二是可优化与促进优势企业内部所有资源或资产配置的合理性及有效性。并购可使优势企业资产存量增加,从而达到最佳经济规模,降低生产成本,提高资源有效利用率。

企业并购可促使产业结构合理化、产业组织合理化和新兴产业的发展等。总之,投资银行是连接宏观经济决策与微观企业行为的枢纽,它有效地动员社会资源投入经济建设,高效地使用所筹集的资本,推动市场机制在资源配置中充分发挥作用,从而优化社会资源的配置。

(四)促进产业集中

在经济发展过程中,生产的高度社会化必然会导致产业的集中和垄断,而产业的集中和垄断又会反过来促进生产社会化向更高层次发展,进一步推动经济的发展。产业集中的进程,在资本市场出现之前是通过企业自身成长的内在动力以及企业之间的优胜劣汰缓慢进行的。资本市场出现之后,其注重企业未来价值的评价机制为资金流向提供了一种信号,引导资金更多地流向效率较高的企业,从而大大加快了产业集中的进程。投资银行适应资本市场中投资者的评价标准,通过募集资本的投向和并购方案的设计,引导资金流向效率较高的企业,从而促进产业集中。投资银行促进了企业规模的扩大、资本的集中和生产的社会化,成为产业集中过程中不可替代的重要力量。

第二节　投资银行发展历程与发展趋势

一、投资银行的发展历程

(一)欧洲商人银行的发展

投资银行萌芽于欧洲,其雏形可以追溯到 15 世纪欧洲的商人银行。早在商业银行发展以前,一些欧洲商人就开始为他们自身和其他商人的短期债务进行融资,一般是通过承兑贸易商人们的汇票对贸易商进行资金融通。由于这些金融业务是由商人提供的,因而这类银行就被称为商人银行。欧洲的工业革命,扩大了商人银行的业务范围,包括帮助企业筹集股本金、进行资产管理、协助企业融资以及作为投资顾问等。20 世纪以后,商人银行业务中的证券承销、证券自营、证券交易等业务的比重有所增大。在欧洲,英国的商人银行业是最发达的,它在世界上的地位仅次于美国,另外德国、瑞士等国的商人银行也比较发达。

(二)美国投资银行的发展

美国的投资银行业发展的历程并不很长,但其发展的速度在全球是首屈一指的。近几十年来,美国的投资银行业在全球一直处于霸主地位。美国的投资银行业始于 19 世纪,但它真正连贯的历史是从第一次世界大战结束时开始。

1.《格拉斯—斯蒂格尔法》以前的投资银行

1929 年以前,美国政府规定发行新证券的公司必须有中介人,银行不能直接从事证券发行与承销,这种业务只能通过银行控股的证券业附属机构来进行。这一时期,所有商业银行和投资银行都从事证券(主要是公司债券)业务。这一阶段投资银行的最大特点就是混业经营,投资银行大多由商业银行所控制。由于混业经营,商业银行频频涉足证券市场,参与证券投机,当时证券市场出现了大量违法行为,如虚售、垄断、大进大出、联手操纵等。1929 年到 1933 年世界历史上空前的经济危机爆发,纽约证券交易所的股票市值下跌了 82.5%,从 892 亿美元下跌到 156 亿美元。美国的银行界也受到了巨大冲击,1930—1933 年美国共有 7 763 家银行倒闭。1933 年美国国会通过了著名的《格拉斯—斯蒂格尔法》。金融业分业经营模式被用法律条文加以规范,投资银行和商业银行开始分业经营。许多大银行将两种业务分离开来,成立了专门的投资银行和商业银行。例如,摩根银行便分裂为摩根士丹利公司(Morgan Stanley)和 J.P.摩根公司。有些银行则根据自身的情况选择经营方向。例如,花旗银行(City Bank)和美国银行(Bank of America)成为专门的商业银行,而所罗门兄弟公司(Solomon Brother)、美林公司(Merrill Lynch)和高盛集团(Goldman Sachs)等则选择了投资银行业务。

2. 20 世纪 70 年代投资银行业务的拓宽

在《格拉斯—斯蒂格尔法》颁布以后,美国的投资银行业走上了平稳发展的道路。到 1975 年,美国政府取消了固定佣金制,各投资银行为竞争需要纷纷向客户提供佣金低廉的经纪人服务,并且创造出新的金融工具。这些金融工具中具有代表性的是利率期货与期权。这些金融工具为投资银行抵御市场不确定性冲击提供了有力的保障。投资银行掌握了规避市场风险的新工具后,将其业务领域进一步拓宽,如从事资产证券化业务。这种业务使得抵押保证证券市场迅速崛起。

3. 20 世纪 80 年代以后美国投资银行发展

20 世纪 80 年代美国为了放松对市场和机构的管制,先后颁布了一系列法律和法规,如 1980 年颁布《存款机构放松管制机构法》以及 1989 年颁布《金融机构重组、复兴和强化法》、1983 年实施"证券交易委员会 415 条款"。这些对投资银行业产生了极为深远的影响,使美国投资银行业在 20 世纪 80—90 年代取得了长足的进步,创造了大量金融衍生工具。20 世纪 80 年代初的经济衰退结束后,美国的利率开始从历史最高水平回落,大量的新发行股票与债券充斥市场,出现了不够投资级的垃圾债券。大量垃圾债券的发行给投资银行提供了巨大的商机,并影响了美国投资银行的历程。随着世界经济和科技的迅猛发展,20 世纪 80 年代以后,尤其是到了 20 世纪 90 年代,国际投资银行业发生了许多变化。主要是国际性大型投资银行机构规模越来越大,投资银行重组大量出现,高科技发展带来投资银行业务的革命,创新业务大量涌现。

二、国际投资银行的发展趋势

(一)重新走向混业经营

1933 年、1934 年从美国开始形成的分业管理格局一直持续了 50 多年。虽然《格拉斯—斯蒂格尔法》的颁布为美国投资银行业的发展提供了稳定的法律基础,但随着国际投资银行的快速发展,其缺点逐步显现出来:投资银行立足的证券市场充满了风险,随着金融工具的日益复杂,金融风险也相应增加。投资银行在捕捉高赢利的同时,也面临着高风险对其安全性的巨大挑战。尽管投资银行可以利用很多技术手段来规避风险,但从本质上讲,投资银行最缺乏的还是资本金。另外,人们开始对《格拉斯—斯蒂格尔法》进行反思。20世纪80年代,美国对1929—1933年的大危机进行了重新认识,认为当时银行倒闭的罪魁祸首并非混业经营,而是货币供应减少和银行资本充足率太低。另外,欧洲许多混业经营的投资银行成功的经营也使《格拉斯—斯蒂格尔法》的权威性受到了挑战。在这种情况下,发达国家纷纷以立法的方式确认混业经营模式:1986年英国实行"金融大爆炸",英国银行业实现了自由化;1989年欧共体发布《第二号银行业务指令》,明确规定了欧共体内部实行全能银行制度;日本于1992年颁布的《金融制度修正法》,同样也允许投资银行混业经营。实际上,国际投资银行界早已经开始了从分业经营到混业经营的过渡。1986年,美国的高盛集团接受了日本住友银行9亿美元的投资,投资银行与商业银行分业经营界限开始改变。后来J.P.摩根公司开始申请先做高等级的投资债券,再做高收益债券,又申请做股票承销。1996年所罗门兄弟公司被美国旅行者集团收购,旅行者集团收购所罗门兄弟公司后,又与花旗公司合并,现在花旗集团是金融巨无霸,提供从银行开户、支票开立、信用卡发行、人寿保险、财产保险到发行股票、买卖债券、买卖共同基金一揽子服务,它的发展成为混业经营的一个很重要的标志。1999年美国国会通过了《金融服务现代化法案》,废止了《格拉斯—斯蒂格尔法》,使得混业经营模式从法律上得以确认。2000年美国联邦储备委员会正式批准大通曼哈顿银行以352亿美元的价格收购J.P.摩根公司,从而合并成为当今美国规模最大的投资银行。大通曼哈顿银行收购J.P.摩根公司成功后,这两家华尔街最知名的企业合并成为了真正的"金融超市"。

（二）规模化

现在的国际市场由为数不多的大型投资银行占据主导地位,它们构成了投资银行业的龙头与支柱。从20世纪70年代到90年代,美国前10名投资银行的资本额,由占全行业的三分之一增长到三分之二。早在1990年,美国就已经有5家资本超过20亿美元的投资银行,英国、法国、日本等国的证券业亦是如此。如今投资银行资产规模更加庞大,国际上大的投资银行资产规模普遍高达千亿美元,权益资本也达到了几十亿、几百亿美元。特别是近年来金融业兼并、重组不断,更是造就了不少的金融巨无霸。

（三）集中化

无论是原始的投资银行,还是现代投资银行,都经历了一个由小到大、由弱变强、由分散到集中的发展过程。日本在1949年有1 152家证券公司,到1977年只剩下257家。美国的美林公司、摩根士丹利公司、所罗门兄弟公司等超级投资银行几乎都是通过兼并联合形成的。20世纪90年代以后,美国投资银行兼并联合呈加速之势,规模也越来越庞大。1997年2月,摩根士丹利公司与添惠公司合并,创造了一个总市值210亿美元的特大型投资银行;同年9月,旅行者集团收购所罗门兄弟公司;1998年4月,花旗公司与旅行者集团合并;2000年大通曼哈顿银行以352亿美元的价格收购J.P.摩根公司;2008年美国前五大投资银行中,贝尔斯登公司被摩根大通集团收购,美林公司被美国银行收购,摩根士丹利公司和高盛集团也转变成为银行控股公司。西方投资银行兼并联合的直接后果是整个行业的高度集中。

(四) 现代化

在信息爆炸的时代,信息在经济社会中的作用越来越重要,信息收集、甄别、处理、传递与利用的速度和能力正日益成为企业发展的决定性要素之一。与此相适应,为了谋求和建立强大的市场竞争能力,投资银行管理和运营的信息化浪潮兴起。投资银行业是一个大量应用高科技信息技术的产业,随着信息技术突飞猛进的发展,投资银行的技术装备和服务手段也越来越现代化。日益先进的交易系统和通信系统不仅使得证券的发行、交易等业务突破了营业部的时空界限得以远程实现,而且更加迅捷和准确。互联网的广泛普及和电子商务的兴起带来了证券交易方式的巨大变革,网上交易成为现实,人们通过互联网就可以实现股票行情的实时接收与股票交易。由于高效、安全、方便以及交易成本、信息成本、营运成本低廉,网上交易在国外发展十分迅猛。

(五) 业务多样化

20世纪70年代以来,随着技术手段的进步、金融管制的放松、金融自由化的兴起以及国际资本市场一体化的发展,西方投资银行业发生了巨大的变化。除传统的证券承销、经纪和自营业务以外,西方投资银行还深入到企业并购重组、资产管理、投资咨询、项目融资、风险投资、金融衍生工具等诸多领域,多种业务齐头并进,异彩纷呈。20世纪80年代以前,证券承销和经纪始终是投资银行最重要、利润来源最多的业务,20世纪90年代各投资银行开始把开创新的业务领域作为自己生存和发展的突破口。

(六) 分工的专业化

国际投资银行在逐渐走向规模化、业务经营多样化的同时,不同的投资银行在业务的主营方面仍然各有专攻。混业经营并不代表每一个投资银行都必须经营所有的投资银行业务,竞争的进一步加剧也使得各投资银行必须找到自己的优势业务,在此基础上才能兼顾其他业务的发展。例如,佩韦伯在美国牢牢占据了私人客户投资服务市场,所罗门兄弟公司在美国最知名的业务是做政府债券、资产抵押债券,Ameritrade、E-Trade和嘉信(Charles Schwab)在网上证券交易方面拥有优势,而美林公司则成为当时最大的证券零售商。分工的专业化促进了投资银行业服务水平的提高。

(七) 全球化

在世界经济高度一体化的今天,全球金融市场已经基本上连成了一个不可分割的整体。与此相适应,投资银行已经彻底地跨越了地域和市场的限制,经营着越来越广泛的国际业务,成为全球投资银行。从20世纪60年代开始,世界各大投资银行纷纷向海外扩张,纽约、伦敦、巴黎、东京、日内瓦等金融中心接纳了大批国外投资银行分支机构。到了20世纪90年代,投资银行的国际化进程明显加快,许多大投资银行成为真正意义上的国际投资银行。它们的全球业务网络趋于完善,国际业务规模迅速膨胀,并且拥有大量国外资产。许多投资银行都成立了管理国际业务的专门机构,如摩根士丹利公司的财务、管理和运行部,高盛的全球协调与管理委员会等。也正是投资银行国际业务的高额利润支撑了大型国际投资银行的迅猛发展。

(八) 智能电子化

近年来,国际投行数字化转型、金融科技创新投入的持续加码以及互联网券商富途证券、老虎证券先后成功登陆纳斯达克市场等现象，表明以大数据、云计算、人工智能（AI）等为代表的新技术正加快改写金融生态的环境。金融科技的运用将成为提升客户体验、获取竞争优势的最重要利器。2019 年开始的新冠肺炎疫情则加速了对智能投行、电子化投行的迫切需要。电子化、智能化、AI 一直是近年来投资银行发展的方向，这一发展的本质是对效率提升的积极探讨，是一个循序渐进，需要长期投入的过程。一方面，通过智能化、电子化，投资银行可以实现作业流程的标准化：如项目操作流程标准化；工作底稿要目录、内容标准化；对外报送的文件模板标准化，这可以大幅提升工作的效率。但另一方面，投资银行业务与其他券商业务如经纪业务等有较大差异，投资银行本质仍是一个典型的"非标"的行业，因为工作过程里面涉及太多的判断、太多的非标准的内容和需要进行沟通、处理的事项。不可能期望投资银行主要工作会成为工厂的流水线作业。因此，投资银行业务在未来的新机遇，还是着眼于"新"，即为创新领域企业服务，这可以从两个方面进一步推进：一是在创新企业生命周期更早阶段介入，二是发挥多元化业务优势为创新企业提供多方位的综合金融服务。身处金融科技全面爆发的时代，谁能率先实现投资银行业务的信息化和智能化，完成科技资源新部署和管理能力的提升，谁就将有优势参与新一轮的业务比拼和角逐。

三、我国投资银行的发展

在我国资本市场发展过程中诞生的证券公司即是我国的投资银行，它在我国的资本市场中发挥着投资银行的职能。我国的投资银行业务是从满足证券发行与交易的需要中不断发展起来的。我国投资银行业务最初是由商业银行来完成的，商业银行不仅是金融工具的主要发行者，也是掌管金融资产量最大的金融机构。20 世纪 80 年代中后期，随着我国开放证券流通市场，原有商业银行的证券业务逐渐被分离出来，各地区先后成立了一大批证券公司，形成了以证券公司为主的证券市场中介机构体系。在随后的十余年里，券商逐渐成为我国投资银行业务的主体。在专业证券公司以外，我国还有一大批业务范围较为宽泛的信托投资公司、金融投资公司、产权交易与经纪机构、资产管理公司、财务咨询公司等在从事投资银行的其他业务。

我国的投资银行可以分为三种类型：第一种是全国性的，第二种是地区性的，第三种是民营性的。全国性的投资银行又分为两类：一是全国性的专业证券公司；二是国务院直属或以国务院各部委为背景的信托投资公司。地区性的投资银行主要是省、市两级的专业证券公司和信托公司。以上两种类型的投资银行依托国家在证券业务方面的特许经营权在我国投资银行业中占据了主体地位。第三类民营性的投资银行主要是一些投资管理公司、财务顾问公司和资产管理公司等，它们绝大多数是从过去为客户提供管理咨询和投资顾问业务发展起来的，并具有一定的资本实力，在企业并购、项目融资和金融创新方面具有很强的灵活性，正逐渐成为我国投资银行领域的又一支中坚力量。

目前，投资银行发展已成为促进我国经济增长的关键，完善我国投资银行监管模式对于完善我国投资银行业制度、降低金融风险、促进我国金融市场的繁荣、加速我国国民经济的增长等方面有重大的作用。随着我国经济体制改革的迅速发展和不断深化，社会经济生活中对投融资的需求会日益旺盛，国有大中型企业在转换经营机制和民营企业谋求未来发展等方面也将越来越依靠资本市场的作用,这些都将为我国投资银行业的长远发展奠定坚实的基础。我国投资银行业的市场潜力是巨大的,这对处于发展初期的投资银行业是巨大的机遇,同时也是巨大的挑战。为了承担起历史赋予的重任,我国投资银行业必须向着规模化、全面化、专业化、国际化、混业型发展。

扩展阅读 1-1

英国商人银行的历史发展与现状

英国是当今世界投资银行历史最悠久的国家之一,在英国,投资银行叫商人银行。从职能上看,这种商人银行又与美国的投资银行不完全相同,英国的商人银行不仅从事证券业务,还从事普通商业银行的存贷款业务。与美国投资银行相比,英国的商人银行历史更悠久。

16 世纪中期,随着英国对外贸易和海外殖民扩张的开始,英国的各种贸易公司开始通过创建股份公司和发行股票的方式筹集大量资金,以分担海外贸易中的高风险。英国的商人银行也从为国际贸易提供承兑便利的业务中发展起来。此后,随着大量的股票、债券的发行和证券交易的日益活跃,英国的商人银行逐步壮大起来,一些实力雄厚的大银行,如巴林银行在证券市场和整个国民经济中都发挥着举足轻重的作用。然而第一次世界大战以后,随着英国国际经济金融中心地位的不断下降,英国的商人银行也发展缓慢。直到 20 世纪 70 年代,这一局面才有所改观,商人银行开始重振雄风。

这一改观主要得益于 20 世纪 70 年代以后英国国民经济中发生的一系列重大变化,主要有以下三个:民营化、企业并购浪潮和证券市场变革。

首先,20 世纪 70 年代末 80 年代初英国政府掀起了民营化的浪潮。20 世纪 70 年代的两次石油危机使英国陷入萧条,国家财政部为了充分利用市场机制来促进竞争和提高效率,开始进行国有企业的民营化改革。民营化以公开上市、私募、出售国有资产、重组或分割、注入新的私人资本等形式进行。在民营化过程中,商人银行提供了广泛的服务,包括帮助制定国有企业出售方案、为股票上市提供咨询服务或代理发行等。在英国铁路公司、国家货运公司、电信公司等诸多企业的民营化过程中,许多商人银行,如巴林银行、华宝银行、施罗德银行等都有过出色表现。民营化使商人银行和企业建立了密切的关系,为以后进一步扩展商人银行业务打下了基础。

其次,20 世纪 80 年代的并购风潮推动商人银行业务进一步发展。许多商人银行利用自有资本或代为管理的共同基金积极参与企业的收购和合并。1987 年,英国企业并购美国公司资产总值达 317 亿美元,基本上是依靠英国商人银行的协助与筹划才得以完成。1994 年年底全球跨境并购业务统计表明:当时全球前 10 大跨境并购业务中,6 桩有英国商人银行的参与。英国商人银行在并购风潮中获得丰厚利润的同时,在全球投资银行业中也占据了举足轻重的地位。

最后,1986 年英国证券市场的重大改革为商人银行的发展创造了新的契机。英国伦敦证券交易所在第一次世界大战之前是世界最大的证券交易所。第二次世界大战以后,随着英国经济实力的下降,伦敦证券交易所先后落到纽约证券交易所和东京证券交易所之后,这迫使其加强自身管理,拓展业务广度和深度,以重新恢复其在世界证券市场中的领先地位。利益驱动的本能和来自世界证券市场的竞争压力,使英国感到自身以中小投资银行为主的证券交易难以与美、日以大投资银行为支柱的证券交易和西欧大陆以大商业银行为主体的证券交易相匹敌,因而进行了大刀阔斧的改革,并于1986年10月通过了《金融服务法案》,冲破了英国商人银行和商业银行严格的业务界限,允许英国的商业银行直接进入投资银行领域。此举标志着英国商人银行和商业银行混业经营的开始。一方面,这为商业银行开辟了新的投资途径;另一方面,在实力雄厚的商业银行取得了同等的竞争地位之后,商人银行面临生存威胁,进行了大规模的合并,剩下的商人银行规模增大,业务战略也从全能战略转向主攻优势战略,发挥各自的专长,致力于专业化的服务,如公司财务咨询和投资管理业务。

在经历了民营化、企业并购浪潮以及证券市场的变革以后,英国的商人银行逐步发展壮大起来,与商业银行共同经营投资银行业务的格局开始形成。

第三节　投资银行的组织架构与发展模式

一、投资银行的组织结构

一家投资银行采用的组织结构是与其内部的组建方式和经营思想密切相关的。现代投资银行的组织结构形式主要有三种。

（一）合伙人制

合伙人制指由两个或两个以上合伙人拥有公司并分享公司利润,合伙人即为公司主人或股东的组织形式。其主要特点是:合伙人共享企业经营所得,并对经营亏损共同承担无限责任;可以由所有合伙人共同参与经营,也可以由部分合伙人经营,其他合伙人仅出资并自负盈亏;合伙人的组成规模可大可小。

（二）混合公司制

混合公司制存在于职能上没有紧密联系的资本或公司相互合并而形成的规模更大的资本或公司中。20世纪60年代以后,在大公司生产和经营多元化的发展过程中,投资银行是被收购或联合、兼并成为混合公司的重要对象。这些并购活动的主要动机都是为了扩大母公司的业务规模。在这一过程中,投资银行逐渐开始了由合伙人制向现代公司制度的转变。

（三）现代公司制

现代公司制赋予公司以独立的人格,其确立是以企业法人财产权为核心和重要标志的。法人财产权是企业法人对包括投资和投资增值在内的全部企业财产所享有的权利。法人财产权的存在显示了法人团体的权利不再表现为个人的权利。现代公司制度使投资银行在资金筹集、财务风险控制、经营管理现代化等方面都获得较传统合伙人制所不具备的优势。

二、投资银行的类型

当前全球的投资银行主要有三种类型。

(一) 独立的专业性投资银行

这种形式的投资银行在全世界范围内广为存在,美国的高盛集团、美林公司、所罗门兄弟公司、摩根士丹利公司,日本的野村证券、大和证券、日兴证券、山一证券,英国的瑞银华宝公司、宝源公司等均属于此种类型,并且,它们都有各自擅长的专业方向。

(二) 商业银行拥有的投资银行(商人银行)

这种形式的投资银行主要是在商业银行通过对现存的投资银行兼并、收购、参股或建立自己的附属公司的形式从事商人银行及投资银行业务的情况下出现的。这种形式的投资银行在英国非常典型。

(三) 全能性银行直接经营投资银行业务

这种类型的投资银行主要存在于欧洲大陆。它们在从事投资银行业务的同时也从事一般的商业银行业务。

三、投资银行的发展模式

投资银行的发展模式指法律规定的其与商业银行相互分离或混合的经营模式,分离或混合主要体现在组织体系、业务经营和监管制度等方面。

(一) 分离型模式

所谓分离型模式指商业银行和投资银行在经营业务方面有严格的界限,各金融机构实行分业经营、分业管理的经营模式。20世纪90年代以前,美国、日本、英国等国是这种模式的典型代表国,这些国家的投资银行都实行银证分离的经营模式。

1929—1933年席卷资本主义世界的经济大危机,导致美国大量银行连锁倒闭,金融体系严重混乱,因此,美国深刻地认识到投资银行与商业银行混业经营的弊端与危害。1933年美国国会通过了《格拉斯—斯蒂格尔法》,在投资银行和商业银行之间筑起了一道"防火墙",从此,确立了投资银行与商业银行分离经营的模式。该法案规定任何以吸收存款为主要资金来源的商业银行可以从事投资代理、交易指定的政府债券、用自有资本有限制地购买某些股票和债券三类证券业务以及从事中短期贷款、存款等商业银行业务,不能从事发行、买卖有价证券等投资银行业务;而投资银行不得从事吸收存款等商业银行业务。同时该法案还规定商业银行不能设立从事证券投资的子公司,而投资银行不能设立吸收公众存款的分公司。《格拉斯—斯蒂格尔法》实施后,许多大银行将两种业务分离开来,成立了专门的投资银行和商业银行,例如,摩根银行便分裂为摩根士丹利公司和J.P.摩根公司;有些银行则根据自身的情况选择经营方向,例如,美洲银行成为专门的商业银行,而所罗门兄弟公司、美林公司和高盛集团等则选择了投资银行业务。这样《格拉斯—斯蒂格尔法》就有效地控制了商业银行的经营风险,保证了美国金融与经济在相对稳定的条件下持续发展。

日本是在第二次世界大战之后的1948年颁布了《证券交易法》才将商业银行与投资

银行的业务明确分开。该法明确规定,银行不得承购国债、地方债券和政府机构债券以外的证券,严格禁止银行兼营有价证券或充当证券买卖的中间人、经纪人和代理人,这类业务只能由证券公司经营。野村、日兴、山一及大和四家证券公司就是分业经营的产物。

英国一开始就实行专业化的商业银行和投资银行(商人银行)分开发展的模式,业务交叉并不多。因此,20 世纪 30 年代大危机之后,英国虽然实行商业银行和投资银行分业经营、分业管理,但却没有像美国、日本那样严格、明确地进行业务划分,这主要是由于英国在进行金融管理时历来注重市场参与者的自我管理与自我约束,较少依靠立法进行限制。

（二）混合型模式

所谓混合型模式指在金融经营业务方面没有界限划分,各种金融机构实行综合业务发展的经营模式。混合型模式以德国和 20 世纪 90 年代以后的美国、日本等国为典型代表,其他实行这一模式的国家还有奥地利、瑞士、荷兰、比利时、卢森堡等。

德国是实行混合型模式的代表国,这种模式又被称作全能银行制度。在混合型模式下,没有银行业务之间的界限划分,一个金融机构可以全盘经营存贷款、证券买卖、租赁、担保等商业银行和投资银行的业务。在德国,实力最雄厚的全能银行——德意志银行、德累斯顿银行和商业银行三家银行,不仅在存贷款、清算服务等商业银行业务方面稳居德国银行前三,而且还掌握了全国大部分证券发行和证券交易业务,它们集投资银行与商业银行业务于一身,成为各金融市场的活动主体。正是这种全能银行制度保证了德国金融体系的稳定和发展。

美国、日本和英国的银行本来在 20 世纪 30 年代大危机后实行分离型模式,但是 20 世纪六七十年代后,伴随着金融自由化浪潮和金融创新的层出不穷,这些国家的商业银行面临巨大的竞争压力,为规避风险,规避监管,提升市场竞争能力,大量采用金融衍生工具,突破《格拉斯—斯蒂格尔法》和其他分业法案的限制。这些衍生工具的运用使得商业银行和投资银行的业务界限逐渐模糊。于是在 1999 年,美国国会通过了《金融服务现代化法案》,废止了《格拉斯—斯蒂格尔法》,使得混业经营模式从法律上得以确认,从此结束了美国商业银行与投资银行分业经营的局面,世界银行业也由此步入混业经营的时代。2000 年美国联邦储备委员会正式批准大通曼哈顿银行以 352 亿美元的价格收购 J.P.摩根公司,这项交易把华尔街两家历史最悠久的银行合并起来,缔造出美国第三大金融服务企业。这是美国金融业试图整合成为客户提供全方位服务的全能型银行的典型例子。

扩展阅读 1-2

投资银行部门组织模式

按照不同方式分工会产生不同的组织模式。从国内外投资银行的实际情况来看,投资银行业务部门已经采用的或可以采用的组织模式主要有以下六种:

（一）总部集中模式

总部集中模式下投资银行员工较少,主要集中在总部,员工之间并不存在地区、行业、职能方面的分工。

优点:便于总部领导集中调度员工,便于控制业务风险。

缺点:分工不明;不利于收集地区信息,不利于与总部所在地以外的地方政府处好关系;需要面向所有行业客户提供各种服务,一般的投资银行人员难以胜任工作;环境适应能力较差。此模式因缺点相当明显,主要适用于小型券商或处在发展起步阶段的券商,目前只有少数券商在采用。

(二)地域分工模式

地域分工模式指在不同的地区设立投行业务部,各地的投行业务部在行政上隶属于投资银行总部或地区业务总部,在业务上接受投资银行总部的规划和指导,但各自在所分工的"辖区"内开展业务。这是目前国内券商最普遍采用的分工模式。

优点:便于与当地政府搞好关系,便于收集各地业务信息(这是该模式在现阶段的最大优点);与目前的监管体制相适应;地域集中,差旅费用相对较低;人员集中,易于管理;区域内决策速度快。

缺点:由于业务人员要为"辖区"内的所有行业的客户提供所有类型的投行业务,对员工的要求相当高,难免会出现不同地区的服务品质参差不齐的现象;各地配备的员工数量与各地的业务总量未必完全匹配,"僧多粥少"与"僧少粥多"的现象可能会同时出现,增加了协调难度;不利于总部控制业务风险。

(三)行业分工模式

行业分工模式指按不同的行业设置投资银行的二级部门或项目组,每个行业部(组)向所服务的行业内客户提供所有服务。

优点:能更好地满足各行业客户对专业技术含量较高的服务的需求,有利于与客户建立长期稳定的合作关系;便于收集行业信息,了解企业的行业地位,发掘优质资源;容易在特定行业中形成竞争优势,进而创造品牌价值;有利于培养行业投资银行专家。

缺点:因国民经济的行业种类较多,一般要配备较多的员工;要求投行人员精通所有的投行业务,对人员素质的要求相当高,培训费用较高;区域重叠,差旅费用较高;不利于与各地方政府形成良好的关系。

(四)业务分工模式

业务分工模式指按投资银行业务种类的不同,设置不同的业务部门。比如,有的部门专司新股发行,有的部门专司配股或增发,有的部门专司企业并购重组,有的部门专司财务顾问,有的部门专司金融衍生工具的设计开发。

优点:形成专业化分工,能够在各自的业务领域提供高水平的服务,有利于培养业务型投资银行专家。

缺点:区域重叠,差旅费用较高;当企业对不同的服务产生需求时,券商协调难度较大;不利于与企业形成长期的合作关系;不利于与地方政府形成良好的合作关系。

(五)职能分工模式

职能分工模式按投行业务环节设置部门。比如,设立客户部,负责业务承揽,争取各种项目;设立业务运作部,专门负责筹资方案设计、金融工具设计及各种文件制作;设立销售部(市场部)专门负责金融工具的销售;设立质量监控部,负责所有投行业务在各个环节的风险控制。

总部集中模式、地域分工模式、行业分工模式和业务分工模式有一个共同的特点,即项目的各个环节的绝大部分工作都由同一个项目组完成,比较类似于工艺品的加工制作过程,因而可以形象地将这些模式共称为工艺品模式。工艺品模式共同的缺点是项目随项目人员而流动,即当关键的项目人员离开公司后,项目会随之被带走,公司对个人依赖重。职能分工模式类似于现代工业品的流水线作业,可以形象地称之为工业品模式。工业品模式可在相当大的程度上避免项目随项目人员流动的不利局面,并会形成个人对公司的依赖。

优点:有利于保持项目的稳定;有助于发挥不同特长的投行人员的优势。

缺点:区域重叠,人工费用较大;按各业务环节进行分割,极易形成分工脱节的现象,各部门之间协调难度大;如果利益分配不合理,极易导致各部门相互扯皮、推诿责任的现象出现。

(六)复合模式

(1)地域分工模式+行业分工模式、地域分工模式+业务分工模式、地域分工模式+职能分工模式。这三种模式在人的分工组织框架上仍按地域分工,而在实力雄厚、人员数量较多的某个或少数几个地区投行部门按行业、业务、职能进行分工。这些模式有利于在发挥地域分工模式优点的基础上发挥其他分工模式的优点。

(2)职能分工模式+行业分工模式。此模式从大的分工框架上看仍是职能分工模式,而业务运作部门按行业进行分工,行业部(组)是业务运作部的二级部门,从而将职能分工模式和行业分工模式的优点结合起来。

第四节 世界主要的投资银行

一、美国的投资银行

(一)花旗集团

花旗集团(Citigroup)总部位于美国纽约市,于1998年由花旗公司及旅行家集团合并而成,并于同期换牌上市。换牌上市后,花旗集团通过增发新股集资进行股市收购、定向股权置换等大规模股权运作与扩张,并对收购的企业进行花旗式战略输出和全球化业务整合,从而成为美国第一家集商业银行、投资银行、保险、共同基金、证券交易等诸多金融服务业务于一身的金融集团。花旗集团也是当今世界资产规模最大、利润最多、全球连锁性最高、业务门类最齐全的金融服务集团。汇集在花旗集团下的主要有花旗银行、旅行者人寿、养老保险、美邦、Citi-financial、Banamex 和 Primerica。

(二)高盛集团

高盛集团(Gold-man Sachs)成立于1869年,是全世界历史最悠久及规模最大的投资银行之一,总部设在纽约,并在东京、伦敦和香港设有分部。20世纪90年代,高盛高层意识到只靠做代理人和咨询顾问,公司不会持久繁荣。于是他们又开设资本投资业务,成立

GS 资本合作投资基金,依靠股权包销、债券包销和公司自身基金,进行 5 年至 7 年的长期投资,然后出售获利。高盛集团同时拥有丰富的地区市场知识和国际运作能力。其所有运作都建立于紧密一体的全球基础上,由优秀的专家为客户提供服务。随着全球经济的发展,公司亦持续不断地发展变化以帮助客户无论在世界何地都能敏锐地发现和抓住投资的机会。

(三)摩根士丹利公司

从 1935 年到 1970 年,摩根士丹利公司(Morgan Stanley)一统天下的威力令人侧目。它的客户囊括了全球 10 大石油巨头中的 6 个,美国 10 大公司的 7 个。当时唯一的广告词就是"如果上帝要融资,他也要找摩根士丹利"。摩根士丹利公司从 20 世纪 80 年代中期就积极开拓中国市场。于 1994 年在北京和上海开设办事处。1995 年,摩根士丹利公司和中国建设银行共同创立了中国国际金融有限公司,这是中国第一家合资投资银行。2000 年,摩根士丹利公司协助完成了亚信、新浪、中国石化和中国联通的境外上市发行。

(四)摩根大通集团

摩根大通集团(J.P.Morgan Chase&CO.)为全球历史最长、规模最大的金融服务集团之一,由大通曼哈顿银行、J.P.摩根公司在 2000 年完成合并。无论是以客户群还是以产品种类来衡量,摩根大通集团都是世界投资银行的佼佼者。摩根大通集团同世界各地的企业、金融机构、政府及机构投资者有着广泛的关系。该公司提供投资银行和商业银行能提供的全部产品和服务,包括企业策略与治理结构的咨询、在股票和债券市场上的融资、复杂风险的管理等服务。摩根大通集团也用公司自有资本进行自营投资和交易。

(五)美林公司

美林公司(Merrill Lynch)曾经是世界最著名的证券零售商和投资银行之一,总部位于美国纽约。美林公司通过子公司向全球提供投资、融资、咨询、保险和相关的产品及服务,包括:证券经纪、交易、承销;企业策略咨询、合并与收购;互换、期权、远期、期货和其他衍生工具及外汇产品的设计,证券清算和结算;股票、债券、外汇、商品和经济研究;信托、贷款,保险承销,投资咨询。美林是世界领先的财务管理和顾问公司,它通过提供一系列的金融服务,来满足个人以及机构投资客户的需要。作为投资银行,美林公司也是全球顶尖的跨多种资产类别的股票与衍生工具交易商与承销商,同时也担任全球企业、政府和个人的战略顾问。

2008 年国际金融危机爆发后,美林公司被美国银行收购。美国银行在收购后解散了美林公司,但保留了具有全球影响力品牌的美林证券作为其零售券商和投资银行业务的名称。2019 年美国银行宣布,美林的名称将只出现在美国银行最大的财富管理业务部门,美林证券这一品牌将被从交易和投行部门移除,美林证券的名字从此正式退出了历史舞台。

二、欧洲的全能银行

(一)瑞银华宝

瑞银华宝即瑞银华宝公司(UBS Warburg)是世界知名的投资银行。1995 年瑞士银行以 13.9 亿美元的代价收购英国最大的投资银行华宝集团的投资银行业务,成立瑞银华宝公司。瑞银华宝是欧洲最大的投资银行集团,是瑞士银行集团(UBS)三大支柱之一,总部设于伦敦。瑞银华宝创造了全球最大规模可转债发行、全球最大规模股票二级市场配售等多项全球第一。在国际投资银行中,瑞士银行集团下属投资银行瑞银华宝素以强大的研究与二级市场交易执行能力著称。

（二）瑞士信贷第一波士顿银行

"第一波士顿"的名字源于 1933 年,当时波士顿第一国民银行的证券机构和大通国民银行的证券机构合并组成了第一波士顿公司,主要经营投资银行业务。到 1988 年,现在的瑞士信贷第一波士顿银行(Credit Suisse First Boston)成立,瑞士信贷拥有 44.5% 的股权。1996 年,公司进行重组,原先第一波士顿的股东通过换股方式,放弃第一波士顿股权转而成为瑞士信贷股东,而瑞士信贷通过换股,取得了瑞士信贷第一波士顿银行的全部股权。自此,该公司进一步演化为大型金融控股集团,利用多个专业子公司开始从事银行、证券、信托等多种金融业务。

（三）德意志银行

德意志银行(Deutsche Bank)全称德意志银行股份公司,是一家私人所有的股份公司,是德国最大的银行和世界上最主要的金融机构之一,总部设在莱茵河畔的法兰克福。其股份在德国所有交易所进行买卖,并在巴黎、维也纳、日内瓦、巴斯莱、阿姆斯特丹、伦敦、卢森堡、安特卫普和布鲁塞尔等地挂牌上市。德意志银行是一家全能银行,在世界范围内从事商业银行的投资银行业务,对象是个人、企业、政府和公共机构。德意志银行还开展结算业务,处理信用证、保函、投标和履约保函并安排融资。国际贸易融资也是该行的一项重要业务,它经常单独或与其他银团及特殊金融机构联合提供中长期信贷。近年来,项目融资、过境租赁和其他金融工具业务大大补充了传统贸易融资的空白。在项目融资方面,德意志银行对通信、交通、能源和基本设施项目的重视程度日益增加,而且其证券发行业务十分发达,已成为当今世界最主要的证券发行行之一,参与了德国和世界市场上很多重要的债券和股票的发行,经常作为牵头行和共同牵头行。

（四）汇丰控股有限公司

汇丰控股有限公司(HSBC Holdings plc,以下简称汇丰)为汇丰集团(HSBC Group)的控股公司,总部设于英国伦敦。该公司于 1991 年才正式成立,但旗下附属公司已经有相当悠久的历史。汇丰是全球规模最大的银行及金融服务机构之一。汇丰的业务根基深厚,国际网络遍及全球六个地域。汇丰通过国际网络以及快速发展的电子商务能力提供广泛的银行及金融服务,包括:个人金融业务;工商业务;企业银行、投资银行及资本市场业务;其他业务。

（五）巴克莱银行

巴克莱银行(Barclays Bank)是英国最大的银行之一,也是世界上最大的银行之一,于1862 年成立,叫 Barclay&Co.Ltd,1917 年改用现名,总行设在伦敦。巴克莱银行经营消费及企业银行、信用卡、抵押贷款、代管、租赁业务,此外还提供投资银行业务。

三、日本的证券公司

（一）野村证券有限公司

野村证券有限公司（以下简称野村证券）成立于 1925 年，现为日本第一大券商，也是全世界最大的证券公司之一，长期以来被认为是证券行业的排头兵。在日本证券产业的发展中，野村证券起到了关键作用。该公司甚至在国际舞台上也取得了一席之地。它是第一个成为纽约证券交易所成员的日本公司。野村证券也是最早拓展中国金融和投资业务的境外机构之一。

（二）大和证券 SMBC 株式会社

大和证券 SMBC 株式会社，是日本三大证券公司之一的大和证券集团与日本最具影响力的商业银行之一的三井住友金融集团合资组建的日本顶级投资银行，是大和证券集团的核心企业。大和证券集团的前身大和证券成立于 100 年前，是日本历史最悠久的证券公司之一，从诞生至今，一直处于行业领先地位。大和证券 SMBC 株式会社作为日本最大的银证合营公司，集证券公司和商业银行优势于一身，以其雄厚的综合实力向广大的客户群体提供最具创新、最优质、全方位的金融服务。

（三）瑞穗证券股份有限公司

瑞穗证券股份有限公司（以下简称瑞穗证券）是日本最大的金融控股集团日本瑞穗金融集团旗下最大的金融机构之一。瑞穗证券的发展历史最早可追溯至 1891 年，原名为山叶证券。2000 年 10 月，兴银证券与第一劝业证券、富士证券合并成立了瑞穗证券股份公司，此后瑞穗证券股份公司又与新光证券于 2009 年 5 月 7 日合并成立了瑞穗证券股份有限公司。

● 关 键 术 语 ●

投资银行　证券市场　分离型模式　混合型模式　全能银行　合伙人制　混合公司制　现代公司制

● 本 章 小 结 ●

1. 投资银行是主要从事证券发行、证券承销、证券交易、企业重组、企业兼并与收购、投资分析、风险投资、项目融资等业务的金融机构，是资本市场上的主要金融中介。投资银行业属于金融服务业，主要服务于资本市场，是智力密集型行业。投资银行与商业银行之间存在明显差异。

2. 投资银行的业务主要有证券发行与承销、证券经纪、证券自营、企业并购、项目融资、财务顾问与投资咨询、企业理财、资产证券化、风险投资与金融创新等。投资银行的基本经济功能为媒介资金供求、构造证券市场、优化资源配置和促进产业集中。

3. 投资银行萌芽于欧洲，美国的投资银行业发展的历程并不很长，但其发展的速度在全球是首屈一指的,美国的投资银行业在全球一直处于领先地位。国际投资银行的发展呈现出重新走向混业经营、规模化、集中化、现代化、业务多样化、分工的专业化与全球化的趋势。

4. 在我国资本市场的发展过程中所诞生的证券公司即是我国的投资银行,它在我国的资本市场中发挥着投资银行的职能。我国的投资银行可以分为三种类型:第一种是全国性的,第二种是地区性的,第三种是民营性的。

5. 现代投资银行的组织结构形式主要有合伙人制、混合公司制和现代公司制三种。投资银行主要有独立的专业性投资银行、商业银行拥有的投资银行(商人银行)、全能性银行直接经营投资银行业务。投资银行的发展模式有分离型模式和混合型模式两种。

6. 世界主要的投资银行包括美国的投资银行、欧洲的全能银行、日本的证券公司等。

●复习思考题●

1. 什么是投资银行? 怎样理解投资银行?
2. 比较分析投资银行与商业银行异同。
3. 投资银行业务有哪些?
4. 投资银行的发展趋势何在?
5. 试述中国投资银行的发展方向与发展战略。

●本章实训●

一、实训目的

1. 掌握投资银行的基本概念与基本业务。
2. 训练学生收集、阅读的能力。
3. 训练学生观察、分析问题的能力。
4. 训练学生理论联系实际、解决实际问题的能力。

二、实训内容

(一)背景资料

中国投资银行——中信证券股份有限公司简介

中信证券股份有限公司(以下简称中信证券),前身是中信证券有限责任公司,是中国证监监督管理委员会(又简称证监会)核准的首批综合类证券公司之一,首家公开发行的证券公司,首批创新试点的证券公司之一。中信证券于 1995 年 10 月 25 日在北京成立。2002年 12 月 13 日,经证监会核准,中信证券向社会公开发行 4 亿股普通

公司 LOGO

A 股股票。2003 年 1 月 6 日,中信证券在上海证券交易所挂牌上市交易,股票简称中信证券,股票代码 600030。2011 年 10 月 6 日,中信证券在香港联合交易所上市交易,股票代码为 6030。2009 年中信证券总部从北京迁至深圳。

中信证券主营业务范围为:证券经纪;证券投资咨询;与证券交易、证券投资活动有关的财务顾问服务;证券承销与保荐;证券自营;证券资产管理;融资融券;证券投资基金代销;为期货公司提供中间介绍业务;代销金融产品。中信证券的组织架构如图1-1所示。

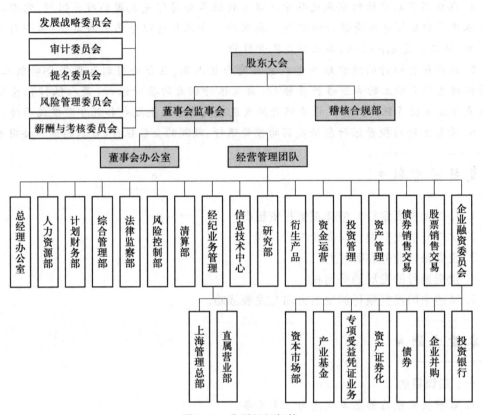

图 1-1　公司组织架构

中信证券的业务范围涵盖证券、基金、期货、直接投资、产业基金和大宗商品等多个领域,通过全牌照综合经营,全方位支持实体经济发展,为国内外近3.5万家企业客户与800余万零售客户提供各类金融服务解决方案,中信证券拥有7家主要一级控股子公司,在海外14个市场拥有分支机构,在境内外合计拥有300多家证券分支机构、40余家期货分支机构。其中华夏基金、中证期货、金石投资和中信产业基金都在各子行业中保持领先地位。

同时,中信证券的收入和净利润连续十多年保持行业第一;净资本、净资产和总资产等规模优势显著;各项业务保持市场领先地位,在国内市场积累了广泛的声誉和品牌优势。中信证券多年来获得亚洲货币、英国金融时报、福布斯、沪深证券交易所等境内外机构颁发的各类奖项。

资料来源:作者整理。

(二) 实训要求

要求学生以小组为单位,查阅并收集相关资料,在了解我国当前证券公司的基础上,回答如下问题。

问题 1:我国证券公司的基本业务有哪些?

问题 2:从中信证券股份有限公司机构设置和主营业务范围中分析我国证券公司的业务发展状况。

问题 3:比较中外投资银行的业务发展模式,预期我国投资银行业务发展趋势。

三、实训组织

1. 指导教师布置实训项目,提示相关要求。

2. 采取学生自由组合的方式,将班级学生划分为若干小组,并指定组长进行负责。

3. 要求学生以小组为单位,认真查阅并收集投资银行业务的相关资料,并就相关问题以 PPT 形式进行课堂汇报。

● 即测即评 ●

第二章
投资银行的基本理论

章前引例

　　如果你在 1957 年把 1 万美元交给本杰明·格雷厄姆的学生巴菲特去投资,时至 2020 年年底,你可以至少赚回 9 亿美元。巴菲特的个人资产从 1957 年的几千美元增长到 2020 年超过 600 亿美元;巴菲特所控制的伯克希尔·哈撒韦(Berkshire Hathaway)公司所发行的股票每股交易价竟超过 6.5 万美元,高居纽约交易所榜首,年平均投资回报率超过 20%。巴菲特在投资方面有如此卓越的业绩,他是遵循什么样的投资原则? 他的投资理论和投资方法是什么呢? 是靠运气还是靠技术? 他的投资定力从何而来?

　　通过本章的学习你应该了解与掌握什么是公司价值和公司价值评估、公司价值评估的理论与方法、企业为什么进行并购、并购的效应何在、资本市场理论有哪些。

本章知识结构图

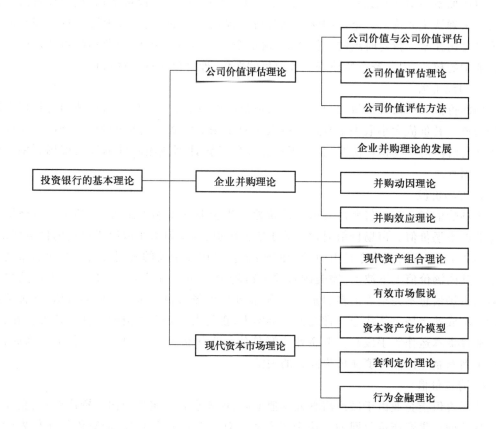

第一节　公司价值评估理论

一、公司价值与公司价值评估

(一)公司价值的含义

公司价值,或称企业价值,在经济学和金融学中指某个商业实体的市值。公司价值是其所有证券价值的总和,包括债券、优先股、普通股和其他证券。公司价值往往还包含了无形资产、组织形态对公司价值的溢价。公司价值在企业估值、财务建模、会计学和组合资产分析中有着广泛的应用。其计算公式为:

$$公司价值=普通股的市值+少数股东权益的市值-关联公司股权的市值$$
$$+优先股股权的市值-现金与现金等价物 \qquad (2-1)$$

(二)公司价值的表现形式

公司价值具有多种不同的表现形式,如账面价值、内涵价值、市场价值、清算价值、重置价值等。

1. 账面价值

以账面价值对企业进行评价是以会计的历史成本原则为计量依据，按照权责发生制的要求来确认企业价值。企业的财务报告可以提供相关的信息，其中资产负债表最能集中反映公司在某一特定时点的价值状况，揭示企业所掌握的资源、所负担的负债及所有者在企业中的权益，因此资产负债表上各项目的净值，即为公司的账面价值。

2. 内涵价值

内涵价值又称投资价值、公平价值等，是企业预期未来现金流收益以适当的折现率折现的现值。其价值大小取决于专业分析人士对未来经济景气程度的预期、企业生命周期阶段和现阶段的市场销售情况、企业正在酝酿的扩张计划或缩减计划以及市场利率变动趋势等因素。

3. 市场价值

市场价值指企业出售所能够取得的价格。当企业在市场上出售时，其买卖价格即为该企业的市场价值。市场价值通常不等于账面价值，其价值大小取决于市场的供需状况，但从本质上看，市场价值亦是由内涵价值所决定，是内涵价值的表现形式。企业的市场价值围绕其内涵价值上下波动，完美的状况是市场价值等于内涵价值。但由于人们的主观因素或市场信息不完全等诸多因素的影响，企业的市场价值会偏离其内涵价值，这种偏离程度在不成熟市场上往往会非常之大。事实上，正是由于企业价值被低估的情形存在，才有了通过资本运作等手段来获取企业内涵价值与市场价值之间的价差的行为。因此，如何准确判断企业内涵价值便成为问题的关键。

4. 清算价值

清算价值指企业由于破产清算或其他原因，被要求在一定期限内将资产变现，企业在清算日预期出售资产可收回的快速变现金额。对于企业股东而言，清算价值在优先偿还债务后的剩余价值才是股东的清算价值。企业清算时，既可整体出售企业，也可拆零出售单项资产，采用的方式以变现速度快、收入高为原则。企业在清算倒闭时价值的性质及其计量与在持续经营中的企业价值截然不同，必须明确区别。

5. 重置价值

重置价值指在市场上重新建立与之相同规模、技术水平、生产能力的企业需要花费的成本。首先根据企业的各项资产特性，估算出各资产的重置必要成本，再扣除企业已经发生的各种损耗，从而得出企业的重置价值。其中资产的各种损耗既包括资产的有形损耗，又包括资产的无形损耗。

（三）公司价值评估的含义

公司价值评估是将一家企业作为一个有机整体，依据其拥有或占有的全部资产状况和整体获利能力，充分考虑影响企业获利能力的各种因素，结合企业所处的宏观经济环境及行业背景，对企业整体价值进行的综合性评估。根植于现代经济的公司价值评估与传统的单项资产评估有着很大的不同，它是建立在企业整体价值分析和价值管理的基础上，把企业作为一个经营整体来评估价值的评估活动。这里的公司整体价值指由全部股东投入的资产创造的价值,本质上是企业作为一个独立的法人实体在一系列的经济合同与各种契约中的权益,其属性与会计报表上反映的资产与负债相减后净资产的账面价值是不相同的。公司价值评估是一项综合性的资产评估,是对企业整体经济价值的判断与估计。

二、公司价值评估理论

（一）费雪的资本价值评估模型

企业价值评估的思想源于20世纪初欧文·费雪的资本价值论。费雪认为货币的作用不但体现在可以购买许多物品来满足人们的生理和精神需要,更重要的是可以说明资本的形成与确定资本价值。资本的价值实质上就是未来收入的折现值,也就是资本化的未来收入。在费雪的论述中,资本价值是通过以下步骤确定的:第一步,通过资本物品确定未来所提供服务的流量;第二步,确定这些服务的收入价值;第三步,从这些收入的价值再倒推出资本的价值。费雪对资本价值这样总结:

（1）资本价值是收入的资本化或折现值;

（2）如果利息率下降,资本的价值（预期收入的资本化）将会上升,反之亦然;

（3）对于土地等耐用商品而言,资本价值波动相对来讲大一点,而对于衣服等非耐用商品而言相对小些;

（4）通过储蓄可增加资本的价值,资本的价值随着储蓄的增加而增加,而实际收入却随着储蓄的增加而减少相同的数额;

（5）这些来自收入而放到资本里边的储蓄是日后实际收入的基础。

（二）威廉姆斯的股利折现模型

1938年威廉姆斯在其博士论文《投资价值理论》中首次提出了折现现金流量的概念,开创了内在价值理论的先河,从此折现现金流量的概念被广泛应用。威廉姆斯的重要贡献表现在:一是给出了股利折现模型,这是许多衍生的现值评估模型的基础;二是把股利看作现金流量。由于把股利看成是未来现金流量,因此企业价值的计算与债券折现值的计算十分类似。其计算公式为:

$$V = D_t \div k_e \tag{2-2}$$

式中:V——企业股票的内在价值;

D_t——在t年末预期收到的股利;

k_e——股权资本所要求的必要报酬率。

当企业的股利保持不变时,股利是一项永续年金,则企业的股票价值为$V = D/k$。

（三）MM的公司价值评估模型

1. MM理论的含义

MM理论是莫迪格利安尼和默顿·米勒所建立的公司资本结构与市场价值不相干模型的简称。美国经济学家莫迪格利安尼和米勒于1958年发表的《资本成本、公司财务和投资管理》一书中,提出了最初的MM理论,这时的MM理论不考虑所得税的影响,得出的结论为企业的总价值不受资本结构的影响。此后,二人又对该理论做出了修正,加入了所得税的因素,由此而得出的结论为:企业的资本结构影响企业的总价值,负债经营将为公司带来税收节约效应。该理论为研究资本结构问题提供了一个有用的起点和分析框架。

2. MM 理论的两种模型

MM 理论主要有两种模型：无公司税时的 MM 模型和有公司税时的 MM 模型。

（1）无公司税时的 MM 模型。MM 理论指出，无公司税时，一个公司所有证券持有者的总风险不会因为资本结构的改变而发生变动。因此，无论公司的融资组合如何，公司的总价值必然相同。资本市场套利行为的存在，是该假设重要的支持。套利行为避免了完全替代物在同一市场上会出现不同的售价。在这里，完全替代物指两个或两个以上具有相同风险而只有资本结构不同的公司。MM 理论主张，这类公司的总价值应该相等。把公司的营业净利按一个合适的资本化比率转化为资本就可以确定公司的价值。公式为：

$$V_L = V_u = EBIT/K = EBIT/K_u \qquad (2-3)$$

式中：V_L——有杠杆公司的价值；

$\quad V_u$——无杠杆公司的价值；

$K = K_u$——合适的资本化比率，即贴现率；

$EBIT$——息税前净利。

根据无公司税的 MM 理论，公司价值与公司资本结构无关。也就是说，不论公司是否有负债，公司的加权平均资金成本是不变的。

（2）有公司税时的 MM 模型。MM 理论认为，有公司税时，举债的优点是负债利息支付可以用于抵税，因此财务杠杆降低了公司税后的加权平均资金成本。避税收益的现值可以用公式表示为：

$$避税收益的现值 = t_c \times r \times B/r = t_c \times B \qquad (2-4)$$

式中：t_c——公司税率；

$\quad r$——债务利率；

$\quad B$——债务的市场价值。

由此可知，公司负债越多，避税收益越大，公司的价值也就越大。因此，在原始的 MM 模型中加入公司税调整后，可以得出结论：税收的存在是资本市场不完善的重要表现，而资本市场不完善时，资本结构的改变就会影响公司的价值。也就是说，公司的价值和资金成本随资本结构的变化而变化，有杠杆公司的价值会超过无杠杆公司的价值（即负债公司的价值会超过无负债公司的价值），负债越多，这个差异就越大，当负债达到 100% 时，公司价值最大。

三、公司价值评估方法

公司价值评估方法主要分两大类：一类为相对估值法，特点是主要采用乘数方法，较为简便；另一类为绝对估值法，特点是主要采用折现方法。

（一）相对估值法

相对估值是通过市盈率、市净率等财务指标，相比同类、同行业、同职能上市公司或市场可比公司去估算公司的价值。相对估值法主要有 PE 估值法、PB 估值法、PEG 估值法、EV/EBITDA 估值法等。

1. PE 估值法

（1）PE 的含义。PE 就是市盈率,也称股价收益比率、本益比,指股票价格与每股收益的比值。市盈率(PE)体现的是企业按现在的盈利水平要花多少钱才能收回成本。其计算公式为：

$$市盈率(PE) = 股价(P) \div 每股收益(E) \tag{2-5}$$

E = 税后利润 ÷ 股本总数(流通股和非流通股),这样我们就可以利用中报或年报,倒推算出该股股价,即 $P = PE \times E$。

PE(市盈率)估值法是一种简洁有效的股票估值方法,PE 是使用最广泛和有效的估值指标。市盈率通常被认为在 10～20 是合理区间。

（2）PE 分类。市盈率有静态市盈率和动态市盈率之分。

什么是静态市盈率？

静态市盈率是市场广泛谈及的市盈率,即以目前市场价格除以已知的最近公开的每股收益后的比值。它是用当前每股市场价格除以该公司的每股税后利润,其计算公式如下：

$$静态市盈率 = 股票每股市价 / 每股税后利润 = 股价 / 每股收益 \tag{2-6}$$

什么是动态市盈率？

动态市盈率指还没有真正实现的下一年度的预测利润的市盈率。动态市盈率计算公式是以静态市盈率为基数乘以动态系数,该系数为 $1/(1+i)^n$,i 为企业每股收益的增长比率,n 为企业的可持续发展的存续期。动态市盈率的计算公式为：

$$动态市盈率 = 股票现价 \div 未来每股收益的预测值 \tag{2-7}$$

$$动态市盈率 = 静态市盈率 / (1+年复合增长率)^n \tag{2-8}$$

例：上市公司当前股价为 20 元,每股收益为 0.38 元,上年同期每股收益为 0.28 元,成长性为 35%,即 $i = 35\%$；该企业未来可持续 5 年保持该增长速度,即 $n = 5$。则：

$$静态市盈率 = 20/0.38 = 52$$

$$动态系数 = 1/(1+35\%)^5 = 22\%$$

$$动态市盈率 = 52 \times 22\% = 11.6 倍$$

动态市盈率理论告诉我们一个简单朴素而又深刻的道理,即投资股市一定要选择有持续成长性的公司。

当日收盘价格与上一年度每股税后利润的比值称作市盈率 I (历史市盈率),与当年每股税后利润预测值的比较称作市盈率 II (预期市盈率)。

（3）PE 估值法的运用。市盈率表示该公司需要累积多少年的盈利才能达到目前的市价水平,所以市盈率指标数值越小越好,越小说明投资回收期越短,风险越小,投资价值越高；数值大则意味着翻本期长,风险大,购买时应谨慎。一般来说,市盈率水平为：

0～13,即价值被低估；

14～20,即正常水平；

21～28,即价值被高估；

28 以上,反映股市出现投机性泡沫。

（4）正确看待市盈率。一是在衡量市盈率指标时,要考虑股票市场的特性,以动态眼光看待市盈率。市盈率高,在一定程度上反映了投资者对公司增长潜力的认同,不仅在中国内地股市如此,在欧美、中国香港的股票市场上同样如此。二是在使用市盈率指标时,需要注意不同行业的合理市盈率有所不同。对于受经济周期影响较大的行业,考虑到盈利能力的波动性,市盈率较低,如钢铁行业在较发达的市场是10~12倍;而受经济周期影响较小的行业(如饮料等)市盈率较高,通常是15~20倍。

2. PB 估值法

(1)什么是PB? P是股价,B是每股净资产,市净率(PB)指的是每股股价与每股净资产的比率,反映上市公司的每股内含净资产值高低。市净率的计算公式为:

$$市净率(PB)=股票市价(P)/每股净资产(BV) \qquad (2-9)$$

股票净值即公司资本金、资本公积金、资本公益金、法定公积金、任意公积金、未分配盈余等项目的合计,它代表全体股东共同享有的权益,也称净资产。净资产的多少是由股份公司经营状况决定的,股份公司的经营业绩越好,其资产增值越快,股票净值就越高,股东所拥有的权益也就越多。股票净值是决定股票市场价格走向的主要因素。

(2)PB 估值。一般来说市净率较低的股票,投资价值较高;反之则投资价值较低。判断投资价值时还要考虑当时的市场环境以及公司经营情况、营利能力等因素。

利用市净率定价法估值时,首先,应根据审核后的净资产计算出发行人的每股净资产;其次,根据二级市场的平均市净率、发行人的行业情况(同类行业公司股票的市净率)、发行人的经营状况及其净资产收益等拟定估值市净率;最后,依据估值市净率与每股净资产的乘积决定估值。在评估高风险企业或企业资产大多为实物资产的企业时,市净率特别受重视。

3. PEG 估值法

(1)PEG 的含义。PEG 的中文意思是市盈率相对利润增长的比率,是用公司的市盈率除以公司的盈利增长速度。PEG 指标是彼得·林奇发明的一个股票估值指标,是在 PE 估值的基础上发展起来的,它弥补了 PE 对企业动态成长性估计的不足。其计算公式为:

$$PEG=市盈率(PE)/企业年盈利增长率 \qquad (2-10)$$

关于公司的年盈利增长率,彼得·林奇提出了一个长期增长率概念,意思是不能看公司一年甚至半年的数据,而要连续几年的数据一起观察。

(2)PEG 的运用。PEG 等于 1 时,表明市场赋予这只股票的估值可以充分反映其未来业绩的成长性,股票定价合理。

PEG 大于 1 时,股票的价值就可能被高估,或市场认为这家公司的业绩成长性会高于市场的预期。通常,那些成长型股票的 PEG 都会高于1,甚至在 2 以上。投资者愿意给予其高估值,表明这家公司未来很有可能会保持业绩的快速增长。这样的股票就容易有超出想象的市盈率估值,投资者就应对这家公司谨慎。

PEG 小于 1 时,要么是市场低估了这只股票的价值,要么是市场认为其业绩成长性可能比预期的要差。通常当 PEG 等于 0.5 时,就代表此时是买入该股非常不错的机会。

投资者需要注意的是,像其他财务指标一样,PEG 也不能单独使用,必须要和其他指标结合起来,这里最关键的还是对公司业绩的预期。由于使用 PEG 指标时需要对未来至少 3 年的业绩增长情况做出判断,而不能只用未来 12 个月的盈利预测数据,因此大大提高了准确判断的难度。

4. EV/EBITDA 估值法

EV/EBITDA 即企业价值（EV）与息税折旧前利润（EBITDA）的比值，企业价值等于公司股票的总市值加公司的净债务值，即公司的股权价值与债权价值之和。EV/EBITDA 又称企业价值倍数，是一种被广泛使用的公司估值指标，其公式为：

$$EV/EBITDA = EV \div EBITDA \tag{2-11}$$

式中：EV（公司价值）= 市值+（总负债−总现金）= 市值+净负债。

$$EBITDA（利息、所得税、折旧、摊销前盈余）= 营业利润+折旧费用+摊销费用 \tag{2-12}$$

式中：营业利润 = 毛利−销售费用−管理费用。

EV/EBITDA 和市盈率（PE）等相对估值法指标的用法一样，其倍数相对于行业平均水平或历史水平较高通常说明企业价值被高估，较低说明被低估。不同行业或板块有不同的估值（倍数）水平。

（二）绝对估值法

绝对估值就是以企业自己的财务和经济数据去估算公司自身的价值。绝对估值法主要有：股利折现模型、现金流折现模型等。

1. DDM 模型

DDM 为股利折现模型，是计算公司价值的一种方法，是一种绝对估值方法。股利折现模型是研究股票内在价值的重要模型，其基本公式为：

$$V = \sum_{t=1}^{\infty} \frac{D_t}{(1+k)^t} \tag{2-13}$$

式中：V——每股股票的内在价值；

D_t——第 t 年每股股票股利的期望值；

k——股票的期望收益率。

公式表明，股票的内在价值是其逐年期望股利的现值之和。

根据股利发放的不同，DDM 具体可以分为以下三种：

（1）零增长模型（即股利增长率为 0，未来各期股利按固定数额发放）。计算公式为：

$$V = D_0/k \tag{2-14}$$

式中：V——公司价值；

D_0——当期股利；

k——投资者要求的投资回报率，或资本成本。

（2）不变增长模型（即股利按照固定的增长率 g 增长）。计算公式为：

$$V = D_1/(k-g) \tag{2-15}$$

式中：D_1——下一期的股利，而非当期股利。

（3）二段增长模型、三段增长模型、多段增长模型。二段增长模型假设在时间 1 内红利按照 g_1 增长率增长，1 外按照 g_2 增长。三段增长模型类似，不过多假设一个时间点 2，增加一个增长率 g_3。二段和三段模型公式可以简化为：

$$V = V_1 + V_2 \tag{2-16}$$

$$V = V_1 + V_2 + V_3 \tag{2-17}$$

式中：V_1、V_2、V_3 的计算原理和不变增长模型一样，代入合并即可。

多段增长模型比较复杂，计算公式为：

$$V = V_{T_-} + V_{T_+} \tag{2-18}$$

式中：V_{T_-}——第一部分包括在股利无规则变化时期的所有预期股利的现值。

$$V_{T_-} = \sum_{t=1}^{T} \frac{D_t}{(1+k)^t} \tag{2-19}$$

V_{T_+}——第二部分从时点 T 开始的股利不变增长率时期的所有预期股利的现值。

$$V_{T_+} = V_T \times \frac{1}{(1+k)^T} = \frac{D_{T+1}}{(k-g)(1+k)^T} \tag{2-20}$$

根据方程（2-19），得出直到 T 时刻为止的所有股利的现值；根据方程（2-20），得出 T 时刻以后的所有股利的现值。这两部分现值的总和即是这种股票的内在价值。用公式表示为：

$$V = \sum_{t=1}^{T} \frac{D_t}{(1+k)^t} + \frac{D_{T+1}}{(k-g)(1+k)^T} \tag{2-21}$$

2. DCF 模型

DCF 模型即现金流折现模型，是公司财务和投资学领域应用最广泛的定价模型之一，也是最严谨的对企业和股票估值的方法。DCF 估值法与 DDM 的本质区别是 DCF 估值法用自由现金流替代股利。自由现金流量可以是股权自由现金流量（FCFE），即公司在经营过程中产生的、在满足了再投资需求之后剩余的、不影响公司持续发展前提下可供股东分配的现金。也可以是公司自由现金流量（FCFF），即公司在经营过程中产生的、在满足了再投资需求之后剩余的、不影响公司持续发展前提下可供企业资本供应者和各种利益要求人（股东、债权人）分配的现金。

（1）FCFE 模型（股权自由现金流模型）。股权自由现金流量（FCFE），指在除去经营费用、税收、本息偿还以及为保障预计现金流增长要求所需的全部资本性支出后的现金流。股权自由现金流量用于计算企业的股权价值。

股权自由现金流量的计算公式：

$$\text{股权自由现金流量} = \text{实体现金流量} - \text{债权人现金流量} \tag{2-22}$$

股权自由现金流量＝实体现金流量－税后利息支出－偿还债务本金＋新借债务

$$\tag{2-23}$$

$$\text{股权自由现金流量} = \text{实体现金流量} - \text{税后利息支出} + \text{债务净增加} \tag{2-24}$$

股权自由现金流量模型也可以用另外的形式表达：以属于股东的净利润为基础扣除股东的净投资，得出属于股东的现金流量。

$$\text{股权自由现金流量} = \text{实体现金流量} - \text{债权人现金流量} \tag{2-25}$$

股权自由现金流量＝税后经营利润＋折旧与摊销－经营营运资本增加

$$-\text{资本支出} - \text{税后利息费用} + \text{债务净增加} \tag{2-26}$$

$$股权自由现金流量=(利润总额+利息费用)\times(1-税率)-净投资$$
$$-税后利息费用+债务净增加 \qquad (2-27)$$
$$股权自由现金流量=(税后利润+税后利息费用)-净投资-税后利息费用+债务净增加$$
$$(2-28)$$
$$股权自由现金流量=税后利润-(净投资-债务净增加) \qquad (2-29)$$

如果企业按照固定的负债率为投资筹集资本,企业保持稳定的财务结构,净投资和债务净增加存在固定比例关系,则股权自由现金流量的公式可以简化为:
$$股权自由现金流量=税后利润-(1-负债率)\times净投资 \qquad (2-30)$$
$$股权自由现金流量=税后利润-(1-负债率)\times(资本支出-折旧与摊销)$$
$$-(1-负债率)\times营业流动资产增加 \qquad (2-31)$$

该公式表示,税后净利润是属于股东的,但要扣除净投资。净投资中股东负担部分是"(1-负债率)\times净投资",其他部分的净投资由债权人提供。税后利润减去股东负担的净投资,剩余的部分成为股权自由现金流量。

(2) FCFF(公司自由现金流模型)。

公司自由现金流是可供股东与债权人分配的最大现金额。具体公式为:
$$公司自由现金流量(FCFF)=(税后净利润+利息费用+非现金支出)$$
$$-营运资本追加-资本性支出 \qquad (2-32)$$

继续分解这个公式得出:
$$公司自由现金流量(FCFF)=(1-税率)\times息税前利润(EBIT)+折旧-资本性支出(CAPX)$$
$$-净营运资金(NWC)的变化 \qquad (2-33)$$

式中:息税前利润(EBIT)——扣除利息、税金前的利润,也就是扣除利息开支和应缴税金前的净利润。

具体还可以将公式转变为:
$$公司自由现金流量(FCFF)=(1-税率)\times息税前及折旧前的利润(EBITDA)$$
$$+税率\times折旧-资本性支出(CAPX)$$
$$-净营运资金(NWC)的变化 \qquad (2-34)$$
$$公司自由现金流量(FCFF)=(1-税率)\times息税前利润(EBIT)-净资产(NA)的变化$$

式中:息税前及折旧前的利润(EBITDA)=息税前利润+折旧

用自由现金流量折现模型进行公司估价时,主要需进行自由现金流量预测、折现率(资本成本)估算、自由现金流量的增长率和增长模式预测。

FCFF模型的一般形式可以用来对任何公司进行估价。

在FCFF模型一般形式中,公司的价值可以表示为预期FCFF的现值:
$$公司的价值=\sum FCFF_t/(1+WACC)_t \qquad (2-35)$$

式中:t——从1至无穷大;

$FCFF_t$——第t年的$FCFF$;

$WACC$——资本加权平均成本。

如果公司在n年后达到稳定增长状态,稳定增长率为g_n,则该公司的价值可以表示为:

公司的价值 $= \sum FCFF_t / (1+WACC)_t + [FCFF_n + 1/(WACC_n - g_n)] / (1+WACC)_n$

$$(2-36)$$

式中:t——从 1 至无穷大;

$WACC_n$——稳定增长阶段的资本加权平均成本。

(3)公司自由现金流和股权自由现金流的关系。

公司自由现金流 $=$ EBIT(1-税率)+折旧-资本支出-营运资本变动 $(2-37)$

股权自由现金流 $=$ 公司自由现金流-利息(1-税率)-本金偿付+新发债券-优先股股利

$$(2-38)$$

第二节 企业并购理论

企业并购指企业通过购买目标企业的股权或资产,控制、影响目标企业,以增强自身的竞争优势,实现价值增值。企业并购已成为企业外部扩张与成长的重要途径之一。企业并购理论认为,企业并购是现代经济生活中企业自我发展的一个重要内容,是市场经济条件下企业资本经营的重要方面,通过并购,企业可以有效实现资源合理配置,扩大生产经营规模,实现协同效应,降低交易成本,并可以提高自身的价值。

一、企业并购理论的发展

目前,全球已经出现了五次大规模的并购浪潮,伴随着并购浪潮,企业并购理论也逐步向前发展。

(一)横向并购理论

横向并购理论是基于第一次并购浪潮的出现而产生的,其代表性的理论有规模经济效应理论、协同效应理论和福利均衡理论。韦斯顿的协同效应理论认为,公司兼并对整个社会来说是有益的,它主要通过协同效应体现在效率的改进上,表现为管理协同效应和营运协同效应的提高。而威廉森则应用新古典主义经济学的局部均衡理论,对并购导致的产业集中和产业垄断与社会福利的损失进行了分析,提出了福利权衡模型。他认为并购推动获得规模效益的同时,也形成了产业垄断,进而引起社会福利的损失,因此判断一项并购活动是好是坏的标准,取决于社会净福利是增加还是减少。

(二)纵向并购理论

第二次并购浪潮的发生则推动了纵向并购理论的发展。代表性的理论有交易费用理论和生命周期理论。科斯提出的交易费用理论从市场机制失灵和交易费用的角度,对并购的功能做了分析。他认为,企业和市场是两种可以互相替代的资源配置机制,交易费用是企业经营活动、发生交易等的成本,如果市场的交易费用很高,市场就不是一个有效的资源配置机制,而应由企业来完成,通过并购可以将外部交易费用内部化,从而降低交易费用。而乔治·J.斯蒂格勒则运用亚当·斯密的"劳动分工受市场规模限制"的原理提出了生命周期理论,认为一个产业的并购程度随产业的规模的变化而变化,并与产业的生命周期一致,新兴产业或产业发生的前、后期容易发生并购。

（三）混合并购理论

从第三次并购浪潮开始，就已经出现了跨国并购交易。一些经济学家开始研究跨国并购的问题，并产生了一些新的理论，如资源利用论、多角化理论、协同效应论等。尼尔森和梅里奇经过实证研究发现，当收购企业现金流比率较高而被收购企业该比率较低时，作为兼并收益近似值支付给被收购企业的溢价比率较高。穆勒提出了最全面的混合并购的管理主义解释，认为管理者往往采用较低的投资收益率，通过并购来扩大自己的声誉。

（四）新的并购理论

20 世纪 80 年代后期出现了一些新的并购理论。詹森和梅克林在继承前人观点的基础上，提出了控制权市场理论。他们将并购行为与公司管理中的委托人、代理人问题联系起来，把并购看成是一种市场选择机制，认为并购可以保证公司股东的利益最优化。此外，还有托宾提出的 Q 理论和詹森提出的自由现金流假说等理论。20 世纪 90 年代中期至 2000 年，并购的理论体系更加成熟。核心竞争力理论是其中之一。核心竞争力理论认为，企业并购的最高境界应该是围绕其核心竞争力进行的，而核心竞争力指"企业能够在一批产品或服务上取得领先地位所必须依赖的能力"。核心竞争力理论引发了企业对基本价值观的重新思考，从更高层面上进化了企业的发展观。

二、并购动因理论

（一）关于横向并购和规模经济动因

美国第一次大规模的并购浪潮产生于 19 世纪末 20 世纪初，它是随着美国国内铁路网的建成，美国成为世界上第一个统一的市场而出现的。美国国内统一市场的形成刺激了美国企业进行横向并购，以产生规模经济效应。这一阶段的并购被美国学者称为垄断并购。随着美国经济的工业化，许多公司通过并购占据了很大的市场份额。支持这一阶段的并购理论主要是规模经济，其目标也是达到并购双方企业经营上的协同。但也有经济学家持反对意见，认为兼并将导致行业内的过度集中。这种观点认为假如只有少数几家企业在某一行业中占有销售额的大部分，这些企业将趋向合谋，企业的价格和利润将含有垄断因素，因此，无法通过兼并实现规模经济，而只可能导致垄断利润。

（二）纵向并购和协同效应目标

20 世纪 20 年代，无线电技术的应用和汽车工业的发展改变了传统的销售渠道。无线电技术使得各种产品可以通过全国性广告进行宣传，而汽车业的发展使货物运输变得更方便，从而大大节省了产品的销售成本。除此之外，整个生产链条中对各种部件质量要求的提高，共同引发了企业间进行纵向并购的热潮。经济学家们对这次并购做出了解释，主要观点是企业纵向联合，将行业中处于不同发展阶段的企业联合在一起可能会获得不同水平间的更有效的经营协同，因为通过纵向联合可以避免相关的联络费用和各种形式的交易成本。许多公司还通过并购使本公司拥有的在所在行业的专属治理能力向被并购企业溢出，从而使并购双方企业的治理水平都得到提高，实现双方公司治理间的协同。

（三）混合兼并和多样化经营动机理论

第三次大的并购浪潮发生于美国 20 世纪 60 年代，这次并购浪潮发生的背景是西方财务计划和治理体系及治理学理论的发展形成了多样化经营动机理论。这一时期的理论主要以风险化解为立足点，认为治理者和其他雇员为了保持组织资本和声誉资本以及在财务和税收方面的优势，可能会寻求多样化经营。多样化经营既可以通过内部发展完成，也可以通过兼并活动完成。然而，在特定情况下，通过兼并达到多样化经营要优于内部发展途径。企业可能仅仅是由于缺少必要的资源或其潜力已超过了行业容量而缺少内部发展的机会，这就需要通过混合并购来分散这些资源或潜力。

（四）金融创新与潜在价值低估理论

第四次并购浪潮出现在 20 世纪 80 年代，它是随着金融工具的创新而蓬勃发展起来的。这次并购浪潮扭转了上次并购浪潮跨行业并购的趋势，转而使企业注重加强核心竞争力。原因是，金融衍生工具，特别是垃圾债券的使用，使杠杆融资被广泛应用，企业很容易筹集大量现金进行并购，任何企业，只要经营表现稍微不善，就有可能成为被收购的目标。同时在这一阶段，分拆作为收购的一种形式占到了并购总额的 45%。杠杆交易的滥用最终导致了反接管法、联邦新税制、破产法的实施和对银行监管的强化。对这一阶段并购活动的理论解释主要是托宾的 Q 理论和詹森的自由现金流假说。托宾的 Q 理论主要阐明了在不考虑资本利得税的条件下，当企业证券市场价值低于其重置资本成本时，并购将更可能发生。这一时期用以解释杠杆收购行为的另一种理论是詹森的自由现金流假说，他认为企业要使效率及股价最大化，自由现金流就必须支付给股东，但是公司的管理层往往没有积极性向股东支付这些剩余现金流，这时他们便会为公司寻找更多的投资机会，以降低管理者所控制的资源数量，从而削弱他们的权力，同时，当为额外的投资寻求新资本而进行融资时，管理层也会受到来自外部资本市场的监督，其行为决策也会更符合债权人或股东的利益。

（五）全球化与外部冲击理论

全球化、信息技术、管制的放松及产业结构的变迁要求企业做出迅速调整，从而导致了 20 世纪 90 年代的第五次全球战略并购浪潮。这一浪潮在 2000—2001 年高技术领域的并购浪潮中达到了顶峰。经济全球化和信息技术革命导致全球竞争的加剧，竞争的加剧又迫使世界各国普遍放松监管政策，这就给并购创造了较有利的企业内外部环境。跨国公司在这一次并购浪潮中成为领导力量。跨国公司之所以能够在东道国获得经营收益，是因为它们拥有多种所有权优势，其中最重要的是跨国企业所拥有的无形资产优势，如管理、技术知识、品牌和商标优势等。跨国企业研究专家对跨国并购进行了总结："纵向的跨国企业将中间产品的市场内部化，而横向跨国企业将无形资产的市场内部化。"

米切尔和穆勒林提出了并购的外部冲击理论，阐述了并购的发生是由于外部因素，如技术革命、全球化、政府监管的放松等变动而引起的。韦斯顿也提出了当今跨国并购产生的七大推动因素，它们分别是：技术进步，全球化和自由化贸易，监管松弛，规模经济、范围经济、经济互补推动的技术赶超，产业组织的变迁，企业家个人的才能，以及股价的上升、利率的降低和经济的持续增长。

三、并购效应理论

自 20 世纪 90 年代的全球并购发生以来,并购金额占一国 GDP 的比重不断上升,对一国经济发展产生的影响越来越大,经济学家从研究并购动因转向更多地以实证方法来研究并购效应。

（一）并购与产业集中

美国经济学家米切尔和穆勒林通过对 20 世纪 80 年代被并购公司进行研究时发现,这些目标公司都集中于某些产业,表现出被并购产业集聚的特征。安德拉德和斯塔福德在对 1970—1994 年并购公司的研究中,也发现并购公司有类似的并购产业集聚的特征。安德拉德、米切尔和斯塔福德按并购金额对近几次并购浪潮中并购企业所在行业进行排列,然后对这些行业进行相关性分析,结果发现这些行业不具有显著的相关性。这说明,在某一次并购浪潮中处于并购高峰的行业在下一次并购浪潮中并不一定就是并购发生的主要行业。如果并购企业长期经营状况不佳,则它就不对市场形成威胁。但是,许多数据显示并购企业在长期中虽然销售额较低,但利润却比较高。人们认为其中一个合理的解释就是这些企业通过市场垄断力量获得了超额利润。但是,希利、鲁拜克等研究发现,产业利润率的提高来源于运营资本投资水平和工厂、设备管理能力的提升。波特勒通过大量的数据也说明了在 1974—1998 年并购并没有出现明显的产业集中的趋势。相反,韦斯顿的研究表明,为适应全球市场的调整,衡量行业集中度的指标平均集中比率下降到约 25%。戈里桑卡兰和托里斯以动态垄断公司模型为基础对兼并在长期中是否会引起垄断做了一次实证研究。模型假定,存在合理的代理费用,兼并在行业内部进行,规模收益不变。结果发现,并购只有在这一行业的供给相对无弹性而需求相对有弹性的情况下才有可能发生,这表明垄断公司借助垄断力量提高市场价格的能力受到限制。产业组织理论也认为,产业集中并不能与缺乏竞争画上等号。一个产业内的公司可以在产品质量、品种、耐用性、售后服务及服务支持等各个方面展开竞争,旧的理论所认为的高度的产业集中将导致垄断或少数大公司合谋的观点并不适用当今异质产品成为消费主流的社会。大公司市场份额的增加得益于它们的高效率和良好经营。

（二）并购与资源配置

并购在经济中主要发挥两种作用:扩张和收缩。从行业角度看,行业内并购的即时影响是能够引起现有资产的重新配置,如果行业内的某些企业试图增大其经营规模以消化更大的资本投资,则并购成为其行业扩张的工具。同时,并购也可以用于消除行业内过剩的生产能力,使其生产规模更符合社会需要,这时,并购则起到收缩行业内现有资产的作用。在 20 世纪 80 年代,分拆作为并购形式的一种占到当时并购金额的近一半,当时许多公司纷纷把本公司内不具有竞争力和盈利能力弱的部门分拆出去,从而导致公司资源从一个行业向另一个行业转移。安德拉德、米切尔和斯塔福德等研究发现,总是由 Q 值较高的企业并购 Q 值较低的公司,如果反之,则并购有可能失败。约万诺维奇和卢梭也发现,一个公司的并购投资与 Q 值密切相关,而直接投资则不具有这种相关性。费利西亚诺和利普西通过研究外国资本通过跨国并购或企业新建进入美国制造业的行为发现,跨国企业在选择目标企业时，往往是在它们具有比较优势而美国处于相对劣势的行业内进行。研究还发现，作为目标国的美国的股价、产业利润率越高，产业发展速度越快，越不利于并购；而美国的利率越高、汇率越低，并购企业所在国的经济增长速度越快，则越有利于对美国企业进行并购。因而，跨国并购，能够在全球范围内配置资源，发挥各国的比较优势。约万诺维奇和卢梭的实证研究表明，并购加速了新技术的扩散和转移。哈格多姆和戴思特斯在对计算机行业的并购研究中证明，在经营战略和组织结构上相近的两个公司的合并有利于双方技术协同效应发挥作用以及技术资源的重新配置。

（三）并购与经济发展

巴伦在比较了日本和美国在 20 世纪 70—90 年代的经济发展表现后发现，日本经济在 20 世纪 70—80 年代得益于其管理体系的创新，发展迅速。但是，到了 20 世纪 90 年代，由于缺少必要的刺激，日本公司在技术创新方面落到了美国的后面，经济增长缓慢。而当时的美国公司由于普遍受到恶意收购的威胁，纷纷进行公司重组，提高经营效率，吸收了许多科技创新成果。因而，并购在一定程度上刺激了美国公司的创新意识，为 20 世纪 90 年代的良好发展势头奠定了基础。美国学者韦斯顿通过实证研究证明了美国企业的重组对美国经济增长具有显著的正效应。对大型跨国并购的调查表明，跨国并购对发展中国家的生产率的提高有正面作用。对日本跨国公司的调查表明，日本跨国公司通过并购建立的亚洲子公司中有 70% 利润增加了，对拉美企业的并购研究也表明，跨国公司通过并购在这些地区建立的子公司的利润上升了近 75%，这说明跨国公司的并购对东道国经济的发展能够起到促进作用。

（四）并购与就业

实现充分就业是政府宏观经济调控的重要目标。并购的目标之一是降低成本，从而往往伴随着企业的减员和失业人数的增加。在美国 20 世纪 80 年代恶意收购风行的时候，许多人对并购会造成失业率的上升表示了担忧。但美国有关数据显示，尽管企业间的兼并重组会导致有些行业中的雇员失业，但随着企业调整的完成，自 1980 年以来，整个美国经济中每年新增加近 200 万个工作机会。布朗和梅多夫就并购对工人工资和就业状况的影响研究发现：企业间的并购导致了工人工资水平平均下降了 4%，而就业水平却上升了近 2%。对韩国 20 多起大型跨国并购的调查表明，并购后据估计总共有 6 万多个工作岗位被保留下来，平均保留率为 72%。应该看到，由并购而导致的就业减少只是一种短期的现象，在长期中，并购对就业的正面影响要大于其负面影响，但这也要取决于一国经济增长、劳动力市场弹性、技能熟练程度及企业的竞争力。

（五）并购与股东财富

并购可以增加目标企业股东的财富已被许多事实所证明。詹森和鲁拜克的研究成果显示，在成功的要约收购中，目标企业股东的收益率为正 30%；而在成功的兼并活动中，目标企业股东的收益率则相对低一些，为正 20%。贾雷尔、布里克利等统计了 1962—1985 年 663 起成功的要约收购的结果，发现在成功的要约收购中，目标企业获得溢价的平均值在 20 世纪 60 年代为 19%，70 年代为 35%，1980—1985 年为 30%。布拉德利、基姆等的研究也得到了类似的结果。什未林以 1975—1991 年 1 814 家公司的并购作为研究样本，发现在整个时期要约收购的收益率为35%。显然,在成功的要约收购和兼并活动中,目标企业获得了相当大的溢价收益。在不成功的并购中,目标企业的股东价值也得到了不同程度的提升。

对于并购企业来说,其股东收益是否为正却并没有显著的数据可以证明。据詹森和鲁拜克估算,在成功的要约收购中,收购企业的超额利润率为正4%,在成功的兼并活动中的超额利润率为零。随后,贾雷尔、布里克利等的研究发现,20世纪60年代的收购具有与詹森和鲁拜克相同的结果,但超额收益率随着事后分析期的延长而有所提高。布拉德利、基姆等以及什未林对要约收购的研究发现,1975—1991年,平均来看收购企业的异常收益接近于零。希利、鲁拜克等、米切尔和莱恩、卢等的研究也显示了同样的结果。高希在研究后发现收购公司以现金收购后现金流量每年增长3%,但其来源是销售额的增长,而不是成本的削减;换股收购中上述增量下降,但不显著。

(六)并购与企业经营绩效

并购能否提高企业的经营效率,至今尚无定论。其原因很多,最主要的是许多学者在对并购企业经营效率的实证分析中,采用了不同的效率测定方法(DEA法、SFA法、TFA法和DFA法)。这些方法在定义变量,特别是在定义误差项时,存在重大的差别,如SFA法假定误差项呈正态分布,而DFA法则假定误差项呈均匀分布等。加登和拉尔斯顿利用DEA法对信用联盟的兼并进行了分析,发现兼并并不能给各方带来显著的收益,因而管理层不应将兼并作为降低成本的方法。其他学者在研究并购企业经营效率后也发现,较高的并购成本和被收购企业较差的经营状况导致并购后企业的利润率呈现出递减的趋势。但是,也有一些经济学家通过分析证明,并购实现了企业经营的多元化,从而在长期中提高了企业的经营业绩。德勇运用TFA法对1987—1989年发生的384起并购案进行了检验,结果发现大多数并购能够小幅度提升企业经营业绩。并购方式的不同对并购后企业经营业绩的影响也具有很明显的差异。根据理论上的分析,横向并购和纵向并购在短期内较混合并购更易产生并购后的协同效应,从而提高并购后企业的经营业绩。哈格多恩和戴思特斯从技术扩散的角度研究了长期中并购对企业经营业绩的影响。长期中,由于并购双方技术协同,采用新技术、新工艺,研制新产品,企业的赢利能力都得到了提高。

第三节 现代资本市场理论

现代资本市场理论的产生使金融问题从定性分析转变为定量分析,现代资本市场理论涵盖的大量科学分析方法与著名的金融理论,如资产组合理论、资本资产定价模型、套利定价理论、期权定价理论以及作为它们理论基础的有效市场假说等,皆在理论界得到普遍的认同和接受。

一、现代资产组合理论

现代资产组合理论是由美国纽约市立大学巴鲁克学院的经济学教授马柯维茨提出

的。1952年3月马柯维茨在《金融杂志》发表了题为《资产组合的选择》的论文,将概率论和线性代数的方法应用于证券投资组合的研究,探讨了不同类别的、运动方向各异的证券之间的内在相关性,并于1959年出版了《证券组合选择》一书,详细论述了证券组合的基本原理,从而为现代西方证券投资理论奠定了基础。

(一) 理论假设

现代资产组合理论建立在如下假设之上:

(1) 投资收益的概率分布是已知的(该假设可以减弱)。

(2) 投资者都利用预期收益的波动来估计风险,即用收益率的方差或标准差来表示风险。

(3) 影响投资决策的主要因素是期望收益率和风险两项。

(4) 投资者都遵循占优原则:在同一风险水平上,投资者偏好收益较高的资产或资产组合;在同一收益水平上,投资者偏好风险较小的资产或资产组合。

(二) 资产组合的收益与风险

1. 单一证券的收益与风险

证券投资的收益有两个来源,即股利收益(或利息收入)加上资本利得(或减去资本损失)。例如在一定期间进行股票投资的收益率,等于现金股利加上价格的变化,再除以初始价格。因此证券投资单期的收益率可定义为:

$$R = \frac{D_t + (P_t - P_{t-1})}{P_{t-1}} \tag{2-39}$$

式中:R——收益率;

t——特定时间段;

D_t——第t期的现金股利(或利息收入);

P_t——第t期的证券价格;

P_{t-1}——第$t-1$时期的证券价格。

在公式的分子中,括号里的部分$(P_t - P_{t-1})$代表$t-1$到t期间的资本利得或资本损失。

风险证券的收益率通常用统计学中的数学期望$E(R)$来表示:

$$E(R) = \sum_{i=1}^{N} R_i \times P_i \tag{2-40}$$

式中:$E(R)$——预期收益率;

R_i——第i种可能的收益率;

P_i——收益率R_i发生的概率$\left(\sum_{i=1}^{N} P_i = 1\right)$;

N——可能性的数目。

预期收益率描述了以概率为权数的平均收益率。实际发生的收益率与预期率的偏差越大,投资该证券的风险也就越大,因此对单个证券的风险,通常用统计学中的方差或标准差来表示。方差$\sigma^2(R)$可用公式表示成:

$$\sigma^2(R) = \sum_{i=1}^{n} [R_i - E(R)]^2 \times P_i \tag{2-41}$$

2. 资产组合的投资收益与风险的衡量

（1）资产组合的投资收益率。资产组合的投资收益等于组合中各种资产的期望收益的加权平均数，权数是各种资产在整个资产组合中的投资比重。资产组合 P 的期望收益 $E(R_\mathrm{P})$ 可用以下公式计算：

$$E(R_\mathrm{P}) = \sum_{i=1}^{n} w_i E(R_i) \tag{2-42}$$

式中：w_i——资产 i 占资产组合 P 的投资比重；

$E(R_i)$——资产 i 的期望收益；

n——资产组合 P 包含的资产数。

（2）资产组合风险的衡量。当投资由若干个证券组成时，这个组合的风险仍然可以用方差或标准差来衡量，但计算时还要考虑每只证券与其他各只证券之间的关系。由两种证券组成的投资组合的方差不仅取决于这两项资产的方差，而且取决于这两项资产之间联系的紧密程度。公式如下：

$$s^2(R_\mathrm{P}) = w_i^2 s^2(R_i) + w_j^2 s^2(R_j) + 2w_i w_j Cov(R_i, R_j) \tag{2-43}$$

式中：$s^2(R_\mathrm{P})$——任意两种证券组合的方差；

w_i——证券 i 在组合中所占权重；

w_j——证券 j 在组合中所占权重；

$Cov(R_i, R_j)$——资产 i 与 j 的收益率之间的协方差。

由 i、j 两种资产组成的投资组合的方差是这两项资产的加权方差和这两项资产的加权协方差的和。

协方差在证券投资组合中的含义是两项资产的收益率相应变动或变化的程度。正的协方差意味着两种资产的收益率倾向于向同一方向变动，而负的协方差意味着两种证券的收益率向相反方向变动。任何两项资产 i 和 j 的协方差都可用如下公式计算：

$$Cov(R_i, R_j) = \sum_{i=1}^{N} P_k \left[(R_{ik} - E(R_i))(R_{jk} - E(R_j)) \right] \tag{2-44}$$

式中：R_{ik}——证券 i 的第 k 种可能的收益率；

R_{jk}——证券 j 的第 k 种可能的收益率；

P_k——证券 i 和 j 的第 k 种收益率的概率；

N——收益率可能出现的个数。

相关系数用来表示两个随机变量之间相互影响的程度，相关系数和协方差在概念上是等价的。资产 i 和 j 的收益率之间的相关系数为两个资产的协方差除以它们的标准差的乘积，其公式为：

$$r(R_i, R_j) = \frac{Cov(R_i, R_j)}{s(R_i) s(R_j)} \tag{2-45}$$

可以通过数学证明相关系数的值在 -1 到 $+1$。当取值为 -1 时，表示资产 i、j 收益变动完全负相关；当取值为 $+1$ 时，表示资产 i、j 完全正相关；当取值为 0 时，表示完全不相关。当 $0 < r_{ij} < 1$ 时，表示正相关；当 $-1 < r_{ij} < 0$ 时，表示负相关。如图 2-1 所示。

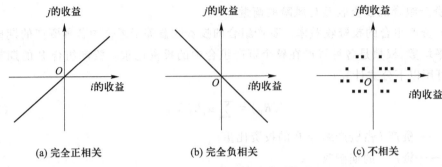

图 2-1   相关系数的三种典型情况

（三）组合投资和分散风险

多个证券构成资产组合时,期望收益保持线性关系不变,而波动则可以互相抵消,也就是说投资者可以在不牺牲收益的前提下降低投资组合的风险(方差),这被称作组合资产的风险分散效果。

例 2-1   假设有一个由普通股 A 和 B 组成的两资产组合 P,A、B 各自的期望收益率和标准差如表 2-1 所示。

表 2-1

资产组合 P	$E(R)$	$\sigma(R)$
股票 A	10%	30%
股票 B	20%	60%

如果股票 A 和股票 B 具有相同的权重(各为 50%),则投资组合的期望收益率:
$$E(R_P) = 0.50 \times (10\%) + 0.50 \times (20\%) = 15\%$$

两股票组合收益率的方差是:
$$s^2(R_P) = w_A^2 s^2(R_A) + w_B^2 s^2(R_B) + 2w_A w_B Cov(R_A, R_B)$$
$$= (0.5)^2 \times (30\%)^2 + (0.5)^2 \times (60\%) + 2 \times (0.5) \times (0.5) Cov(R_A, R_B)$$

对方差取平方根,可得
$$s(R_P) = \sqrt{(0.5)^2 \times (30\%)^2 + (0.5)^2 \times (60\%)^2 + 2 \times (0.5) \times (0.5) \times (30\%) \times (60\%) r(R_A, R_B)}$$
$$= \sqrt{0.1125 + (0.09) r(R_A, R_B)}$$

假设两支股票之间的相关系数 $r(R_A, R_B)$ 分别为 +1、0 和 -1,分别代入上式可得如表 2-2 所示结果。

表 2-2

$r(R_A, R_B)$	$E(R_P)$	$\sigma(R_P)$
+1	15%	45.0%
0	15%	35.0%
-1	15%	15.0%

股票 A 和 B 的期望收益率之间的相关系数从 +1 逐渐减少到 0 再到 -1,该组合的期望收益率的标准差也随之从 45% 减少到 15%,而该组合的期望收益率在每一种情况下都保持 15% 不变。

（四）理性投资者的行为特征与无差异曲线

从理论上说,具有独立经济利益的投资者的理性经济行为有两个规律特征:其一为追求收益最大化,其二为厌恶风险。二者的综合反映为追求效用最大化。

一般以无差异曲线来表示投资效用。无差异曲线形象地描述了投资者的风险态度。

一条无差异曲线代表给投资者带来同样满足程度的预期收益率和风险的所有组合。一个特定的投资者,任意给定其一个证券组合,根据他对风险的态度,可以得到一系列满意程度相同（无差异）的证券组合,这些组合恰好在 $E\text{-}\sigma$ 坐标系上形成一条曲线,我们称这条曲线为该投资者的一条无差异曲线。比如某个投资者认为,尽管图 2-2 中的证券组合 A、B、C、D、E 的收益风险各异,但是给他带来的满足程度相同,则这 5 个证券组合是无差异的,选择哪一个投资都可以。于是,用一条平滑曲线将证券组合 A、B、C、D、E 连接起来,就可近似看作为一条无差异曲线。当这样的组合很多时,它们在平面上便形成严格意义上的无差异曲线。

（五）有效集与最优投资组合

1. 可行集

可行集指由 n 种证券所形成的所有组合的集合,它包括了现实生活中所有可能的组合。也就是说,所有可能的组合都位于可行集的内部或边界上。一般来说,可行集的形状是伞形,如图 2-3 中 A、N、B、H 四点所围成的区域所示。

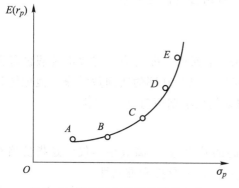
图 2-2　满足程度相同的证券组合

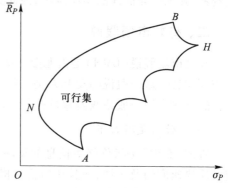
图 2-3　可行集与有效集

2. 有效集

有效集指能同时满足预期收益率最大、风险最小的投资组合的集合。有效集是可行集的一个子集,它包含于可行集中。图 2-3 中风险最小的组合是 N,风险最大的组合是 H。对于各种风险水平而言,能提供最大预期收益率的组合集是可行集中介于 N 和 H 之间的上方边界上的组合集。各种组合的预期收益率都介于组合 A 和组合 B 之间。对于各种预期收益率水平而言,能提供最小风险水平的组合集是可行集中介于 A、B 之间的左边边界上的组合集。同时满足这两个条件的 N、B 两点之间上方边界上的可行集就是有效边界。

有效集曲线具有以下特点:有效集是一条向右上方倾斜的曲线,它反映了"高收益,高风险"的原则;有效集是一条向上凸的曲线;有效集曲线上不可能有凹陷的地方。

3. 最优投资组合的选择

确定了有效集的形状之后,投资者就可根据自己的无差异曲线群选择能使自己投资效用最大化的最优投资组合了。这个组合位于无差异曲线与有效集的相切点 P,如图 2-4 所示。

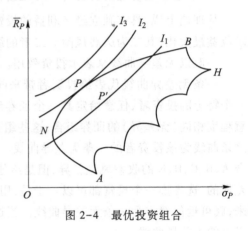

图 2-4　最优投资组合

从图 2-4 可以看出,虽然投资者更偏好 I_3 上的组合,然而可行集中找不到这样的组合,因而是不可实现的。至于 I_1 上的组合,虽然可以找得到,但由于 I_1 的位置位于 I_2 的东南方,即 I_1 所代表的效用低于 I_2,因此 I_1 上的组合都不是最优组合。而 I_2 代表了可以实现的最高投资效用,因此 P 点所代表的组合就是最优投资组合。

有效集向上凸的特性和无差异曲线向下凹的特性决定了有效集和无差异曲线的相切点只有一个,也就是说最优投资组合是唯一的。

对于投资者而言,有效集是客观存在的,它是由证券市场决定的。而无差异曲线则是主观的,它是由自己的风险收益偏好决定的。从前面的分析可知,厌恶风险程度越高的投资者,其无差异曲线的斜率越大,因此其最优投资组合越接近 N 点;厌恶风险程度越低的投资者,其无差异曲线的斜率越小,因此其最优投资组合越接近 B 点。

二、有效市场假说

有效市场假说(EMH)是由尤金·法玛于 1970 年深化并提出的。有效市场假说起源于 20 世纪初,这个假说的奠基人是一位名叫路易斯·巴舍利耶的法国数学家。他把统计分析的方法应用于股票收益率的分析,发现其波动的数学期望值总是为零。

(一)什么是有效市场

所谓"有效"是指价格对信息的反映具有很高的效率,这一高效率不仅仅是指价格对信息反映速度的及时性,而且还包括价格对信息反映的充分性和准确性。

法玛提出了有效市场假说,其对有效市场的定义是:如果在一个证券市场中,价格完全反映了所有可以获得的信息,那么就称这样的市场为有效市场。

衡量证券市场是否具有外在效率有两个标志:一是价格是否能自由地根据有关信息而变动;二是证券的有关信息能否被充分地披露和均匀地分布,使每个投资者在同一时间得到等量等质的信息。

（二）有效市场的前提条件

有效市场在现实中得以建立,需要具备四个前提条件:

（1）信息公开的有效性。即有关每一个证券的全部信息都能够充分、真实、及时地在市场上得到公开。

（2）信息从公开到被接收的有效性。即上述被公开的信息能够充分、准确、及时地被关注该证券的投资者所获得。

（3）信息接收者对所获得信息做出判断的有效性。即每一个关注该证券的投资者都能够根据所得到的信息做出一致的、合理的、及时的价值判断。

（4）信息的接收者依照其判断实施投资的有效性。即每一个关注该证券的投资者都能够根据其判断,做出准确、及时的行动。

如果证券市场具备了这四个条件,那么,交易者对所发行证券的价值的认识都是一样的,结果,市场形成的是买卖双方都认可的价格。一旦证券市场具备了这四个条件,那么,任何人都不可能从资本利得上获得收益,只能从企业盈利上获得收益。而且,不论投资者投资何种证券,投资的回报率都是一样的。

（三）有效市场的三种形式

在现实的经济生活中,能够完全满足有效资本市场四个条件的情况几乎是不存在的。根据这四个条件被满足的程度的不同,可以把资本市场的有效性划分成不同层次（见图 2-5）。考虑到信息的三种类型为:

（1）过去的信息,通常指证券过去的价格和成交量;

（2）所有可公开得到的信息,包括盈利报告、年度报告、财务分析人员公布的盈利预测和公司发布的新闻及公告等;

（3）所有可知的信息,包括不为投资大众所了解的内幕信息。

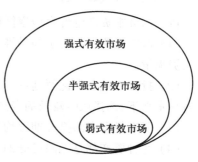

图 2-5　三种不同层次的效率市场假说

与这三类信息相对应,有效市场可分为:

（1）弱式有效（weak from efficiency）。如果证券的现价已经反映了过去的信息,则市场为弱式有效。任何人都不会通过过去的信息而获取超额收益。弱式有效的存在意味着,以过去信息为根据的技术分析的无用。按随机游走运动的市场为弱式有效。

（2）半强式有效（semi-strong form efficiency）。如果证券价格反映了所有公开的信息,则市场为半强式有效。任何人都不会通过公开信息获取超额收益。半强式有效也一定是弱式有效,这是因为所有公开信息也包括过去的价格和成交量。由于证券分析师基于所有投资者可获得的信息形成了价值,大量的不相关的估计会导致整个市场的"公平"价值符合随机游走,因此,以分析微观和宏观经济的变化为业的基础分析师就成为半强式效率的一个组成部分。用于证券分析的成本或者信息成本也就成为证券价格的一个组成部分。所以有信息成本的市场也就是半强式有效。

(3) 强式有效(strong form efficiency)。如果市场能够反映所有可知的信息,无论是公开的信息还是不公开的内幕信息,市场就是强式有效。在强式有效市场中,任何人都不会获得超额收益。这个形式是最高等级的效率形式,包含着半强式有效和弱式有效。在这种形式下,基本分析也是没用的。

鲁宾斯坦和拉萨姆则对市场效率的定义进行了延伸。他们认为,倘若信息没有引起任何证券组合的变化,市场就可被认为是关于信息有效率的。也许人们对信息的内容会有不同的看法,以至于一些人买了某种资产,而其他人则以这种方式卖掉这种资产,所以市场价格不受影响。如果信息没有改变价格,那么市场被认为是法玛意义上的有效率而非鲁宾斯坦或拉萨姆意义上的有效率。鲁宾斯坦和拉萨姆的定义不仅要求价格不变,而且要求没有任何交易上的变化。因此,这种市场效率比法玛的强式效率更强。

三、资本资产定价模型

资本资产定价模型(CAPM)最早是由夏普、林特勒和莫西等人根据马科维茨的资产组合理论分别独立提出的。资本资产定价模型要解决的问题是:在资本市场中,单个资产的均衡价格是如何在收益与风险的权衡中形成,或者说,在市场均衡状态下,单个资产的收益是如何依风险而确定的。

(一) 模型的基本假设

传统的资本资产定价模型遵循以下十大假定:

(1) 所有投资者都属于马科维茨分散者,即投资者仅依据投资收益率的均值和方差作投资决策。

(2) 投资者遵守占优原则:在同一风险水平下,选择收益率较高的资产组合;在同一收益率水平下,选择风险较低的资产。

(3) 所有投资者的投资期限均相同。

(4) 每种资产都是无限可分的,即投资者可以以任意净额投资于各种资产。

(5) 存在无风险资产,投资者可以按相同的无风险利率借入或贷出任意数量的无风险资产。

(6) 允许无限制地卖空。

(7) 税收和交易费用均忽略不计。

(8) 没有通货膨胀和利率的变化。

(9) 所有投资者对各种资产的收益率、标准差、协方差等具有相同的预期。如果每个投资者都以相同的方式投资,根据这个市场中的所有投资者的集体行为,每个证券的风险和收益最终可以达到均衡。

(10) 单个投资者不能通过买卖行为影响资产价格,即市场是完全竞争的。

(二) 资本市场线与分离定理

1. 资本市场线(CML)

根据上述完全信息假设,所有的投资者所拥有的信息都是相同的,对所有资产的收益、标准差和相互的协方差都有相同的预期。同时,由于假设所有的投资者都按马科维茨

资产组合选择模型进行资产选择,并有相同的投资期限,因而所有投资者选择的最优资产组合集合必然是相同的。在允许无风险借贷的假定下,这些组合集中反映在一条线上,即上节所描述 AP 线段及向右边的延长线,切点 P 具有最大的风险回报率,我们也称之为夏普比率。夏普比率(Sharpe ratio)是量度每增加一个风险单位所得到的回报,反映回报和风险的关系变化。

定义由无风险收益率 r_f 出发的直线和风险资产组合有效集相切的点为市场组合点 M,连接 r_f 和 M 点向上延伸的直线称为资本市场线(CML),如图 2-6 所示。资本市场线是表明有效组合的期望收益率和标准差之间的一种简单的线性关系的一条射线。它是沿着投资组合的有效边界,由风险资产和无风险资产构成的投资组合。资本市场线的表达公式为:

$$E(r_P) = r_f + \frac{E(r_M) - r_f}{\sigma_M} \cdot \sigma_P \qquad (2\text{-}46)$$

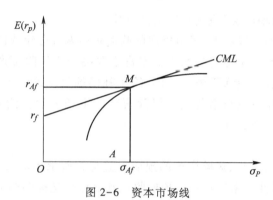

图 2-6 资本市场线

2. 分离定理

每个投资者会根据自己的偏好在资本市场线上选择需要的证券组合。它是由市场证券组合 M 和以 r_f 为利率的无风险证券组成的。投资者可以利用利率 r_f 自由地借入或贷出款项,但他们都选择相同的市场证券组合 M。分离定理表示风险资产组成的最优证券组合的确定与个别投资者的风险收益偏好无关。最优风险证券组合的确定仅取决于各种可能的风险证券组合的预期收益和标准差。虽然投资者的风险收益偏好不同,其无差异曲线的斜率不同,他们的最优投资组合也不同,但风险资产的构成却相同。也就是说无论投资者风险收益偏好如何,其所选择的风险资产的构成都一样。

分离定理可从图 2-7 中看出。在图 2-7 中,I_1 代表厌恶风险程度较轻的投资者的无差异曲线,该投资者的最优投资组合位于 P_1 点,表明他将借入资金投资于风险资产组合上;I_2

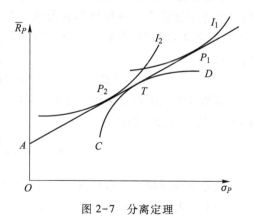

图 2-7 分离定理

代表厌恶风险程度较深的投资者的无差异曲线,该投资者的最优投资组合位于 P_2 点,表明他将部分资金投资于无风险资产,将另外部分资金投资于风险资产组合。虽然 P_1 和 P_2 的位置不同,但它们都是由无风险资产 A 和相同的最优风险组合 T 组成,因此他们的风险资产组合中各种风险资产的构成比例自然是相同的。

(三) 资本资产定价模型与证券市场线

1. 资本资产定价模型

资本市场线只适用于表现有效证券组合的预期收益和标准差的均衡状态的关系,但个别风险证券本身可能是非有效的证券组合。资本资产定价模型(CAPM)回答了在市场均衡状态下,任意一项资产的预期收益与其所承担的风险之间的关系:

$$E(r_i) = r_f + b_i [E(r_M) - r_f] \qquad (2-47)$$

式中, $b_i = \dfrac{s_{iM}}{s_M^2}$,它反映了任意资产 i 与市场组合之间的相关性,度量了市场波动给资产 i 带来的风险,因此称为市场风险(也叫作系统性风险)。

从这个模型中我们可以看出,风险资产的收益是由两部分组成的:无风险资产的收益和一个市场风险补偿额。风险资产的收益率肯定要高于无风险资产的收益率。同时,并非风险资产承担的所有风险都要予以补偿,给予补偿的只是系统风险。这是因为非系统风险是可以通过多元化投资分散掉的。风险资产的市场风险补偿的大小取决于 β 值, β 值是衡量市场风险的一个标准。

2. 证券市场线

从 CAPM 的公式可看出,风险资产的预期收益与其所承担的市场风险 β 值之间是线性关系,我们把这一线性关系表示在以预期收益和 β 值为坐标轴的平面上,这就是证券市场线(SML)(见图 2-8)。

证券市场线反映了在不同的 β 值水平下,各种证券及证券组合应有的预期收益率水平,从而反映了各种证券和证券组合系统性风险与预期收益率的均衡关系。

β 系数的一个重要特征是,一个证券组合的 β 值等于该组合中各种证券 β 值的加权平均数,权数为各种证券在该组合中所占的比例,即:

$$\beta_P = X_i \beta_i \qquad (2-48)$$

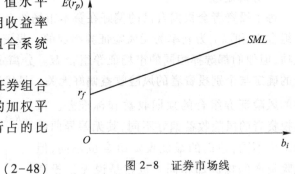

图 2-8 证券市场线

当然我们也可以直接用证券 i 与市场组合 M 的协方差来衡量系统风险的绝对值,这样 SML 的方程便可描述为:

$$E(r_i) = r_f + \frac{E(r_M) - r_f}{\sigma_M^2} \times \sigma_{iM} \qquad (2-49)$$

证券市场线与资本市场线在市场均衡时是一致的,但也有区别:

(1) 二者的适用范围不同。CML 只适用于描述无风险资产与有效率风险资产再组合后的有效率风险资产组合的收益和风险关系,而 SML 描述的是任何一种资产或资产组合的收益和风险之间的关系。

(2)二者选择的风险变量不同。CML 以 σ 反映、度量资产及资产组合的总风险,而 SML 以 β 系数衡量、反映个别证券市场风险程度及该证券对资产组合的贡献。

四、套利定价理论

(一)模型的基本假设

(1)资本市场是完全竞争的、无摩擦的以及无限可分的。

(2)所有投资者对同种资产的收益具有相同的预期。

(3)在资本市场中,存在充分多的资产。

(4)资本市场中不存在任何无风险套利机会。

(5)投资者都相信证券 i 的收益受 k 个共同因素影响,证券 i 的收益与这些因素的关系可以用下面这个 k 因素模型表示出来:

$$R_i = E(R_i) + b_{i1}F_1 + b_{i2}F_2 + \cdots + b_{ik}F_k + e_i \tag{2-50}$$

式中: R_i——任意一种证券 i 的收益;

$E(R_i)$——证券 i 的预期收益率,包括了到眼前为止所有可知信息;

b_{ik}——证券 i 相对于 k 因素的敏感度;

ε_i——误差项,即非系统因素对证券收益的影响;

$F_j(j=1,2,\cdots,k)$——对所有资产都起作用的共同因素,也称系统因素。

由于已知的信息都已包含在 $E(R_i)$ 中了,所以,这里的 F 因素都是不可测的,在将来的发生纯属意外。有意外发生,就会改变 R_i 和 $E(R_i)$ 之间的关系;没有意外发生,从 $b_{i1}F_1$ 到 $b_{ik}F_k$ 就都将是零。由于 F_j 是随机变量,所以其期望值为零,且不同公共因子相互独立。

(二)套利行为与套利组合

套利定价理论(APT)认为,如果市场未达到均衡状态,市场上就会存在无风险的套利机会。由于理性投资者具有厌恶风险和追求最大化收益的行为特征,因此,投资者一旦发现有套利机会就会设法利用它们。随着套利者的买进和卖出,资产的供求状况将随之改变,套利空间逐渐减少直至消失,有价证券的均衡价格将得以实现。而且,套利机会不仅存在于单一资产上,还存在于相似的资产或组合中。也就是说,投资者还可以通过对一些相似的资产或组合部分买入、部分卖出来进行套利。

因此,投资者会竭力发掘构造一个套利组合的可能性,以便在不增加风险的情况下,增加组合的预期收益率。那么如何才能构造一个套利组合呢? 一般来说,套利组合必须同时满足如下三个条件:

条件 1:套利组合要求投资者不追加资金,即套利组合属于自融资组合。如果我们用 x_i 表示投资者持有证券 i 金额比例的变化(也代表证券 i 在套利组合中的权重,注意 x_i 可正可负),则该条件可以表示为:

$$x_1 + x_2 + x_3 + \cdots + x_n = 0 \tag{2-51}$$

条件 2:套利组合对任何因素的敏感度为零,即套利组合没有因素风险。又证券组合

对某个因素的敏感度等于该组合中各种证券对该因素敏感度的加权平均数,因此在单因素模型下该条件可表达为:

$$b_1x_1+b_2x_2+\cdots+b_nx_n=0 \qquad (2-52)$$

在双因素模型下,条件 2 表达式为:

$$b_{11}x_1+b_{12}x_2+\cdots+b_{1n}x_n=0$$
$$b_{21}x_1+b_{22}x_2+\cdots+b_{nn}x_n=0$$

在多因素模型下,条件 2 表达式为:

$$b_{11}x_1+b_{12}x_2+\cdots+b_{1n}x_n=0$$
$$b_{21}x_1+b_{22}x_2+\cdots+b_{2n}x_n=0$$
$$\cdots\cdots$$
$$b_{k1}x_1+b_{k2}x_2+\cdots+b_{kn}x_n=0$$

条件 3:套利组合的预期收益率应大于零,即

$$x_1\bar{r}_1+x_2\bar{r}_2+\cdots+x_n\bar{r}_n>0 \qquad (2-53)$$

例 2-2 某投资者拥有一个 3 种股票组成的投资组合,3 种股票的市值均为 500 万元,投资组合的总价值为 1 500 万元。假定这三种股票均符合单因素模型,其预期收益率($\bar{r}_i$)分别为 16%、20% 和 13%,其对该因素的敏感度(b_i)分别为 0.9、3.1 和 1.9。请问该投资者能否修改其投资组合,以便在不增加风险的情况下提高预期收益率。

令三种股票市值比重变化量分别为 x_1、x_2 和 x_3。根据式 2-51 和式 2-52 我们有:

$$x_1+x_2+x_3=0$$
$$0.9x_1+3.1x_2+1.9x_3=0$$

上述两个方程有三个变量,故有多种解。作为其中的一个解,我们令 $x_1=0.1$,则可解出 $x_2=0.083$,$x_3=-0.183$。

为了检验这个解能否提高预期收益率,我们把这个解用式 2-53 检验。式 2-52 左边等于:

$$0.1\times0.16+0.083\times0.2-0.183\times0.13=0.881\%$$

由于 0.881% 为正数,因此我们卖出 274.5 万元的第三种股票($-0.183\times1\,500$ 万元)同时买入 150 万元第一种股票($0.1\times1\,500$ 万元)和 124.5 万元第二种股票($0.083\times1\,500$ 万元)就能使投资组合的预期收益率提高 0.881%。

(三)套利定价模型

APT 基本内容的推导基于如下两个基本观点:第一,在一个有效市场中,当市场处于均衡状态时,不存在无风险的套利机会;第二,对于一个高度多元化的资产组合来说,只有几个共同因素需要补偿。

由此,证券 i 与这些共同因素的关系为:

$$E(R_i)=\lambda_0+b_{i1}\lambda_1+b_{i2}\lambda_2+\cdots+b_{ik}\lambda_k \qquad (2-54)$$

这便是套利定价公式。式中 λ_k 为投资者承担一个单位 k 因素风险的补偿额,风险的大小由 b_{ik} 表示。当资产对所有 k 因素都不敏感时,这个资产或资产组合就是零 b 资产或资产组合。

套利定价公式(2-54)还可以有另外一种表达方式。由于无风险资产对任何因素均无敏感性,所以 λ_0 等于无风险利率,每一个 δ_j 的值代表一个资产组合的预期回报率,该组合只对因素 j 有单位敏感性而对其他因素无敏感性。由此可得套利定价公式的另一表达式:

$$E(R_i)=R_f+(\delta_1-R_f)b_{i1}+(\delta_2-R_f)b_{i2}+\cdots+(\delta_k-R_f)b_{ik} \qquad (2-55)$$

套利操作对证券市场价格的影响表现在:投资者对证券价格变动预期具有相同性,他们卖出价格偏高、预期收益率偏低的证券,买进价格偏低、预期收益率偏高的证券,最终使得证券的市场供求关系发生变动,证券的价格发生涨跌,导致投资者对预期收益率也做出相应调整。这种套利买卖行为将一直持续到所有套利机会明显减少或消失为止。在单一因素模型下,预期回报率及其敏感性线性满足如下公式:

$$E(R_i)=\lambda_0+b_1\lambda_1 \qquad (2-56)$$

这便是单一因素模型下的套利定价公式。图 2-9 显示了套利定价公式的图形。根据套利定价理论,一个因素敏感性和预期回报率都没有落在那条直线上的证券,其定价就是不合理的。这将给予投资者构造套利组合的机会,证券 B 就是一个例子。如果投资者以同样的资金分别卖出证券 S 和买进证券 B,那他就构造了一个套利组合。

整个过程为:投资者通过卖出一定数量的证券 S 来支付买入证券 B 的资金,从而不需要任何新投资。由于证券 B 和证券 S 具有相同的

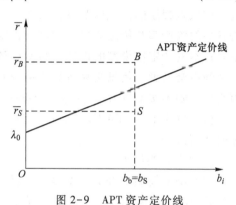

图 2-9　APT 资产定价线

敏感性,因此,对证券 S 的卖出和对证券 B 的买进将构成一个对因素无敏感性的组合。而且,套利组合将有一个正的预期回报率,因为证券 B 的预期回报率大于证券 S。购买证券 B 的结果且证券 B 的价格上升,进而其预期回报率下降,直到它落在 APT 资产定价线上为止。

五、行为金融理论

行为金融理论是一个相对较新的金融学领域,它将人类心理与行为纳入金融的研究框架,试图解释在投资者决策过程中,情绪和认知错误是如何对其投资产生作用的。目前,行为金融理论还没有形成标准化的定义。韦伯将行为金融定义为:将个人行为与市场现象紧密结合,并融合运用心理学领域和金融理论的知识。

1. 前景理论

前景理论是行为金融学的重要理论基础。卡尼曼和特沃斯基通过实验对比发现,大多数投资者并非是标准金融投资者而是行为投资者,他们的行为不总是理性的,也并不总是风险回避的。前景理论认为投资者对收益的效用函数是凹函数,而对损失的效用函数是凸函数。表现为投资者在投资账面值损失时更加厌恶风险,而在投资账面值盈利时,随着收益的增加,其满足程度速度减缓。前景理论成为行为金融研究中的代表学说,解释了

不少金融市场中的异常现象,如阿莱悖论、股价溢价之谜(equity premium puzzle)以及期权微笑(option smile)等。然而由于卡尼曼和特沃斯基在前景理论中并没有给出确定价值函数的关键——参考点以及价值函数的具体形式,在理论上存在很大缺陷,从而极大阻碍了前景理论的进一步发展。

2. 行为组合理论和行为资产定价模型

行为组合理论(BPT)和行为资产定价模型(BAPM)。一些行为金融理论研究者认为将行为金融理论与现代金融理论完全对立起来并不恰当。将二者结合起来,对现代金融理论进行完善,正成为这些研究者的研究方向。在这方面,斯塔特曼和谢夫林提出的BPT和BAPM引起金融界的注意。BPT是在现代资产组合理论(MPT)的基础上发展起来的。MPT认为投资者应该把注意力集中在整个组合,最优的组合配置处在均值方差有效前沿上。BPT认为现实中的投资者无法做到这一点,他们实际构建的资产组合是基于对不同资产的风险程度的认识以及投资目的所形成的一种金字塔式的行为资产组合,位于金字塔各层的资产都与特定的目标和风险程度相联系,而各层之间的相关性被忽略了。BAPM是对资本资产定价模型的扩展。与CAPM不同,BAPM中的投资者被分为两类:信息交易者和噪声交易者。信息交易者是严格按CAPM行事的理性交易者,不会出现系统偏差;噪声交易者则不按CAPM行事,会犯各种认知偏差错误。两类交易者互相影响,共同决定资产价格。事实上,在BAPM中,资本市场组合的问题仍然存在,因为均值方差有效组合会随时间而改变。

3. 投资行为模型

(1)BSV模型。BSV模型表示,人们进行投资决策时存在两种错误范式:其一是选择性偏差(representative bias),即投资者过分重视近期数据的变化模式,而对产生这些数据的总体特征重视不够,这种偏差导致股价对收益变化的反映不足(under-reaction);其二是保守性偏差(conservative bias),投资者不能及时根据变化了的情况修正自己的预测模型,导致股价过度反应(over-reaction)。BSV模型是从这两种偏差出发解释投资者决策模型如何导致证券的市场价格变化偏离效率市场假说的。

(2)DHS模型。DHS模型将投资者分为有信息和无信息两类。无信息的投资者不存在判断偏差,有信息的投资者存在过度自信和有偏的自我归因(biased self-contribution)。过度自信导致投资者夸大自己对股票价值判断的准确性;有偏的自我归因则使他们低估关于股票价值的公共信息。随着公共信息最终战胜行为偏差,对个人信息的过度反应和对公共信息的反应不足,就会导致股票回报的短期连续性和长期反转。所以法玛认为DHS模型和BSV模型虽然建立在不同的行为前提基础上,但二者的结论是相似的。

(3)HS模型。HS模型又称统一理论模型。统一理论模型区别BSV和DHS模型之处在于:它把研究重点放在不同作用者的作用机制上,而不是作用者的认知偏差方面。该模型把作用者分为观察消息者和动量交易者两类。观察消息者根据获得的关于未来价值的信息进行预测,其局限是完全不依赖于当前或过去的价格;动量交易者则完全依赖于过去的价格变化,其局限是他们的预测只是过去价格的简单函数。在上述假设下,该模型将反应不足和过度反应统一归结为基本价值信息的逐渐扩散。模型认为最初由于,动量交易者力图通过套期策略来利用观察消息者对私人信息反应不足的倾向的做法走向了另一个极端——过度反应。

（4）羊群效应模型。羊群效应模型认为投资者羊群行为是符合最大效用准则的，是群体压力等情绪下贯彻的非理性行为，有序列型和非序列型两种模型。序列型由班纳吉提出，在该模型中，投资者通过典型的贝叶斯过程从市场噪声以及其他个体的决策中依次获取决策信息，这类决策的最大特征是其决策的序列性。但是现实中要区分投资者顺序是不现实的。因而这一假设在实际金融市场中缺乏支持。非序列型则用来论证无论仿效倾向强或弱，现代金融理论中关于股票的零点对称、单一模态的厚尾特征都不存在。20世纪80年代以来，与现代金融理论相矛盾的实证研究不断涌现，主要体现在投资策略的改变上。

扩展阅读 2-1

几种典型的行为金融策略

（一）小公司效应

小公司效应是指小盘股比大盘股的收益率高。班兹发现股票市值随着公司规模的增大而减少。同一年，雷甘根也发现了公司规模最小的普通股票的平均收益率要比根据CAPM 模型预测的理论收益率高出18%。西格尔研究发现，平均而言小盘股比大盘股的年收益率高出 4.7%，而且小公司效应大部分集中在 1 月份。由于公司的规模和 1 月份的到来都是市场已知信息，这一现象明显地违反了半强式有效市场假设。拉克尼肖克等研究发现，高市净盈率的股票风险更大，在大盘下跌和经济衰退时，业绩特别差。市盈率与收益率的反向关系对 EMH 形成严峻的挑战，因为这时已知的信息对于收益率有明显的预测作用。

（二）反向投资策略

反向投资策略（contrary investment strategy）就是买进过去表现差的股票而卖出过去表现好的股票来进行套利的投资方法。一些研究显示，选择低市盈率的股票，选择股票市值与账面价值比值低、历史收益率低的股票，往往可以得到比预期收益率高很多的收益，而且这种收益是一种长期异常收益（long-term anomalies）。德西亚、依肯贝里等也发现公司股票分割前后都存在正的长期异常收益。行为金融理论认为反向投资策略是对股市过度反应的一种纠正，是一种简单外推的方法。

（三）动量交易策略

动量交易策略（momentum trading strategy）即首先对股票收益和交易量设定过滤准则，当股市收益和交易量满足过滤准则就买入或卖出股票的投资策略。行为金融定义的动量交易策略源于对股市中间收益延续性的研究。叶卡捷斯克与提特曼在对资产股票组合的中间收益进行研究时发现，以 3 至 12 个月为间隔所构造的股票组合的中间收益呈连续性，即中间价格具有向某一方向连续的动量效应。事实上，美国价值线排名（value line rankings）就是利用动量交易策略的例证。动量交易策略的应用其实就是对 EMH 的再次否定。

（四）成本平均策略和时间分散化策略

成本平均策略是投资者根据不同的价格分批购买股票，以于不测时摊低成本的策略。而时间分散化策略是根据股票的风险将随着投资期限的延长而降低的信念，随年龄的增长而将股票的投资比例逐步减少的策略。这两个策略被认为与现代金融理论的预期效用最大化明显相悖。斯塔特曼、费希尔等利用行为金融中的前景理论、认知错误倾向、厌恶悔恨等观点对两个策略进行了解释，指出了加强自我控制的改进建议。

●关键术语●

公司价值　PE 估值法　PB 估值法　PEG 估值法　资本市场线　证券市场线　分离定理　弱式有效　半强式有效　强式有效　套利定价理论　行为金融　羊群效应

●本章小结●

1. 公司价值，或称企业价值，是所有证券价值的总和，包括债券、优先股、普通股和其他证券，公司价值往往还包含了无形资产、组织形态对公司价值的溢价估计。公司价值具有多种不同的表现形式，如账面价值、内涵价值、市场价值、清算价值、重置价值等。公司价值评估是一项综合性的资产评估，是对企业整体经济价值的判断与估计。公司价值评估模型主要有费雪的资本价值评估模型、威廉姆斯的股利折现模型和 MM 的公司价值评估模型。

2. 公司价值评估方法主要分两大类：一类为相对估值法，另一类为绝对估值法。相对估值是通过市盈率、市净率等财务指标，相比同类、同行业、同职能上市公司或市场可比公司去估算公司的价值。相对估值法主要有 PE 估值法、PB 估值法、PEG 估值法、EV/EBITDA 估值法等。绝对估值就是以企业自己的财务和经济数据去估算公司自身的价值。绝对估值法主要有现金流量折现法、期权定价法等。

3. 企业并购指企业通过购买目标企业的股权或资产，控制、影响目标企业，以增强自身的竞争优势，实现价值增值。企业并购理论的发展经历了横向并购理论、纵向并购理论、混合并购理论与新的并购理论等阶段。并购理论的发展也是围绕并购浪潮，侧重于解释其动因而展开的。主要包括横向并购和规模经济动因、纵向并购和协同效应目标、混合兼并和多样化经营动机理论、金融创新与潜在价值低估理论、全球化与外部冲击理论等。以实证方法来研究并购效应的课题主要有并购与产业集中、并购与资源配置、并购与经济发展、并购与就业、并购与股东财富、并购与企业经营绩效等。

4. 现代资产组合理论是由美国纽约市立大学巴鲁克学院的经济学教授马科维茨提出的。他研究了证券组合的基本原理，为现代西方证券投资理论奠定了基础。

5. 有效市场假说是由尤金·法玛于 1970 年深化并提出的。法玛提出了有效市场假说，其对有效市场的定义是：如果在一个证券市场中，价格完全反映了所有可以获得的信息，那么就称这样的市场为有效市场。有效市场可分为三种类型，即弱式有效、半强式有效和强式有效。

6. 资本资产定价模型(CAPM)最早是由夏普、林特勒和莫西等人根据马科维茨的资产组合理论分别独立提出的。资本资产定价模型要解决的问题是:在资本市场中,单个资产的均衡价格是如何在收益与风险的权衡中形成,或者说,在市场均衡状态下,单个资产的收益是如何依风险而确定的。

7. 资本市场线(CML)是表明有效组合的期望收益率和标准差之间的一种简单的线性关系的一条射线。它是沿着投资组合的有效边界,由风险资产和无风险资产构成的投资组合。分离定理表示风险资产组成的最优证券组合的确定与个别投资者的风险收益偏好无关。证券市场线(SML)反映了在不同的 β 值水平下,各种证券及证券组合应有的预期收益率水平,从而反映了各种证券和证券组合系统性风险与预期收益率的均衡关系。证券市场线与资本市场线在市场均衡时是一致的,但也有区别。

8. 套利定价理论(APT)认为,如果市场未达到均衡状态,市场上就会存在无风险的套利机会。套利定价理论(APT)基本内容的推导基于如下两个基本观点:第一,在一个有效市场中,当市场处于均衡状态时,不存在无风险的套利机会;第二,对于一个高度多元化的资产组合来说,只有几个共同因素需要补偿。

9. 行为金融理论是一个相对较新的金融学领域,它将人类心理与行为纳入金融的研究框架,试图解释投资者在决策过程中,情绪和认知错误是如何对其投资产生作用的。行为金融理论主要有前景理论、行为组合理论和行为资产定价模型,投资行为模型则有 BSV 模型、DHS 模型、HS 模型及羊群效应模型等。

● 复习思考题 ●

1. 相对估值法和绝对估值法的异同?
2. 如何理解托宾 Q 理论在并购理论中的重要意义?
3. 如何理解不同形式有效市场和投资策略的关系?
4. 资本市场线和证券市场线的区别何在?
5. 行为金融学的不同投资行为模型有何异同?

● 本章实训 ●

一、实训目的
1. 掌握投资银行的基本理论。
2. 训练学生收集、阅读的能力。
3. 训练学生观察、分析问题的能力。
4. 训练学生理论联系实际、解决实际问题的能力。
二、实训内容
要求学生以小组为单位,查阅并收集相关资料,在梳理现代资本市场理论的基础上,回答如下问题。

问题1:现代资本市场理论的理论基础是什么?

问题2:行为金融学和现代资本市场理论之间是何种关系?

问题3:哪一种现代资本市场理论更适合分析我国的资本市场?

三、实训组织

1.指导教师布置实训项目,提示相关要求。

2.采取学生自由组合的方式,将班级学生划分为若干小组,并指定组长进行负责。

3.要求学生以小组为单位,认真查阅并收集投资银行理论的相关资料,并就相关问题以PPT形式进行课堂汇报。

● 即测即评 ●

第三章
证券发行与承销

章前引例

2019年6月5日,科创板迎来了第一批上会企业,经上海证券交易所科创板会议审议,深圳微芯生物科技股份有限公司、安集微电子科技(上海)股份有限公司、苏州天准科技股份有限公司等3家企业全部过会,实现了在科创板的IPO。

通过本章的学习,你应该掌握什么是证券的发行,什么是证券的承销,证券发行和承销的种类有哪些,股票、债券和基金发行的条件、方式、程序有哪些;比较全面地了解证券发行和承销的程序,股票、债券、基金发行和承销的种类,以及我国股票、债券、基金的发行和承销的基本情况。

本章知识结构图

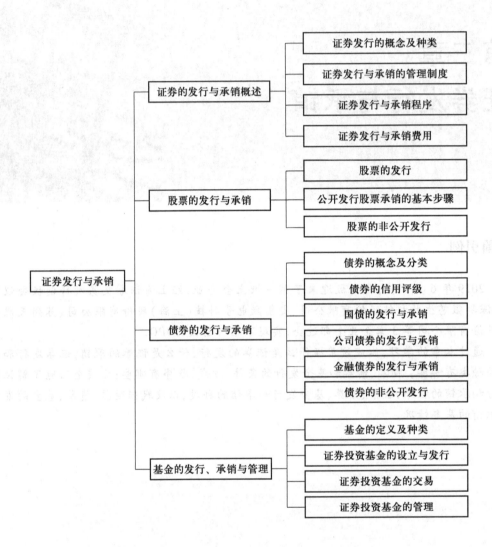

第一节 证券的发行与承销概述

证券发行与承销是投资银行最本源、最基本的业务,是一项政策性强,规章制度严格,程序规范、复杂的业务,是投资银行为企业、政府机构等融资主体提供融资安排和服务的主要手段之一,也是投资银行独特的标志性业务。投资银行通过开展该业务,在证券一级市场中扮演着证券承销商的角色。按照惯例,证券发行与承销由公司融资部主导,市场销售等部门协调合作完成。

一、证券发行的概念及种类

（一）证券发行的概念

证券发行，有广义和狭义之分。广义的证券发行指符合发行条件的商业组织或政府组织（发行人），以筹资为目的，依照法律规定的程序向社会投资人出售代表一定权利的资本证券以获取所需资金的行为。其在本质上是证券发行市场（一级市场）上的交易行为，包括证券发行人的发行要约，证券投资人的承诺认购、缴纳投资、受领证券等行为。狭义的证券发行，则指发行人在募集所需资金后，做成证券并交付投资人受领的单方行为。一般所谓证券发行，多指广义。而其中的证券主要指的是资本证券，也就是指由金融投资或与金融投资有直接联系的活动而产生的证券。证券持有人有一定的收入请求权。

证券发行是伴随生产社会化和企业股份化而产生的，同时是信用制度高度发展的结果。尤其是 18 世纪下半叶开始了英国工业革命之后，大机器生产逐步取代了工场手工业，有限责任公司大量出现，从而使证券发行在融资中占据着越来越高的比重。

证券发行属于证券市场的一部分，该部分属于证券发行市场。证券发行市场又称证券初级市场、证券一级市场，属于发行人向投资者出售证券的市场。证券发行是发行人向社会投资者筹集资金的形式，它使资金从盈余方流向资金短缺方，提高了资金的利用效率，是实现社会资本配置的有效方式。另一方面，证券发行实质上是投资者出让资金使用权而获取以收益权为核心的相关权利的过程。

参与证券发行活动的主体包括：① 证券发行者。这是指为筹集资金而发行证券的社会经济组织，它既是社会资金的需求者，也是证券的原始供应者。② 证券承销者。这是指按照承销合同，为证券发行者包销或代销证券的承销商。③ 证券投资者。这是指愿意用自己所有资金购买证券发行者所发行的证券的自然人和法人。

（二）证券发行的种类

按照不同的分类标准，证券发行有许多分类方法。

1. 按照证券发行的对象分为公募发行和私募发行

（1）公募发行，又称公开发行，指发行人向不特定的社会公众发售证券。公募发行是证券发行中最常见、最基本的发行方式，适合于证券发行数量多、筹资额大、准备申请证券上市的发行人。在公募发行情况下，所有合法的社会投资者都可以参加认购，证券发行的对象是多数投资者，而不是特定的少数投资者。至于人数达到多少才算多数，各个国家的规定不一样，如美国要求在 35 人以上，日本要求在 50 人以上。根据《中华人民共和国证券法》（简称《证券法》）的有关规定，公开发行指向不特定对象发行证券，或者是向特定对象发行证券累计超过 200 人的（但依法实施员工持股计划的员工人数不计算在内），或者是法律、行政法规规定的其他发行行为。为了保障广大投资者的利益，各国对公募发行都有严格的要求，如发行人要有较高的信用，并符合证券主管部门规定的各项发行条件，经批准后方可发行。采用公募方式发行证券的有利之处在于：① 公募发行以众多的投资者为发行对象，筹集资金潜力大，适合于证券发行数量较多，筹资额较大的发行人。② 公募发行真正体现了开放性、市场性的原则。公募证券的投资者范围大，公募发行既可以实现社会资金的合理流动和合理配置,又可以避免囤积证券或被少数人操纵。③ 公募证券具有市场性,它易于进入证券流通市场被买卖、转让,具有较高的流动性,也有利于提高发行人的社会信誉。然而,公募方式也存在某些缺点,如发行过程比较复杂,登记、核准所需时间较长,发行费用也较高。从目前各国的情况看,公募证券是证券发行的主体。

(2) 私募发行,又称不公开发行或私下发行、内部发行,是以特定少数投资者为对象的发行。私募发行的对象大致有两类:一类是个人投资者,如公司老股东或发行机构自己的员工;另一类是机构投资者,如大的金融机构或与发行人有密切往来关系的企业等。私募发行有确定的投资者,发行手续简单,信息披露较为宽松,可以节省发行时间和发行费用,但投资者数量有限,证券流通性较差,不利于提高发行人的社会信誉。另外,为了防止发行人利用私募发行来规避公开发行的监管,各国法律法规一般都对于私募发行购买者之后的转售行为进行了必要的限制。美国规定,无论是关联人或者非关联人,购买人必须在付清全部价款或者对价的情况下持有股票1年以上;如果关联人转售发行人发行的股票,本次再出售的股票加上之前3个月内出售的同类股票的总数量不得超过发行人最近公告中披露的该类股票发行在外数量的1%,或本次再出售前4周在全国性证交所(或自动报价系统)成交的周平均交易量;对于非关联人,如果持有股票2年以上,则不受此限。私募发行有着漫长的发展历史。在股份有限公司制度和股票市场的发展初期,私募发行以及由此产生的非公开市场是股份有限公司筹集资金的主要方式和股票交易的主要市场。由于社会经济的发展以及社会化大生产对于资金需求的大大增加,单纯地依靠私募发行已经不能满足社会经济发展对于资本的需求,与私募发行差异迥然的公开发行开始出现,并逐渐以其更强的筹资功能成为最主要的融资手段,而以证券交易所为代表的公开市场也成为股票市场的主流。但是,相对于公开发行而言,私募发行具有独特的特点,能够为股票发行人和投资者提供差异化的融资和投资渠道。我国境内上市外资股(B股)的发行几乎全部采用私募方式。2006年1月1日生效的《中华人民共和国公司法》(简称《公司法》)、《证券法》,第一次以法律的形式规定了私募发行制度。主要包括:明确股份有限公司可以以私募发行的方式设立(《公司法》(2014年3月1日起施行)第78条);明确界定"非公开发行"的概念(《证券法》(2014年8月31日起施行)第10条),即向累计不超过200人的特定对象发行,并明确了私募发行"不得采用广告、公开劝诱和变相公开方式"。此外,《公司法》取消了股份有限公司的设立审批程序,并将股份有限公司注册资本最低限额降低为500万元,引入了授权资本制度,将发起人股份转让限制缩短为一年。这些规定,客观上为股票私募发行提供了极大的活动空间。与成熟国家和地区的立法例相比较,仍欠缺诸多制度支持。

公募发行和私募发行各有优劣。一般来说,公募发行是证券发行中最基本、最常用的方式。然而在西方成熟的证券市场中,随着养老基金、共同基金和保险公司等机构投资者的数量和规模不断扩大,私募发行开始发挥着更重要的作用。

2. 按照有没有发行中介的参与可以分为直接发行和间接发行

(1) 直接发行,又称自营发行,指发行人不委托其他机构,而是自己直接面向投资人发售证券的方式。这种发行方式的特点是:发行量小,社会影响面不大;内部发行不须向社会公众提供发行人的有关资料;发行成本较低;投资人大多是与发行人有业务往来的机构。直接发行方式由于没有证券承销商的参与,一旦发行失败,则风险全部由发行人承担。在一般情况下,对于不公开发行的证券或因公开发行有困难(如信誉低所致的市场竞争力差,承担不了大额的发行费用等)的证券,或是实力雄厚,有把握实现巨额私募以节省发行费用的大股份有限公司证券,才采用直接发行的方式。

（2）间接发行,又称委托代理发行,指发行人委托证券承销商代其向投资人发售证券的方式。发行人为此需支付代理费用给承销商,而承销商则需承担相应的发行责任和风险。间接发行根据受托券商对证券发行责任的不同,又可以分为全额包销、余额包销、代销等几种方式(后面会详细介绍这几种方式)。

一般情况下,间接发行是基本的、常见的方式,特别是公募发行,大多采用间接发行方式;而私募发行则以直接发行方式为主。我国《证券法》规定,向不特定对象发行证券聘请承销团承销的,承销团应当由主承销和参与承销的证券公司组成。

3. 按照发行价格和票面面额的关系,证券发行可分为平价发行、溢价发行和折价发行

平价发行也称等额发行或面额发行,指以票面金额作为发行价格的证券发行方式。平价发行方式不受市场行情波动的影响,较为简单、易行,成本较低,也容易被投资者接受。但是,这种发行方式容易导致流通市场与发行市场出现较大的价格差。目前,平价发行在债券市场上出现较多,股市上也存在。我国企业早期发行股票时,也采用过平价发行方式。如1987年深圳发展银行发行股票时,发行价即为票面金额20元。

溢价发行指发行价格超过票面金额的证券发行方式。溢价发行可使公司用较少的股份筹集到较多的资金,同时可降低筹资成本。但是,对投资者来说,发行价太高,则意味着投资成本增大,其购买热情可能受影响。对承销商来说,发行价格过高,增大了其发行风险和发行工作量。溢价发行在股票发行中更为常见。许多国家的公司法规定不准发行低于面值的股票,我国也是如此。

折价发行又称贴现发行,指发行价格低于票面金额的证券发行方式。折价发行通常会损害发行人和相关权益人的利益,因此,折价发行较少。目前,股份有限公司很少有折价发行股票的,债券市场则存在这种发行方式。在我国,《公司法》规定:"股票发行价格可以按票面金额,也可以超过票面金额,但不得低于票面金额。"

证券的发行价格就是证券的销售价格,发行价格的高低主要由市场上的供求关系决定。因此,证券发行是平价发行、溢价发行,还是折价发行,除了按照法律法规的规定外,还受市场的利率、证券的利率水平、发行者信誉和资金供应状况等因素的影响。

4. 按照证券发行是否可以协商分为招标发行和议价发行

（1）招标发行,是发行人通过招标、投标选择承销商推销证券的发行方式。招标发行是公开进行的。招标发行是不允许投资者议价的,它被认为是保证发行者获得最高可能价格的唯一方法,对发行者有利。因此,只有那些信誉很高,对其证券有相当自信的筹资者才敢采用招标发行。招标发行分为竞争性投标和非竞争性投标两种形式。

① 竞争性投标。即由各证券经营商主动出价投标,然后由发行者按出价从高到低的次序配售,一直到发售完既定发行额为止的发行方式。从招标竞争标的物看,存在缴款期、价格与收益率招标三种形式。从确定中标的规则看,一般有单一价格(荷兰式)招标与多种价格(美国式)招标。荷兰式招标是在招标规则中,发行体按募满发行额止的最低

中标价格作为全体中标商的最后中标价格,即每家中标商的认购价格是同一的。美国式招标是在招标规则中,发行体按每家投标商各自中标价格(或其最低中标价格)确定中标者及其中标认购数量,招标结果一般是各个中标商有各自不同的认购价格,每家的成本与收益率水平也不同。另外,我国还发展出一种混合式招标,即从全场加权平均中标价格为证券发行价格,高于或等于发行价格的标位,按发行价格承销,低于发行价格的标位,按各中标标位的价格承销。

② 非竞争性投标。它是投资者只申请购买证券数量,由证券发行单位根据申请时间的先后,按当天成交最高价与最低价的中间价进行配售的发行办法。

(2) 议价发行,也称非招标发行,指发行人与承销商通过协商来确定证券发行数量、价格、手续费等权责事项的一种发行方式。这种发行方式兼顾到多方面的利益,降低了发行风险,更容易被接受。

5. 其他证券发行的分类

证券发行还有许多分类。按照发行的顺序,证券发行分为初次发行和再次发行;按照发行地点的不同,证券发行分为国内发行和国外发行;按照证券发行种类的不同,证券发行分为股票发行、债券发行、基金发行等。

二、证券发行与承销的管理制度

(一) 证券发行审核制度

证券发行的管理制度主要涉及证券发行的审核制度、信息披露制度以及发行定价等方面的内容。而其中的证券发行审核制度,则是决定后两种制度基本理念和行为方式的基础,是各国对证券发行实行监督管理的重要内容之一,是证券进入市场的第一个也是最重要的门槛。证券发行审核制度指国家证券监督管理部门对发行人利用证券向社会公开募集资金的有关申报资料进行审查的制度。由于各国的政治、经济、文化、法律等方面存在差异,因此,各国证券发行审核制度也存在差异。一般将各个国家的证券发行审核制度归结为两种:注册制和核准制。

1. 注册制

注册制,又称申报制或登记制,指证券发行申请人按照法律规定将与证券发行有关的一切信息和资料公开,制成法律文件,送交主管机构申请注册,主管机构只负责审查发行申请人提供的信息和资料是否履行了信息披露义务的一种制度。这种制度奉行的是"太阳是最有效的消毒剂"的指导思想,强调公开原则和形式审查原则。证券发行人只需将依法公开的各种资料向证券主管机关申报注册,并且要对所提供信息的真实性、完整性和可靠性承担法律责任。主管机关审查注册申请书时,主要看其报送的资料、文件等是否真实、全面,而不对发行人及所发行证券有无价值做出评审。在注册申报文件提交后的规定时间内,主管机关未提出补充或修订意见,或未以停止命令阻止注册生效的视为已依法注册,发行人即可正式进行证券发行。证券发行属于法定权利,不需要主管机关特别授权。只要公开方式适当,证券管理机构不得以发行证券价格或其他条件非公平,或发行者提出的公司前景不尽合理等理由而拒绝注册。注册制的核心是只要证券发行人提供的材料不存在虚假、误导或者遗漏，即使该证券没有任何投资价值，证券主管机关也无权干涉。因为自愿上当被认为是投资者不可剥夺的权利。证券发行成功与否，不取决于政府，而是取决于市场，取决于市场对证券发行人及其商业模式是否认可。

美国、日本等国家都可以归为注册制，虽然这些国家的注册制也存在一些差别。美国联邦一级的证券发行审核被认为是注册制的典型代表。美国《1933 年证券法》实际上是一部关于信息披露的法律，规定除了注册豁免的证券外，其他证券发行必须进行注册。发行人提交的注册文件分为两部分：第一部分是需要提供给投资人的披露文件（即 IPO 项目中的招股书）；第二部分主要是各种附件，包括公司章程、股东协议、承销协议、重大合同等文件，该部分不用提供给投资人，但要在美国证券交易委员会（SEC）网站上向公众公布。SEC 审阅过程公开、透明。除非是新兴成长企业采用秘密递交程序，SEC 在收到注册文件（包括随后的修改稿）的同时，即在网站上公开。除了某些需要保密处理的条款外，SEC 能看到的，市场也能看到。此外，SEC 的审阅意见函和发行人的回复函，也会在注册文件生效 45 天后被公布在网站上，供公众查阅。

美国《1933 年证券法》并没有对证券发行设置条件，即使发行人经营历史短于 3 年，历史上有重大违法违规记录，存在重大法律纠纷，面临巨大或有债务，或处于风险高的新行业，长期未能盈利，只要满足了披露要求，任何企业皆可公开发行证券。不过，近年来，由于"安然事件"等的爆发，美国的注册制也往政府多管的方向进行了一定程度的调整。如美国通过的《萨班斯法案》对上市企业提出了一系列公司治理方面的要求。另外，需要说明的是，美国证券发行审核是联邦和州两级审核，虽然美国联邦一级实行的是注册制，但是很多州一级实行的是带有核准制的协调注册制和完全的审查核准制。

2. 核准制

核准制，又称特许制，指证券发行人在发行证券之前，不仅要依法公开披露与发行证券有关的信息，而且必须符合相关法律规定的若干适于发行的实质条件，并向主管机构提出申请和提交法律规定的文件资料，由证券主管机构决定是否准予其发行证券的一种制度。核准制遵循的是实质性管理原则，即证券的发行不仅以发行者真实状况的充分公开为条件，而且必须符合若干适于发行证券的实质性条件，发行申请是否被批准，主要取决于证券主管机构的具体审查。证券发行的实质性条件主要包括：公司所处行业，公司经营性质，管理人员的资格、能力，资本结构的合理性，各种证券权利是否平等，盈利能力，证券发行的数量、价格等。证券发行人的发行权利是通过证券审核机构的批准获得的。发行人必须取得证券审核机构的授权文件，以进行证券发行活动。

核准制重视证券管理机构对证券发行的实质性管理，体现了证券管理机构对证券市场的干预。证券管理机构通过实质审查，对拟发行证券的发行人进行价值判断，力求让符合法律法规规定的优秀公司发行证券，提高发行质量，以维护证券市场良好秩序，保障投资者的权益。当然，证券管理机构也不能确保每次审查都是正确无误的。英国一直被认为是核准制的典型。但是在英国，伦敦证券交易所是英国股票发行与上市的唯一常规性核准机构。这一点与其他实行核准制的新兴国家股票发行一般是由国家证券管理部门审核有很大区别。拟发行股票的公司，将制作好的招股说明书等申报材料上报伦敦证券交易所审核，经伦敦证券交易所审查合格并许可后才能在两家以上的重要报刊上刊登招股书。发行人和承销机构协商确定价格后,拟定的发行价格也需向伦敦证券交易所申请核准。

注册制和核准制是现代各国证券市场上并行的证券发行审核制度,并不存在优劣之分。具体实施哪种制度主要看该国家的法律制度以及背后的理论指导思想,而且从世界各国证券法规定和证券市场的实际运作看,两种制度也并非泾渭分明。即使在美国,虽然联邦实行的是证券发行注册制,但很多州实行的是带有核准制特点的协调注册制和完全的审查核准制。而英国的核准制十分强调证券发行信息的全面、准确、客观、真实披露,使投资者免受欺诈和误导等。有些国家和地区甚至存在两种制度并行的局面。如当前的我国,科创板实行注册制,创业板正全面推行注册制,而原主板市场则还保持核准制。

3. 我国的证券发行审核制度

1993 年以前,我国的证券发行由地方法规分别规定证券发行审核办法。1993 年,我国建立了全国统一的证券发行审核制度。截至目前,先后经历了行政主导的审批制和市场化的核准制两个阶段。审批制又包括额度管理和指标管理两个阶段,核准制又包括通道制和保荐制两个阶段。目前我国实行的是保荐制下的核准制。2013 年 11 月 15 日党的十八届三中全会发布的《中共中央关于全面深化改革若干重大问题的决定》明确提出,推进我国股票发行注册制改革。2019 年 6 月 13 日,科创板正式开市,7 月 22 日,首批公司上市,注册制试点开始。2019 年 12 月 28 日,十三届全国人大常委会第十五次会议表决通过了《中华人民共和国证券法》(2019 年修订),确定于 2020 年 3 月 1 日起施行。此次修订的《证券法》规定证券发行注册制的具体范围、实施步骤由国务院规定,为实践中注册制的分步实施留出制度空间。在科创板实行注册制应整体运行平稳,为其他板块推进注册制起到了示范作用的前提下,证监会开始推动创业板注册制,后续则将充分结合市场实际情况,按照国务院的统一部署,分步、稳妥推进。

同时为配合《证券法》(2019 年修订)实施和创业板注册制等改革,进一步规范证券发行上市保荐业务活动,证监会对《证券发行上市保荐业务管理办法》(以下简称《保荐办法》)进行了修订。修订主要内容包括:

(1)与《证券法》(2019 年修订)衔接

一是调整保荐业务程序相关条款。明确证券交易所对保荐业务的自律监管职责,要求保荐机构配合交易所审核,调整上市保荐等安排。二是调整保荐代表人资格管理。取消保荐代表人事前资格准入,强化事中事后监管,将暂停、撤销保荐代表人资格等监管措施调整为认定为不适当人选。

(2)落实注册制改革要求

一是强化发行人责任。明确发行人及其控股股东、实际控制人配合保荐工作的相关要求,并制定相应的罚则。二是压实中介机构责任。细化中介机构执业要求,明确保荐机构对证券服务机构专业意见的核查要求,督促中介机构各尽其责、合力把关,提高保荐业务质量。三是强化保荐机构内部控制。要求保荐机构建立分工合理、权责明确、相互制衡、有效监督的内控机制,将保荐业务纳入公司整体合规管理和风险控制范围,建立健全廉洁从业风险防控机制,强化对保荐业务人员的管控等,并制定相应的罚则。四是加大对中介机构的问责力度。丰富监管措施类型,扩大人员问责范围,加大处罚力度,强化内部惩戒,提高违法违规成本。此外,优化辅导安排,为下一步制定辅导监管细则预留空间,完善联合保荐规定,支持实体经济发展;同时将分散在其他规则中的保荐业务相关规定统一纳入《保荐办法》,如补充科创板持续督导期规定,补充境外企业上市辅导验收规定等。

（二）证券承销制度

证券发行的最终目的是将证券推销给投资者。发行人推销证券的方法有两种:一是自行销售,称为自销;二是委托他人代为销售,称为承销。具体来讲,承销一般指具有证券承销资格的投资银行,接受证券发行人的委托,在法律规定或者约定的时间范围内,将证券发行人的证券发售出去,并因此收取一定承销费用的一项活动。

证券承销制度,就是用于规范证券承销中,证券监管部门、证券发行人、证券承销机构、证券投资者之间和证券承销、销售机构内部关系的法律法规和契约的总称。证券承销制度主要由证券承销的法律、法规,承销方式,承销价格与费用,承销商的作用等内容组成。在这一制度之下,证券承销商具有顾问(advisory)、购买(buying)、分销(selling)及保护(protective)等功能,可协助企业于发行市场筹募所需资金,扮演资金供给者与需求者之间的桥梁。

按照发行风险的承担、所筹资金的划拨以及手续费的高低等因素划分,承销方式又具体分为包销、代销、承销辛迪加等多种方式。

1. 包销

包销,是指证券承销商将证券发行人的证券按照协议全部购入或者在承销期结束时将售后剩余证券全部自行购入的承销方式。包销一般又可分为全额包销和余额包销两种。

全额包销,指由牵头证券承销商将证券发行人发行的证券全部买下,然后转售给投资者(或分销给参与承销的其他成员)的承销方式。使用这种方式时,证券承销商与证券发行人之间是一种买卖关系,而不是委托代理关系。发行风险全部由受托证券承销商承担,无论证券承销商能否将证券全部发行出去,证券发行人都可以及时、全额取得所筹资金。因此,这种方式要求证券承销商拥有较雄厚的资本,或者有较强的融资能力以买下拟发行的全部证券。同时,这种承销方式需要证券发行人付出较高的代理费,或者给予较大的承销折扣。这种方式一般适合那些资金需求量大、社会知名度低且缺乏证券发行经验的发行人。证券承销商在包销之前,一般也会经过严格的项目评估和尽职调查,基本能够把握投资者对拟发行证券的需求量,以降低承销风险。

余额包销,又称助销,指证券发行人委托承销机构在约定期限内发行证券,到销售截止日期,如投资者实际认购总额低于预定发行总额,未售出的余额由承销商按协议价格认购。余额包销实际上是先代理发行,后全额包销,是代销和全额包销的结合。因此,这种方式中证券发行人与承销商主要是一种代理关系,若包销发生则又变成了买卖关系。这种发行方式同全额包销方式一样,发行风险全部由证券承销商承担,证券发行人的筹资金额有保障。只不过相对于全额包销,证券承销商需要的资金量较少,且承担的风险较小,证券发行人的筹资主要来自投资者。另外,证券发行人获得资金的时间也不同:余额包销时,发行人在发行期结束时才能获得资金;而全额包销,发行人在发行协议签订以后发行期开始之前即可获得承销商垫付的资金。也正是基于以上的差别,余额包销的代理费比全额包销的要低。目前余额包销在我国证券承销中出现得比较多。

2. 代销

代销,指证券承销商代理发行人按照规定的发行条件发售证券,发行期结束时将收入的资金连同未售出的证券全部退回给发行人的证券承销方式。使用这种方式时,承销商与发行人之间是一种委托代理关系。证券发行中的全部风险由发行人承担,承销商对证券能否售出不承担任何责任,承销商也不需要使用自己的资金。因而代理费用在以上三种方式中是最低的,通常与实际发售数额挂钩。这种方式一般适用于发行人知名度大、信用度高,或者承销商对证券发行信心不足,或者是发行人与承销商无法达成包销协议的情况。这种方式目前在证券承销中使用较少。

3. 承销辛迪加

承销辛迪加,又称承销团方式,指由证券主承销商牵头联合其他承销商组成承销团,共同承担责任,全额或余额包销承销证券的方式。参与联合承销的承销商至少要有两个,一般由主承销商与发行人签订发行协议,再由主承销商与其他副主承销商、分销商签订分销协议。证券发行的风险由参加联合发行的承销商共同分担,形式有等额分担和按比例分担。一般情况下主承销商分担的风险和责任最大,相应获得的手续费收入也最多。这种承销方式出现的主要原因在于单个承销商包销证券面临的风险很大,尤其是面临数量很大的证券发行时,单个承销商面临的资金、销售压力较大,一旦不能及时将该证券销售出去,承销商就要承担证券价格变动的风险。因此,承销辛迪加这种方式特别适合于数额巨大的证券发行,由于参与承销的机构较多,可以发挥各自的优势,这有助于缩短发行期限,及时回笼资金,但承销商之间的内部协调工作也相应较重。

我国《证券法》规定,发行人向不特定对象发行的证券,法律、行政法规规定应当由证券公司承销的,发行人应当同证券公司签订承销协议;向不特定对象发行证券聘请承销团承销的,承销团应当由主承销和参与承销的证券公司组成。我国《证券发行与承销管理办法》和《上市公司证券发行管理办法》规定,上市公司发行证券,应当由证券公司承销;上市公司非公开发行股票未采用自行销售方式或者上市公司向原股东配售股份的,应当采用代销方式发行。上市公司非公开发行股票,发行对象均属于原前 10 名股东的,股票可以由上市公司自行销售。

对于以上几种证券承销方式,发行人与承销商需要综合考虑各种相关的因素来协商决定具体采用哪种方式。这些因素主要包括:证券承销的相关法律法规;发行人的信誉状况、融资规模、经营业绩和发展前景等;承销商自身的实力和承销能力;承销商之间的竞争状况;发行风险和承销费用;证券市场的现实状况;等等。

三、证券发行与承销程序

证券发行与承销程序就是指为使证券从发行者手中到达投资者手中,发行人与承销人需要经历的步骤、日程以及需要履行的一系列手续。目前,各个国家一般都对证券发行与承销程序进行了法律规定,证券发行人必须按照规定的程序进行各项工作。由于不同的国家对同一种证券发行,以及同一个国家对不同的证券发行与承销的法律法规等都不尽相同,尤其是证券发行审核制度不尽相同,因此证券的发行与承销程序也就不完全一样。但是,基本程序大致是一致的。

（一）证券发行程序

证券发行的基本程序一般有证券发行准备、证券发行申请、证券发行审核、证券发行承销四个阶段。

1. 证券发行准备

证券发行准备工作主要包括:

（1）创造发行主体资格和条件,如股票发行人首先必须是股份有限公司。

（2）发行人选定承销商,并与承销商就证券发行的数量、种类、费用等相关问题达成意向。

（3）承销商对发行人及市场有关情况和相关文件的真实性、准确性、完整性进行核查、验证等专业调查。

（4）聘请相关中介机构对公司财务和资产进行审计和评估,审查或着手制作有关法律文件。

2. 证券发行申请

发行人在做好发行准备后,就可以制作证券主管机关审核需要的申报法律文件。内容一般包括:发行申请报告;发起人会议或股东大会发行股票或债券决议;招股说明书;资产评估报告;审计报告;发行人法律意见书及律师工作报告;公司章程;资金运用可行性报告以及发行承销方案和承销协议等法律文件。发行人应将上述文件报送证券主管机关审核。

3. 证券发行审核

不同的发行审核制度下证券发行核准或批准的程序不同。在注册制中,证券主管机关根据注册申报书的具体状况给出相应意见,要求补正或正式拒绝,或宣布生效。若在规定期限内主管机关未给出意见,则视为注册成功。在核准制中,证券主管机关接到证券发行申请文件后,组织审核委员会对申报材料是否符合有关法律和法规规定的发行条件进行审核,对符合条件的予以批准,否则给予否决。

4. 证券发行承销

证券发行申请经主管机关批准后,发行人与承销商就可以签订承销协议(部分国家如我国,承销协议是发行人申请证券公开发行的法定送审文件,因此,在发行准备阶段业已签订),披露有关发行信息,进行证券发行的宣传、推介工作,直至选定日期向社会进行招募,投资者认购证券。发行人与承销商履行协议的相关条款后,证券发行结束。证券发行成功的也可以选择在证券交易所挂牌交易。

（二）证券承销程序

证券承销主要是从承销商的角度来讲的。证券承销的基本程序有发行准备、签订协议、证券销售三个阶段。

1. 发行准备阶段

承销商与发行人达成意向后,利用其经验、人才及信息上的优势,在对发行人的基本情况,如公司发展历史、财务状况、组织结构状况、募集资金的投向、拟发行证券在市场上的受欢迎程度等进行详细调查、研究、分析的基础上,就证券发行的种类(债券还是股票)、时间、条件等向发行人提出建议。

2. 签订协议阶段

当发行人确定证券的种类和发行条件,并且报经证券主管机关批准后,与承销商在协商的基础上签订协议(部分国家如我国,承销协议是发行人申请证券公开发行的法定送审文件,因此,在发行准备阶段业已签订),由投资银行承销证券。如果发行人的证券数量较大,承销商可以牵头组成辛迪加或承销团,由多家投资银行一起承销。

3. 证券销售阶段

投资银行与证券发行人签订协议后,就可以着手进行证券的销售。一般通过宣传、推介,按照一定的方法定价后,把拟发行的证券销售给广大投资者。在履行完承销协议的相关条款后,即可结案。

四、证券发行与承销费用

证券发行与承销费用指发行人在证券发行申请和实际发行过程中发生的费用,不同的证券、不同的国家,发行与承销费用差别较大。一般主要包括承销费用、中介机构费用和其他费用等。

(一) 承销费用

承销费用一般根据证券发行规模的一定比例确定,支付比例和支付方式因证券的类别、所在国家、承销方式等不同而不同。目前,我国股票收取承销费用的标准是:包销商收取的包销费用为包销证券总金额的 1.5% ~ 3%,代销费用为实际售出股票总金额的 0.5% ~ 1.5%。

(二) 中介机构费用

中介机构费用包括申报会计师费用、律师费用、评估费用、保荐费用以及上网发行费用等。

(三) 其他费用

这部分费用包括相关证券机构的登记费、保险费用、印刷费用等。

第二节 股票的发行与承销

一、股票的发行

股票是一种有价证券,它是股份有限公司按照《公司法》签发的证明股东所持股份的所有权凭证。股份有限公司的资本划分为股份,每一股股份的金额相等。公司的股份采取股票的形式。股份的发行实行公平、公正的原则,同种类的每一股份具有同等权利。股票一经发行,购买股票的投资者即成为公司的股东。股票实质上代表了股东对股份有限公司的所有权,股东凭借股票可以获得公司的股息和红利,参加股东大会并行使自己的权利,同时承担相应的责任与风险。

股票发行是证券发行中最常见的一种。当发行人决定发行股票筹集资金时,投资银行需要为发行人设计发行方案,实施股票承销,以及提供其他相关的咨询服务。

（一）股票发行种类的选择

发行人使用股票发行筹集资金,必须决定发行哪一种股票。按照不同的分类方法或者从不同的角度,股票可以分为很多种类:按照股东享有权利的不同分为普通股股票和优先股股票;按照是否在股票票面上标明金额,分为有面额股票和无面额股票;按照是否记载股东姓名,分为记名股票和无记名股票;等等。其中,普通股股票和优先股股票的选择是现实中发行人经常面对的一个问题。

1. 普通股股票

普通股股票是最基本、最常见的一种股票,其持有者享有股东的基本权利和义务。普通股股票的股利完全随公司盈利的高低而变化,但在公司盈利和剩余财产的分配顺序上位于债权人和优先股股东之后。因此,相对于优先股股票,普通股股票是标准的股票,也是风险较大的股票。普通股股东拥有的基本权利主要有:

（1）公司盈余分配请求权。普通股股东有权获得股利,但只有在公司支付了债息和优先股股息之后才能分得。普通股股利是不固定的,主要取决于公司盈利水平的高低,还要受到股利分配政策、公司发展战略、现金流等多种因素的影响。

（2）剩余财产分配权。当公司因破产进行清算时,普通股股东有权分得公司剩余资产,但普通股股东只有在公司的债权人、优先股股东之后才能分得财产,财产多时多分,少时少分,没有则不分。

（3）重大经营决策参与权。任何普通股股东都有资格参加公司的股东大会,普通股股东有权就公司重大经营问题进行发言和投票表决,从而参与公司的经营决策与管理。普通股股东影响表决的结果的程度与持有的股票数量相关,一般持有一股便有一票。

（4）优先认股权。普通股股东一般具有优先认股权,即当公司增发新普通股时,现有股东有权优先（可能还以低价）购买新发行的股票,以保持其对企业所有权的原百分比不变,从而维持其在公司中的权益。

2. 优先股股票

优先股股票是一种特殊股票,在股东权利、义务中附加了某些特别条件。优先股股票的股息率通常是固定的,股东在公司盈利和剩余财产的分配顺序上比普通股股东享有优先权。但是优先股股东的权利受到一定限制,比如优先股股东一般没有选举权和被选举权,对股份有限公司的重大经营（除了涉及优先股股东的利益）一般也没有投票权。优先股也是一种没有期限的所有权凭证,优先股股东一般不能在中途向公司要求退股（少数可赎回的优先股例外）。优先股股票根据不同的附加条件,又可以分成不同的种类:① 固定股息率优先股和浮动股息率优先股。前者的股息率在优先股存续期内不做调整,后者的股息率根据约定的计算方法可以进行调整。② 强制分红优先股和非强制分红优先股。前者是在有可分配税后利润时必须向股东分配利润的优先股,否则即为后者。③ 可累积优先股和非累积优先股。前者是公司在某一时期所获盈利不足,导致当年可分配利润不足以支付股息时,可将应付股息累积到次年或以后某一年盈利时,在普通股股息发放之前,连同本年股息一并发放的优先股。后者则是公司不足以支付全部股息时,对所欠股息部分,股东不能要求公司在以后年度补发的优先股。④ 参与优先股和非参与优先股。前者是持有人只能获取一定股息但不能参加公司额外分红的优先股,后者则是持有人除可按规定的股息率优先获得股息外,还可与普通股股东分享公司的剩余收益的优先股。⑤ 可转换优先股和不可转换优先股。前者是在规定的时间内,允许优先股股东或发行人可以按照一定的转换比率把优先股换成该公司普通股的优先股。否则则是后者。⑥ 可回购优先股和不可回购优先股。前者是允许发行公司按发行价加上一定比例的补偿收益回购优先股的优先股。后者则是没有附有回购条款的优先股。

对比普通股和优先股不难发现,两者都是一种所有权证书,筹集的资金都可以作为资本长期使用,都具有风险性、收益性和流动性的特性。但是,二者也有明显的区别。优先股的固定收益、优先股股息和剩余财产的分配权使得优先股的风险和收益低于普通股,可是,优先股的固定股息也能给普通股股东带来类似于债权产生的财务杠杆效应;优先股股东丧失的参与公司经营决策权和优先认购权,使得公司在增加资本的同时不会改变原有普通股股东的持股比例,从而不会影响普通股股东的控股权。

发行人可根据相关法律法规的规定、自己的需求,以及金融市场的状况等多种因素进行选择。就我国来讲,在资本市场发展早期,曾有一些上市公司发行了优先股,但总体规模极小。据统计,在 1995 年年底,优先股仅仅占沪、深两市总股本的 0.024 5%。2013 年 11 月 30 日,我国国务院发布了《关于开展优先股试点的指导意见》,开始部署、实施发行优先股。近年来浦东发展银行、农业银行、交通银行、平安银行、兴业银行、中信银行、华夏银行、民生银行、招商银行等都成功发行了优先股,但是优先股的发行还主要局限在银行业。

(二) 股票发行方式的选择

在各国不同的政治、经济、社会条件下,特别是在金融体制和金融市场管理存在差异的情况下,股票的发行方式也是多种多样的。作为证券的一种,证券发行的多数分类同样在股票中也有。如股票发行按照对象可以分为公募发行和私募发行;按照是否通过中介机构可以分为直接发行与间接发行;按照发行价格和票面面额的关系可以分为溢价发行、平价发行和折价发行;按照发行的顺序可以分为初次发行和再次发行;按照发行地点的不同可以分为国内发行和国外发行;按照是否可以协商可以分为招标发行和议价发行;等等。上述这些股票发行方式,各有利弊及约束条件。股份有限公司在发行股票时,可以采用其中的某一种方式,也可以兼采几种方式。发行人应根据本国的法律法规,结合自己的实际情况出发,择优选用。当前,世界各国采用最多、最普遍的方式是公开发行和间接发行。

我国《公司法》《证券法》《证券发行与承销管理办法》和《上市公司证券发行管理办法》对股票发行做出了一些规定。《公司法》规定:"股票发行价格可以按票面金额,也可以超过票面金额,但不得低于票面金额。"《证券法》规定:公开发行是向不特定对象发行证券,或者是向特定对象发行证券累计超过 200 人的,或者是法律、行政法规规定的其他发行行为。发行人向不特定对象发行的证券,法律、行政法规规定应当由证券公司承销的,发行人应当同证券公司签订承销协议;向不特定对象发行证券聘请承销团承销的,承销团应当由主承销和参与承销的证券公司组成。我国《证券发行与承销管理办法》和《上市公司证券发行管理办法》规定,上市公司发行证券,应当由证券公司承销;上市公司非公开发行股票未采用自行销售方式或者上市公司向原股东配售股份的,应当采用代销方式发行。上市公司非公开发行股票,发行对象均属于原前 10 名股东的,可以由上市公司自行销售。由此,不难看出,我国股票发行也是以公开发行和间接发行为主,公开发行包括初次公开发行(IPO)和再次公开发行(上市公司发行新股)。

（三）股票发行的条件

一个国家的股票发行管理制度决定了是否对发行人发行股票设置条件。一般情况下,实行注册制审核的国家几乎不对发行人发行股票设置条件,而实行核准制的国家都对股票发行设置条件。我国当前实行的是注册制和核准制并行的审核制度,同样对股票发行设置了条件,再加上我国股票发行与上市是连续进行的机制,实际上使我国形成了上市以发行为条件的程序惯例。因此,我国的《公司法》和《证券法》对股票初次公开发行在主板(含中小企业板)、创业板、科创板以及上市公司再次发行股票都分别设置了条件。

股份有限公司首次公开发行新股应当具备下列条件并报国务院证券监督管理机构批准:

（1）具备健全且运行良好的组织机构;

（2）具有持续盈利能力;

（3）最近 3 年财务会计报告被出具无保留意见审计报告;

（4）发行人及其控股股东,实际控制人最近 3 年不存在贪污、贿赂、侵占财产、挪用财产或者破坏社会主义市场经济秩序的犯罪;

（5）经国务院批准的国务院证券监督管理机构规定的其他条件。

与主板上市相对严格的条件相比,实施注册制试点的科创板对股票发行和上市条件进行了放宽,但是依旧设置了条件。根据《关于在上海证券交易所设立科创板并试点注册制的实施意见》和《科创板首次公开发行股票注册管理办法（试行）》等的规定,股票在科创板发行条件如下:

（1）持续经营:依法设立且持续经营 3 年以上的股份有限公司(有限责任公司净资产整体折股的从成立之日起算);不强调持续盈利能力,允许未盈利或存在未弥补亏损的企业上市。

（2）会计基础及内控制度:会计基础工作规范、内部控制制度健全,并由注册会计师出具标准无保留意见的审计报告;无保留结论的内部控制鉴证报告。

（3）业务完整:资产完整,业务及人员、财务、机构独立,与控股股东与实际控制人及其控制的其他企业不存在对发行人构成重大不利影响的同业竞争和严重影响独立性或显失公平的关联交易;主营业务、控制权近两年未发生变更,董事、高级管理人员和核心技术人员近两年无重大不利变化;主要资产、核心技术及商标等无重大权属纠纷,无重大偿债风险,重大担保、诉讼、仲裁等或有事项,经营环境重大变化等对持续经营有重大不利影响的事项。

（4）合法合规：发行人及其控股股东、实际控制人最近3年内无贪污、贿赂、侵占财产、挪用财产或者破坏社会主义市场经济秩序的刑事犯罪，无欺诈发行、重大信息披露违法或其他涉及国家安全、公共安全、生态安全、生产安全、公众健康安全等领域的重大违法行为。近3年内董事、监事、高级管理人员不存在被证监会行政处罚或被立案侦查、立案调查尚未有明确结论等情形。

（5）取消部分现行发行条件：取消了现行发行条件中关于盈利业绩、不存在未弥补亏损、无形资产占比限制等方面的要求。

除了证监会规定的上述发行条件外，申请在科创板上市还应当符合下列条件：

（1）发行后股本总额不低于人民币3 000万元。

（2）公开发行的股份达到公司股份总数的25%以上；公司股本总额超过人民币4亿元的，公开发行股份的比例为10%以上。

（3）申请在科创板上市，至少还得符合以下市值和财务标准之一：①"市值+净利润"标准：市值不少于人民币10亿元，连续两年盈利，最近2年扣非后净利润累计不少于人民币5 000万元；或者市值不少于人民币10亿元，最近1年盈利且营收不少于人民币1亿元。②"市值+收入+研发投入"标准：市值不少于人民币15亿元，最近1年营收不少于人民币2亿元，最近3年研发投入合计占最近3年应收合计比例不低于10%。③"市值+收入+现金流"标准：市值不少于人民币20亿元，最近1年营收不少于人民币3亿元，最近3年经营活动现金流净额累计不少于人民币1亿元。④"市值+收入"标准：市值不少于人民币30亿元，最近1年营收不少于人民币3亿元。⑤"自主招生"标准：市值不少于人民币40亿元，主要产品或市场空间大；或者经国家有关部门批准，取得阶段性成果；或者获得知名投资机构一定金额投资；或者是医药企业取得至少一项一类新药二期临床实验批件；或者是其他符合科创板定位的企业，需具备明显技术优势，符合一定标准。

（四）股票发行的程序

尽管注册制改革正在全面推进，但是从现实发展出发，本书仍以我国公司在主板市场初次公开发行为例阐述股票发行程序。

1. 企业改制，设立股份有限公司

当企业决定初次公开发行股票时，需要选择并聘请有证券从业资格的会计师事务所、律师事务所和有主承销商资格的证券公司。其中，会计师事务所负责出具审计报告，律师事务所负责出具法律意见书，证券公司负责对拟上市企业发行股票进行辅导和推荐。同时，企业需要改制为符合发行公开股票要求的股份有限公司，且董事会应当依法就本次股票发行的具体方案、本次募集资金使用的可行性及其他必须明确的事项做出决议，提请股东大会批准。

2. 上市辅导

依据我国证监会的规定，申请首次公开发行股票前，发行人需聘请保荐机构对其进行发行上市前的辅导，并由发行人所在地证监局进行辅导监管。因此，投行业务人员应组成辅导工作小组，对发行人进行辅导，直至发行人所在地证监局验收合格。

3. 制作股票发行申请文件,并向证监会报送

拟上市公司和所聘请的证券中介机构,按照中国证监会制定的《公司公开发行股票申请文件标准格式》制作申请文件,由主承销商推荐向中国证监会申报。

4. 证监会审核

中国证监会受理申请文件后,其发行监管部门和股票发行审核委员会依法对发行申请文件和信息披露内容的合法合规性进行审核,不对发行人的盈利能力和投资价值做出判断。发现申请文件和信息披露内容存在违法违规情形的,严格追究相关当事人的责任。自受理证券发行申请文件之日起 3 个月内,依照法定条件和法定程序做出核准、中止审核、终止审核、不予核准的决定,具体见 2013 年 11 月 30 日中国证监会发布的《中国证监会关于进一步推进新股发行体制改革的意见》。

5. 路演、询价并发行股票

在获得中国证监会核准公开发行股票的文件以后,发行人应自中国证监会核准发行之日起 12 个月内按照核准的发行方案发行股票。其中包括在证监会指定的信息披露媒体上按照规定进行信息披露,以询价的方式确定股票发行价格,通过交易所系统发行股票,等等。

6. 上市交易

发行人发行股票后,可以申请股票上市交易。根据我国上海证券交易所和深圳证券交易所的相关规定,首次公开发行股票的发行人,在证监会核准其发行申请后,即应向交易所上市公司部申请股票简称和代码;通过交易所的交易系统公开发行股票前,也应按照交易所的具体规定,向其报送发行申请文件;发行完成,并进行验资和股票托管后,保荐机构也应按照指引的要求,向交易所上市公司部报送上市申请文件;交易所的上市公司委员会,将对发行人的上市申请进行审核(审核时间不超过 7 个交易日);交易所上市委员会审核通过后,发行人可与交易所签订股票上市协议,并公开披露上市公告书,在交易所上市交易。

二、公开发行股票承销的基本步骤

按照我国的股票发行的相关规定,公开发行的股票基本都需要承销商承销。一旦发行人决定通过公开发行股票来筹集资金,就需要聘请一家投资银行来作为承销商。承销商不是名义上仅仅帮助发行人销售股票,而是全程参与发行人的股票发行工作。特别在当前我国实行的保荐人的核准制度下,发行人必须聘请投资银行作为发行人的保荐人,这就更需要投资银行全程参与发行人的股票发行工作。因此,承销商的承销过程和发行人发行股票的过程基本是类似的,只不过两者的角度不一样。

当前,除了科创板,我国企业在主板、创业板(正在改变中)首次公开发行股票和再次发行股票的基本步骤是相似的,因此,我们以在主板首次公开发行为例来介绍投资银行股票发行与承销的业务流程。

(一)选择发行人

发行人的素质如何将关系到投资银行股票承销所承担的风险,并可能直接决定股票

承销的成败。因此,投资银行从事股票承销业务的第一步,同时是非常重要的一步就是选择优质的发行人。一般来说,投资银行选择发行人时会考虑下面几个因素:是否符合股票初次公开发行条件;是否受市场欢迎;是否具备优秀的管理层;是否具备未来增长潜力;等等。

（二）在竞争中获选成为保荐人及（主）承销商

在股票发行与承销过程中,投资银行要选择优质的发行人,而发行人为了发行成功也要选择优秀的投资银行作为保荐人及（主）承销商,两者是一个双向选择的过程。我国《证券法》规定,公开发行证券的发行人有权依法自主选择承销的证券公司。证券公司不得以不正当竞争的手段招揽证券承销业务。发行人选择投资银行所依据的几条常见标准是:投资银行的声誉和能力;承销经验和类似发行能力;股票分销能力;造市能力和承销费用;等等。而这样的投资银行又往往不是一家。因此,优质的发行人往往会成为投资银行竞相招揽的对象,投资银行往往需要艰难的推荐和公关活动,几经谈判,才能击败竞争对手,成功获选为保荐人及（主）承销商。

（三）组建 IPO 小组

股票发行公司与承销商双向选定以后,就开始组建首次公开发行（IPO）工作小组。发行工作小组除承销商和发行人的管理人员以外,还包括律师、会计师、审计师、资产评估师、行业专家和印刷商。

（四）制定股票发行计划与承销方案

投资银行作为 IPO 工作小组的核心,要根据发行人自身的状况,对发行人筹集资金的使用计划、预期经营收益和风险进行分析、评估,并结合法律法规对发行股票必备条件的规定、投资者的预期需求、市场环境等因素,就拟发行股票的种类、规模、价格、时间等提出建议,协助发行人制定股票发行计划。若投资银行也取得了股票承销权,投资银行还需要制定股票发行承销计划。

（五）尽职调查

尽职调查指中介机构（包括投资银行、律师事务所和会计师事务所等）在股票承销前,以本行业公认的业务标准和道德规范,对股票发行人和市场的有关情况及有关文件的真实性、准确性、完整性进行的核查、验证等专业调查。尽职调查是投资银行在股票发行过程中最重要的一项工作。2013 年 11 月 30 日中国证监会发布的《中国证监会关于进一步推进新股发行体制改革的意见》明确规定:保荐机构应当严格履行法定职责,遵守业务规则和行业规范,对发行人的申请文件和信息披露资料进行审慎核查,督导发行人规范运行,对其他中介机构出具的专业意见进行核查,对发行人是否具备持续盈利能力、是否符合法定发行条件做出专业判断,并确保发行人的申请文件和招股说明书等信息披露资料真实、准确、完整、及时。否则,将依法承担相应责任。因此,投资银行必须对发行人将要披露的全部内容进行全面核查。2020 年 6 月修订的《证券发行上市保荐业务管理办法》对此做了进一步强化。

（六）制定与实施重组方案

投资银行经过尽职调查之后,就开始对发行人进行资产或业务重组,以符合公开发行的条件或在公开发行时获得监管部门和投资者的认可,从而取得更好的发行与承销效果。一般来讲,重组方案的制定与实施应尽量做到:发行人主体明确、主业突出、资本债务结构得到优化;财务结构与同类上市公司比较,具有一定优越性;使每股税后利润较大,从而有利于发行人筹集到尽可能多的资金,有利于发行人利用金融市场进行再次融资;减少关联交易;避免同业竞争;等等。

（七）拟定发行方案

股票公开发行是一个相当复杂的过程,需要许多中介机构及相关机构的参与和配合,需要准备大量的材料。为了尽早统筹安排各项工作,作为(主)承销商的投资银行应该尽早拟定发行方案,协调好各有关机构的工作,以保证所有材料在规定时间内完成。因此,制定发行方案就成为股票承销中的又一个重要步骤。发行方案主要包括:发行的资产总额、负债总额、净资产总额、发行资产拟折合的股份、新发行的股数、每股收益预测、发行价的评估与确定、发行方式的确定、主要投资者分析等。

（八）编制募股文件与申请股票发行

股票发行的一个实质性工作是准备招股说明书,以及作为其根据和附件的专业人员的结论性审查意见。招股说明书、审计报告、法律意见书和律师意见报告统称为募股文件。这些文件由 IPO 工作小组的相应成员分工进行编制。

募股文件编制完成后,发行人将把包括这些文件在内的发行申请资料交由主承销商保荐并向中国证监会申报。中国证监会受理申请文件后,中国证监会发行监管部门和股票发行审核委员会依法对发行申请文件和信息披露内容的合法合规性进行审核,但不对发行人的盈利能力和投资价值做出判断。发现申请文件和信息披露内容存在违法违规情形的,严格追究相关当事人的责任。自受理证券发行申请文件之日起 3 个月内,依照法定条件和法定程序做出核准、中止审核、终止审核、不予核准的决定。

（九）路演

路演是股票(主)承销商帮助发行人安排的股票发行前的营销调研与推介活动。一般来讲,(主)承销商会选择一些可能销出股票的地点,以及选择一些可能的投资者,主要是机构投资者,带领发行人逐个地点去召开会议,介绍发行人的情况及未来发展规划,与潜在的投资者进行充分的沟通和交流,了解投资人的投资意向。

路演是决定股票 IPO 成功与否的重要步骤。成功的路演可以达到下述三个目的:① 投资者进一步了解发行人的情况;② 增强投资者信心,创造对新股的市场需求;③ 从投资者的反应中为进一步确定发行方案获得有用的信息。

（十）确定发行价格

确定发行价格是股票发行中最重要也是最复杂的一项内容,既直接关系到发行人的利益及股票上市后的表现,也影响投资银行承销股票的风险。因此,投资银行必须综合考虑股票发行定价对各方利益的影响,协调好发行人与投资者之间的关系,合理地对股票进行估值,客观地分析影响股票发行定价的各种因素,以确定合适的发行价格。成功地对公开发行的股票进行定价,要求作为承销商的投资银行有丰富的定价经验,对发行人及其所属行业有相当的了解,对一级市场和二级市场上各类投资者都有深刻的观察。

2018年6月15日,新修订的《证券发行与承销管理办法》开始施行。该办法指出发行人首次公开发行股票,既可以通过向网下投资者询价的方式确定股票发行价格,也可以通过与主承销商自主协商直接定价等其他合法、可行的方式确定发行价格。

首次公开发行股票采用询价方式的,网下投资者报价后,发行人和主承销商应当剔除拟申购总量中报价最高的部分,剔除部分不得低于所有网下投资者拟申购总量的10%,然后根据剩余报价及拟申购数量协商确定发行价格。剔除部分不得参与网下申购。公开发行股票数量在4亿股(含)以下的,有效报价投资者的数量不少于10家,不多于20家;公开发行股票数量在4亿股以上的,有效报价投资者的数量不少于20家,不多于40家;公开发行股票筹资总额数量巨大的,有效报价投资者数量可适当增加,但不得多于60家。剔除最高报价部分后有效报价投资者数量不足的,应当中止发行。

(十一)确定发行方式

我国的新股发行方式经历了一个不断探索的过程,曾采用过限量发售认购证、无限量发售认购证及与储蓄存款挂钩、全额预缴款、网上竞价、网上定价、市值配售、网下向机构投资者询价配售等多种方式,然而新股发行方式问题仍不断被诟病。在总结经验、教训的基础上,目前国内新股发行主要采用网上定价发行和网下配售相结合的方式。

《证券发行与承销管理办法》(2018年修订)规定:首次公开发行股票的网下发行应和网上发行同时进行,网下和网上投资者在申购时无需缴付申购资金。投资者应自行选择参与网下或网上发行,不得同时参与。首次公开发行后总股本4亿股(含)以下的股票,网下初始发行比例不低于本次公开发行股票数量的60%;发行后总股本超过4亿股的,网下初始发行比例不低于本次公开发行股票数量的70%。其中,应安排不低于本次网下发行股票数量40%的股票优先向通过公开募集方式设立的证券投资基金(以下简称公募基金)、全国社会保障基金(以下简称社保基金)和基本养老保险基金(以下简称养老金)配售。公募基金、社保基金、养老金、企业年金基金和保险资金有效申购量不足安排数量时,发行人和主承销商可以向其他符合条件的网下投资者配售。安排向战略投资者配售股票的,应当在扣除向战略投资者配售部分后确定网下、网上发行比例。

(十二)组建承销团与确定承销报酬

我国《证券法》规定:向不特定对象发行的证券聘请承销团承销的,承销团应当由主承销和参与承销的证券公司组成。一般来说,主承销商会组建一个由承销辛迪加和销售集团组成的承销团来进行股票的出售。承销辛迪加中的每一个成员都有权承销一部分的股票,而销售集团的成员不承担任何承销风险。主承销商选择承销团成员时,主要参考以下标准:其一,应有不错的客户基础和销售渠道;其二,愿意且有能力担任做市商;其三,愿意在股票上市交易后对它进行分析、研究。

承销报酬一般在选定(主)承销商的时候就已经确定并列在承销协议中。承销报酬一般按发行人募集资金总额的百分比计算,具体又受股票发行量、募集资金额、发行人信誉、承销方式、发行方式等多种因素的影响,由承销商在投资者付给发行人的股款中扣除。

（十三）递交上市文件

根据我国上海证券交易所和深圳证券交易所的相关规定,首次公开发行股票的发行人,在证监会核准其发行申请后,即应向交易所上市公司部申请股票简称和代码;通过交易所的交易系统公开发行股票前,也应按照交易所的具体规定,向其报送发行申请文件;发行完成,并进行验资和股票托管后,保荐机构也应按照指引的要求,向交易所上市公司部报送上市申请文件。因此,发行完毕后,保荐人的投资银行还需要向上海证券交易所报送上市申请文件。上海证券交易所批准后,会择日安排公司股票上市。

（十四）持续督导

按照我国相关规定,发行人上市后,保荐机构应严格依法履行持续督导职责,督促发行人履行有关上市公司规范运行、信守承诺和信息披露等义务,审阅发行人信息披露文件及发行人向中国证监会、证券交易所提交的其他文件。除此之外,投资银行也可能与发行人签订有关稳定发行人股票在市场上价格的协议,以稳定投资者信心,支持和稳定股票在二级市场的交易。这在国外十分常见。投资银行通常有如下三种稳定价格的技巧:一是联合做空策略;二是绿鞋期权(green shoe option)策略;三是提供稳定报价策略。

另外,股票发行结束后,国外的投资银行还会刊登墓碑广告。墓碑广告是指投资银行刊登在报纸和杂志上的加边框的广告。墓碑广告主要包括 12 类信息,如发行人名称、发行数额、发行人简介、估计的发行价格、主承销商名称等内容,投资银行一般在股票 IPO 结束后进行刊登。我国则未见。

三、股票的非公开发行

（一）非公开发行股票的概念

非公开发行股票,亦称私募发行或定向增发,是指上市公司采用非公开方式,向特定对象发行股票的行为。

非公开发行股票的特定对象应当符合下列规定:

（1）特定对象符合股东大会决议规定的条件;

（2）发行对象不超过 10 名;

（3）发行对象为境外战略投资者的,应当经国务院相关部门事先批准。

与股票非公开发行相关的规范性文件有:《上市公司证券发行管理办法》;《上市公司非公开发行股票实施细则》。

（二）非公开发行股票的条件

上市公司非公开发行股票的条件如下:

（1）发行价格不低于定价基准日前 20 个交易日公司股票均价的 90%;

（2）本次发行的股份自发行结束之日起,12 个月内不得转让;控股股东、实际控制人及其控制的企业认购的股份,36 个月内不得转让;

（3）募集资金使用符合有关规定;

（4）本次发行将导致上市公司控制权发生变化的,还应当符合中国证监会的其他规定。

上市公司存在下列情形之一的,不得非公开发行股票:

（1）本次发行申请文件有虚假记载、误导性陈述或重大遗漏;

（2）上市公司的权益被控股股东或实际控制人严重损害且尚未消除;

（3）上市公司及其附属公司违规对外提供担保且尚未解除;

（4）现任董事、高级管理人员最近 36 个月内受到过中国证监会的行政处罚,或者最近 12 个月内受到过证券交易所公开谴责;

（5）上市公司或其现任董事、高级管理人员因涉嫌犯罪正被司法机关立案侦查或涉嫌违法违规正被中国证监会立案调查;

（6）最近 1 年及 1 期财务报表被注册会计师出具保留意见、否定意见或无法表示意见的审计报告。保留意见、否定意见或无法表示意见所涉及事项的重大影响已经消除或者本次发行涉及重大重组的除外;

（7）严重损害投资者合法权益和社会公共利益的其他情形。

（三）非公开发行股票的特点

上市公司非公开发行股票有如下特点:

（1）小范围发行:10 名以内的特定对象,不得采取公开发行的方式（不公开刊登招股书）,只能向特定对象发认购邀请书;

（2）对上市公司没有盈利门槛要求,为亏损企业提供了融资渠道;

（3）既是融资手段,也是企业并购重组的工具;

（4）发行价格不低于定价基准日前 20 个交易日公司股票均价的 90%,但定价基准日的选取有灵活性;

（5）非公开发行股份要锁定 1 或 3 年;

（6）非公开发行适用于发行审核简易程序,透明度相对较低,可能带来暗箱操作或低价发行利益输送等问题。

就股票发行的特点而言,私募发行是上市公司在融资过程中对 10 名以内的特定对象"开小灶",而将其他投资者特别是中小投资者排斥在外的募股方式。由此,其"天然"容易滋生利用融资决定权寻租及向特定对象低于公允价格发行股票输送利益等问题。如果募股发行定价明显偏低,就会让特定增发对象获得低风险暴利机会,而让其他拟投资者垂涎兴叹,其直接导致上市公司募股资金减少或募股股份没必要地增加,使公司每股权益减少,造成对既有股东特别是中小股东利益的侵害。

（四）非公开发行股票的定价

上市公司在线下进行非公开股票发行时,会通过向特定对象询价、竞价的方式来确定发行价。

发行定价历来是募股方案的核心要素,也是证券市场的全球性难题,其直接关乎股份公司的募股效率（以尽可能少的股票募集所需的资金量）及股票发行本身的成败,也是确保股票发行公平、公正的关键点。

在操作层面,IPO 项目的发行定价涉及的是公司估值询价问题;在上市公司再融资

（配股、增发、转债等）的过程中，股票发行价通常是与市价挂钩（即定价市场化），新增股份的定价实际上演变为定价基准日的确定和市价折扣率的选择问题。

"定价基准日"是计算发行底价的基准日。定价基准日一般为发行期的首日，也可以为本次非公开发行股票的董事会决议公告日（涉及并购、重大重组等）。上市公司应按不低于该发行底价的价格发行股票。

《上市公司证券发行管理办法》所称"定价基准日前20个交易日股票交易均价"的计算公式为：

$$定价基准日前20个交易日股票交易均价 = 定价基准日前20个交易日股票交易总额 \div 定价基准日前20个交易日股票交易总量$$

（3-1）

特别值得关注的是，实践中将不同时点作为定价基准日，会产生差异较大的发行折价结果。

（五）非公开发行股票的程序

上市公司非公开增发股票的主要程序如下：

（1）聘请保荐人（主承销商）、拟定非公开增发预案；
（2）董事会审议非公开增发预案（当日停牌）；
（3）召开股东大会审议非公开增发方案；
（4）编制和提交非公开增发申报材料（向证监会）；
（5）发行审核委员会审核非公开增发事项（简易程序，当日停牌）；
（6）证监会核准非公开增发申请（出文有效期半年）；
（7）向特定对象发认购邀请书（非公开发行，不得公告）；
（8）募集资金验资及股份簿记；
（9）刊登非公开增发发行结果及股本变更公告。

案例 3-1

驰宏锌锗定向增发案例

驰宏锌锗为资源类公司，属于明星股。它开创国内定向增发与股权分置改革捆绑第一案，是2006年国内第一绩优股（2006年度每股收益5.32元）和第一高价股（154元/股），分红派现额创国内最高纪录（2006年度10送10派30元）。

1. 案例背景

驰宏锌锗以收购资产方式对大股东定向增发A股，并将定向增发与股权分置改革（简称"股改"）捆绑进行。开创了股改与定向增发"互为前提、同步推进"之先河。

增发定价基准日为2006年4月24日，定价参照为2月24日（与基准日相差两个月）前20个交易日股票收盘价的均价，确定增发价为19.17元/股。

驰宏锌锗定向增发案例，涉及股票发行定价、股票停牌与投资者机会收益损失、股价操纵、双重关联交易监管、信息披露、资产重组与资产评估定价、评估师选聘、独立董事选聘、基金投票权、股东大会规范、上市公司盈余管理与股利分配、证券监管信息公开等问题。堪称中国股市监管问题的百科全书。

2. 案例分析

长期停牌成股价操纵工具:损小股东,利大股东。

驰宏锌锗创国内股改超期停牌之最(2006 年 2 月 25 日至 4 月 24 日)。在长达两个月的停牌期间,公司主导产品价格暴涨(当时公司 2006 年一季度业绩已预告增幅超150%),可比公司股价涨幅翻番。

参考可比公司业绩及股价涨幅情况,两个月的停牌,驰宏锌锗的"机会收益率"保守估计至少应当在 150%以上,给流通股股东造成的"机会收益"损失高达 19.74 亿元。远远超过该公司 2005 年末的股东权益(净资产)值 7.21 亿元。

如果不长期停牌,驰宏锌锗合理的"市场价格"应该在 47 元以上。而公司以停牌前的价格为依据,以 19.17 元向大股东定向增发 3 500 万股,漫长停牌给云冶集团带来的收益(持股成本节约)高达 9.74(28.2×0.35)亿元。

3. 案例结果

2006 年 6 月,上海证券交易所专门出文,明确股改方案酝酿期停牌不得超过 4 个交易日。

2006 年 9 月,证监会重组委首轮否决了驰宏锌锗的定向增发。

二次上报时,驰宏锌锗提高了定向增发价格 3.72 元后,获得证监会通过。由此上市公司较之前的方案多得募股资金 1.32 亿元。

第三节　债券的发行与承销

一、债券的概念及分类

(一) 债券的概念

债券是一种有价证券,是社会各类经济主体为筹集资金而向债券投资者出具的、承诺按一定利率定期支付利息并到期偿还本金的债权债务凭证。债券所规定的借贷双方的权利义务关系有四个方面的含义:第一,发行人是借入资金的经济主体;第二,投资者是出借资金的经济主体;第三,发行人必须在约定的时间付息还本;第四,债券反映了发行者和投资者之间的债权债务关系,而且是这一关系的法律凭证。

债券作为债权债务关系的凭证,一般以有一定格式的票面形式来表现。一般来说,债券券面上有票面金额、到期期限、票面利率和发行人名称四个基本要素。但这四个基本要素并非一定在债券券面上被印制出来。在许多情况下,债券发行者是以公布条例或公告形式向社会公开宣布某债券的期限与利率的。另外,债券券面上有时还包含一些其他要素。例如,有的债券具有分期偿还的特征,因而在债券券面上或发行公告中附有分期偿还时间表;有的债券附有一定的选择权,包括附有赎回选择权条款的债券、附有出售选择权条款的债券、附有可转换条款的债券、附有交换条款的债券、附有新股认购权条款的债券等,也会在债券券面上或发行公告中附有相关信息。

（二）债券的分类

债券种类很多,在债券的历史发展过程中出现过许多不同品种的债券,各种债券共同构成了一个完整的债券体系。债券可以依据不同的标准进行分类。

1. 根据发行主体分类

根据发行主体的不同,债券可以分为政府债券、金融债券和公司债券。

（1）政府债券。政府债券的发行主体是政府。其中,中央政府发行的债券称为国债,也被称作金边债券,是政府债券的主体,主要用途是解决由政府投资的公共设施或重点建设项目的资金需要和弥补国家财政赤字。地方政府发行的债券称为地方债,也称为地方公债或市政债券,主要用途是解决地方性的公共设施或重点建设项目的资金需要和弥补地方性财政资金的不足。政府债券的发行规模、期限结构、未清偿余额,关系着一国政治、经济发展的全局。除了政府部门直接发行的债券外,有些国家把政府担保的债券也划归为政府债券体系,称为政府保证债券。这种债券由一些与政府有直接关系的公司或金融机构发行,并由政府提供担保。

（2）金融债券。金融债券的发行主体是银行或非银行的金融机构。金融机构一般有雄厚的资金实力,信用度较高,因此,金融债券往往也有良好的信誉。其发行债券的目的主要是为某种特殊项目而筹资,或者改变本身的资产负债结构。对于金融机构来说,吸收存款和发行债券都是它的资金来源,构成了它的负债。存款的主动性在存款户,金融机构只能通过提供服务来吸引存款,而不能完全控制存款,是被动负债。而发行债券则是金融机构的主动负债,金融机构有更大的主动权和灵活性。金融债券的期限以中期较为多见。

（3）公司债券。公司债券是公司依照法定程序发行的、约定在一定期限还本付息的有价证券。公司债券的发行主体是股份有限公司,但有些国家也允许非股份制企业发行债券,所以,归类时,可将公司债券和企业发行的债券合在一起,称为公司（企业）债券。公司发行债券的目的主要是满足经营需要。由于各公司的情况千差万别,有些经营有方、实力雄厚、信誉高,也有一些经营较差,可能处于倒闭的边缘,因此,公司债券的风险性相对于政府债券和金融债券要大一些。公司债券有中长期的,也有短期的,视公司的需要而定。

2. 根据债券发行条款中是否规定在约定期限向债券持有人支付利息分类

根据债券发行条款中是否规定在约定期限向债券持有人支付利息,债券可分为贴现债券、附息债券和息票累积债券。

（1）贴现债券。贴现债券又称为贴水债券,指在票面上不规定利率,发行时按某一折扣率,以低于票面金额的价格发行,发行价与票面金额之差额相当于预先支付的利息,到期时按面额偿还本金的债券。

（2）附息债券。附息债券的合约中明确规定,在债券存续期内,对持有人定期支付利息（通常每半年或每年支付一次）。按照计息方式的不同,这类债券还可细分为固定利率债券和浮动利率债券两大类。固定利率债券是在债券存续期内票面利率不变的债券。浮动利率债券是在票面利率的基础上参照预先确定的某一基准利率予以定期调整的债券。

有些附息债券可以根据合约条款推迟支付定期利率,故又称为缓息债券。

(3)息票累积债券。息票累积债券同样也规定了票面利率,但是,债券持有人必须在债券到期时一次性获得本息,而在存续期间则没有利息支付。

3.根据债券券面的形态分类

根据债券券面形态的不同,债券可以分为实物债券、凭证式债券和记账式债券。

(1)实物债券。实物债券是一种具有标准格式实物券面的债券。在标准格式的债券券面上,一般印有债券面额、债券利率、债券期限、债券发行人全称、还本付息方式等各种债券券面要素。有时债券利率、债券期限等要素也可以通过公告向社会公布,而不在债券券面上注明。无记名国债就属于这种实物债券,它以实物债券的形式记录债权、面值等,不记名,不挂失,可上市流通。实物债券是一般意义上的债券,很多国家通过法律或者法规对实物债券的格式予以明确规定。

(2)凭证式债券。凭证式债券的形式是债权人认购债券的一种收款凭证,而不是债券发行人制定的标准格式的债券。我国 1994 年开始发行凭证式国债。我国的凭证式国债通过各银行储蓄网点和财政部门国债服务部面向社会发行,券面上不印制票面金额,而是根据认购者的认购额填写实际的缴款金额,是一种国家储蓄债,可记名、挂失,以凭证式国债收款凭证记录债权,不能上市流通,从购买之日起计息。在持有期内,持券人如遇特殊情况需要提取现金,可以到原购买网点提前兑取。提前兑取时,除偿还本金外,利息按实际持有天数及相应的利率档次计算,经办机构按兑付本金的 2‰收取手续费。

(3)记账式债券。记账式债券是没有实物形态的票券,债券发行、交易及兑付的全过程均通过计算机系统完成。我国 1994 年开始发行记账式国债。目前,上海证券交易所和深圳证券交易所已为证券投资者建立了电子证券账户,发行人可以利用证券交易所的交易系统来发行债券。投资者进行记账式债券买卖,必须在证券交易所设立账户。记账式国债可以记名、挂失,安全性较高,同时由于记账式债券的发行和交易均实行无纸化,所以发行时间短,发行效率高,交易手续简便,成本低,交易安全。

4.其他分类

债券按照募集方式的不同分为公募债券和私募债券;按照担保性质不同分为有担保债券和无担保债券,其中有担保债券又按照担保品的不同分为抵押债券、质押债券和保证债券;按照发行地点与所用货币不同分为国内债券和国际债券;按照期限的不同分为短期债券、中期债券和长期债券;按照是否可以转换可以分为可转换债券和不可转换债券;按照能否提前偿还可以分为可赎回债券和不可赎回债券;等等。

二、债券的信用评级

(一)债券信用评级的目的

债券的信用评级指信用评级机构根据债券发行人的信息资料,运用科学的分析方法,对准备发行的债券资金使用的合理性和发行人按期偿还债券本息的能力及风险程度做出客观、公正、准确的评价和定级的金融服务活动。债券的信用评级是债券公开发行中发行人要做的一项重要工作,这也是债券公开发行与股票公开发行工作中的一个重要区别。债券的信用评级为不同债券的风险比较提供了依据,不论对发行人以合理的成本发行债券,还是对投资者选择适合自己的债券投资,无疑都具有重要的意义。

债券信用评级的最重要目的是为投资者提供债券的风险程度,以方便投资者进行债券投资决策,从而保护投资者的利益。投资者购买债券是要承担一定风险的,如果发行人到期不能偿还本息,投资者就会蒙受损失。虽然公开发行债券的发行人会按照规定公布相关信息,但是由于受专业知识、信息和时间的限制,并非所有投资者都能对众多债券进行准确分析和选择,通过信用评级机构的信用评级,并使用简单易懂的语言公布结果,就可以方便投资者进行决策。

债券信用评级的主体是信用评级机构。许多国家都有专门的信用评级机构,如美国的穆迪公司、标准·普尔(标普)公司和惠誉国际信用评级有限公司,日本的公司债研究所和日本投资者服务公司,我国的大公国际资信评估有限公司和中诚信国际信用评级有限责任公司,等等,其中最著名的就是美国的穆迪公司和标准·普尔公司。这些评级机构所做出的信用评级不具有向投资者推荐债券的含义,只是供投资者决策时参考,因此,它们对投资者负有道义上的义务,但是并不承担任何法律上的责任。即便如此,评级机构的结果,尤其知名评级机构的评级结果对投资者的决策影响极大。以 2000 年发生的欧债危机为例,很多政府和学者都认为标普、穆迪、惠誉三大评级机构在其中起到了推波助澜的作用。

不同信用评级机构划分的信用等级大同小异。以标准·普尔公司为例,信用评级主要分为投资级和投机级两大类,投资级包括 AAA 级、AA 级、A 级和 BBB 级,投机级则分为 BB 级、B 级、CCC 级、CC 级、C 级和 D 级。信用级别由高到低排列,AAA 级具有最高信用等级;D 级最低,视为存在对条款的违约。从 AA 级至 CCC 级,每个级别都可通过添加"+"或"-"来显示信用高低程度。例如,在 AA 序列中,信用级别由高到低依次为 AA+、AA、AA-。我国的信用等级也是分为十个等级,依次是 AAA 级、AA 级、A 级、BBB 级、BB级、B 级、CCC 级、CC 级、C 级、D 级。

(二)债券信用评级的依据

债券信用评级机构在评级的实践过程中主要依据下列标准对债券进行评级:① 债券发行人的偿债能力,即债务人根据负债条件按期还本付息的能力,主要考察发行人的预期盈利、负债比例等财务指标和按期还本付息的能力;② 公司的资信状况,包括发行人在金融市场上的信誉、历史偿债情况等;③ 投资者承担的风险水平,主要评价发行人破产可能性的程度,以及发行人破产后债权人受到保护的程度和能得到的投资补偿程度。

(三)债券信用评级的程序

债券信用评级的程序是债券信用评级业务所遵循的步骤。一般包括以下步骤:

(1)拟发行债券的发行人或代理人向信用评级机构提出信用评级申请,并根据评级机构的要求提供详细的相关资料(包括非公开的核心资料)。这些资料主要包括:发行人的法律凭证资料、发行人的概况资料、发行人近些年的财务状况资料、发行人的债券发行方面的材料等。

（2）信用评级机构对申请评级的发行人进行分析。信用评级机构根据所掌握资料进行定性和定量相结合的分析。通常分析的内容主要包括行业分析、财务分析、信托证书的分析和国家风险的分析等。行业分析主要涉及发行人所处行业的生命周期及在行业中的地位；财务分析主要分析收益性指标、负债性指标、债务弹性指标和清算价值等，其中尤其重视现金流的分析；信托证书的分析主要涉及对发行人财务限制和债权人保护条款的规定；国家风险的分析主要包括对国家政治风险和经济风险的分析。

（3）信用评级机构对其进行级别评定。信用评级机构经过分析后通过自己的决策机制形成信用级别，而后与发行人联系以征求其对评级的意见。若发行人同意，则信用级别确定；否则，发行人可提交理由书和追加资料，申请变更信用级别。信用评级机构再次分析、决定信用级别。一般这种变更申请只有一次。

（4）信用评级机构公布评级结果。信用级别确定后，信用评级机构可以一方面通知申请人，另一方面将评级结果汇编成册，公开发行。另外，信用评级机构会根据发行人相关情况的变化及时调整过去的评定级别，并定期发布。

三、国债的发行与承销

新中国成立后的首次发行的国债是 1950 年 1 月的"人民胜利折实公债"，1958 年国债发行中止，1981 年国债才恢复发行。目前，我国国债包括记账式国债、凭证式国债和储蓄国债三类。

（一）我国国债的发行方式

1988 年以前，我国国债的发行采用行政分配方式。1988 年，财政部首次通过商业银行和邮政储蓄柜台销售了一定数量的国债。1991 年，国家开始以承购包销方式发行国债。1996 年起，公开招标方式被广泛采用。目前，凭证式国债发行完全采用承购包销方式，储蓄国债发行可采用包销或代销方式，记账式国债发行采用美国式、荷兰式和混合式等公开招标方式。

（二）我国国债的承销程序

1. 记账式国债的承销程序

（1）招标发行。记账式国债主要通过银行间债券市场向具备全国银行间债券市场国债承购包销团资格的商业银行、证券公司、保险公司、信托投资公司等机构，以及通过证券交易所的交易系统向具备证券交易所国债承购包销团资格的证券公司、保险公司和信托投资公司及其他投资者发行。

（2）远程投标。记账式国债发行招投标工作通过财政部国债发行招投标系统进行，国债承销团成员通过上述系统远程终端投标。远程终端出现技术问题，可在规定的时间内以填写"应急投标书"和"应急申请书"的形式委托中央国债登记结算有限责任公司（国债登记结算公司）代为投标。

（3）债权托管。招投标工作结束后，各中标机构应通过国债招投标系统填制"债权托管申请书"，在国债登记结算公司和中国证券登记结算有限责任公司（证券登记结算公司）上海、深圳分公司选择托管。逾时未填制的，系统默认全部在国债登记结算公司托管。

（4）分销。记账式国债采取场内挂牌、场外签订分销合同和试点商业银行柜台销售的方式分销。具体分销方式以当期发行文件规定为准。分销对象为在国债登记结算公司开立债券账户及在证券登记结算公司开立股票和基金账户的各类投资者。国债承销团成员间不得分销。非国债承销团成员通过分销获得的国债债权额度，在分销期内不得转让。国债承销团成员根据市场情况自定价格分销。

2. 凭证式国债的承销程序

凭证式国债是由具备凭证式国债承销团资格的机构承销的。财政部和中国人民银行一般每年确定一次凭证式国债承销团资格，各类商业银行、邮政储蓄银行均有资格申请加入凭证式国债承销团。财政部一般委托中国人民银行分配承销数额。承销商在分得所承销国债后，通过各自的代理网点发售。发售采取向购买人开具凭证式国债收款凭证的方式，发售数量不能突破所承销的国债量。对于在发行期内已缴款但未售完及购买者提前兑取的凭证式国债，各经办单位仍可在原额度内继续发售，继续发售的凭证式国债仍按面值售出。

（三）国债销售价格及其影响因素

在传统的行政分配和承购包销的发行方式下，国债按规定以面值出售，不存在承销商确定销售价格的问题。在现行多种价格的公开招标方式下，每个承销商的中标价格与财政部按市场情况和投标情况确定的发售价格是有差异的，财政部允许承销商在发行期内自定销售价格，随行就市发行。一般来讲，影响国债销售价格的因素主要有以下六种：

（1）市场利率。市场利率的高低及变化对国债销售价格起着显著的导向作用。市场利率趋于上升，就限制了承销商确定销售价格的空间；市场利率趋于下降，就为承销商确定销售价格拓宽了空间。

（2）承销商承销国债的中标成本。国债销售的价格一般不应低于承销商与发行人的结算价格。

（3）流通市场中可比国债的收益率水平。如果国债承销价格定得过高，即收益率过低，投资者就会倾向于在二级市场上购买已流通的国债，而不是直接购买新发行的国债，从而阻碍国债分销工作顺利进行。

（4）国债承销的手续费收入。在国债承销中，承销商可获得其承销金额一定比例的手续费收入。由于存在该项手续费收入，为了促进分销活动，承销商有可能压低销售价格。

（5）承销商所期望的资金回收速度。降低销售价格，承销商的分销过程会缩短，资金的回收速度会加快，承销商可以通过获取这部分资金占用其中的利息收入来降低总成本，提高收益。

（6）其他国债分销过程中的成本。

四、公司债券的发行与承销

我国目前发行的公司债券是在上海、深圳证券交易所上市的公司及发行境外上市外

资股的境内股份有限公司依照法定程序发行、约定在 1 年以上期限内还本付息的有价
证券。

（一）公司债券发行的相关规定

（1）发行公司债券应当符合下列条件：① 公司的生产经营符合法律、行政法规和公
司章程的规定，符合国家产业政策。② 公司内部控制制度健全，内部控制制度的完整性、
合理性、有效性不存在重大缺陷。③ 经资信评级机构评级，债券信用级别良好。④ 公司
最近 1 期期未经审计的净资产额应符合法律、行政法规和中国证监会的有关规定。⑤ 最
近 3 个会计年度实现的年均可分配利润不少于公司债券 1 年的利息。⑥ 本次发行后累
计公司债券余额不超过最近 1 期期末净资产额的 40％；金融类公司的累计公司债券余额
按金融企业的有关规定计算。

存在下列情形之一的，不得再次发行公司债券：① 最近 36 个月内公司财务会计文件
存在虚假记载，或公司存在其他重大违法行为；② 本次发行申请文件存在虚假记载、误导
性陈述或者重大遗漏；③ 对已发行的公司债券或者其他债务有违约或者迟延支付本息的
事实，仍处于继续状态；④ 严重损害投资者合法权益和社会公共利益的其他情形。

（2）发行公司债券募集的资金，必须符合股东会或股东大会核准的用途，且符合国家
产业政策。

（3）公司债券每张面值 100 元，发行价格由发行人与保荐机构通过市场询价确定。

（4）信用评级。公司债券的信用评级，应当委托经中国证监会认定、具有从事证券服
务业务资格的资信评级机构进行。公司与资信评级机构应当约定，在债券有效存续期间，
资信评级机构每年至少公告 1 次跟踪评级报告。

（5）债券的担保。对公司债券发行没有强制性担保要求。

（6）申请发行公司债券，应当由公司董事会制订方案，由股东会或股东大会做出决
议。另外，还应当由保荐机构保荐，并向中国证监会申报。同时可以申请一次核准，分期
发行。经核准后，公司应自核准之日起 6 个月内首期发行，剩余数量应当在 24 个月内发
行完毕。超过核准文件限定的时效未发行的，须重新经中国证监会核准后方可发行。首
期发行数量应当不少于总发行数量的 50％，剩余各期发行的数量由公司自行确定，每期发
行完毕后 5 个工作日内报中国证监会备案。

（7）发行人应当在发行公司债券前的 2～5 个工作日内，将经中国证监会核准的债券
募集说明书摘要刊登在至少一种中国证监会指定的报刊，同时将其全文刊登在中国证监
会指定的互联网网站。

（8）发行人应当为债券持有人聘请债券受托管理人，并订立债券受托管理协议；在债
券存续期限内，由债券受托管理人依照协议的约定维护债券持有人的利益。公司应当在
债券募集说明书中约定，投资者认购本期债券视作同意债券受托管理协议。

（二）公司债券的发行方式

达到一定标准的公司债券原则上可采用网上发行和网下发行相结合的方式，向全市
场投资者（包括个人投资者）发行；否则，只能向机构投资者发行，而不得向个人投资者
发行。

（三）公司债券的承销

根据我国的相关规定,公司债券的发行人应与证券经营机构签订债券包销或代销协议。公开发行的公司债总面值超过人民币 5 000 万元时,应由承销团承销。

（四）公司债券的上市

1. 交易所上市

公司债券可以通过证券交易所发行。公司债券发行完成后,符合公司债券上市条件的,经证券交易所核准可在证券交易所挂牌买卖。证券交易所对债券上市实行上市推荐人制度,债券在证券交易所申请上市,必须由 1~2 个证券交易所认可的机构推荐并出具上市推荐书。目前,所有公司债券都只在证券交易所市场上市。

2. 银行间债券市场上市

符合条件的公司债券也可以进入银行间市场发行、交易流通和登记托管。公司债券发行人可通过银行间债券市场债券发行系统招标发行公司债券,也可以不使用债券发行系统招标发行公司债券,但是发行人或主承销商都应在国债登记结算公司办理公司债券登记托管。

五、金融债券的发行与承销

我国国内金融债券最早是由中国工商银行和中国农业银行在 1985 年发行的。1994年,随着我国政策性银行的成立,发行主体从商业银行转向了政策性银行。后来,商业银行中断了对金融债券的发行。2005 年 4 月 27 日,中国人民银行对金融债券的发行行为进行了规范,发行体也在原来单一的政策性银行的基础上,增加了商业银行、企业集团财务公司及其他金融机构。我国金融债券的存量在所有债券存量中仅次于国债。

（一）金融债券的发行

发行人发行金融债券必须具备中国人民银行规定的条件,且必须按规定向中国人民银行报送申请文件,经核准后应在核准之日起 60 个工作日内开始发行金融债券。逾期未能发行的,则核准文件失效。若需发行的,应另行申请。

金融债券可在全国银行间债券市场公开发行或定向发行,可以采取一次足额发行或限额内分期发行的方式。发行人分期发行金融债券的,应在募集说明书中说明每期发行安排。发行人应在每期金融债券发行前 5 个工作日将相关的发行申请文件报中国人民银行备案,并按中国人民银行的要求披露有关信息。

商业银行发行金融债券没有强制担保要求。而财务公司发行金融债券,除中国银监会批准免于担保的,都需要由财务公司的母公司或其他有担保能力的成员单位提供相应担保。对于商业银行设立的金融租赁公司,资质良好但成立不满 3 年的,应由具有担保能力的担保人提供担保。

金融债券的发行应由具有债券评级能力的信用评级机构进行信用评级。金融债券定向发行的,经认购人同意,可免于信用评级。

（二）金融债券的承销

发行金融债券时,发行人应组建承销团,可以采用协议承销、招标承销等方式,发行人不得认购或变相认购自己发行的金融债券。以招标承销方式发行金融债券的,发行人应与承销团成员签订承销主协议。以协议承销方式发行金融债券的,发行人应聘请主承销商。承销人应为金融机构,并须具备下列条件:① 注册资本不低于 2 亿元;② 具有较强的债券分销能力;③ 具有合格的从事债券市场业务的专业人员和债券分销渠道;④ 最近两年内没有重大违法、违规行为;⑤ 中国人民银行要求的其他条件。以定向方式发行金融债券的,应优先选择协议承销方式。定向发行对象不超过两家,可不聘请主承销商,由发行人与认购机构签订协议安排发行。定向发行的金融债券只能在认购人之间进行转让。

(三)金融债券的登记、托管与兑付

国债登记结算公司为金融债券的登记、托管机构。金融债券发行结束后,发行人应及时向国债登记结算公司确认债权债务关系,由国债登记结算公司及时办理债券登记工作。金融债券付息或兑付日前(含当日),发行人应将相应资金划入债券持有人指定的资金账户。

(四)金融债券的信息披露

发行人应在金融债券发行前和存续期间履行信息披露义务。信息披露应通过中国货币网、中国债券信息网进行。发行人应保证信息披露真实、准确、完整、及时,不得有虚假记载、误导性陈述或重大遗漏。发行人及相关知情人在信息披露前不得泄露其内容。对影响发行人履行债务的重大事件,发行人应在第一时间向中国人民银行报告,并按照中国人民银行指定的方式披露。经中国人民银行核准发行金融债券的,发行人应于每期金融债券发行前 3 个工作日披露募集说明书和发行公告。金融债券存续期间,发行人应于每年 4 月 30 日前向投资者披露年度报告,发行人应于金融债券每次付息日前两个工作日公布付息公告,最后一次付息及兑付日前 5 个工作日公布兑付公告。金融债券存续期间,发行人应于每年 7 月 31 日前披露债券跟踪信用评级报告。

(五)次级定期债务和混合资本证券

1. 商业银行次级定期债务

商业银行次级定期债务指由银行发行的,固定期限不低于 5 年(含 5 年),除非银行倒闭或清算不用于弥补银行日常经营损失,且该项债务的索偿权排在存款和其他负债之后的商业银行长期债务。商业银行发行次级定期债务,须向中国银保监会(2018 年 4 月前为中国银监会)提出申请,提交可行性分析报告、招募说明书、协议文本等规定的资料。

次级定期债务既可以向目标债权人(企业法人)定向募集,也可以在全国银行间债券市场公开发行并正常交易。商业银行发行次级定期债券应聘请证券信用评级机构进行信用评级。其发行可采取一次足额发行或限额内分期发行的方式。并且,在中国银保监会已批准的累积额度内,商业银行原则上可自行循环发行。发行次级定期债券时,发行人应组成承销团,承销团在发行期内向其他投资者分销次级定期债券。次级定期债券的承销可采用包销、代销和招标承销等方式。

2. 保险公司次级定期债务

保险公司次级定期债务指保险公司经批准定向募集的,期限在 5 年以上(含 5 年),本金和利息的清偿顺序列于保单责任和其他负债之后、先于保险公司股权资本的保险公司债务。中国保监会依法对保险公司次级定期债务的定向募集、转让、还本付息和信息披露行为进行监督管理。

与商业银行次级定期债务不同的是,只有在确保偿还次级定期债务本息后偿付能力充足率不低于100%的前提下,保险公司次级定期债务募集人才能偿付本息;募集人在无法按时支付利息或偿还本金时,债权人无权向法院申请对募集人实施破产清偿。

3. 证券公司次级定期债务

证券公司次级定期债务指证券公司经批准向股东或其他符合条件的机构投资者定向借入的,清偿顺序在普通债务之后、先于证券公司股权资本的债务。

次级定期债务分为长期次级定期债务和短期次级定期债务。证券公司借入期限在两年以上(含两年)的次级定期债务为长期次级定期债务,长期次级债务应当为定期债务。长期次级债务可以按一定比例计入净资本,到期期限在5年、4年、3年、2年、1年以上的,原则上分别按100%、90%、70%、50%、20%的比例计入净资本。证券公司为满足承销股票、债券等特定业务的流动性资金需要,借入期限在3个月以上(含3个月)两年以下(不含两年)的次级债务为短期次级债务。短期次级债务不计入净资本,仅可在公司开展有关特定业务时按规定和要求用来扣减风险资本准备。

证券公司为满足承销股票、债券业务的流动性资金需要借入的短期次级债务,可以按照以下标准抵扣风险资本准备:① 在承销期内,按债务资金与承销业务风险资本准备的孰低值扣减风险资本准备;② 承销结束,发生包销情形的,按照债务资金与因包销形成的自营业务风险资本准备的孰低值扣减风险资本准备;③ 承销结束,未发生包销情况的,借入的短期次级债务不得抵扣风险资本准备。

证券公司借入次级债务应当符合以下条件:① 借入资金有合理用途。② 次级债务应当以现金或中国证监会认可的其他形式借入。③ 借入次级债务数额应当符合以下规定:长期次级债务计入净资本的数额不得超过净资本(不含长期次级债务累计计入净资本的数额)的50%;净资本与负债的比例、净资产与负债的比例等各项风险控制指标不触及预警标准。④ 次级债务合同条款符合证券公司监管规定。

4. 混合资本债券

混合资本债券是一种混合资本工具,它兼有一定的股本性质和债务性质,但比普通股票和债券更加复杂。我国的混合资本债券是指商业银行为补充附属资本发行的、清偿顺序位于股权资本之前但列在一般债务和次级债务之后、期限在15年以上、发行之日起10年内不可赎回的债券。

商业银行发行混合资本债券应具备的条件与其发行金融债券完全相同。但商业银行发行混合资本债券应向中国人民银行报送的发行申请文件,除了应包括其发行金融债券的内容之外,还应同时包括近3年按监管部门要求计算的资本充足率信息和其他债务本息偿付情况。混合资本债券可以公开发行,也可以定向发行。但无论公开发行还是定向发行,均应进行信用评级。

在混合资本债券存续期内,信用评级机构应定期和不定期对混合资本债券进行跟踪评级,每年发布一次跟踪评级报告,每季度发布一次跟踪评级信息。另外,发行人应按季度披露财务信息。若混合资本债券采取公开发行方式发行,发行人应在债券付息时公开披露资本充足率信息和其他债务本息偿付情况。

与次级债务相比,混合资本债券的一些特征使它具有了更强的资本属性,对提高银行抗风险能力的作用也更加明显。

六、债券的非公开发行

(一)非公开发行债券的内涵

非公开发行的公司债券,也被称为高收益债券、私募债,由低信用级别的公司或市政机构发行,这些机构的信用等级通常在 Ba 或 BB 级以下。由于这些债券信用等级差,发行利率高,因此具有高风险、高收益的特征。2012 年 5 月 22 日,《深交所中小企业私募债券业务试点办法》发布。中小企业私募债是我国中小微企业在境内市场以非公开方式发行的,发行利率不超过同期银行贷款基准利率的 3 倍,期限在 1 年(含)以上,对发行人没有净资产和盈利能力的门槛要求,完全市场化的公司债券。

非公开发行的公司债券应当向"合格投资者"发行,并不得采用公告、公开劝诱和变相公开的发行方式,每次发行对象不得超过 200 人;可以申请在证券交易所、全国中小企业股份转让系统、机构间私募产品报价与服务系统、证券公司柜台转让。非公开发行公司债券承销机构或者依法自行销售的发行人应当在每次发行完成后 5 个工作日内向中国证券业协会备案。

(二)非公开发行公司债券发行条件

1. 上海证券交易所的发行条件

根据《上海证券交易所中小企业私募债券业务试点办法》第九条,在上海证券交易所备案的私募债券,应当符合下列条件:

(1) 发行人是中国境内注册的有限责任公司或者股份有限公司;

(2) 发行利率不得超过同期银行贷款基准利率的 3 倍;

(3) 期限在 1 年(含)以上;

(4) 上海证券交易所规定的其他条件。

根据《上海证券交易所中小企业私募债券业务指引(试行)》第六条,在上海证券交易所备案的私募债券除符合《试点办法》规定的条件外,还应当符合下列条件:

(1) 发行人不属于房地产企业和金融企业;

(2) 发行人所在地省级人民政府或省级政府有关部门已与本所签订合作备忘录;

(3) 期限在 3 年以下;

(4) 发行人对还本付息的资金安排有明确方案。

2. 深圳证券交易所的发行条件

在深圳证券交易所,私募债券发行人范围仅限符合《关于印发中小企业划型标准规定的通知》规定的未在上海、深圳证券交易所上市的中小微型企业,但暂不包括房地产企业和金融企业。同时,在深圳证券交易所备案的私募债券应当符合下列条件:

(1) 发行人是中国境内注册的有限责任公司或股份有限公司;

（2）发行利率不得超过同期银行贷款基准利率的 3 倍；

（3）期限在 1 年（含）以上；

（4）深圳证券交易所规定的其他条件。

总结起来，不同的证券交易市场的发行条件是有区别的。在我国，非公开发行的公司债券在两大证券交易所上市的条件虽然不一样，但非公开发行公司债券都须满足公司净资产达到一定比例、公司一段时间内信誉良好、发行债券一般不为短期债券等条件。

（三）非公开发行公司债券管理暂行办法

2018 年 5 月，为配合中国证监会《公司债券发行与交易管理办法》（以下简称《管理办法》）的实施，深圳证券交易所在现有私募品种相关规则的基础上制定了《非公开发行公司债券业务管理暂行办法》（以下简称《管理暂行办法》），不仅将发行主体由中小微型企业扩大至所有公司制法人，还对非公开发行公司债券（以下简称私募债券）转让程序、投资者适当性管理、信息披露、持有人保护机制等方面予以规范，形成了全面系统的私募债券业务规则。

1. 转让程序

首先，为全面规范私募债券转让行为，提高交易所业务规则的整体性和系统性，《管理暂行办法》在整合现有私募品种规则基础上，形成了系统性私募债券业务规则体系。因此，规范的债券品种包括私募债券（含中小企业私募债券）、可交换私募债券、并购重组私募债券、证券公司次级债券及证券公司短期公司债券等，并专设章节从产品设计与信息披露等方面对可交换私募债券等特殊私募品种提出规范性要求。其次，简化转让程序、提高转让效率。主要体现在将交易所转让核对程序前置，在发行前由发行人提交转让条件确认申请，交易所将在 10 个交易日内对私募债券是否符合转让条件进行预判，以明确转让预期，加快转让流程。在发行完成并办理完毕债券登记托管手续后，发行人再提交转让服务申请材料，而交易所将在 5 个交易日内做出是否同意转让的决定。为提高效率，深圳交易所也搭建了一套全电子化的操作平台，使材料提交、补充、反馈、决定的每一环节均可在固定收益品种业务专区中实时接受查询和公众监督。至此，交易所私募债券的核对效率远超证券市场上相关债券类产品。同时，本次制度设计结合私募债券的产品特点，充分体现出市场化与风险防控并重的原则。在市场化机制安排上，一是降低私募债券发行转让门槛，不设发行人财务指标等量化条件；二是交易所转让核对的关注点是信息披露完备性，并不对发行人经营能力、债券投资风险进行实质性判断；三是不对存续期定期报告和评级报告作强制性披露要求，仅在募集说明书中进行相关约定；四是允许采用非标准化产品设计，债券期限、还本付息方式、选择权条款、增信措施等可以在募集说明书中灵活自由选择。在风险防控方面，一是进行投资者适当性管理，限制个人投资者参与私募债券投资，仅允许具有一定风险识别、管理和承受能力的机构投资者参与，并将投资者人数限制在 200 人内；二是强化受托管理人和债券持有人会议制度安排，全面规范受托管理人职责及持有人会议程序，最大化保护持有人合法权益；三是完善信息披露监管，规范信息披露原则与披露要求，进一步体现以信息披露为核心的监管理念；四是优化私募债券停复牌规定，维护市场稳定，防范异常交易行为。

2. 持有者保护机制

《管理暂行办法》专设章节建立了一般权益保护措施、债券受托管理人及持有人会议制度三重权益保护机制，并新增发行人、承销机构及相关中介机构对私募债券转让申请材料及相关公告应承担的职责的相关规范。

《管理暂行办法》在一般权益保护措施中增加了募集资金专户的设立要求，其与偿债保障金专户可以为同一账户，用于兑息、兑付资金归集和募集资金接收、存储及划转。同时，为提高偿债保障资金归集的合理性和执行效率，其放宽了专户中偿债资金归集的时间要求，要求在付息日 5 个交易日前将应付利息存入专户，在到期日 10 个交易日前将应付本息的 20% 和到期日 2 个交易日前将应付本息全额存入专户，用于偿债资金管理。另外，其从持续关注发行人等主体资信状况、监督募集说明书约定义务履行情况、代表持有人参与相关法律程序等八个方面归纳总结了受托管理人基本职责，并重新规范了债券持有人会议召集、决策及信息披露等重要程序安排。

对于发行人公告文件存在虚假记载、误导性陈述或者重大遗漏并致使投资者遭受损失的情况，《管理暂行办法》新增规定：发行人应当承担赔偿责任；发行人的董事、监事、高级管理人员和其他直接责任人员以及承销机构，应当与发行人承担连带赔偿责任，除承销机构以外的专业机构及其直接责任人员应当就其负有责任的部分承担赔偿责任，但是能够证明自己没有过错的除外。

3. 信息披露

结合实践监管经验，《管理暂行办法》强化了对信息披露真实、准确、完整、公平、及时性的要求，进一步优化和规范了私募债券信息披露制度。鉴于私募债券面向合格投资者发行的特点，对其信息披露仅要求在固定收益品种业务专区或者以交易所认可的其他方式向合格投资者非公开披露。同时，考虑到实际业务的复杂性，新增赋予了发行人等信息披露义务人申请豁免披露、暂缓披露以及自愿披露的权利。

在信息披露内容上，遵循市场化的原则，规定发行人披露定期报告、评级报告与否由当事人在募集说明书中进行约定。在从事债券派息、到期兑付、回售、赎回、利率调整、分期偿还等业务前，要求发行人及时披露相关业务提示公告。同时，要求受托管理人应当建立对发行人的定期跟踪机制，每年至少披露一次受托管理事务报告，并针对私募债券出现的重大事项，及时督促发行人进行披露。

4. 投资者适当性管理

交易所对私募债券的发行及转让实行投资者适当性管理，合格投资者包括：金融机构、金融机构发行的理财产品、净资产不低于 1 000 万的企事业法人和合伙企业、合格境外机构投资者和人民币合格境外机构投资者、社保年金以及经证监会认可的其他合格投资者。个人投资者不能参与私募债券买卖，但发行人的董事、监事、高级管理人员及持股5%以上的股东，不受合格投资者范围的限制，可以参与本公司发行私募债券的认购和转让。

上述合格投资者如希望参与私募债券认购和转让，需要向其开立证券账户的证券公司申请开通合格投资者认购及交易权限，证券公司将核实投资者提交材料的真实性，全面评估投资者对私募债券的风险识别和承受能力，并与其签署风险认知书后，开通相关权限并向交易所进行报备。但直接持有或者租用交易所交易单元的合格投资者可以被豁免权限开通申请,直接成为合格投资者。

中小企业私募债试点以来,整体运行平稳,但部分发行人违约事件也逐步浮现,投资者应当打破刚性兑付的习惯性思维,审慎选择投资类型,对于"高风险、高收益"的私募债券应当做好充分的风险识别和管理工作,警惕投资风险。对于出现违约风险的私募债券,投资者应当保持理性的态度,采用市场化和法制化的途径维护自身合法权益。

5. 可交换私募债券发行转让要求

可交换私募债券是一种股债结合型产品,在转让程序、投资者适当性管理及权益保护机制等方面与普通私募债券一致,并允许发行人将所持有的上市公司 A 股股份用于债券增信,依据约定的条件和期限允许投资者将持有的私募债券与上市公司股份进行交换。因该产品嵌入换股期权、以上市公司股票作质押,故为发行人提供了一种成本更低的融资工具,同时也可满足不同投资者的投资需求。

对于预备用于交换的股票,《管理暂行办法》要求发行前当事人为本次债券办理质押手续且不得存在其他权利瑕疵,换股期内不得存在限售情形且质押股票数量也不少于预备用于交换的股票数量;换股期自发行结束之日起 6 个月后开始、换股价格不低于发行日前 1 个交易日可交换股票收盘价的 90% 以及前 20 个交易日收盘价均价的 90%,其他具体换股期限、换股价格及价格调整和修正机制、质押比例、追加担保机制等事项由当事人在募集说明书中协商约定。对于存续期内因预备用于交换的股票发生司法冻结或股票数量不足等导致投资者换股失败的,由发行人承担所有责任。

在换股规则安排上,规定投资者 T 日转入可交换私募债券,T 日可申报换股,换股所得股票 T+1 日可用,从而最大化提高可交换私募债券的流动性,降低发行人融资成本。

第四节 基金的发行、承销与管理

一、基金的定义及分类

(一)基金的定义

基金通常分为两种:专项基金和投资基金。专项基金指用于指定用途的资金,如各类福利基金、养老基金、奖励基金等。投资基金指根据预定投资方向,通过发售基金份额,将众多投资者的资金集中起来,形成独立资产,由基金托管人托管,基金管理人管理,以投资组合的方式进行的一种利益共享、风险共担的集合投资方式。根据投资对象不同的流动性,投资基金又可以分为以各类证券为主要投资对象的证券投资基金和以非上市股权为主要投资对象的产业投资基金。本节所说的基金专指证券投资基金。

证券投资基金通过发行基金份额的方式募集资金,个人投资者或机构投资者通过购买一定数量的基金份额参与基金投资。基金所募集的资金在法律上具有独立性,基金投资者是基金的所有者。基金投资收益在扣除由基金承担的费用后的盈余全部归基金投资者所有,并依据各个投资者所购买的基金份额的多少在投资者之间进行分配。因此,证券投资基金实际上是一种间接投资工具。其主要特点有：集合理财、专业管理；组合投资、分散风险；利益共享、风险共担；严格监管、信息透明；独立托管、保障安全；等等。投资银行凭借自己的人才、信息、技术、渠道等优势，具有开展基金业务的能力和优势，既可以兼任基金的发起人和管理人，也可以接受基金发起人的委托进行基金管理，还可以承担基金发行的承销。因此，基金业务越来越成为投资银行业务中的利润增长点和竞争最激烈的区域之一。

基金起源于19世纪的欧洲，20世纪得到了快速的发展。当前，证券投资基金在许多国家已经成为了一种大众化的投资工具。1998年3月27日，我国以设立基金开元和基金金泰为起点，拉开了证券投资基金发展的序幕。

基金之所以在许多国家受到投资者的欢迎，在于其本身具有明显的优点：为中小投资者拓宽了投资渠道；由专家理财；有效分散投资风险；实现了投资规模效益；等等。当然，它也相应地存在一些不足，如存在基金管理人的代理风险，需支付相应的费用，等等。

（二）基金的分类

依据不同的标准可以对基金进行许多分类。常见的分类有：

1. 根据运作方式的不同分为封闭式基金和开放式基金

封闭式基金指基金份额在基金合同期限内固定不变，基金份额可以在依法设立的证券交易所交易，但基金份额持有人不得申请赎回的一种基金运作方式。开放式基金指基金份额不固定，基金份额可以在基金合同约定的时间和场所进行申购或者赎回的一种基金运作方式。目前我国和其他许多国家的基金以开放式基金为主。

2. 根据法律形式的不同分为契约型基金和公司型基金

契约型基金也称信托型基金，指把投资者、管理人、托管人三者作为基金的当事人，通过签订基金契约的形式发行收益凭证而设立的一种基金。契约型基金是基于契约原理而组织起来的代理投资行为，通过基金契约来规范三方当事人的行为。公司型基金是具有共同投资目标的投资者依据公司法组成的以营利为目的、投资于特定对象的一种基金。这种基金通过发行股份的方式筹集资金，是具有法人资格的经济实体。目前我国的基金全部是契约型基金。

3. 根据投资目标的不同分为成长型基金、收入型基金和平衡型基金

成长型基金指以追求资本增值为基本目标、较少考虑当期收入的基金，主要以具有良好增长潜力的股票为投资对象。收入型基金指以追求稳定的经常性收入为基本目标的基金，主要以大盘蓝筹股、公司债、政府债券等稳定收益证券为投资对象。平衡型基金则是既注重资本增值又注重当期收入的一类基金。一般而言，成长型基金的风险大、收益高；收入型基金的风险小、收益较低；平衡型基金的风险、收益则介于成长型基金与收入型基金之间。

4. 其他分类

其他分类还有许多，如依据投资对象的不同分为股票基金、债券基金、货币市场基金、混合基金；根据募集方式的不同分为公募基金和私募基金；根据基金的资金来源和用途的不同分为国际基金、国家基金、在岸基金和离岸基金；等等。此外，还有一些特殊类型的基

金,如伞型基金、对冲基金、风险投资基金、交易型开放式指数基金、上市开放式基金等。

二、证券投资基金的设立与发行

(一) 证券投资基金的设立

证券投资基金是由基金发起人发起设立的。基金发起人指以设立基金为目的,发起、筹办基金并完成相关法定程序和基金设立行为的机构。契约型基金发起人若为基金管理公司,则在基金设立后一般成为基金管理人;如果基金发起人不是基金管理公司,则需要成立一家基金管理公司来管理该基金,基金发起人往往会成为该管理公司的主要股东。对公司型基金而言,基金的设立意味着投资公司或基金公司的成立,发起人是通过组建投资公司或基金公司的形式来发起、设立基金的。作为完成基金设立法定程序的执行者和代表者,发起人负责基金设立前的各项筹备工作,如设计基金的具体方案、制作或准备申请设立基金的法律文件等,并承担基金不能设立的责任。

基金的设立一般要经历以下三个阶段:一是确定发起人,并由发起人做好申请设立基金的准备工作;二是发起人向证券主管机构提交基金募集申请文件,并取得许可;三是公告招募说明书和发行公告。

(二) 证券投资基金的发行、承销与认购

基金的发行,也称基金的募集,指基金发起人向投资者销售基金份额或收益凭证的行为与过程。基金的认购指投资者在基金募集期内购买基金份额的行为。因此,基金的发行和基金的认购其实是一个行为的两个角度,基金的发行是从发起人角度来讲的,而基金的认购是从投资者角度来讲的。

基金的发行应在证券监管机构核准的募集期间进行,在此期间募集的资金只能存入专门账户,在募集行为结束前,任何人不得动用。目前我国规定,基金应在收到核准文件之日起 6 个月内进行发行,且募集期自基金发行日开始不得超过 3 个月。基金的发行既可以私募,也可以公募;既可以由基金发起人或同时担任基金发起人的基金管理人负责办理,即直接发行,也可以委托经证券监管机构认定的其他机构代为办理,即间接发行;既可以采取网上发行方式(即通过与证券交易所的交易系统联网的各地证券营业部发行,多适用于封闭式基金),也可以采取网下发行方式(即通过指定的营业网点和承销商的指定账户发行,多适用于开放式基金)。

基金在间接发行时,需要和承销商签订承销协议。承销商一般由投资银行、商业银行、证券公司或者信托投资公司等证券监管机构认定的机构来担任。承销方式同股票、债券一样可以是包销或代销。我国现阶段的证券公司、商业银行等机构就可以代销或包销基金。

基金的发行价格一般由基金份额面值加上一定的发行费用来确定,如我国封闭式基金的发行价格一般是 1 元基金份额面值加计 0.01 元发售费用。而投资者对契约型基金的认购是以购买基金份额来实现的,对公司型基金的认购则是通过购买基金公司的股票来实现的。一般情况下,对投资者首次认购基金份额都规定了最低认购投资额,超过最低认购投资额的,必须为某一数额(如 1 000 元)的整数倍。封闭式基金的认购程序、交易费

用、交易规则等与股票投资相类似,投资者须先申请开立基金或证券账户,办理认购手续。开放式基金的认购也需要先在代理机构开户,而后采取金额申请,而不是数量申请的认购方式。认购金额扣除相关费用后,再根据基金面值换算成认购了多少数量。开放式基金的认购费用通常有两种收费方式,即前端收费和后端收费。前者指投资者在认购基金单位时即收取认购费用,后者则指投资者在赎回基金单位时再缴纳认购费用。一般来说,为鼓励投资者长期持有基金,基金管理人对后端收费的费率通常会以每年降低一定比率的方式递减,直至为0。

基金的发行并不代表基金正式成立。在发行期限届满,封闭式基金所募集的份额总额达到核准总额的某一法定比例(目前我国是80%),开放式基金募集的基金份额总额超过核准的最低募集份额总额(目前我国份额为2亿份、金额为2亿元),并且基金持有人人数符合证券监管机构规定的(目前我国封闭式基金和开放式基金的人数最少均为200人),基金发起人在依据法律规定聘请法定验资机构验资并向证券监管机构提交验资报告、办理基金备案手续后,才能宣告基金正式成立。

三、证券投资基金的交易

证券投资基金的交易是指基金成立后,在基金存续期间买卖基金份额的行为。由于基金的种类不同,交易方式也存在差别。封闭式基金的交易表现为场内买卖行为,开放式基金的交易表现为申购和赎回基金份额。

(一) 封闭式基金的交易

封闭式基金设立后就进入封闭期,基金份额总数是固定的,投资者不能再向基金管理人买进或卖出基金份额。因此,为保持基金的流动性,满足上市条件的封闭式基金会向交易所申请上市,投资者可以在证券交易所买卖基金份额。目前我国的封闭式基金在满足上市条件后,经基金管理人申请、中国证监会核准,可以在证券交易所上市交易。

上市后基金的交易规则、交易程序、交易时间、交易成本等与股票交易基本相同。如我国投资者交易基金同样要开设账户,交易时间、交易方式、交易价格的确定、交易费用等都同股票基本一样。特别是交易价格,不再完全以基金净值为准,还要受到投资心理、基金的种类等一系列供求因素的影响。特别是有些时候基金会出现交易价格长时间低于基金净值的现象,这种现象被理论界称作"封闭式基金折价之谜"。

扩展阅读 3-1

什么是封闭式基金折(溢)价率,如何计算?

(一) 封闭式基金折价与折价率的定义

1. 折价的定义

当封闭式基金在二级市场上的交易价格低于实际净值时,这种情况称为"折价"。

2. 折(溢)价率的定义

折价率的内涵:折价率是以基金份额净值为参考,单位市价相对于基金份额净值的一种折损。因此,封闭式基金的折价率的定义如下:封闭式基金的基金份额净值和单位市价之差与基金份额净值的比率。

溢价率的定义:溢价率指单位市价和基金份额净值之差与基金份额净值的比率。

(二)计算公式

1. 折价率计算公式

$$折价率=(基金份额净值-单位市价)÷基金份额净值×100\% \qquad (3-2)$$

根据此公式,可见:

(1)折价率大于0(即净值大于市价)时为折价;

(2)折价率小于0(即净值小于市价)时为溢价。

除了投资目标和管理水平外,折价率是评估封闭式基金的一个重要因素。

2. 溢价率计算公式

$$溢价率=(单位市价-基金份额净值)÷基金份额净值×100\% \qquad (3-3)$$

说明:

(1)当单位市价大于基金份额净值时,溢价率大于零,称为溢价;

(2)当单位市价小于基金份额净值时,溢价率小于零,称为折价。

(三)解决大折价率的办法

国外解决封闭式基金大幅度折价的方法有:封闭转开放、基金提前清算、基金要约收购、基金单位回购、基金管理分配等。

(四)示例

例如某封闭式基金市价0.8元,净值是1.20元,我们就说它的折价率是(1.20-0.8)÷1.20=33.33%。

(五)折(溢)价形成的解释

封闭式基金因在交易所上市,其买卖价格受市场供求关系影响较大。当市场供小于求时,基金单位买卖价格可能高于每份基金单位资产净值,这时投资者拥有的基金资产就会增加,即产生溢价;当市场供大于求时,基金价格则可能低于每份基金单位资产净值,即产生折价。现在封闭式基金折价率仍较高,大多在20%~40%,其中到期时间较短的中小盘基金折价率低些。对同一支基金来说,当然是在折价率高时买入要好;但挑选基金不能只看折价率,而是要挑选一些折价率适中,到期时间较短的中小盘基金。

按国内和国外的经验来看,封闭式基金交易的价格存在着折价是一种很正常的情况。折价幅度的大小会影响到封闭式基金的投资价值。除了投资目标和管理水平外,折价率是评估封闭式基金的一个重要因素,对投资者来说高折价率存在一定的投资机会。

由于封闭式基金运行到期后是要按净值偿付或清算的,所以折价率越高的封闭式基金,潜在的投资价值就越大。

(二)开放式基金的申购和赎回

开放式基金设立后,经过一段短暂的封闭期,开放式基金就进入了日常申购、赎回期。

　　基金的申购指投资者申请购买基金份额的行为。基金的赎回指持有基金份额的投资者要求基金管理人购回其所持有的基金份额的行为。

　　基金份额的申购、赎回场所与认购渠道一样,一般是通过基金管理人的直销中心与基金销售代理人的代销网点进行。当然,也有部分开放式基金(即 LOF 开放式基金)可以像封闭式基金一样在证券交易所进行买卖。申购和赎回的工作日为证券交易所交易日。如我国为上海证券交易所、深圳证券交易所的交易时间。开放式基金多数申购以金额申请,赎回以份额申请,基金申购和赎回价格以申购、赎回日交易时间结束后基金管理人公布的基金份额净值为基准进行计算,一般还要加上申购费和赎回费(货币市场基金除外)。申购费同样可以采用前端收费和后端收费模式,并可根据投资者的申购数量、持有期限等表现出不同的标准。赎回费也可以根据基金份额持有人持有基金份额的期限表现出不同的赎回费率标准。基金管理人可以从开放式基金财产中计提销售服务费,用于基金的持续销售和给基金份额持有人提供服务。

四、证券投资基金的管理

　　证券投资基金的管理主要涉及投资目标,投资政策,基金的收益、费用和税收,投资限制和信息披露等事项。多数国家在这些方面一般都有严格的政策。

(一) 基金的投资目标

　　基金的投资目标是对基金财产投资运作的风险控制和预期投资收益的基本要求,反映了基金所追求的投资收益与风险偏好。投资目标是影响基金投资运作和管理的核心因素之一,基金的投资政策和投资计划的制定都是围绕投资目标展开的。基金投资目标的设定过程,实际上是一个怎样确定基金的盈利目标并兼顾投资的安全性和流动性的工作过程。一般来讲,各类基金都是通过资产组合、分散投资来降低基金资产的整体风险,通过长短期投资的搭配以保证基金资产的流动性,从而实现营利性、流动性和安全性的统一,使投资收益与其风险相匹配。

　　基金通常存在两种典型的投资目标:一是当期收入的最大化,避免承受较高的投资风险。这种投资目标所设定的收益水平往往不高,但收益来源很稳定,如稳定的股息、利息收入。二是资本长期增值即最大资本利得,主动承受较高的投资风险。这种投资目标的获利能力较强,但损失本金的可能性也比较大,其投资对象一般是处于成长阶段的公司的证券。在现实的操作中,考虑到投资者的多种需求,基金管理人往往不会单纯地选择上述两种目标中的一个,而是在上述两种典型的投资目标之间作某种选择,或将这两种目标不同程度地结合在一起,设计出各类不同投资收益与风险目标的基金产品,以满足投资者的需求。

(二) 基金的投资政策

　　基金的投资政策指投资基金为了实现投资目标,在基金投资的方向和资产组合等方面所确定的经营方针和策略,其中最重要的是对各类证券投资进行选择的原则和方针。由于现实中各类型的基金的投资目标不同,所以基金的投资政策也不同。每只基金都会在招募说明书、基金简介等资料中陈述它的投资政策,以使投资者了解该基金的投资政策。投资政策一般包括三个方面的内容：

1. 投资范围

投资范围主要用来表明基金能够投资的对象或投资标的物。不同国家和地区的相关法律、法规对基金投资范围的规定存在较大的差异。一般来讲，基金的投资范围主要是公开上市交易的有价证券，如票据、股票、债券、基金、金融衍生品等。有些国家还准许基金除了有价证券投资外，还可以直接投资某些特定项目，如房地产。另外，基金的投资范围也要受到投资目标的限制，例如，货币市场基金一般就不能投资股票等资本市场证券。因此，具体到某只基金而言，投资范围要受到所在地法律、法规的限制，也要受到基金的投资目标的约束。

2. 投资组合

投资组合政策主要指在基金的资产配置中，各种投资品种或资产类型的投资比例及变动范围。具体来讲就是在基金资产组合中，对股票、债券、其他品种证券的投资比例和现金持有比例，以及这些有价证券的行业结构、公司类型或发行主体类别、期限结构、地域分布、流动性程度及风险收益特征的配置要求。投资组合一般要根据基金的类型及其投资目标来确定。例如，相同投资产品的开放式基金和封闭式基金的投资组合就存在差异。另外，即便同为开放式基金，指数基金以及各具特色的行业基金的投资组合也有很大不同。

3. 投资策略

投资策略是基金实现投资目标的重要手段，投资策略明确了基金资产配置管理的指导思想，体现了基金的投资理念和投资风格。投资策略包含投资组合管理策略、不同资产类型的配置策略和具体投资对象的选择策略等多层次的内容。

（1）典型的投资组合管理策略一般包括积极投资策略和被动投资策略两种，两种投资策略都试图获得或实现超过基金设定的基准的收益。积极投资策略指在基金资产配置上追求充分投资，基于对宏观经济和市场状况的研究、分析，积极构建投资组合，并选择有利的投资时机，在合适的投资品种间转换投资，动态调整资产配置，以期达到优化配置的效果。被动投资策略指以某一具体的证券指数为标的，按指数权重复制指数证券（或以抽样方法，选择投资其中具有代表性的证券）而构造投资组合，并不根据对行业发展动态及市场时机的研判而主动调整投资品种及其仓位（数量）。

（2）不同资产类型的配置策略涉及各种资产的组合搭配及投资比例的调整，管理一般分别从长期和短期的角度来考虑战略资产配置和战术资产配置。资产配置策略通常还涉及对证券的行业结构、期限配置、单只证券持有比例及其潜在风险和流动性进行控制的方法和措施。

（3）具体投资对象的选择策略是对单只证券的具体选择标准和采取的方法。例如，对个股的选择，往往依据对公司的盈利能力、竞争能力、增长前景等要素的比较分析，采取价值型策略或成长型策略，或对两种策略的综合运用。对债券品种的选择，一般依据发行人的信用等级、债券的收益水平、市场流动性、期限结构、税收政策等因素，结合未来利率变动的影响，采取利率预期策略、期限管理策略等。

（三）基金的收益、费用和税收

不同基金的投资目标和投资政策不同，它们取得收益的来源和形式也不尽相同。但是一般来说，基金的收益主要包括利息收入、投资收益、公允价值变动收益和除此以外的其他收益等。

基金的费用可以分为两大类：一类是基金销售过程中发生的由投资者自己承担的费用，如申购费、赎回费、基金转换费等。另一类是基金管理过程中发生的费用，如管理费、托管费、信息披露费用、证券交易费用、律师费、会计师费等。本文涉及的主要是第二类费用，该类费用一般都有一定的支付标准。如我国股票基金的管理费是按照基金净值 1.5%的比例每日计提，按月支付。

基金的税收主要包括两大类：一是基金投资过程中发生的税收。例如，投资股票债券过程中发生的印花税、所得税等。二是基金管理人从事基金活动产生的税收。如营业税和企业所得税等。

（四）投资限制

投资限制指基金不可从事的活动及超越的界限。基金管理人的投资操作行为，直接影响基金所面临的风险，直接关系着投资者的切身利益。因此，为了保护投资者的利益，各国的基金主管机构以及基金本身的契约都对基金的投资实施了一些限制。这些限制主要包括：

1. 投资对象及行为的限制

基金的投资对象主要是有价证券，而有价证券的种类很多，风险级别各不相同。基金是证券市场中的主要机构投资者，基金投资行为规范与否影响着证券市场的正常运作。因此，包括我国在内的多数国家或地区的法律都规定了基金不能投资的有价证券，同时明文禁止某些投资行为。例如，规定基金管理人不得将财产用于承销证券；不能买卖其基金管理人和基金托管人发行的股票或债券；不能使基金财产承担无限责任的投资；不得向他人贷款或提供借款担保；不能买卖其他基金份额；不能从事内幕交易、操纵证券交易价格及其他不正当的证券交易活动；等等。

2. 投资规模的限制

为分散投资风险和避免对单支证券价格的影响，通常会对基金的投资规模进行限制。这种限制一般包括两个方面：一是对单一证券投资总额占该有价证券总额的限制。例如，我国目前规定同一基金管理人管理的全部基金持有一家公司发行的证券总和，不得超过该证券的 10%。二是对某一公司证券（尤其是股票）的投资额占该基金资产净值比重的限制。例如，我国规定一支基金持有一家上市公司的股票不得超过该基金资产净值的 10%。这些规定旨在控制基金运作风险，通过分散投资降低资产组合的总体风险；防止基金以大量资金去操纵某一证券价格，保证证券市场运作的公正性。

（五）信息披露

信息披露是法律规定的保护投资者利益的重要手段。由于涉及众多的投资者利益，而且在基金运作中投资者和基金管理人之间存在委托代理关系，因而不对称问题也就表现得非常明显。投资者和基金管理人之间的信息不对称可能导致基金管理人利用信息优势损害投资者利益,因此,为了保护投资者利益,充分的信息披露是非常重要的。从各国基金业运作的实际情况来看,信息披露大致包括以下内容:

1. 定期报告

基金的定期报告包括年度报告、中期报告、投资组合报告、基金资产净值公告和公开说明书。年度报告和中期报告主要涉及基金在下个会计年度或半个会计年度内的投资、运作业绩情况;投资组合报告涉及基金投资于不同产业的股票分类比例以及基金投资按市值计算的持仓情况;公开说明书仅针对开放式基金而言,内容与基金招募说明书相似,同时要对基金成立以来的运作业绩进行说明,一般每 6 个月发布一次。

2. 不定期报告

不定期报告包括临时报告和澄清报告与说明两类。基金及其管理人或委托人发生有可能影响基金运作的重大事件时,有关当事人应当公告临时报告书;基金运作过程中出现可能对基金价格产生误导性影响或引起较大波动的消息时,有关当事人应及时向投资者作澄清与说明,并对外公告。

● 关键术语 ●

证券发行　证券承销　直接发行　间接发行　注册制　核准制　证券发行程序　证券承销程序　股票　股票发行　股票承销　债券　债券发行　债券承销　证券投资基金　证券投资基金发行　证券投资基金管理　非公开发行　定向增发　定价基准日　市场折扣率　私募债

● 本章小结 ●

1. 证券发行与承销是投资银行最本源、最基本的业务,是一项政策性强,规章制度严格,程序规范、复杂的业务,是投资银行为企业、政府机构等融资主体提供融资安排和服务的主要手段之一,也是投资银行独特的标志性业务。

2. 证券的发行有许多分类方法。最常见的主要有:按照证券发行的对象分为公募发行和私募发行;按照有没有发行中介的参与分为直接发行和间接发行;按照发行价格和票面面额的关系,将证券发行分为溢价发行、平价发行和折价发行;等等。

3. 证券发行的管理制度主要涉及证券发行的审核制度、信息披露制度以及发行定价等方面的内容。其中的证券发行审核制度,则是决定后两种制度基本理念和行为方式的基础,是各国对证券发行实行监督管理的重要内容之一,是证券进入市场的第一个也是最重要的门槛。证券发行审核制度指国家证券监督管理部门对发行人利用证券向社会公开募集资金的有关申报资料进行审查的制度。一般包括两种:核准制和注册制。我国当前的审核制度是核准制向注册制过渡,两者并行。

4. 证券发行与承销程序就是指为使证券从发行者手中到达投资者手中,发行人与承销人需要经历的步骤、日程以及需要履行的一系列手续。目前,各个国家一般都对证券发行与承销程序进行了法律规定,证券发行人必须按照规定的程序进行各项工作。证券发行的基本程序一般有发行准备、发行申请、发行审核、组织承销四个阶段。

5. 股票发行是证券发行中最常见的一种。按照不同的分类方法或者从不同的角度，股票可以分为很多种类。按照股东享有权利的不同分为普通股和优先股；按照是否在股票票面上标明金额，分为有面额股票和无面额股票；按照是否记载股东姓名，分为记名股票和无记名股票；等等。其中，普通股和优先股的选择是现实中发行人经常面对的一个问题。

6. 股票的发行方式有很多种。股份有限公司在发行股票时，可以采用其中的某一种方式，也可以兼采几种方式。发行人都应根据本国的法律法规，结合自己的实际情况出发，择优选用。当前，世界各国采用最多、最普遍的方式是公开发行和间接发行。

7. 按照我国的股票发行的相关规定，公开发行的股票基本都需要承销商承销。一旦发行人决定通过公开发行股票来筹集资金，就需要聘请一家投资银行来作为承销商。承销商不是名义上的仅仅帮助发行人销售股票，而是全程参与发行人的股票发行工作。特别在当前我国实行的保荐人的核准制度下，发行人必须聘请投资银行作为发行人的保荐人，这就更需要投资银行全程参与发行人的股票发行工作。

8. 债券是一种有价证券，是社会各类经济主体为筹集资金而向债券投资者出具的、承诺按一定利率定期支付利息并到期偿还本金的债权债务凭证。债券有很多种分类方法。例如，根据发行主体的不同，债券可以分为政府债券、金融债券和公司债券；根据债券发行条款中是否规定在约定期限向债券持有人支付利息，债券可分为贴现债券、附息债券和息票累积债券；根据债券券面形态的不同，债券可以分为实物债券、凭证式债券和记账式债券；等等。

9. 债券的信用评级指信用评级机构根据债券发行人的信息资料，运用科学的分析方法，对准备发行的债券资金使用的合理性和发行人按期偿还债券本息的能力及风险程度做出客观、公正、准确的评价和定级的金融服务活动。债券的信用评级是债券公开发行中发行人要做的一项重要工作，这也是债券公开发行与股票公开发行工作中的一个重要区别。债券的信用评级为不同债券的风险比较提供了依据，不论对发行人以合理的成本发行债券，还是对投资者选择适合自己的债券投资，无疑都具有重要的意义。

10. 一般每个国家都会对国债、金融债、公司债的发行与承销做出详细的规定，我国也不例外。我国的相关法律法规对国债、金融债、公司债的发行与承销的条件、方式、程序等都做了详细规定。

11. 证券投资基金通过发行基金份额的方式募集资金，个人投资者或机构投资者通过购买一定数量的基金份额参与基金投资。基金投资收益在扣除由基金承担的费用后的盈余全部归基金投资者所有，并依据各个投资者所购买的基金份额的多少在投资者之间进行分配。基金的分类也有很多种。常见的分类有：根据运作方式的不同分为封闭式基金和开放式基金；根据法律形式的不同分为契约型基金和公司型基金；等等。

12. 基金的发行，也称基金的募集，指基金发起人向投资者销售基金份额或收益凭证的行为与过程。基金的认购指投资者在基金募集期内购买基金份额的行为。因此，基金的发行和基金的认购其实是一个行为的两个角度，基金的发行是从发起人角度来讲的，而基金的认购是从投资者角度来讲的。证券投资基金的管理主要涉及投资目标，投资政策，基金的收益、费用和税收,投资限制和信息披露等事项。多数国家在这些方面一般都有严格的政策。

13. 证券的非公开发行也称为私募发行,其不受公开发行的规章限制,除能节约发行时间和发行成本外,又能够比在公开市场上交易相同结构的证券给投资银行和投资者带来更高的收益率,所以,目前私募发行的规模仍在扩大。但同时,私募发行也有流动性差、发行面窄、难以公开上市扩大企业知名度等缺点。

14. 就股票发行的特点而言,私募发行是上市公司在融资过程中对 10 名以内的特定对象"开小灶",而将其他投资者特别是中小投资者排斥在外的募股方式。由此,其"天然"容易滋生利用融资决定权寻租及向特定对象低于公允价格发行股票输送利益等问题。如果募股发行定价明显偏低,就会让特定增发对象获得低风险暴利机会,而让其他拟投资者垂涎兴叹,其直接导致上市公司募股资金减少或募股股份没必要的增加,使公司每股权益减少,造成对既有股东特别是中小股东利益的侵害。

15. 在上市公司再融资(配股、增发、转债等)的过程中,股票发行价通常是与市价挂钩(即定价市场化),新增股份的定价实际上演变为定价基准日的确定和市价折扣率的选择问题。

16. 非公开发行的公司债券,也被称为高收益债券、私募债,由低信用级别的公司或市政机构发行的债券,这些机构的信用等级通常在 Ba 或 BB 级以下。由于这些债券信用等级差,发行利率高,因此具有高风险、高收益的特征。

● 复习思考题 ●

1. 什么是证券的发行?证券的发行有哪些分类?
2. 什么是证券的承销?证券承销的方式有哪几种?
3. 证券发行与承销的审核制度有哪几种?各有什么特点?
4. 证券发行与承销的程序有哪些?
5. 什么是股票?普通股和优先股的区别有哪些?股票承销方式有哪些?
6. 股票发行的程序有哪些?股票承销的程序有哪些?
7. 什么是债券?债券的种类有哪些?
8. 什么是债券的评级?信用评级的程序有哪些?
9. 国债、金融债、公司债的发行与承销相关规定主要有哪些?
10. 什么是基金?基金有哪些分类?
11. 股票非公开发行有哪些特点?
12. 定向增发定价的关键点在哪里?
13. 非公开发行债券与公开发行债券的区别在哪里?
14. 非公开发行债券的信息披露有哪些特征?

● 本章实训 ●

一、实训 A

（一）实训目的

1. 使学生熟悉核准制和注册制两种股票发行审核制度。

2. 训练学生收集、阅读资料的能力。

3. 训练学生观察、分析问题的能力。

4. 训练学生理论联系实际，解决实际问题的能力。

（二）实训内容

1. 背景资料一

推进注册制改革

2020 年 10 月 16 日，证监会主席易会满受国务院委托向全国人民代表大会常务委员会报告股票发行注册制改革有关工作情况。

易会满表示，以习近平同志为核心的党中央高度重视资本市场改革发展。党的十八届三中全会明确提出，推进股票发行注册制改革。全国人大常委会及时解决注册制改革的法律授权问题，修订证券法，为注册制改革提供了法律保障。国务院对注册制改革做出具体部署，明确实施注册制的范围和步骤。证监会会同有关方面，以习近平新时代中国特色社会主义思想为指导，认真贯彻习近平总书记关于资本市场的一系列重要批示指示精神，按照党中央、国务院决策部署，坚持稳中求进工作总基调，坚持"建制度、不干预、零容忍"的方针，坚持"敬畏市场、敬畏法治、敬畏专业、敬畏风险，形成合力"的监管理念，全力以赴推进注册制改革试点。总的看，注册制改革已经取得突破性进展，主要制度安排经受了市场的初步检验，市场运行总体平稳，开局良好。

探索形成符合我国国情的注册制框架

易会满表示，两年来，证监会坚持市场化、法治化的改革方向，把握好尊重注册制基本内涵、借鉴国际最佳实践、体现中国特色和发展阶段 3 个原则，推动形成了从科创板到创业板、再到全市场的"三步走"注册制改革布局，一揽子推进板块改革、基础制度改革和证监会自身改革，开启了全面深化资本市场改革的新局面。

一是探索形成符合我国国情的注册制框架。注册制是比核准制更加市场化的股票发行制度。从国际上看，成熟市场普遍实行注册制，但没有统一的模式。基本内涵是处理好政府与市场的关系，真正把选择权交给市场，最大限度减少不必要的行政干预。证监会从实际出发，初步建立了"一个核心、两个环节、三项市场化安排"的注册制架构。易会满指出，证监会党委高度重视防范审核注册过程中的廉政风险。驻证监会纪检监察组向交易所派出工作组开展驻点监督，突出重点，加大监督力度。压实交易所党委主体责任，交易所纪委向上市审核中心派驻现场监督小组进行嵌入式监督，切实加强对重点环节、关键人员的监督，严防利益输送等违法违纪行为。

二是打造支持科技创新的特色板块。创新能力不足仍是我国经济的软肋。党中央审时度势,决定设立科创板并试点注册制,在增量板块探索建立支持关键核心技术创新的制度安排,促进科技与资本深度融合,引领经济发展向创新驱动转型。在定位上,科创板突出"硬科技"特色,主要服务符合国家战略、突破关键核心技术、市场认可度高的科技创新企业,重点支持新一代信息技术、高端装备、新材料、新能源、节能环保以及生物医药等高新技术产业和战略性新兴产业。根据这个定位,结合科创企业的特点,设立了"50万元资产+2年投资经验"的投资者门槛,制定了科创属性评价指引,帮助明确符合科创板定位和科创属性要求的企业在科创板上市。从已上市公司情况看,科创板公司研发投入与营业收入之比、研发人员占公司人员总数之比、平均发明专利数量等均高于其他市场板块。一批处于"卡脖子"技术攻关领域的"硬科技"企业、具有关键核心技术的标杆企业在科创板上市或已进入审核阶段,产业聚集和品牌效应逐步显现。创业板改革后,适应发展更多依靠创新、创造、创意的大趋势,定位于主要服务成长型创新创业企业,支持传统产业与新技术、新产业、新业态、新模式深度融合。创业板作为存量板块,充分借鉴了科创板的经验,并在一些制度上做了差异化设计和过渡安排。在投资者适当性要求方面,对新开户投资者设立"10万元资产+2年投资经验"的门槛,已开户投资者签署新的风险揭示书后,可以继续交易创业板股票。为突出板块特色,对申报企业实行负面清单管理。从创业板改革后新申报企业看,多数企业在细分行业处于领先地位,具备较好成长预期。

三是改革完善基础制度。证监会以注册制改革为龙头,统筹推进交易、退市、再融资和并购重组等关键制度创新,改进各领域各环节的监管,着力提升上市公司质量,夯实市场平稳健康发展的基础。在交易制度方面,科创板、创业板新股上市前5个交易日不设涨跌幅限制,此后日涨跌幅限制为20%。新股上市首日即可纳入融资融券标的,改进转融通机制,促进多空平衡。引入盘中临时停牌、有效价格申报范围等机制,发挥平滑市场波动的作用。从实际运行情况看,前5个交易日价格博弈比较充分,二级市场定价效率显著提升。在退市制度方面,针对长期以来存在的退市难、退市慢等问题,科创板、创业板优化了退市标准,以组合财务类指标取代单一连续亏损退市指标,增加市值持续低于规定标准的交易类退市指标。简化退市程序,取消暂停上市、恢复上市环节,触及退市条件的直接终止上市,提高了退市效率。在上市公司持续监管方面,科创板、创业板再融资实施注册制,建立小额快速融资制度。并购重组由交易所审核,涉及发行股票的,实行注册制,放开创业板重组上市限制。允许上市公司分拆子公司在科创板、创业板上市。针对创新创业企业的特点,实行更加灵活的股权激励机制,大幅放宽激励对象、规模和价格的限制。在压实中介机构责任方面,细化中介机构执业要求,建立执业质量评价机制,将保荐人资格与新股发行信息披露质量挂钩管理,适当延长保荐机构持续督导期。试行保荐机构"跟投"制度,加强保荐业务内部控制机制建设,强化廉洁从业要求。丰富监管措施类型,扩大人员问责范围,加大处罚力度。

四是加快证监会职能转变。实施注册制,客观上要求政府"退一步",减少管制,还权于市场,同时又要"进一步",加强监管,维护市场秩序。证监会按照"放管服"改革要求,坚持刀刃向内、简政放权,只要是市场约束比较有效的领域就坚决放权。2019年以来,取消和调整14项行政许可,取消26%的备案事项,全面清理"口袋政策"和"隐形门槛"。本着简明易懂、方便使用的原则,分两批废止18件规范性文件,"打包"修改13件规章、29

件规范性文件,上市公司监管问答从 44 项减少至 18 项。聚焦市场反映集中的问题,开展为期 3 个月的作风问题专项整治活动。证监会坚持以"零容忍"的态度严厉打击财务造假、欺诈发行等证券违法活动。2019 年以来,启动财务造假、欺诈发行等信息披露违法案件调查 176 件,做出行政处罚决定 99 件、市场禁入决定 15 件,向公安机关移送涉嫌犯罪案件及线索 33 起,从严从重查处了一批大要案。坚持一案双查,严肃追究中介机构违法责任,累计启动调查中介机构违法案件 29 件。完善监管架构,理顺监管权责,组建科技监管局,促进科技与业务深度融合,从体制机制上加强事中事后监管。坚持管少才能管好,聚焦重点业务、重点机构、重要风险点,实施分类监管,提升监管效能。

五是完善法治保障。资本市场的市场属性极强,规范要求极高,实施注册制必须加强法治。在全国人大及有关方面的大力支持下,资本市场法治建设取得重大突破,实现了立法决策与改革决策相衔接、相统一。新修订的证券法确立证券发行注册制度,引入证券集体诉讼制度,大幅提高违法违规成本,为全面实施注册制提供了坚实保障。同时,刑法修订也在加快,对欺诈发行、信息披露造假、中介机构提供虚假证明文件等 3 类犯罪的刑罚力度将大幅提高。最高人民法院围绕科创板、创业板改革分别出台专门的司法保障意见,对相关案件实施集中管辖;发布证券纠纷代表人诉讼司法解释,解决了具有中国特色的证券集体诉讼司法实践操作问题。最高人民检察院、公安部、司法部在法治建设方面也给予了大力支持。在试点注册制过程中,各有关方面密切沟通,加强协同,形成了改革合力。人民银行、银保监会、外汇局在保持流动性合理充裕、推动中长期资金入市、便利跨境投融资等方面给予了大力支持,营造了良好的货币金融环境。发展改革委、科技部、工业和信息化部、财政部、商务部、税务总局等部委积极推动解决失信联合惩戒、科创属性评价、红筹企业政策、税收等方面的问题。中宣部、中央网信办在新闻宣传和舆论引导方面做了大量工作,为试点注册制营造了良好的舆论环境。上海、广东及深圳等地方党委、政府也从多方面提供了支持和帮助。

易会满表示,经过两年来的努力,试点注册制从增量市场向存量市场不断深入,各领域各环节改革有序展开,我国资本市场正在发生深刻的结构性变化。一是推动了要素资源向科技创新领域集聚,畅通了科技、资本和实体经济的高水平循环,促进了经济高质量发展。以集成电路行业为例,科创板推出后,已有 24 家相关企业上市,IPO 融资 850 亿元,累计完成研发投入 122 亿元。2020 年上半年,相关企业在遭遇新冠肺炎疫情冲击的情况下逆势快速发展,营业收入同比增长 21%,比上市前 3 年平均增速提高 8.2 个百分点。二是压实了发行人、中介机构的责任,信息披露质量初步得到市场验证。试点注册制以来,上市后发现信息披露违规的公司明显减少。三是促进了上市公司优胜劣汰,市场生态明显改善。2019 年以来,强制退市公司合计达 24 家,是之前 6 年总和的两倍。价值投资、长期投资理念日渐深入人心,投资行为渐趋理性,资本市场的顽疾逐步得到解决。四是凝聚了改革共识,提升了市场参与各方的获得感。证监会加强顶层设计,制定《全面深化资本市场改革总体方案》,明确了 12 个方面的改革任务,正在有序实施。五是激发了市场活力,促进了市场平稳健康发展。2019 年以来,面临多重不利因素影响,A 股市场保持了总体稳定,韧性增强。重点领域风险趋于收敛。

保持改革定力

易会满表示,证监会清醒地认识到,目前注册制改革只是有了好的开端,制度安排尚未经历完整市场周期和监管闭环的检验,有些制度还需要不断磨合和优化,各种新情况新问题可能逐步显现。还要看到,解决资本市场长期积累的深层次矛盾需要综合施策,久久为功,不可能一蹴而就。

易会满认为,主要挑战方面,一是形成有效的市场约束需要一个渐进的过程。我国资本市场发展仍不充分,"卖方市场"特征明显,再加上长期投资者发育不足,中介机构的定价和风控能力还比较薄弱。一系列更加市场化的制度安排需要各市场参与者逐步调适,短期内市场主体之间的充分博弈和相互制衡很难到位。二是有效保护投资者合法权益仍面临不少难题。目前,对欺诈发行、信息披露造假、中介机构提供虚假证明文件等违法犯罪刑罚力度偏轻,上市公司控股股东、实际控制人"掏空"上市公司、损害中小股东权益的行为在公司法层面缺乏有效制约。新修订的证券法规定的证券民事赔偿制度真正落地还有许多工作要做。三是市场环境面临较大不确定性。当前,新冠肺炎疫情仍在全球蔓延,世界经济持续低迷,地缘政治和贸易冲突加剧,产业链供应链面临重构,国际金融市场脆弱性上升,国内经济金融形势仍然复杂严峻,给我国资本市场稳定带来压力。

因此,在我国这样一个新兴市场实施注册制,不能过于理想化,也不能急于求成。证监会将保持改革定力,坚持底线思维,充分估计并有效防范改革可能面临的各种风险,积极稳妥地把注册制改革落实到位。

选择适当时机全面推进注册制改革

易会满指出,注册制改革关乎资本市场发展全局,意义重大。经过科创板、创业板两个板块的试点,全市场推行注册制的条件逐步具备。证监会将认真贯彻党中央、国务院决策部署,在国务院金融委的统一指挥协调下,深入总结试点经验,及时研究新情况、解决新问题,选择适当时机全面推进注册制改革,着力提升资本市场功能,努力打造一个规范、透明、开放、有活力、有韧性的资本市场。

一是不断完善科创板、创业板注册制试点安排。重点是完善信息披露制度,促进信息披露更加简明清晰、通俗易懂,进一步压实发行人和中介机构责任,增强审核问询的专业性。优化发行审核与注册的衔接机制。促进科创板、创业板协调发展。

二是稳步推进主板、新三板注册制改革。充分考虑主板特点,设计好注册制实施方案。按照注册制的要求,改进新三板公开发行及转让制度。开展新三板精选层挂牌公司向科创板、创业板转板上市试点。

三是系统推进基础制度改革。总的考虑是,坚持整体设计、突出重点、问题导向,补齐制度短板,推进关键制度创新,增强制度的稳定性、平衡性、协同性,加快建立更加成熟更加定型的资本市场基础制度体系。

四是加强上市公司持续监管。证监会将切实把好市场入口和出口两道关,优化增量,调整存量,促进上市公司优胜劣汰。完善公司治理规则体系,盯住控股股东、实际控制人等"关键少数",督促上市公司规范运作。聚焦问题公司、高风险公司,加快市场出清。动员各方面力量,推动提高上市公司质量。

五是加快证监会自身改革。注册制改革是涉及监管理念、监管体制、监管方式的一场深刻变革。证监会将摒弃行政审批思维,切实减少对各类市场主体的微观管理,加强对重大问题的前瞻性研究和政策设计,加强对交易所和派出机构的指导、协调和监督,加大监管资源整合力度,提高整体监管效能。同时,深化"放管服"改革,推行权责清单制度,加强科技监管能力建设,培养"忠、专、实"的监管队伍。

六是建立健全严厉打击资本市场违法犯罪的制度机制。推动成立跨部委协调小组,加强行政执法、民事追偿和刑事惩戒之间的衔接和协同,形成打击合力。启动证券集体诉讼,抓好个案,发挥示范威慑作用。完善证券投资者赔偿机制。加强对典型案件的宣传,以案说法,向市场传递"零容忍"的信号,取信于市场。

资料来源:作者整理。

2. 背景资料二

我国股票发行审核制度改革历程如下:

(1) 1988 年以来,地方法规分别规定证券发行审核办法。

(2) 1992 年,证监会成立,实行全国范围的证券发行规模控制与实质审查制度。

(3) 1996 年以后,开始实行"总量控制,集中掌握,限报数家"的办法。

(4) 1998 年,《证券法》施行,开始正式启用证券发行核准制。

(5) 2000 年后,股票发行价格也采取了市场定价方法,中国证监会不再对股票发行市盈率进行限制。

(6) 2013 年 11 月,《中共中央关于全面深化改革若干重大问题的决定》中提到,推进股票发行注册制改革。

(7) 2015 年 12 月,十二届全国人大常委会第十八次会议通过了授权国务院在实施股票发行注册制改革中调整适用证券法有关规定的决定,为在证券法完成修订之前推进注册制改革提供了法律依据。

(8) 2018 年 2 月,十二届全国人大常委会第三十三次会议决定将上述授权延期两年。

(9) 2019 年 7 月 22 日,科创板正式开市,全面试点注册制。

(10) 2019 年 12 月完成证券法修订,2020 年 3 月 1 日起施行,与授权决定无缝衔接。

3. 实训要求

要求学生以小组为单位,查阅并收集相关资料,在掌握核准制和注册制优劣比较的基础上,回答如下问题。

问题1:注册制与核准制相比较,其优点主要表现在哪些方面?

问题2:核准制和注册制是否存在适用条件?这些条件应该包括哪些?

问题3:我国实行注册制能否解决我国当前股票发行存在的一些问题?它又会带来什么新的问题?

问题4:注册制的实行会对我国的股市带来什么影响?

(三) 实训组织

1. 指导教师布置实训项目,提示相关要求。

2. 采取学生自由组合的方式,将班级学生划分为若干小组,并指定组长进行负责。

3. 要求学生以小组为单位,认真查阅并收集注册制的相关资料,就相关问题以 PPT 形式进行课堂汇报。

二、实训 B

（一）实训目的

1. 掌握定向增发的基本概念与基本业务。

2. 训练学生分析问题、解决问题的能力。

（二）实训内容

1. 背景资料

定向增发新政

2017 年以来,证监会相继修订定增实施细则以及减持新规,使得不少投资者定增参与的积极性受到影响。

2020 年 2 月 4 日中国证监会发布了《关于修改〈上市公司证券发行管理办法〉的决定》《关于修改〈创业板上市公司证券发行管理暂行办法〉的决定》《关于修改〈上市公司非公开发行股票实施细则〉的决定》,称目的是为了深化金融供给侧结构性改革,完善再融资市场化约束机制,增强资本市场服务实体经济的能力,助力上市公司抗击疫情、恢复生产。

新政具体修改内容如下:

一是精简发行条件,拓宽创业板再融资服务覆盖面。取消创业板公开发行证券最近一期末资产负债率高于 45% 的条件;取消创业板非公开发行股票连续 2 年盈利的条件;将创业板前次募集资金基本使用完毕,且使用进度和效果与披露情况基本一致由发行条件调整为信息披露要求。

二是优化非公开制度安排,支持上市公司引入战略投资者。上市公司董事会决议提前确定全部发行对象且为战略投资者的,定价基准日可以为关于本次非公开发行股票的董事会决议公告日、股东大会决议公告日或者发行期首日;调整非公开发行股票定价和锁定机制,将发行价格由不得低于定价基准日前 20 个交易日公司股票均价的 9 折改为 8 折;将锁定期由 36 个月和 12 个月分别缩短至 18 个月和 6 个月,且不适用减持规则的相关限制;将主板、创业板非公开发行股票发行对象数量由分别不超过 10 名和 5 名,统一调整为不超过 35 名。

三是适当延长批文有效期,方便上市公司选择发行窗口。将再融资批文有效期从 6 个月延长至 12 个月。

2. 实训要求

结合上述背景资料,查阅收集相关资料,回答下列问题:

问题1:我国定向增发经历了几次重要改革?

问题2:本次定向增发新政对于上市公司会产生何种影响?

问题3:本次定向增发新政是否会加大利益输送问题?

（三）实训组织

1. 指导教师布置实训项目,提示相关要求。

2. 采取学生自由组合的方式,将学生划分为小组。

3. 要求学生以小组为单位,认真收集定向增发的相关资料,并就相关问题以 PPT 形式进行课堂汇报。

● 即测即评 ●

第四章
证券经纪业务

章前引例

　　2019年7月22日,科创板首批企业上市仪式在上海证券交易所交易大厅隆重举行。25家科创板"新秀",标志着中国资本市场进入一个崭新时代!老赵发现邻居老李投资科创板股票收益丰厚,决定将到期的10万元资金从银行提出,跟着老李从事股票投资。于是,他来到老李家门前敲开了老李家的大门,请教如何从事股票投资方面的问题。老李告诉老赵投资股票不同于购买商品,要去证券公司开户,证券公司称这项业务为证券经纪业务。

　　通过本章学习你将了解与掌握什么是证券经纪业务?证券经纪业务的流程是怎样的?证券经纪业务有哪些交易方式?证券交易机制是怎么回事?

本章知识结构图

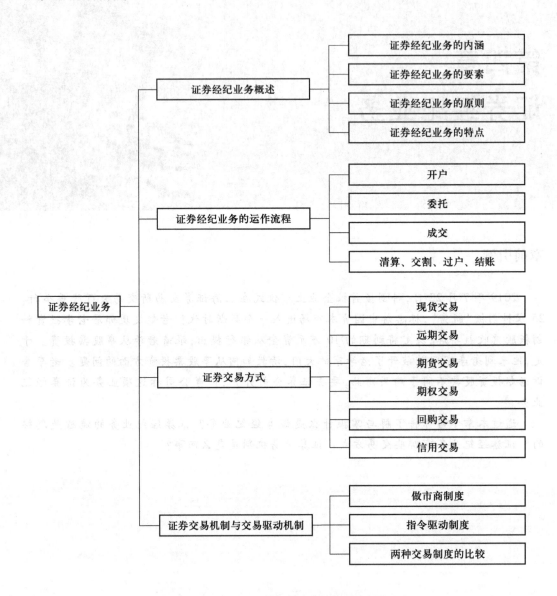

第一节　证券经纪业务概述

一、证券经纪业务的内涵

　　证券经纪业务就是投资银行作为证券买卖双方的经纪人,按照客户投资者的委托指令在证券交易场所代客户进行证券交易、收取经纪人佣金的业务。投资银行作为经纪商,代表买方或卖方,按照客户提出的价格进行代理交易。证券经纪业务是大多数投资银行的最重要的基础性业务之一,是投资银行日常收入的一项重要来源。

目前我国从事证券经纪业务的主要有券商、证券交易所、证券登记中心、资金清算中心、证券投资咨询公司等法人。这些法人的雇员均以其法人的名义从事证券经纪业务。

因为证券托管和资金清算的技术原因,券商在代理投资者买卖证券时是以自己的名义进行买卖的,证券交易所只对券商席位进行证券托管和资金清算(这一方式在深圳证券交易所更为典型),但投资者在券商处仍有独立的证券账户与资金账户,是买卖证券的主体,是证券投资盈利或亏损的实际承担者。因此,目前券商从事的经纪业务仍然属于代理行为。

二、证券经纪业务的要素

在证券经纪业务中,包含的要素有委托人、证券经纪商、证券交易所和证券交易对象。

(一)委托人

委托人指委托证券经纪商代理买卖证券的投资者。投资者在证券交易所买卖证券,是通过委托证券经纪商来进行的。此时,投资者是证券经纪商的客户,所以委托人也称为客户。

(二)证券经纪商

证券经纪商,指接受客户委托,代客买卖证券并以此收取佣金的中间人。证券经纪商以代理人的身份从事证券交易,与客户是委托代理关系。

(三)证券交易所

证券交易所提供证券交易的场所和设施;制定证券交易所的业务规则;审核、批准股票的上市申请;组织、监督证券交易活动;提供和管理证券市场信息。

(四)证券交易对象

证券交易对象包括上市交易的所有股票、债券、证券投资基金和证券衍生工具。

三、证券经纪业务的原则

投资银行总是希望吸引更多的客户投资者,以赚取更多的佣金收入,所以投资银行必须努力提高业务水平,提高自身信誉,遵守职业道德,培养专业人才。这些都要求投资银行在从事经纪业务的过程中遵循一定的原则。

(一)在接受客户委托,代理证券交易的过程中应遵循的原则

1. 价格自主原则

委托交易时的价格由客户决定。投资银行可以提供一定的建议和咨询服务,但必须在客户委托价格幅度以内进行交易,无权超越委托权限办理交易。

2. 价格优先原则

价格优先原则即客户委托买入证券价格高的优先于价格低的,委托卖出证券价格低的优先于价格高的。投资银行应按此原则为客户达成交易。

3. 时间优先原则

如果客户委托价格相同，则以委托时间先后确定成交对象，委托时间在前者优先。

4. 公开、公平交易原则

公开原则指在经纪业务中，应将交易规则、交易制度、交易行为和交易对象的内容及有关资料公开，以利于客户根据自己的投资目的做出正确的委托。经纪业务中的交易各方均应根据交易原则和操作程序进行公平交易，防止发生欺诈和操纵市场的行为。

5. 充分披露原则

投资银行要向投资者和主管部门以及证券交易所诚实、完全地报告自己的经营情况，不得有隐瞒和提供虚假信息的行为。

6. 依法收入原则

投资银行在代理交易时，其手续费和佣金收入必须严格按规定和协议收取。

（二）投资银行在对经纪业务进行管理时必须遵循的原则

（1）谨慎接受客户委托，并为委托事项保密。除非接受主管部门和证券交易所查询，否则不得随意泄露。

（2）适当向客户提供投资咨询服务。这对提高自身信誉，吸引客户十分重要，但在提供咨询服务时不得有欺诈行为，更不得对客户许愿、诱导或强迫。

（3）严格遵循托管制度和相关法规，不得越权、非法挪用客户的证券与存款。

（4）禁止违法交易行为。包括禁止联手或单独操纵市场，制造证券的虚假交易和价格；禁止内幕交易；禁止制造或散布欺诈性信息；禁止以操纵市场为目的连续拉抬或打压某种证券价格；禁止各种直接或间接操纵市场或扰乱市场秩序的交易行为。

（5）禁止为相关人员代理证券交易。包括证券主管机关中证券事务的主管人员、证券交易所管理人员、证券经营机构中的证券从业人员、上市公司和其主管部门中的有关人员以及其他法律法规规定不得进行证券交易的相关人员。

四、证券经纪业务的特点

（一）业务对象的广泛性

所有上市交易的股票和债券都是证券经纪业务的对象。证券经纪业务的对象还具有价格变动性的特点。

（二）证券经纪商的中介性

证券经纪商接受客户的委托，并将客户的指令传递到证券交易所，在证券交易所内成交后，再将交易及清算的结果传给客户，起着中介的作用。

（三）客户指令的权威性

证券经纪业务中，客户是委托人，证券经纪商是受托人。

证券经纪商要严格按照委托人的要求办理委托事务，这是证券经纪商对委托人的首要义务。证券经纪商必须严格按照委托人指定的证券、数量、价格、有效时间买卖证券，不能自作主张，擅自改变委托人的意愿。如果情况发生变化，即使是为了维护委托人的权益,不得不变更委托人的指令,也应事先征得委托人的同意。

（四）客户资料的保密性

证券经纪商必须对客户的基本资料以及交易、申报的资料予以保密。

第二节　证券经纪业务的运作流程

投资银行大部分的经纪业务是在证券交易所内进行的。客户委托其代理证券交易的程序一般包括开户、委托、成交、清算、交割、过户和结账。

一、开户

投资者可以自主选择某家投资银行作为自己的经纪商。首先,要到经纪商处登记并开设账户。登记要写明确日期、姓名、性别、身份证号码、家庭住址、职业、电话等内容,还要留存印鉴并提供相关证明。开设账户要同时开设资金账户和证券账户。

资金账户分为三类:一是现金账户,用于交易时的资金划转;二是投资计划账户,用于存放客户承诺在若干年中每月或每季购买某种股票而投入的固定金额;三是保证金账户,通过该账户,投资者可以用所购证券作抵押,按交易金额与保证金之间的差额借用投资银行资金进行投资。其中借用资金按市场利率计息。资金账户通常按银行活期利率计息。证券账户,即投资者把所持证券交给经纪商托管后经纪商提供给客户的记录,是托管证券品种和数量的证明。客户在委托证券交易后,经纪商自动将其买入或卖出的证券从证券账户中划入或划出。

二、委托

客户投资者在开设账户之后,就可办理委托交易了。委托按形式可分为书面委托、电话委托、电报委托、传真委托和信函委托;按价格可分为市价委托和限价委托;按有效期分为当日有效和五日内有效;按委托数量分为整数委托和零数委托。

客户在委托书上要写明证券名称和交易种类、买进或卖出及相应的数量、出价方式和价格幅度以及有效期等内容。在委托有效期内,如果交易尚未达成,客户有权变更和撤销委托。

三、成交

投资银行在接受客户委托后,立即通知在交易所中的场内经纪人。场内经纪人马上按照投资者指令买入或卖出股票。待买卖成交后,场内经纪人会立即将交易情况告知投资银行,再由其转达给客户。交易时,场内经纪人必须公开申报竞价,一般有口头、书面和计算机竞价三种方式。证券交易所则按照时间优先、价格优先的原则,为买卖双方撮合成交。

如果是场外交易,经纪商则代表其客户与其他交易商或投资者进行讨价还价。在综合考察所有交易对手的报价后,为客户选择最优价格进行成交。

四、清算

清算指投资银行在证券交易所内成交后,对应收和应付价款与证券进行结算,并最后结出应收应付的余额,然后通过证券交易所交割证券与价款的全过程。投资银行在证券市场中每天都要进行许多笔交易,不可能每笔交易都即时清算。一般证券交易所都有专门的清算中心,以每一交易日为一个清算期,集中办理清算业务,目的在于减少证券和现金的实际交割,节约人力和物力。

五、交割

证券清算后,交易双方可以办理交割手续,即在事先约定的时间内对清算余额进行交接和转账。买方交付价款,收到股票;卖方交出股票,收回现金。清算交割是证券交易全过程的结束。

按照成交后至交割时间的长短划分,交割可分为以下几种方式:当日交割、次日交割、第3日交割和例行交割(即T+5)。

六、过户

证券交易结束后,证券所有人会发生改变。对于记名证券来说,必须办理过户手续。记名证券指票面上记载有持有人名称,并在公司名册上进行登记,只有经法定程序才可转让的证券。因此,转让时要通过登记公司过户,并把受让人的名称记载在票面上,同时在发行证券的公司变更持有人,否则转让无效。不记名证券可以自由转让,无须办理过户。一般股票都是不记名的,而只有部分债券是记名的。

七、结账

整个交易结束后,投资银行应将账单及时送交客户,客户按经纪业务协议支付足额佣金。投资银行应按时向证券交易委员会交送报表,报告当月股票交易的名称、数量、价格等情况。

第三节　证券交易方式

证券交易方式可以从不同的角度来认识。根据交易合约的签订与实际交割之间的关系,证券交易方式有现货交易、远期交易、期货交易和期权交易。在短期资金市场,存在结合现货交易和远期交易的特点的债券回购交易。如果允许投资者在买卖证券时向经纪商融资或融券,则发生信用交易。

一、现货交易

现货交易,指证券买卖双方在成交后就办理交收手续,买入者付出资金并得到证券,卖出者交付证券并得到资金。所以,现货交易的特征是"一手交钱,一手交货",即以现款买现货方式进行。

二、远期交易

远期交易是双方约定在未来某一时刻（或时间段内）按照现在确定的价格进行的交易。

三、期货交易

期货交易是在期货交易所进行的标准化的远期交易，即交易双方在集中性的市场以公开竞价方式所进行的期货合约的交易。而期货合约则是由交易双方订立的、约定在未来某日期、按成交时约定的价格交割一定数量的某种商品的标准化协议。

期货交易与远期交易有类似的地方，即都是现在定约成交，将来交割。但远期交易是非标准化的，在场外市场进行；期货交易则是标准化的，有规定格式的合约，一般在场内市场进行。另外，现货交易和远期交易以通过交易获取标的物为目的；而期货交易在多数情况下不进行实物交收，而是在合约到期前进行反向交易、平仓了结。

四、期权交易

期权是一种选择权。期权的买方向卖方支付一定数额的权利金后，就获得这种权利，即拥有在一定时间内以一定的价格（执行价格）出售或购买一定数量的标的物（实物商品、证券或期货合约）的权利（即期权交易）。期权的买方行使权利时，卖方必须按期权合约规定的内容履行义务。相反，期权的买方可以放弃行使权利，此时买方只是损失权利金，同时，卖方则赚取权利金。总之，期权的买方拥有执行期权的权利，无执行的义务；而期权的卖方只有履行期权的义务。

五、回购交易

回购交易更多地具有短期融资的属性。从运作方式看，它结合现货交易和远期交易的特点，通常在债券交易中被运用。债券回购交易就是指债券买卖双方在成交的同时，约定于未来某一时间以某一价格双方再进行反向交易的行为。在债券网购交易中，当债券持有者有短期的资金需求时，就可以将持有的债券作质押或卖出而融进资金；反过来，资金供应者则因在相应的期间内让渡资金使用权而得到一定的利息回报。

六、信用交易

信用交易是投资者通过支付保证金取得经纪商信用的交易，也称融资融券交易。这一交易的主要特征在于经纪商向投资者提供了信用，即投资者买卖证券的资金或证券有一部分是从经纪商处借入的。

我国过去是禁止信用交易的。2005年10月重新修订后的《证券法》取消了证券公司不得为客户交易融资融券的规定。随后，中国证监会发布《证券公司融资融券业务试点管理办法》，上海证券交易所和深圳证券交易所也公布了融资融券交易的实施细则。根据《证券公司融资融券业务试点管理办法》的规定，融资融券业务指证券公司向客户出借资金供其买入上市证券或者出借上市证券供其卖出，并收取担保物的经济活动。

扩展阅读 4-1

融资融券业务

（一）什么是融资融券业务

1. 融资融券业务的含义

融资融券业务指证券公司向客户出借资金供其买入证券或出借证券供其卖出证券的业务。由融资融券业务产生的证券交易称为融资融券交易。融资融券交易分为融资交易和融券交易两类，客户向证券公司借资金买证券叫融资交易，客户向证券公司卖出证券为融券交易。

融资交易指投资者向证券公司交纳一定的保证金，融（借）入一定数量的资金买入股票的交易行为。投资者向证券公司提交的保证金可以是现金或者可充抵保证金的证券。证券公司向投资者进行授信后，投资者可以在授信额度内买入由证券交易所和证券公司公布的融资标的名单内的证券。投资者信用账户内融资买入的证券及其他资金证券，整体作为其对证券公司所负债务的担保物。

融资交易为投资者提供了一种新的交易方式。如果证券价格符合投资者预期上涨，融入资金购买证券，而后通过以较高价格卖出证券归还欠款能放大盈利；如果证券价格不符合投资者预期，股价下跌，融入资金购买证券，而后卖出证券归还欠款后亏损将被放大。因此融资交易是一种杠杆交易，能放大投资者的盈利或者亏损，参与融资融券交易要求投资者有较强的证券研究能力和风险承受能力。

2. 融资交易的特点

（1）融资标的证券。可供融资买入的证券品种，称为融资标的证券。上海、深圳证券交易所《融资融券交易试点实施细则》规定，融资标的证券品种可以是在交易所上市的股票、证券投资基金、债券及其他证券。上海、深圳证券交易所将按照规定确定融资标的证券名单，证券公司可在交易所公布的融资标的证券范围内做进一步选择，并随交易所名单变动而相应调整，投资者仅可在此范围内融资买入。

（2）融资保证金比例。融资保证金比例指投资者融资买入时交付的保证金与融资交易金额的比例。计算公式为：融资保证金比例＝保证金÷（融资买入证券数量×买入价格）×100%。上海、深圳证券交易所规定，融资保证金比例不得低于50%。

（3）融资债务偿还。投资者可通过直接还款、卖券还款两种方式偿还融资负债。直接还款指投资者在信用资金账户内存入资金，通过融资融券交易系统中"直接还款"指令偿还融资债务。

3. 融券交易的特点

（1）融券标的证券。可供融券卖出的证券品种，称为融券标的证券。上海、深圳证券交易所根据证券的股东人数、流通市值、换手率、波动幅度等条件确定融券标的证券名单，证券公司可在交易所公布的融券标的证券范围内进一步选择，并随交易所名单变动而相应调整。融券标的证券品种可以是股票、证券投资基金、债券及其他证券，投资者仅可在此范围内融券卖出。

（2）融券委托价格。投资者在进行融券交易前，应了解融券交易委托价格规则：融券卖出交易只能采用限价委托，不能采用市价委托。融券卖出申报价格不得低于该证券的最新成交价，该证券当天未产生成交的，申报价格不得低于前收盘价；若投资者在进行融券卖出委托时，申报价格低于上述价格，该笔委托无效。

（3）融券保证金比例。融券保证金比例指投资者融券卖出时交付的保证金与融券交易金额的比例。计算公式为：融券保证金比例＝保证金÷（融券卖出证券数量×卖出价格）×100%。上海、深圳证券交易所规定，融券保证金比例不得低于 50%。

（4）融券债务偿还。投资者可通过直接还券、买券还券两种方式偿还融券负债。直接还券指投资者使用信用证券账户中与其负债证券相同的证券申报还券。买券还券指投资者通过其信用证券账户选择"买券还券"的交易类型进行证券买入。

（二）融资融券业务的主要模式

各个开展融资融券的资本市场都根据自身金融体系和信用环境的完善程度，采用了适合自身实际情况的融资融券业务模式。概括地归结为三大类：以美国为代表的市场化模式、以日本为代表的单轨制集中授信模式和以中国台湾为代表的双轨制集中授信模式。

1. 美国：市场化模式

在美国的市场化模式中，证券交易经纪公司处于核心地位。美国信用交易高度市场化，投资者进行信用交易时，向证券公司申请融资融券，证券公司直接对投资者提供信用。而当证券公司自身资金或者证券不足时，证券公司则向银行申请贷款或者回购融资，向非银行金融机构借入短缺的证券。这种市场化模式建立在信用体系完备和货币市场与资本市场连通的前提下，证券公司能够根据客户需求，顺利、方便地从银行、非银行金融机构调剂资金和证券头寸，并迅速地将融入的资金或借入的证券配置给需要的投资者。美国的市场化模式效率高，成本低。

2. 日本：单轨制集中授信模式

从日本的集中授信模式看，专业化的证券金融公司处于整个融资融券业务的核心和垄断地位，严格控制着资金和证券通过信用交易的倍增效应。日本的证券金融公司主要由银行出资设立，为证券经纪商等中介机构提供服务。证券公司如果资金和证券不足，并不直接向银行、货币市场进行借贷或回购融资，也不直接向非银行金融机构融券，而是向证券金融公司申请进行资金和证券的转融通。在日本的集中授信模式下，证券金融公司而不是证券公司自身，连通货币市场和其他非银行金融机构，作为融资融券的中介，证券金融公司控制着整个融资融券业务的规模和节奏。

3. 中国台湾：双轨制集中授信模式

台湾模式由于是双轨制，运作起来相对复杂，而且有 4 家证券金融公司，彼此存在竞争。台湾地区对证券公司实行许可证管理，有许可证的券商可以向证券金融公司融资融券，而没有许可证的证券公司只能从事代理服务。证券公司的地位由于投资者可以直接向证券金融公司融资融券而比较被动，融资融券业务为券商带来的收入有限。

4. 融资融券业务模式比较

将上述三种融资融券业务模式比较如表 4-1 所示。

表 4-1　融资融券业务模式比较

	美国	日本	中国台湾
模式	市场化模式	集中授信模式——单轨制	集中授信模式——双轨制
主要融资来源	1. 自有资金 2. 抵押贷款 3. 债券回购 4. 客户保证金金额 5. 融资业务取得的抵押券 6. 自有证券 7. 金融机构(其他证券公司、养老金、保险公司)借入证券 8. 客户证券余额	1. 自有资金 2. 抵押贷款 3. 债券回购 4. 证券金融公司转融资 5. 融资业务取得的抵押券 6. 自有证券 7. 从证券金融公司借入证券	1. 自有资金 2. 抵押贷款 3. 债券回购 4. 证券金融公司转融资 5. 融资业务取得的抵押券 6. 自有证券 7. 从证券金融公司借入证券

(三)融资融券业务流程

融资融券业务流程包括以下九个主要操作环节:

1. 客户征信

投资者到证券公司申请融资融券,证券公司对投资者的开户资格进行审核,对投资者提交的担保资产进行评估。

2. 投资者教育与风险揭示

投资者在融资融券交易前,证券公司应当向其进行投资者教育和融资融券风险揭示,履行告知义务。

3. 合同签署

经过资格审查合格的投资者与证券公司签署融资融券合同、融资融券交易风险揭示书,合同中对投资者、证券公司的权利义务关系做出了详细而明确的规定。

4. 开立信用账户

投资者持开户所需要的资料到其证券公司所属营业部开立信用证券账户,到证券公司指定的商业银行开立信用资金账户。

5. 转入担保物

投资者通过银行将担保资金划入信用资金账户,将可充抵保证金的证券从普通证券账户划转至信用证券账户。

6. 评估授信

证券公司根据投资者信用账户整体担保资产,评估、确定可提供给投资者的融资额度及融券额度。

7. 融资融券交易

投资者可在证券公司规定的标的证券范围进行交易。

8. 偿还债务

在融资交易中,投资者进行卖出交易时,所得资金首先偿还投资者所欠证券公司款项,余额留存在投资者信用账户中;在融券交易中,投资者买入证券返还证券公司并支付融券费用。此外,投资者可以按照合同约定直接用现有资金、证券偿还对证券公司的融资融券债务。

9. 结束信用交易

当全部债务偿还完后,投资者可向证券公司申请将其信用账户中的剩余资产转入其普通账户中以结束信用交易。

（四）融资融券业务的交易风险

1. 杠杆交易风险

融资融券交易具有杠杆交易特点,投资者在从事融资融券交易时,如同普通交易一样,要面临判断失误、遭受亏损的风险。由于融资融券交易在投资者自有投资规模上提供了一定比例的交易杠杆,亏损会被进一步放大。例如,投资者以 1 000 万元买入一只股票,该股票从 10 元/股下跌到 8 元/股,投资者的损失是 200 万元,亏损 20%;如果投资者以 1 000 万元作为保证金、以 50%的保证金比例融资 2 000 万元买入同一只股票,该股票从 10 元/股下跌到 8 元/股,投资者的损失是 400 万元,亏损 40%。投资者要清醒地认识到杠杆交易的高收益、高风险特征。

此外,投资者从事融资融券交易需要支付利息费用。投资者融资买入某只证券后,如果证券价格下跌,则投资者不仅要承担投资损失,还要支付融资利息;投资者融券卖出某只证券后,如果证券的价格上涨,则投资者既要承担证券价格上涨而产生的投资损失,又要支付融券费用。

2. 强制平仓风险

证券公司为保护自身债权,对投资者信用账户的资产负债情况实时监控,在一定条件下可以对投资者担保资产执行强制平仓。投资者应特别注意可能引发强制平仓的三种情况:

（1）投资者在从事融资融券交易期间,如果不能按照合同约定的期限清偿债务,证券公司有权按照合同约定执行强制平仓,由此可能给投资者带来损失。

（2）在投资者从事融资融券交易期间,如果证券价格波动导致维持担保比例低于最低维持担保比例,证券公司将以合同约定的通知与送达方式,向投资者发送追加担保物通知。投资者如果不能在约定的时间内足额追加担保物,证券公司有权对投资者信用账户内资产执行强制平仓,投资者可能面临损失。

（3）投资者在从事融资融券交易期间,如果因自身原因导致其资产被司法机关采取财产保全或强制执行措施,投资者信用账户内资产可能被证券公司执行强制平仓以提前了结融资融券债务。

3. 监管风险

监管部门和证券公司在融资融券交易出现异常,或市场出现系统性风险时,都会对融资融券交易采取监管措施,以维护市场平稳运行,甚至可能暂停融资融券交易。这些监管措施将对从事融资融券交易的投资者产生影响,投资者应留意监管措施可能造成的潜在损失,密切关注市场状况,做好提前预防。

第四节　证券交易机制与交易驱动机制

一、做市商制度

国际上存在两种交易制度:一是报价驱动制度;二是指令驱动制度。

报价驱动制度也称作市商制度。其特征是:做市商就其负责的证券,向投资者报价买入与卖出,投资者或直接或通过经纪人与做市商进行交易,按做市商报出的买价与卖价成交,直至做市商改变报价。相对竞价交易制度来说,做市商市场投资者无论买进还是卖出证券,都只是与做市商交易,而不是买卖双方直接交易。做市商必须同时对其做市的股票报出买价(做市商愿意买进一定量股票的价格)和卖价(做市商愿意卖出一定量股票的价格),并且必须按照其报价从投资者手中买入或卖出一定量所做市的股票。投资银行有义务为自己承销的证券创造一个流动性较强的二级市场,维持市场价格。

纯粹的做市商制度有两个重要特点:第一,所有客户订单都必须由做市商用自己的账户买进卖出,客户订单之间不直接进行交易。第二,做市商必须在看到订单前报出买卖价格,而投资人在看到报价后才下订单。

做市商制度起源于 20 世纪 60 年代美国证券柜台交易市场。随着 70 年代初,电子化做市商即时报价系统的引进,传统的柜台交易制度演变为规范的做市商制度。目前,做市商制度不仅是海外一些最主要证券交易所的主导交易制度,而且在各国近年来先后设立的创业板市场中得到普遍采用。最有代表性的市场是纳斯达克市场、伦敦证券交易所市场(以下简称伦敦市场)、法兰克福证券交易所市场(以下简称法兰克福市场)以及巴黎证券交易所新市场(以下简称巴黎新市场)。

目前,做市商制度在纳斯达克市场和伦敦市场是主导交易制度,在法兰克福市场和巴黎新市场则是辅助交易制度。1997 年后,纳斯达克市场和伦敦市场的做市商制度使用方式和使用范围有了调整,做市商制度的主导地位有所削弱。在巴黎新市场和法兰克福市场,做市商制度是先后于 1996 年和 1998 年引入的,主要使用于竞价驱动制度撮合效率较低的交易当中。使用做市商即报价驱动制度的市场,主要是美国的纳斯达克市场和英国国内股票市场(1997 年 10 月之前)与国际股票市场。

二、指令驱动制度

指令驱动制度或称竞价驱动制度。其特征是:开市价格由集合竞价形成,随后交易系统对不断进入的投资者交易指令按价格与时间优先原则排序,将买卖指令配对竞价成交。中国上海、深圳证券交易所以及中国香港、新加坡、日本等地的证券市场均实行指令驱动制度。

指令驱动制度,指证券交易价格由买方订单和卖方订单共同驱动,市场交易中心以买卖双向价格为基准进行撮合。指令驱动制度本质上是竞价驱动制度,证券买卖双方能在同一市场上公开竞价,充分表达自己的投资意愿,直到双方都认为已经得到满意、合理的价格,撮合才会成交。在指令驱动制度中,价格的形成是以买卖双方的竞价指令为基础,由交易系统自动生成的,买卖不需要中间方。

三、两种交易制度的比较

(一)价格形成方式不同

做市商制度下,证券的开盘价格和随后的交易价格是由做市商报出的,而指令驱动制度下开盘价与随后的交易价格是竞价形成的。

(二)信息传递的范围与速度不同

做市商制度下,投资者买卖指令首先会被报给做市商,做市商是唯一全面、及时知晓买卖信息的交易商,而成交量与成交价随后才会传递给整个市场。在指令驱动制度中,买卖指令、成交量与成交价几乎是同步传递给整个市场的。

(三)交易量与价格维护机制不同

在报价驱动制度中,做市商有义务维护交易量与交易价格。而指令驱动制度中则不存在交易量与交易价格的维护机制。

(四)处理大额买卖指令的能力不同

报价驱动制度能够有效处理大额买卖指令。而在指令驱动制度中,大额买卖指令要等待交易对手的买卖盘,完成交易常常要等待较长时间。

上述两种交易驱动制度各有所长,也各有不足之处。

● 关键术语 ●

经纪业务　现货交易　远期交易　期货交易　期权交易　回购交易　报价驱动制度　指令驱动制度

● 本章小结 ●

1. 经纪业务就是投资银行作为证券买卖双方的经纪人,按照客户投资者的委托指令在证券交易场所代客户进行证券交易、收取经纪人佣金的业务。投资银行作为经纪商,它代表买方或卖方,按照客户提出的价格进行代理交易。经纪业务是大多数投资银行的最重要的基础性业务之一,是投资银行日常收入的一项重要来源。

2. 在证券经纪业务中,包含的要素有委托人、证券经纪商、证券交易所和证券交易对象。

3. 证券经纪业务在接受客户委托,代理证券交易的过程中,应遵循的原则有:价格自主原则,价格优先原则,时间优先原则,公开、公平交易原则,充分披露原则和依法收入原则。投资银行在对经纪业务进行管理时,也必须遵循一定的原则。

4. 证券经纪业务的特点有:业务对象的广泛性、证券经纪商的中介性、客户指令的权威性、客户资料的保密性。

5. 证券经纪业务运作的流程一般包括开户、委托、成交、清算、交割、过户和结账。

6. 证券交易的方式主要有:现货交易、远期交易、期货交易、期权交易、回购交易以及信用交易。

7. 国际上主要存在两种交易制度:一是报价驱动制度;二是指令驱动制度。

8. 报价驱动制度也称为做市商制度。其特征是:做市商就其负责的证券,向投资者报价买入与卖出,投资者或直接或通过经纪人与做市商进行交易,按做市商报出的买价与卖价成交,直至做市商改变报价。

9. 指令驱动制度也称为竞价驱动制度,指证券交易价格由买方订单和卖方订单共同驱动,市场交易中心以买卖双向价格为基准进行撮合。

●复习思考题●

1. 如何理解证券经纪业务?简述证券经纪业务的操作流程。

2. 在证券经纪业务运行过程中,包含哪些要素?

3. 证券经纪业务应遵循哪些原则?

4. 简述证券经纪业务的特点。

5. 叙述证券经纪业务的运行流程。

6. 证券交易的方式有几种?分别说明各种不同方式如何操作。

7. 证券交易机制有几种?

8. 比较做市商制度与竞价驱动机制的异同。

●本章实训●

一、实训目的

1. 掌握证券经纪业务的流程。

2. 了解做市商业务的运行。

3. 训练学生收集、整理资料的能力。

4. 提高学生分析问题、解决问题的能力。

二、实训内容

1. 证券经纪业务的运作流程。

指导学生通过大智慧、同花顺、高校金融实验室等途径开立账户,进行模拟操作,感受投资银行经纪业务的运作流程。

要求每位学生都开立账户,并进行模拟交易,如果条件允许争取把模拟交易坚持一段时间,期末总结并评比。

2. 做市商业务。

要求学生自选并整合一家做市商的案例,用最简单的语言和形式表述案例内容(要求300字左右);通过案例认识做市商的作用和其利润来源。

三、实训组织

1. 指导教师布置实训内容,提出相关要求。

2. 每位学生独立完成实训任务。

3. 要求学生开立账户,认真完成交易过程,感受投资银行的经纪业务流程。

4. 认真查阅并收集投资银行做市商业务的相关资料,融入自己的分析,课时允许的话以 PPT 形式进行课堂汇报,不然可以在做完几组实验之后进行综合汇报。

● 即测即评 ●

第五章
证券自营业务

章前引例

    小王硕士毕业后进入中信证券股份有限公司工作,他热爱证券行业,忠诚于自己的公司,珍惜自己的工作,敬业爱岗,勤奋工作,认真负责,深受领导好评。2020年"五一"假期后,小王接到公司人事部通知,让他从事证券自营业务。证券自营业务是证券经营机构以自己的名义和资金买卖证券从而获取利润的证券业务。小王感谢领导的信任,深感责任重大,做好充分准备,迎接新的挑战。

    通过本章学习你将了解与掌握什么是证券自营业务、证券自营业务的流程与管理是怎样的、如何控制证券自营业务的风险。

本章知识结构图

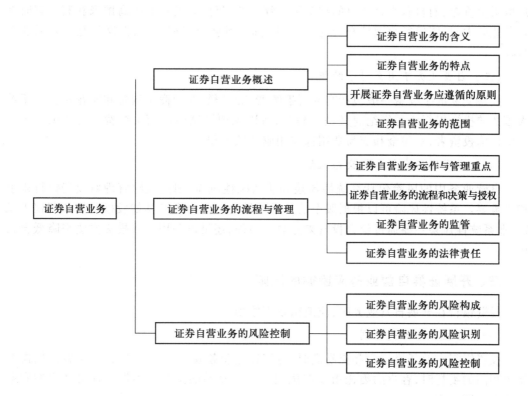

第一节　证券自营业务概述

一、证券自营业务的含义

证券自营业务是投资银行二级市场业务中的又一项重要内容。证券自营业务指专营自营业务或兼营自营和经纪业务的投资银行以自主支配的资金或证券直接参与证券交易活动,并承担证券交易风险的一项业务,包括做市业务和自营交易业务两种类型。证券自营业务既可以给投资银行带来价差和股利收入,也可以带动投资银行其他业务的发展。开展自营业务的投资银行一方面向证券卖出者买入证券;另一方面向证券买入者卖出证券。自营业务利润就在于证券买入与卖出之间的差价。

二、证券自营业务的特点

（一）投资银行必须投入一定量的资金,以满足资金周转需要

无论是做市还是自营交易,投资银行都要持有一定的资金头寸,资金头寸的大小取决于自营业务的规模。资金的来源可以是自有资金,也可以是客户的抵押金、保证金、拆借资金或银行贷款,但必须符合法律对资金用途的规定。

（二）投资银行买卖证券的主要目的是获取买卖价差收益

做市具有多重目的，包括承揽承销业务、吸引客户、提高定价技术等，但最主要的还是赚取买卖价差；而自营交易的目的相对更纯粹一些，仍然是通过低吸高抛来获利。有时在自营业务中，投资银行会因持仓行为而获得股息、利息和红利收益，但这不是主要的业务目标。

（三）自营业务不用交付手续费

股票交易的手续费一般包括交易所手续费、交易税、经纪商手续费和印花税。由于绝大多数的投资银行既是经纪商又是交易商，所以无须缴纳经纪商手续费。有些国家为了鼓励机构投资者，对税金和交易费用都有相应的减免规定。

（四）投资银行自行承担交易风险

自营业务中的风险包括系统性风险和非系统性风险，因此风险管理对投资银行来说相当重要。系统性风险可以根据股票的 β 系数结合金融衍生工具如股指期货和期权来抵冲；非系统性风险主要通过组合投资来分散。另外，还可以采用一些投资方法来降低自营风险。

三、开展证券自营业务应遵循的原则

投资银行在开展自营业务时，应遵循以下原则：

（一）经纪业务优先原则

投资银行在兼任经纪商和交易商时，应把经纪业务放在首位，当客户和自营部门同时做出相同的委托时，客户的委托指令应优先于自营交易的指令。不得以损害客户的利益来为自己谋取利益。

（二）公平交易原则

投资银行不得利用特权和客户进行不公平竞争，如操纵市场、营私舞弊、证券欺诈行为等。必须遵守证券市场规则，公平参与市场竞争。

（三）公开交易原则

在自营业务开展过程中，投资银行应明确标明自营业务的内容，坚持价格公开、数量公开、交易程序公开，以便于市场监管部门和公众进行监督管理，严禁内幕交易行为。

（四）维护市场秩序原则

投资银行作为机构投资者，应维护市场秩序，引导市场理性投资，承担创造市场、维护市场连续性和稳定性的义务。不允许发生扰乱市场正常交易秩序的行为。

（五）严格内部管理原则

由于自营业务中的风险完全由投资银行承担，因此必须实行严格的内部管理。包括：建立健全内部监督机制，建立风险预警系统和风险防范系统，等等。

四、证券自营业务的范围

根据中国证监会《关于证券公司证券自营业务投资范围及有关事项的规定》，证券公

司从事证券自营业务,限于买卖此规定附件"证券公司证券自营投资品种清单"所列证券。主要包括三大类:

(一) 已经和依法可以在境内证券交易所上市交易的证券

这类证券主要是股票、债券、权证、证券投资基金等。这是证券公司自营买卖的主要对象。

(二) 已经和依法可以在境内银行间市场交易的证券

(1) 政府债券;

(2) 国际开发机构人民币债券;

(3) 央行票据;

(4) 金融债券;

(5) 短期金融债券;

(6) 公司债券;

(7) 中期票据;

(8) 企业债券。

(三) 依法经证监会批准或者备案发行并在境内金融机构柜台交易的证券

这类证券主要是指开放式基金、证券公司理财产品、利率互换等依法经中国证监会批准或向中国证监会备案发行,由商业银行证券公司等金融机构销售的证券。

第二节　证券自营业务的流程与管理

一、证券自营业务运作与管理重点

根据证券公司自营业务的特点和管理要求,证券自营业务运作管理重点有以下四方面:

(一) 控制运作风险

(1) 自营业务必须以证券公司自身名义,通过自营席位进行,并由非自营业务部门负责自营账户的管理,严禁将自营账户借给他人使用,严禁使用他人名义和非自营席位变相自营、账外自营。

(2) 加强自营业务资金的调度管理和自营业务的会计核算,由非自营业务部门负责自营业务所需资金的调度和会计核算。

(3) 自营业务资金的出入必须以公司名义进行,禁止以个人名义从自营账户中调入、调出资金,禁止从自营账户中提取现金。

(二) 确定运作原则

应明确自营部门在日常经营中自营总规模的控制、资产配置比例控制、项目集中度控制和单个项目规模控制等原则。

完善可投资证券品种的投资论证机制,建立证券池制度。自营业务部门只能在确定的自营规模和可承受风险限额内,从证券池内选择证券进行投资。

建立健全自营业务运作止盈止损机制。止盈止损的决策、执行与实效评估应当符合规定的程序并被书面记录。

（三）建立运作流程

建立严密的自营业务运作流程,确保自营部门及员工按规定程序履行相应的职责;应重点加强投资品种的选择及投资规模的控制、自营库存变动的控制,明确自营操作指令的权限及下达程序、请示报告事项及程序等。

（四）专人负责清算

自营业务的清算应当由公司专门负责结算托管的部门指定专人完成。

二、证券自营业务的流程和决策与授权

（一）证券自营业务流程

证券自营业务流程如图 5-1 所示。

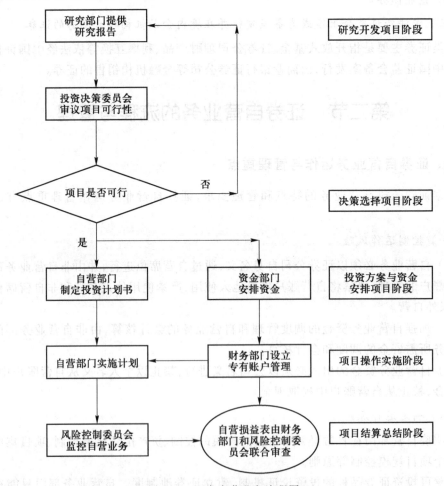

图 5-1　证券自营业务流程图

（二）证券自营业务的决策与授权

自营业务决策机构的三级体制为：董事会—投资决策机构—自营业务部门，如图 5-2 所示。

图 5-2　自营业务决策机构的三级体制图

1. 董事会

董事会是自营业务的最高决策机构。它会根据公司资产、负债、损益、资本充足等情况确定自营业务规模、可承受风险限额等。自营业务具体投资运作管理由董事会授权公司投资决策机构负责。

2. 投资决策机构

投资决策机构是自营业务投资运作的最高管理机构。负责确定具体的资产配置策略、投资事项和投资品种等。

3. 自营业务部门

自营业务部门是自营业务的执行机构。自营业务的管理和操作由证券公司自营业务部门专职负责，非自营业务部门和分支机构不得以任何形式开展自营业务。自营业务中涉及自营规模、风险限额、资产配置、业务授权等方面的重大决策，应当经过集体表决并通过书面形式，由相关人员签字确认后存档。

三、证券自营业务的监管

（一）专设账户、单独管理

《证券公司监督管理条例》规定，证券公司的证券自营账户，应自开户之日起 3 个交易日内报证券交易所备案。

（二）证券公司自营情况的报告

证券公司应每月、每半年、每年向中国证监会和证券交易所报送自营业务情况统计表。

（三）中国证监会的监管

证券自营业务原始凭证以及有关业务文件、资料、账册、报表和其他必要的材料应至少被妥善保存 20 年。

（四）证券交易所的监管

（1）要求会员的自营买卖业务必须使用专门的股票账户和资金账户，并采取技术手段严格管理。

（2）检查开设自营账户的会员是否具备规定的自营资格。

（3）要求会员按月编制库存证券报表，并于次月 5 日前报送证券交易所。

（4）对自营业务规定具体的风险控制措施，并报中国证监会备案。

（5）每年 6 月 30 日和 12 月 31 日过后的 30 日内，向中国证监会报送各家会员截止到该日的证券自营业务情况。

（五）禁止内幕交易的主要措施

（1）加强自律管理。明确对证券经营机构、服务机构及其人员的行为约束。要求重大资产重组交易对方做出公开承诺，如因提供的信息存在虚假、误导或遗漏将依法承担赔偿责任。

（2）加强监管。加大对违法违规行为的处罚力度，严厉打击虚假行为。

四、证券自营业务的法律责任

（一）《证券法》的有关规定

（1）证券交易内幕信息的知情人或者非法获取内幕信息的人从事内幕交易的，责令依法处理非法持有的证券，没收违法所得，并处以违法所得 1 倍以上 10 倍以下的罚款；没有违法所得或者违法所得不足 50 万元的，处以 50 万元以上 500 万元以下的罚款。单位从事内幕交易的，还应当对直接负责的主管人员和其他直接责任人员给予警告，并处以 20 万元以上 200 万元以下的罚款。国务院证券监督管理机构工作人员从事内幕交易的，从重处罚。

（2）利用未公开信息进行交易的，依照从事内幕交易的规定处罚。

（3）操纵证券市场的，责令依法处理其非法持有的证券，没收违法所得，并处以违法所得 1 倍以上 10 倍以下的罚款；没有违法所得或者违法所得不足 100 万元的，处以 100 万元以上 1 000 万元以下的罚款。单位操纵证券市场的，还应当对直接负责的主管人员和其他直接责任人员给予警告，并处以 50 万元以上 500 万元以下的罚款。

（4）编造、传播虚假信息或者误导性信息，扰乱证券市场的，没收违法所得，并处以违法所得 1 倍以上 10 倍以下的罚款；没有违法所得或者违法所得不足 20 万元的，处以 20 万元以上 200 万元以下的罚款。

（5）在证券交易活动中作出虚假陈述或者信息误导的，责令改正，处以 20 万元以上 200 万元以下的罚款；属于国家工作人员的，还应当依法给予处分。

（6）传播媒介及其从事证券市场信息报道的工作人员从事与其工作职责发生利益冲突的证券买卖的，没收违法所得，并处以买卖证券等值以下的罚款。

（7）证券公司及其从业人员有损害客户利益的行为的，给予警告，没收违法所得，并处以违法所得 1 倍以上 10 倍以下的罚款；没有违法所得或者违法所得不足 10 万元的，处以 10 万元以上 100 万元以下的罚款；情节严重的，暂停或者撤销相关业务许可。

（8）出借自己的证券账户或者借用他人的证券账户从事证券交易的，责令改正，给予警告，可以处 50 万元以下的罚款。

（二）《中华人民共和国刑法》的有关规定

（1）证券、期货交易内幕信息的知情人员或者非法获取证券、期货交易内幕信息的人员,在涉及证券的发行,证券、期货交易或者其他对证券、期货交易价格有重大影响的信息尚未公开前,买入或者卖出该证券,或者从事与该内幕信息有关的期货交易,或者泄露该信息,或者明示、暗示他人从事上述交易活动,情节严重的,处5年以下有期徒刑或者拘役,并处或者单处违法所得1倍以上5倍以下罚金;情节特别严重的,处5年以上10年以下有期徒刑,并处违法所得1倍以上5倍以下罚金。单位犯前款罪的,对单位判处罚金,并对其直接负责的主管人员和其他直接责任人员,处5年以下有期徒刑或者拘役。证券交易所、期货交易所、证券公司、期货经纪公司、基金管理公司、商业银行、保险公司等金融机构的从业人员以及有关监管部门或者行业协会的工作人员,利用因职务便利获取的内幕信息以外的其他未公开的信息,违反规定,从事与该信息相关的证券、期货交易活动,或者明示、暗示他人从事相关交易活动,情节严重的,依照同等的规定处罚。

(2)编造并且传播影响证券、期货交易的虚假信息,扰乱证券、期货交易市场,造成严重后果的,处5年以下有期徒刑或者拘役,并处或者单处1万元以上10万元以下罚金。证券交易所、期货交易所、证券公司、期货经纪公司的从业人员,证券业协会、期货业协会或者证券期货监督管理部门的工作人员,故意提供虚假信息或者伪造、变造、销毁交易记录,诱骗投资者买卖证券、期货合约,造成严重后果的,处5年以下有期徒刑或者拘役,并处或者单处1万元以上10万元以下罚金;情节特别恶劣的,处5年以上10年以下有期徒刑,并处2万元以上20万元以下罚金。单位犯前两款罪的,对单位判处罚金,并对其直接负责的主管人员和其他直接责任人员,处5年以下有期徒刑或者拘役。

(3)有下列情形之一,操纵证券、期货市场,影响证券、期货交易价格或者证券、期货交易量,情节严重的,处5年以下有期徒刑或者拘役,并处或者单处罚金;情节特别严重的,处5年以上10年以下有期徒刑,并处罚金:① 单独或者合谋,集中资金优势、持股或者持仓优势或者利用信息优势联合或者连续买卖。② 与他人串通,以事先约定的时间、价格和方式相互进行证券、期货交易。③在自己实际控制的账户之间进行证券交易,或者以自己为交易对象,自买自卖期货合约。④ 不以成交为目的,频繁或者大量申报买入、卖出证券、期货合约并撤销申报。⑤ 利用虚假或者不确定的重大信息,诱导投资者进行证券、期货交易的。⑥ 对证券、证券发行人、期货交易标的公开作出评价、预测或者投资建议,同时进行反向证券交易或者相关期货交易的。⑦ 以其他方法操纵证券、期货市场。单位犯前款罪的,对单位判处罚金,并对其直接负责的主管人员和其他直接责任人员,依照同等的规定处罚。

第三节 证券自营业务的风险控制

一、证券自营业务的风险构成

证券自营业务的风险主要有以下三种:

(一)合规风险

合规风险主要指证券公司在自营业务中违反法律、行政法规和监管部门规章及规范性文件、行业规范和自我规则等行为,如从事内幕交易、操纵市场等行为可能使证券公司受到法律制裁、被采取监管措施、遭受财产损失或声誉损失的风险。

（二）市场风险

市场风险主要指因不可预见和控制的因素导致市场波动,造成证券公司自营亏损的风险。这是证券公司自营业务面临的主要风险。所谓自营业务的风险性或高风险特点也主要是源于这种风险。

（三）经营风险

经营风险主要指证券公司在自营业务中,由于投资决策失误、规模失控、管理不善、内控不严或操作失误而使自营业务受到损失的风险。

二、证券自营业务的风险识别

证券自营业务的风险指在进行证券自营买卖过程中,由于各种原因导致的证券公司发生损失的可能性。

具体地说,产生证券经营机构自营业务风险的主要源头有:

（1）投资决策失误,投资组合不合理。

（2）对所投资股票缺乏深入的研究,对大势以及宏观经济的研判不准确。

（3）操作人员技术不熟练、经验不丰富或越权操作,从而导致操作失败。

（4）工作人员假公济私、贪污公款或在盘中进行公私股票账户"对敲"下单,将公款转变为私有。

（5）保密工作失误,操作计划泄密,导致操作困难,成本上升。

（6）违规坐庄。做庄指股票投机者大量买进某种股票以较低的成本对其进行控制,故意拉抬股票价格,谋求获得高额利润。一般而言,要对某只股票进行控盘,庄家手上的筹码必须达到该只股票流通量的40%以上。《证券经营机构证券自营业务管理办法》规定"证券经营机构买入任一上市公司股票按当日收盘价计算的总市值不得超过该上市公司已流通股总值的20%",也就是说在正常情况下,从事证券自营业务的证券经营机构不可能在二级市场上操纵任何一家上市公司的股票,然而很多机构都是在"分账管理,统一行动"的原则上来实现做庄的。

（7）自营业务的资金来源不合规。若证券经营机构使用拆入资金、卖出回购证券款、高息吸收的存款及占用客户交易结算资金(或账户透支)等从事自营业务,则实际持有的权益类证券总额会超过规定的比例,会导致负债率高、资金成本高、收益差,特定情况下容易产生支付危机等风险。

（8）自营业务的会计处理不规范。由于证券经营机构普遍使用他人股东账户从事自营业务,导致自营业务所使用账户比较分散,会计处理不规范,如将部分自营业务在其他会计科目反映,自营业务损益不入账或少入账,不按规定提取投资风险准备金等,违反会计核算的真实性原则。

（9）自营业务管理水平不高。在自营业务的管理上,多数证券经营机构没有把自营业务和其他业务的资金、人员、账户上分开,通常进行混合操作。有的证券经营机构未建立有效的自营业务决策系统、调研系统、操作系统及相应的管理制度、责任制度,自营业务的管理水平和盈利能力不高。此外,还存在盗用客户证券及卖空证券的现象,如变卖客户国债代保管凭证及在国债回购市场上卖出客户的国债等。

三、证券自营业务的风险控制

自营业务的风险控制措施主要有以下两方面:

(一) 自营业务的规模及比例控制

(1) 自营权益类证券及证券衍生品的合计额不得超过净资本的100%(权益类证券主要是指股票、股票基金)。

(2) 自营固定收益类证券的合计额不得超过净资本的500%。

(3) 持有一种权益类证券的成本不得超过净资本的30%。

(4) 持有一种权益类证券的市值与其总市值的比例不得超过5%,但因包销导致的情形和中国证监会另有规定的除外。

计算自营规模时,证券公司应当根据自营投资的类别按成本价与公允价值孰高原则进行。

(二) 自营业务的内部控制

(1) 建立防火墙制度。

(2) 应加强自营账户的集中管理和访问权限控制。

(3) 应建立完善的投资决策和投资操作档案管理制度,确保投资过程事后可查证。

(4) 证券公司应建立独立的实时监控系统。

(5) 通过建立实时监控系统全方位监控自营业务的风险,建立有效的风险监控报告机制。

(6) 建立健全自营业务风险监控缺陷的纠正与处理机制。

(7) 建立完备的业绩考核和激励制度。

(8) 稽核部门定期对自营业务的合规运作、盈亏、风险监控等情况进行全面稽核,出具稽核报告。

(9) 加强自营业务人员的职业道德和诚信教育,强化自营业务人员的保密意识、合规操作意识和风险控制意识。自营业务关键岗位人员离任前,应当由稽核部门进行审计。

● 关键术语 ●

证券自营业务　证券自营业务的特点　原则　监管　风险表现　风险控制

● 本章小结 ●

1. 证券自营业务指专营自营业务或兼营自营和经纪业务的投资银行以自主支配的资金或证券直接参与证券交易活动,并承担证券交易风险的一项业务,包括做市业务和自营交易业务两种类型。

2.证券自营业务的特点有：投资银行以自有资金投资；投资目的为获取差价；不支付佣金；承担风险。

3.开展证券自营业务应遵循的原则有：优先原则；公平、公开原则；维护市场秩序原则；内控原则。

4.证券自营业务的范围是：中国证监会《关于证券公司证券自营业务投资范围及有关事项的规定》中限定的证券。

5.证券自营业务决策机构的三级体制：董事会—投资决策机构—自营业务部门。

6.证券自营业务的监管：自律与法律监督相结合。

7.证券自营业务的风险表现：合规风险、市场风险、经营风险。

8.证券自营业务的风险控制：自营业务的规模及比例控制；自营业务的内部控制。

● 复习思考题 ●

1.简述证券自营业务的含义和特点。

2.开展证券自营业务应遵循哪些原则？

3.简述自营业务与经纪业务的区别。

4.证券自营业务的投资范围如何界定？

5.证券自营业务运作管理包括哪些方面？

6.叙述证券自营业务的运作流程。

7.证券自营业务的监管有哪些措施？

8.证券自营业务的风险表现为哪几种？

9.分析产生证券自营业务风险的原因。

10.如何进行证券自营业务的风险控制？

● 本章实训 ●

一、实训目的

1.了解投资银行自营业务的概念与操作。

2.分析自营业务风险的成因，探讨风险控制方式。

3.训练学生收集、阅读相关资料的能力。

4.提高学生分析问题、解决问题的能力。

二、实训内容

（一）背景资料

东莞证券折戟东方集团 敲响券商半年报自营业务警钟

2010年6月17日，端午节小长假过后的第一个交易日，锦龙股份（000712）一则公告引起了市场震动。公司表示，由于控股40%的子公司东莞证券重仓东方集团（600811）蒙受巨额浮亏，公司上半年业绩预测由先前的预增100%~150%，调整为同比增长0~50%。

而另一家参股东莞证券20%的上市公司东莞控股(000828)也受到牵连。

尽管当时东莞证券尚未挂牌上市,但它的投资失误却引起了市场高度警觉。许多券商都加大了自营投资力度,但自4月中旬开始,A股市场进入了长达一个多月的中级调整之中,许多个股短时间内跌幅超过30%。

券商半年报面临挑战。根据公告,一季度末时,东莞证券共持有东方集团(600811)5 783.95万股,占东方集团流通股比例的4.66%。4月中旬以来,东方集团跟随大盘出现一轮深幅调整,目前股价相比3月底已下跌接近30%。而截至6月9日,东莞证券在东方集团上的账面浮亏已达到8 953万元。由于锦龙股份(000712)与东莞控股(000828)均将对东莞证券的投资纳入权益法核算,截至6月9日,锦龙股份(000712)与东莞控股(000828)按照投资比例,应各自承担3 581万元和1 790万元。锦龙股份(000712)还因此将上半年业绩预测从预增100%~150%,大幅调低至预增0~50%。

一位券商行业研究员指出,相对其他行业,券商业绩相对透明,因为一般来说在券商收入中占比最大的经纪业务收入与市场成交量相关程度极高。而在目前创新业务还不能给券商贡献太大利润的背景下,自营业务的好坏就成为了左右券商业绩的最大变量。

事实上,由于A股市场一直维持震荡,个股之间也呈现明显分化,自营投资收益对券商业绩排名贡献在一季报时已露出端倪。一季度光大证券(601788)自营业务出现了1.83亿元巨亏,导致净利润同比下滑43%,是两市13家券商中表现最差的一家。而国元证券(000728)则正是凭借自营业务同比扭亏为盈,成为上市券商一季度业绩增幅老大,净利润同比增长高达101%。

资料来源:作者整理。

(二)实训要求

要求学生查阅并收集相关资料,在了解投资银行自营业务的含义、特点、风险表现及风险控制策略等基本理论的基础上,回答如下问题。

问题1:投资银行自营业务的方式是什么?

问题2:从背景资料中分析投资银行自营业务的风险,并阐释如何应对自营风险。

三、实训组织

1.指导教师布置实训内容,提出相关要求。

2.每位学生独立完成实训任务。

3.要求学生以列示的背景资料为突破口,适当查阅其他相关资料,回答问题。

4.认真查阅并收集自营业务的相关资料,融入自己的分析,提出解决问题的策略。课时允许的话以PPT形式进行课堂汇报,不然可以在做完几组实验之后进行综合汇报。

● 即测即评 ●

第六章
企业并购

章前引例

2020 年以来,随着资本市场深改推进,并购重组制度也进行多轮优化调整,并购重组市场保持活跃。同花顺 iFinD 金融数据终端的数据显示,剔除失败案例,以首次公告日统计,截至 2020 年 8 月 28 日,年内 1 067 家上市公司共发起 1 406 单并购重组项目,391 单已经完成,1 015 单正在进行中,与 2019 年基本持平。从并购目的来看,年内的 1 406 单并购重组中,大多为产业并购,即同行业或上下游并购。自 2018 年以来,并购重组项目中,同行业产业整合类并购占比持续保持在 70% 左右。

并购时面临诸多抉择,如目标企业如何选择,什么时候是最佳收购时机,并购分成多少步骤进行,并购后应该如何重组。

通过本章的学习,你应该掌握什么是企业并购,企业并购的类型,并购动因,反收购策略都有哪些,常见的管理层收购和杠杆收购都是如何操作的。

本章知识结构图

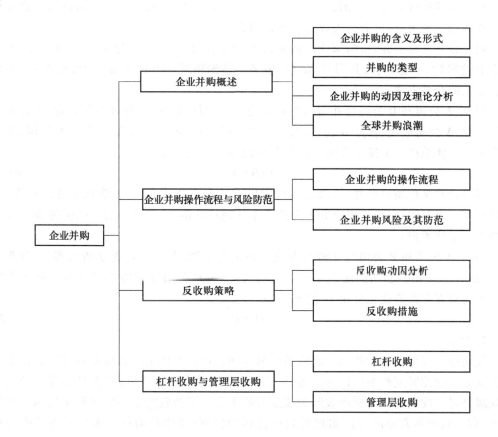

第一节　企业并购概述

企业并购是投资银行的创新业务形式。百余年来,随着并购浪潮一浪接一浪的冲击,投资银行也越来越多地参与到并购活动中去,在资本市场上创造出许多令人眼花缭乱的并购故事,有力地推动了企业优化重组,创造了巨大的市场价值。目前,企业并购业务已经是投资银行的核心业务之一,并成为投资银行的一大收入来源。

一、企业并购的含义及形式

(一)含义

企业并购指在现代企业制度下,一家企业通过取得其他企业的部分或全部产权,从而实现对该企业的控制或影响的一种投资行为。其中,取得控股权的公司称为并购公司或控股公司,被控制的公司称为目标公司或子公司。

(二)形式

并购在国外通常写作 M&A(merger and acquisition 的缩写),merger 的中文意思是"合并"，而 acquisition 则意指"收购"。

1. 合并

合并指两家或两家以上的公司通过一定方式，组合成一家新的企业的行为。合并按法人资格的变更情况，可分为吸收合并和创设合并。

吸收合并又称兼并，指两家或者两家以上的企业合并，其中一家企业继续存在，另外的企业被解散，不复存在，其财产、债权、债务也转给继续存在的企业（存续企业）。这是一种常见的合并方式。

例如，A 公司和 B 公司合并前均为独立的法人主体，假设 A 公司为兼并方，B 公司为被兼并方，A 公司吸收、合并 B 公司后，A 公司继续存在，B 公司解散后并入 A 公司，从而丧失法人主体地位。上述双方关系的变化可用下述公式表示：

$$A+B = A \tag{6-1}$$

创设合并又称新设合并，指两家或两家以上的企业合并，原有企业都不继续存在，另外再创立一家新的企业，原来合并各方法人主体地位均消失，其财产、债权、债务也一并由新的法人主体承担。

例如，A 公司和 B 公司合并前均为独立的法人主体，双方合并成立新公司 C，合并完成后，原 A 公司和 B 公司的法人主体地位均消失，而 C 公司则成为新设立公司的法人主体。上述双方关系的变化可用下述公式表示：

$$A+B = C \tag{6-2}$$

2. 收购

收购指一家公司通过持有一家或若干家其他公司适当比率的股权而对这些公司实施经营业务上的控股或影响的行为。控股方称为母公司或控股公司，被控股方称为子公司或联属公司。收购又分为资产收购和股票收购两类。资产收购指一公司购买目标公司的资产（包括资产和营业部门），实现对目标公司的控制；股票收购指一家公司直接或间接购买目标公司的部分或全部股票，以实现对目标公司的控制。

无论是资产收购还是股票收购，公司的法人主体不受影响，只是涉及被收购公司控股权的变动，收购完成后通常会发生业务重组事项。

例如，A 公司和 B 公司合并前均为独立的法人主体，假设 A 公司为收购方，B 公司为被收购方，A 公司主动收购 B 公司的资产或股权，以获得对 B 公司的控股权。收购完成后，A 公司和 B 公司仍为各自独立的法人主体，只是发生了控股权的转移。上述双方关系的变化可用下述公式表示：

$$A+B = A+B \tag{6-3}$$

并购是企业以不同的方式直接与其他企业组合起来，利用现代设备、技术力量和其他有利条件，扩大生产规模，实现优势互补，从而促进企业迅速成长的一种经营手段。其实质是在企业控制权运动过程中，各权利主体依据企业产权的制度安排而进行的一种权利让渡行为。在一定的财产权利制度和企业制度条件下，某一或某一部分权利主体通过出让所拥有的对企业的控制权而获得相应的收益，另一或另一部分权利主体则通过付出一定代价而获取这部分控制权。并购是企业进行外部扩展的主要形式，对促进企业快速增长，具有重要意义。并购的内涵如图 6-1 所示。

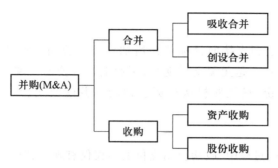

图 6-1 并购结构图

需要说明的是,我国《公司法》中的"新设合并"相当于普通意义上的合并概念,而"吸收合并"则相当于普通意义上的兼并。在企业经营实践中,无论是合并还是收购,都是利益的一种再分配。也就是说,利用市场机制完成的并购必然伴随着可支配资源向高效益企业的集中,因此,并购的过程也就是企业重组的过程,通过并购与重组,企业可以重新整合资源,获取新的发展动力。

二、并购的类型

从不同的角度看,企业并购有多种形式。主要的分类方式有以下几种:

(一)按并购前企业间的市场关系分类

按照并购前企业间的市场关系,可分为水平并购、垂直并购和混合并购。

1. 水平并购

水平并购(横向并购)指并购的双方或多方原属同一产业,或生产同类产品。并购方的主要目的是扩大市场规模或消灭竞争对手,以取得相对的市场优势,为自己争得更大的获利空间。

2. 垂直并购

垂直并购(纵向并购)指并购的双方或多方之间有原料生产、供应和加工及销售的关系,分处于生产和流通过程的不同阶段。这是大企业全面控制原料生产、销售的各个环节,建立垂直结合控制体系的基本手段。

3. 混合并购

混合并购指同时发生水平并购和垂直并购,或并购双方或多方是属于没有关联关系产业的企业,通常发生在某一产业的企业试图进入利润率较高的另一产业时,常与企业的多元化战略相联系。

(二)按并购支付形式分类

按照并购支付形式,并购可分为现金并购、股票并购和综合收购。

1. 现金并购

现金并购指并购公司支付一定数量的现金,购买目标公司的资产或股权,以取得目标公司的控股权。目标公司的股东由于得到了所拥有股份的现金支付,从而失去了任何选举权或所有权。

2. 股票并购

股票并购指并购公司直接向目标公司增加发行本公司的股票，以新发行的股票替换目标公司的股票。特点是无须支付现金，不影响并购公司的现金状况，同时目标公司的股东不会失去其股份，只是股权从目标公司转到并购公司，从而丧失了对公司的控制权。

3. 综合收购

综合收购指在收购过程中，收购公司支付的不仅仅有现金、股票，而且有认股权证、可转换债券等。这种兼并方式具有现金收购和股票收购的特点，收购公司既可以避免支付过多的现金，保持良好的财务状况，又可以防止控制权的转移。

（三）按并购的出资方式分类

按照并购的出资方式，并购可分为购买式并购、承担债务式并购、吸收股份式并购和控股式并购。

1. 购买式并购

购买式并购指并购方直接出资购买目标企业的资产，一般是并购方用现金方式一次性将目标企业资产买断。需要并购方有较强的资金实力，且被并购方前景不好，整合后具备发展潜力，资产大于负债。

2. 承担债务式并购

承担债务式并购指并购方以承担目标企业全部债务为条件接收其资产实现并购。并购后并购企业承担目标企业的全部债务，接纳目标企业的所有人员并加以安置。此时，目标企业法人主体地位消失。

3. 吸收股份式并购

吸收股份式并购指并购方与目标方通过换股方式实现并购。从形式上看，并购完成后形成并购双方的交叉持股，但由于双方股本规模以及股权结构的差异，并购方可以达到控股的目的，同时目标企业也成为新公司的股东。

4. 控股式并购

控股式并购指以绝对控股或相对控股为目的，收购目标企业的股份，从而成为目标企业的最大股东或一般股东的并购。此时并购方不承担目标企业的原有债务，其风险仅以出资额为限。

（四）按并购的手段和态度分类

按照并购的手段和态度，可分为善意收购、恶意收购与狗熊拥抱。

1. 善意收购

善意收购又称"白衣骑士"，指收购企业以较好的报价和其他条件与目标企业协商收购事宜，取得其理解和支持，目标企业提供必要的资料给收购方，双方在平等、友好的基础上达成双方满意和共同接受的收购协议的收购。

2. 恶意收购

恶意收购又称"黑衣骑士"，指收购企业事先未与目标企业经营者协商就在二级市场上收购目标企业的股票,迫使目标企业接受条件,出售企业,从而获得目标企业控股权的收购行为。

3. 狗熊拥抱

狗熊拥抱是介于上述两者之间的方式。它指收购方先向目标企业提出收购协议,如果目标企业接受的话,并购方将以优惠的条件收购;否则,收购方将在二级市场上大举购入目标企业的股票,以恶劣、敌意的条件完成收购。

（五）按使用手段分类

按照使用手段,可分为要约收购和协议收购。

1. 要约收购

要约收购指收购人通过向目标公司的股东发出购买所持该公司股票的书面意见,并按照已发要约中所规定的收购条件、价格、期限以及其他规定事项,收购目标公司股份的收购方式。

2. 协议收购

协议收购指收购人通过与目标公司的股东反复磋商,并在征得目标公司管理层同意的情况下,达成协议,按照协议规定条件、价格、期限以及其他规定事项,收购目标公司股份的收购方式。

（六）按并购的操作方式分类

按照并购的操作方式,可分为直接并购和间接并购。

1. 直接并购

直接并购就是并购方直接出面,向目标公司提出并购要求,并在履行各项法律手续的基础上完成并购。直接并购又可分为向前并购和向后并购。

向前并购指并购完成后,并购方继续存在,而目标企业的独立法人主体资格不复存在的并购。

向后并购指并购完成后,目标企业继续存在,并购企业的独立法人地位不复存在的并购。与此同时,并购企业成为目标企业的大股东。

实际并购中,具体采取哪一种形式,取决于并购过程中的实际需要。一般来说,如果并购企业在并购前优于目标企业,则放弃目标企业;若目标企业优于并购企业,则放弃并购企业。

2. 间接并购

间接并购指并购方不直接出面,而是先设立一家子公司或控股公司,再以这家子公司或控股公司的名义并购目标公司。间接并购可分为三角并购和反三角并购两种。

三角并购指并购方不直接出面,而是先设立一家子公司或控股公司,再以这家子公司或控股公司的名义并购目标公司。并购完成后,由于并购方没有直接出面,目标企业债务不由主体公司承担,而是由这家子公司或控股公司承担。

反三角并购指并购方先设立一家子公司或控股公司,然后在这家子公司与控股公司之间进行并购操作,最终并购方的股东成为并购后存续企业的股东,从而达到对目标企业控股的目的。

三、企业并购的动因及理论分析

(一) 企业并购动因分析

企业作为一个资本组织,必然谋求资本的最大增值。企业并购作为一项重要的资本经营活动,它产生的主要动力来源于最大资本增值的动机以及外部竞争的压力。但就单家企业的并购行为而言,动机又有所不同。我们可以把具体的并购动因做如下分类:

1. 获得规模效益

企业的规模经济主要是由生产规模经济和管理规模经济两个层次组成的,企业通过并购可以获得所需要的资产,实现经营一体化,从而实现上述两个层次的规模经济。

2. 降低进入新行业和新市场的障碍

当企业寻求不断发展和面临本行业市场萎缩时,都可能将投资转向其他行业或市场。企业可采取的方式有两种:一是投资新建(增量资本调整);二是并购(存量资本调整)。比较而言,通过并购方式进入新行业和新市场,其进入障碍可以大幅度降低。

3. 降低企业经营风险

企业通过并购不仅可以增加在行业内部的竞争力、扩大市场占有率等从而增强抵抗风险的能力,同时可以通过并购实现多元化经营来降低由于行业周期性波动带来的经营风险。

4. 获得科学技术上的竞争优势

科学技术在当今的经济发展中起着越来越重要的作用,企业间的竞争也从成本、质量转化为科学技术上的竞争。在这种情况下,企业常常为了获得科学技术上的优势而进行并购活动。

5. 获得经验共享和互补效应

企业通过并购,不但能够获得原有企业的资产,还可以分享原有企业的经验,形成有利于自己发展的竞争优势。另外,企业通过并购还可以在技术、市场、产品、管理,甚至在企业文化上取长补短,实现互补效应。

6. 实现财务经济

并购可以使企业的闲置资金得到有效利用,提高投资报酬率。另外,在现行税收制度下,税法中的税金递延条款使盈利水平较高的企业可以通过并购其他企业冲抵利润,降低纳税基础和适用税率,从而减少税金支付。

7. 有利于进行跨国经营

有些国家为了保护民族工业和国内市场,对外资企业的发展进行种种限制,从税收政策和企业规模等方面控制外资企业的发展。通过跨境并购他国企业的方式,可以避开这些障碍直接进入国际市场。

8. 满足企业家的内在需要

在股份制公司中,股东的目标与经理的目标是不一致的:股东的目标是实现公司利润的最大化。经理的目标是谋求公司的快速发展,从而提高自己的地位和工资待遇,因而经理热衷于企业并购,形成并购冲动。

（二）企业并购成因的理论分析

并购是企业资本经营的高级形态,是资本市场永恒的主题。为了解释企业并购的动因,学者从不同的角度进行理论分析,从而形成了不同的理论体系。主要有以下几种观点:

1. 传统并购理论

（1）效率理论。传统的效率理论认为,并购可提高企业的整体效率,即协同效应"2+2>5",包括规模经济效应和范围经济效应,又可分为经营协同效应、管理协同效应、财务协同效应和多元化协同效应。

（2）交易成本理论。科斯提出企业存在的原因是可以替代市场节约交易成本,并购是当企业意识到通过并购可以将企业间的外部交易转变为企业内部行为从而节约交易费用时自然而然发生的。

（3）市场势力理论。通过并购减少竞争对手,提高市场占有率,从而获得更多的垄断利润;而垄断利润的获得又增强了企业的实力,为新一轮并购打下了基础。

（4）价值低估理论。并购活动的发生主要原因是目标企业的价值被低估。詹姆斯·托宾以 Q 值反映企业并购发生的可能性, $Q =$ 公司股票的市场价值÷公司资产的重置成本。如果 $Q<1$,且小得越多,则企业被并购的可能性越大,进行并购比购买或建造相关的资产便宜得越多。

2. 现代并购理论

（1）代理成本理论。现代企业的所有者与经营者之间存在委托—代理关系,企业不再单独追求利润最大化。代理成本由詹森和麦克林于 1976 年提出,并购是为降低代理成本。

（2）战略发展和调整理论。与内部扩充相比,外部收购可使企业更快地适应环境变化（卢东斌称为"花钱买时间"）,有效降低进入新产业和新市场的壁垒,并且风险较小。特别是基于产业或产品生命周期的变化所进行的战略性重组,如生产万宝路香烟的菲利普·莫里斯公司转向食品行业。

（3）其他企业并购理论。关于企业并购动机的理论还有利润动机理论、投机动机理论、竞争压力理论、预防和安全动机理论等。并购的根本动机实际上是企业逐利的本性和迫于竞争压力。

四、全球并购浪潮

全球跨国公司的成长发展史也可以说是跨国并购的历史。从 19 世纪 70 年代到 20 世纪末 21 世纪初共经历了五次大规模的全球并购浪潮。目前正在开展的以科技型并购为特点的全球并购,可以称为第六次并购浪潮。

（一）以横向并购为特征的第一次并购浪潮

19 世纪末,科学技术取得巨大进步,促进了社会生产力的发展,为以铁路、冶金、石化、机械等为代表的大规模行业并购创造了条件,各个行业中的许多企业通过资本集中组成了规模巨大的垄断公司。

（二）以纵向并购为特征的第二次并购浪潮

20世纪20年代(1925—1930年)发生的第二次并购浪潮中,那些在第一次并购浪潮中形成的大型企业继续进行并购。这一时期并购的典型特征是以纵向并购为主,即把一个部门的各个生产环节统一在一个企业联合体内,形成纵向托拉斯组织,行业结构转为寡头垄断。

（三）以混合并购为特征的第三次并购浪潮

20世纪60年代,各主要工业国出现了第三次并购浪潮。第二次世界大战后,各国经济经过40年代后的兴起和50年代的逐步恢复,在60年代迎来了经济发展的黄金时期,主要发达国家都进行了大规模的固定资产投资。

随着第三次科技革命的兴起,一系列新的科技成就得到广泛应用,社会生产力实现迅猛发展。在这一时期,以混合并购为特征的第三次并购浪潮来临,其规模和速度均超过了前两次并购浪潮。

（四）以金融杠杆并购为特征的第四次并购浪潮

20世纪80年代兴起的第四次并购浪潮的显著特点是以融资并购为主,规模巨大,数量繁多。多元化的相关产品间的战略驱动并购取代了混合并购,不再像第三次并购浪潮那样以单纯的无相关产品的并购为主。此次并购的特征是企业并购以融资并购为主,交易规模空前;并购企业范围扩展到国外企业;出现了小企业并购大企业的现象;金融界为并购提供了方便。

（五）第五次全球跨国并购浪潮

进入20世纪90年代以来,经济全球化、一体化发展日益深入。在此背景下,跨国并购作为对外直接投资(FDI)的方式之一,逐渐替代跨国创建而成为跨国直接投资的主导方式。

（六）第六次全球科技并购浪潮

进入21世纪以后,科学技术得到迅猛发展。其中,以新兴经济体为代表的发展中国家的科学技术发展尤为引人注目,在推动区域经济发展中的作用日益明显。尤其是伴随着风险投资事业的发展,科技型并购成为本阶段的主流。

第二节　企业并购操作流程与风险防范

并购作为现代资本经营的重要形式,是公司实现战略目标的主要手段之一,也是提高公司市场份额,把主业做大、做强的重要途径。同时,作为一种投资活动,并购本身存在巨大的风险。因此,公司应在其战略规划中明确并购方向、目标,制定出详细的并购计划,并付诸实施。

一、企业并购的操作流程

并购是一个非常复杂的过程,会涉及《公司法》《证券法》《信托法》《会计法》《税法》

以及《反托拉斯法》等一系列综合性法律。另外,由于并购的形式多种多样,企业并购的流程也不尽相同,在这里,我们以股份有限企业并购为例介绍公司并购的基本流程。

股份有限公司可分为上市型股份有限公司和非上市型股份有限公司,股份有限企业并购多见于上市型股份有限公司并购。其操作流程大致如下:

（一）并购决策与工作计划

并购是企业发展战略的重要内容,因此,企业需要依据其长期发展规划,在做好自我评价的基础上选择时机进行并购。企业自我评价主要包括以下内容:

（1）自身发展战略和经营需要;

（2）国内外宏观经济背景以及与发展战略有关的地区经济发展形势;

（3）自身目前所处产业和其发展战略中意向进入的产业发展趋势以及面临的机遇与挑战;

（4）自身资金实力以及并购完成后期望达到的各项财务指标;

（5）与目标企业所在国家或地区针对并购交易的法律和法规是否相符。

企业在就上述内容进行认真的自我评价的基础上,收集信息并制定详细的并购计划,为正确的并购决策提供可靠依据。

（二）项目筛选与目标定位

选择的目标企业应具备的条件包括:符合战略规划的要求、优势互补的可能性大、投资环境较好、利用价值较高等。在此基础上,建立定性选择模型和定量选择模型,采取定性与定量相结合的办法进行选择。

定性选择模型,即考察目标公司的资产质量、规模、产品品牌、经济区位以及将目标公司与本企业在市场、地域和生产水平等方面进行比较,同时从可获得的信息渠道对目标企业进行可靠性分析,避免陷入并购陷阱。

定量选择模型,即通过对企业信息数据的充分收集、整理,利用静态分析、ROI分析,以及 Logit、Probit 还有 BC(二元分类法)最终确定目标企业。

通过上述方法,在获取大量数据信息的基础上,并购方对并购对象进行甄别与筛选,最终选定目标企业,进而制定详细的并购计划和选择合理的并购时机。

（三）目标分析与尽职调查

选定目标企业后,应当就并购事项进行可行性分析,提出并购可行性研究报告,报公司董事会审定。同时,由于并购工作是一项专业性较强的工作,并购方必须借助专业机构的支持,这些机构包括会计师、审计师、资产评估师以及律师等事务所。

并购方还需对目标企业进行详细的尽职调查,从而摸清目标方在财务、法律、管理层、员工、薪酬等多方面真实、详细的信息,以最大限度地规避由于并购方处在信息劣势而带来的风险。

在尽职调查阶段,并购方首先要列出所需要的各类详细的信息目录,进而组织或委托投资银行组织会计师、审计师、资产评估师以及律师等专业人员分别从其专业角度审查目标企业,获得相关资料和文件。有时并购目标企业要对并购方进行对等的尽职调查,这时并购方还需要按照对方的要求准备相应的资料和文件。

（四）初步接洽与并购意向

通过尽职调查，并购方掌握了目标企业大量的第一手资料。此时，并购方应当主动与目标企业接洽，就并购事宜进行初次谈判，并向目标企业发出并购意向书。

由并购方向被并购方发出意向并购书是一个有用但不是法律要求的必须步骤。在善意并购的前提下，发出并购意向书是一个必须的环节。其意义在于：

第一，将并购意图通知给被并购方，以了解被并购方对并购的态度。对该意向书目标企业可以接受，也可以拒绝。如果出现拒绝的情况，并购工作或就此止步。

第二，将并购的主要条件做出说明，使对方一目了然，知道该接受还是不该接受，不接受之处该如何修改，为下一步的进展做出正式铺垫。

第三，因为有了意向书，被并购方可以直接将其提交其董事会或股东会讨论，形成决议，供企业管理层做出决策。

第四，能够使被并购方透露给并购方的机密不至将来为外人所知。因为意向书都含有保密条款，要求无论并购成功与否，并购双方都不能将其所知的有关情况透露或公布出去。

（五）信息分析与并购方案

在尽职调查中获得目标企业多种信息的基础上，并购方或委托的投资顾问将组织投资专家以及聘请的会计师、审计师、资产评估师、律师等专业人员对获取的信息进行深入分析，确定是否并购目标企业，并拿出详细的并购方案。并购方案的主体内容应当包括以下四项：

1. 并购估价

并购双方能否在并购价格上达成一致是关系到并购交易能否顺利达成的关键性因素。最终的并购价格无疑需要并购双方谈判确定，但在谈判之前并购方需要准确估计目标企业的价值，确保并购交易物有所值。有了准确的估价，才能在谈判中合理出价。若并购方出价过高，并购方利益将会受损，会影响并购后企业的持续经营，甚至导致并购失败；若出价过低，则对目标企业所有者不具有吸引力，甚至会导致谈判失败，影响最终并购。为了准确估算目标企业价值，需要从宏观经济形势、目标企业所处行业、产品状况、市场占有率、财务状况、商誉等多个角度出发综合考虑。

2. 并购支付方式

并购支付方式有多种，如股票支付、现金支付以及混合支付等。但具体使用哪一种，一般要考虑目标企业的要求、并购方股东的要求、现行法律的要求、税收因素以及证券市场行情等。

并购方需要在充分考虑上述因素的基础上，选择切实可行的支付方式，为并购谈判做好充分的准备。

3. 并购资金渠道

并购支付往往数额巨大，如果资金渠道选择不当，会直接影响并购效率。一般来说，并购资金主要来自并购方自有资金、金融机构贷款、股票融资，以及债权融资四种渠道。

为了避免并购支付给并购后企业造成困难，并购方可依据自身具体情况，采取上述一种或多种组合的方式选择资金渠道。需要融资的要设计好融资方案,待并购协议签订后付诸实施。

4. 并购后的安排

并购方案中还应对并购后目标企业的各方面的安排做出规划。这些安排包括:一是收购款的支付进度;二是并购后目标企业的经营方向和发展战略;三是并购后目标企业的组织架构和运行机制;四是并购后目标企业董事会、监事会、独立董事的人员构成;五是并购后目标企业管理层的人员组成;六是并购后目标企业的员工安排、薪酬机制以及退休金计划等。并购方应对并购后目标企业的各方面具体安排做出合理规划,以求最大限度地避免并购后企业文化的冲突以及由于并购导致人才流失和无形资产损失。

(六)并购谈判与并购协议

并购分为善意并购和恶意并购。如果属于善意并购,并购方需要在做好准备之后与目标企业大股东会或管理层正式谈判以协商并购事宜(如果属于恶意并购,则并购方直接实施并购方案)。在协商阶段,并购双方将就并购方案广泛交换意见,反复磋商,讨价还价,直至达成共识,敲定最终的并购方案,签订并购协议书。在并购协议书中,应当明确并购推进时间表、并购价格、支付工具、双方在并购进行期间的权利与义务、并购后目标企业各方面的具体安排、违约责任等各项条款。

一般情况下,并购交易双方均会聘请投资顾问作为代理人进行谈判。投资顾问应采取适当的谈判技巧和策略,在必要时积极与其他专业机构合作,维护被代理人的利益,促进并购协议的签订,实现双方共赢。

(七)并购实施与后期整合

并购实施是并购活动中最后也是最关键的步骤。通常情况下,经过精心、周密的前期工作,并购方已经为并购做好了充分的准备,这时只需按照并购方案的要求有条不紊地推进。但有时会出现意料之外的变化,这时就需要并购方随机应变,采取适当措施,以避免损失,完成并购。后期整合的内容一般包括:经营战略整合、组织制度整合、人力资源整合、资产债务整合、财务整合以及文化整合六方面。

二、企业并购风险及其防范

并购是一项高技术内涵的经营手段,如果操作得当,所能获得的收益是十分巨大的。但高收益的东西永远伴随着高风险。

(一)并购风险及其形成原因

1. 并购风险的概念

企业并购风险指企业在并购活动中不能达到预先设定的目标的可能性以及因此对企业的正当经营、管理所带来的影响程度。一般包括:

(1)并购失败,即在企业经过一系列运作之后,并购半途而废,使得企业前期运作成本付诸东流;

(2)并购后企业的盈利无法弥补企业为并购支付的各种费用;

(3)并购后企业的管理无法适应并购后企业营运的需要,从而导致企业管理失效或失控,增加企业的管理成本。

2. 并购风险的成因

企业并购是一种商业行为,当事人以获取商业利润为目的,因而市场交易的风险是客观存在的。其原因主要有以下三个方面:

(1)并购交易对象的特殊性。并购交易的对象是一种特殊的商品,目标公司是一种集技术、人才、设备及市场于一体的"活产品",较人们所熟知的单个产品及专利技术等无形资产要复杂得多,因而交易过程中伴随着巨大的、不易预测的风险。

(2)行政机关的干预。我国并购市场仍处于发展的初级阶段,多数企业的并购行为仍带有浓厚的行政划拨色彩,尤其是以单一所有制为主体的国有企业作为目标公司时,地方政府既是资产所有者的代表,又肩负着稳定社会、保障就业、宏观指导等行政职能,就很难充分考虑到并购交易中存在的所有风险。

(3)道德风险。在并购过程中,难免有一些心怀叵测的人,希望采取各种不正当的手段达到迅速聚敛财富的目的。这些人往往采取欺诈的手法,瞒天过海,如果没有足够的风险意识和相当丰富的法律知识及管理经验,很难抵御这种欺诈风险。

(二)企业并购中的主要风险

并购是一个复杂的系统工程,它不仅仅是资本交易,还涉及并购的法律与政策环境、社会背景、公司的文化等诸多因素,因此,并购风险也涉及各方面。在风险预测方面,西方国家总结了大量的经验和教训。结合我国国情及近几年来的并购实践,我国企业并购中的风险主要有以下十六类:

1. 报表风险

在并购过程中,并购方首先要确定目标企业的并购价格,其主要依据便是目标企业的年度报告、财务报表等。但目标企业有可能为了获取更多利益,故意隐瞒损失信息,夸大收益信息,对很多影响价格的信息不做充分、准确的披露,这会直接影响并购价格的合理性,从而使并购后的企业面临着潜在的风险。

2. 评估风险

由于并购涉及目标企业资产或负债的全部或部分转移,需要对目标企业的资产、负债进行评估,对标的物进行评估。但是评估实践中存在评估结果的准确性问题,以及外部因素的干扰问题。

3. 合同风险

目标公司对于与其有关的合同有可能管理不严,有时目标公司会出于主观原因而使买方无法全面了解其与他人订立合同的具体情况。

4. 资产风险

企业并购的标的是资产,而资产所有权归属也就成为交易的核心。在并购过程中,如果过分依赖报表的账面信息,而对资产的数量、资产在法律上是否存在,以及资产在生产经营过程中是否有效却不做进一步分析,则可能使得并购后企业存在大量不良资产,从而影响企业的有效运作。

5. 负债风险

并购行为完成后,并购后的企业要承担目标企业的原有债务。由于有负债和未来负债,主观操作空间较大,加上有些未来负债无法反映在公司账目上,因此,债务问题对于并购来说是一个必须认真对待的风险。

6. 财务风险

企业并购往往都是通过杠杆收购方式进行的,这种并购方式必然使得收购者负债率较高,一旦市场变动导致企业并购实际效果达不到预期效果,将使企业自身陷入财务危机。

7. 诉讼风险

很多情况下,诉讼的结果难以预测,如卖方没有全面披露正在进行或潜在的诉讼以及诉讼对象的个体情况,那么诉讼的结果很可能就会改变目标公司诸如应收账款等的资产数额。

8. 客户风险

兼并的目的之一,就是利用目标公司原有客户、节省新建企业开发市场的投资。因此,目标公司原客户的范围及其继续保留的可能性,将会影响目标公司的预期盈利。

9. 雇员风险

目标公司的富余职工负担是否过重,在岗职工的技能熟练程度、接受新技术的能力以及并购后关键雇员是否会离开等都是影响预期生产技术的重要因素。

10. 保密风险

尽可能多地了解对方及目标公司的信息是减少风险的一个主要手段。但因此又产生了一个新的风险,那就是一方提供的信息被对方滥用可能使该方在交易中陷入被动,或者交易失败后买方掌握了几乎所有目标公司的信息,诸如配方流程、营销网络等技术和商业秘密,会对目标公司以及卖方产生致命的威胁。

11. 经营风险

企业并购的目的在于并购方希望并购完成后能产生协同效应。但未来经营环境的多变性,如整个行业的变化、市场的变化、企业管理条件的改变、国际经济形势的变化、突发事件等,有可能使得企业并购后的经营无法实现既定的目标,从而产生经营风险。

12. 整合风险

不同企业之间,存在不同的企业文化差异。如并购完成后,并购企业不能对被并购企业的文化加以整合,使被并购企业融入并购企业的文化之中,那么,并购企业的决策就不可能在被并购企业中得到有效贯彻,也就无法实现企业并购的协同效应和规模经营效益。

13. 法律风险

目前来看,并购法律风险主要集中在目标公司存续的合法性、并购程序的合法性等方面,这些问题直接影响着并购过程的有效性或者说是并购交易的成败。

14. 政府行为风险

并购不完全是一种市场行为,特别是当并购涉及国有企业的时候。因此,政府在并购中所扮演角色有时会直接关系到并购的成败。

15. 信誉风险

企业的信誉也是企业无形资产的一部分。目标公司在市场中及对有关金融机构有无信誉危机的风险,是反映目标公司获利能力的重要因素。兼并一家信誉不佳的公司,往往会使并购方多出不少负担。

16. 其他风险

由于企业每起并购所涉及的环境与问题各不相同,因此,不同的并购可能遇到各种特殊的风险。除上述几种常见的风险外,企业并购中还需予以注意的风险有社会风险、第三方攻击的风险、不可抗力风险等。

(三) 企业并购风险的防范

1. 并购前的适当谨慎与披露

为了确保并购的可靠性,减少并购可能产生的风险与损失,并购方在决定并购目标公司前,往往要对目标公司的外部环境和内部情况进行一些审慎的调查与评估,发现和了解已知情况以外的其他情况,特别是一些可能限制并购进行的政府行为、政策法律规定和一些潜在的风险,从而帮助决定是否进行并购和如何进行并购。这就是适当谨慎。披露是目标公司在对并购持合作态度,应并购方要求或依规定要求的情况下,将自身情况,有关材料、资料、文件告知给并购方的行为。

无论是适当谨慎地调查,还是目标公司披露,收购方都需要对下列与收购决定和收购条件攸关并有重要影响的一些法律问题加以注意:① 关于并购的合法性、正式授权与效力问题;② 关于可能不需要并购方同意就加诸并购方的潜在责任;③ 关于拟被并购公司的资产、责任、运作等问题;④ 与决定并购策划有关的问题,特别是税收问题等。

2. 并购交易中的风险避让

西方发达国家在并购实践中总结出了一种风险避让的方法,表现为并购协议中的“四剑客”。这是指并购协议中风险避让的四类重要条款,这四类重要条款是买卖双方异常激烈地讨价还价的关键所在,也是充分保护买卖双方交易安全的必要条件。它们分别是:① 陈述与保证。在合同中,双方都要就有关事项做出陈述与保证。其目的有二:一是公开披露相关资料和信息;二是承担责任。② 卖方在交割日前的承诺。在合同签订后到交割前一段时间内,卖方应做出承诺,准予买方介入与调查、维持目标公司的正常经营,同时在此期间不得修改章程、分红、发行股票及与第三方进行并购谈判等。③ 交割的先决条件。在并购协议中有这样一些条款,规定实际情况达到了预定的标准或者一方实质上履行了合同约定的义务,双方就必须在约定的时间进行交割;否则,交易双方有权退出交易,即我们常说的合同解除。④ 赔偿责任。对于交易对手的履行瑕疵,并非无可奈何。合同可以专设条款规定受到对方轻微违约而造成的损失可以通过减扣或提高并购价格等途径来实现弥补。

并购协议中的“四剑客”,对于处在我国这样一个产权交易市场无论从技术上还是从法律监管上来说都尚处于发育阶段的国家的企业,在规避并购风险方面有许多可借鉴之处。此外,从我国现有的法律制度来看,有效地避让并购交易中的风险,还可以采取以下方法:① 保证。债务人或以外的第三人为了确保债务的履行,降低债务不履行可能给债权人造成的损失风险而做出的书面保证。② 物权担保。债权人可以要求债务人或者债务人以外的第三人,提供特定的财产或者依照法律占有债务人的财产以担保债务的履行。

③ 定金担保。定金是指合同一方当事人为了担保合同的履行,预先向合同的另一方当事人支付的一笔金钱。④ 债权保全。债权保全是为了保障债权的实现而在权衡债权人和债务人以及第三人利益的情况下被运用的法律制度。保全措施包括债权人代位权和债权人撤销权两种形式。⑤ 财产保全。财产保全属于民事强制措施,是法院为了避免因为当事人一方的行为或者其他原因使判决不能执行或者难以执行时,对当事人的财产预先采取的某种限制性处分的强制措施。

3. 重视中介机构的作用

并购是一项复杂而专业性又很强的工作,需要各方面专家和机构发挥作用,如执业律师、注册会计师、评估师以及熟悉国家产业政策并具备资本运营实际操作经验的投资银行机构等。这些人士和机构提供的专业调查和咨询意见是防范风险的重要保障。特别是律师的工作,专门从事并购法律事务的律师,不仅能在一定程度上保证交易的顺利进行,而且对并购双方减少交易风险会起到不可忽视的作用,包括尽职调查、对交易中合法性的审查、起草相对完备的法律文书、提供法律意见、参与谈判等。

第三节　反收购策略

收购分为善意收购和恶意收购,恶意收购通常会导致反收购的出现。反收购指目标公司管理层为了防止公司控制权转移而采取的旨在预防或挫败收购者收购本公司的行为。目标公司反收购措施分为两大类:一类是预防收购者收购的事前措施,另一类是当收购出现时为阻止收购者收购成功的事后措施。

一、反收购动因分析

(一) 控制权是有价值的

资本市场上的收购与反收购,主要的对象是公司股东的股票产权。利用法律赋予股份的特殊权利,如股份投票权等,能保证收购者获得对目标公司未来经营和发展的控制权。经济研究表明,公司的控制权是有价值的,能为持有者创造经济和社会价值。

(二) 让股东获得最高的收购溢价

收购实质上也是一种商品交易行为,符合商品交换的一般规律。当目标公司做出反收购决策,并实施相应的反收购行为,实质上就是向市场上和敌意收购者展示目标公司处于供方市场的信息,迫使收购公司为了收购成功,而提高股票的溢价,从而为目标公司股东创造尽可能多的价值。

(三) 目标公司价值被低估

实证研究证实,市场并不一定是完全有效的,市场可能未对目标公司做出正确、适当的评价。当目标公司存在未向外发布的有价值的信息时,市场就会低估目标公司的价值。基于此,为了获得这部分低估的价值,目标公司管理层依据理性原则,在不考虑其他因素的前提下,就会做出反收购的决策。

(四)目标公司管理层维护自身的利益

实际上,目标公司被收购后,公司管理层往往会变更。因此,为了维护自我的优势利益,保证工作、荣誉、权利和收入保障,目标公司管理层也会做出反收购的行为。

(五)避免短期行为

许多投机者利用收购行为,进行相应的投机炒作。收购目标公司后,通过各种方式将目标公司分离、肢解后,再将目标公司出售给其他投资者,以获取高额投资回报后退出。如此行为,将给目标公司的经营业务、企业文化、社会责任、公众形象和原则就业带来震撼性的影响。为了减少这种行为带来的恶劣影响,也就引出规避此行为的反收购措施。

(六)维护公司的独立性,保持公司战略的稳定性

在公司形成可行的独立战略过程中,公司和社会付出较大的成本和资源。而且在发展过程中,战略行为是连续性的。为了避免公司的战略中断甚至完全终止,获得公司的长久发展,就客观要求维护产权属性,防止恶意公司的收购行为。

(七)维护公司相关利益关系体权益

附属于公司的权益,不仅仅是目标公司股东的,目标公司的职员、供应商、债权人、战略合作伙伴等也与公司有较多的关联权益。在一定程度上,对公司相关利益关系体权益的影响,会促使目标公司管理层做出反收购的决策行为。

(八)维护壳资源

稀缺,代表成本。在壳资源短缺的国家和地区,壳拥有较大的价值。为了维护壳资源,保证壳资源给控制者带来附加效益,就促使壳资源的控制者采取各种措施对抗恶意者。

(九)其他

当然,还有很多其他方面的动机,譬如政府的行为、收购公司的治理方式与目标公司发展不符、双方战略不符等各种因素,都会促使管理层产生实施反收购决策动机,进而实施相应的反收购行为。

二、反收购措施

(一)预防性反收购措施

这一类反收购行为发生在要约收购出现以前,目标公司会以各种形式防范以后可能出现的收购进攻。具体包括以下几种:

1. 设置毒丸

毒丸(poison pill)指目标公司通过制定特定的股份计划,赋予不同的股东以特定的优先权利,一旦收购要约发出,该特定的优先权利的行使,可以导致公司财务结构的弱化或收购方部分股份投票权的丧失。这样收购方即使在收购成功后,也可能像吞下毒丸一样遭受不利后果,从而放弃收购。

毒丸计划包括负债毒丸计划和人员毒丸计划两种。前者指目标公司在收购威胁下大量增加自身负债,降低企业被收购的吸引力。人员毒丸计划的基本方法则是公司的绝大部分高级管理人员共同签署协议,在公司被以不公平价格收购,并且这些人中有一人在收购后被降职或革职时,则全部管理人员将集体辞职。企业的管理层阵容越强大、越精干,实施这一策略的效果就越明显。当管理层的价值对收购方无足轻重时,人员毒丸计划也就收效甚微了。

2. 设置反收购条款

反收购条款包括驱鲨剂、豪猪条款等。驱鲨剂指在发出收购要约前修改公司设立章程或做其他防御准备以使收购要约更困难的条款。而豪猪条款则指在公司设立章程或内部细则中设计防御条款,使那些没有经过目标公司董事会同意的收购企图不可能实现或不具可行性。这些条款有以下五种:

(1)分期分级董事会制度。又称董事会轮选制。即公司章程规定董事每年只能改选1/4 或 1/3 等。这样,收购者即使收购到了足量的股权,也无法对董事会做出实质性改组,即无法很快地入主董事会控制公司。

(2)多数条款。即由公司规定涉及重大事项(比如公司合并、分立、任命董事长等)的决议须经过绝大多数表决权同意通过。

比如章程中规定:"须经全体股东 2/3 或 3/4 以上同意,才可允许公司与其他公司合并。"这意味着收购者为了实现对目标公司的合并,需要购买 2/3 或 3/4 以上的股权或需要争取到更多的(2/3 或 3/4 以上)股东投票赞成己方的意见。

(3)限制大股东表决权条款。限制表决权的办法通常有两种:一是直接限制大股东的表决权,如有的公司章程规定股东的股数超出一定数量时,就限制其表决权,如合几股为一表决权。也有的规定,每个股东表决权不得超过全体股东表决权的一定比例数(如1/5)。二是采取累计投票(comulative voting)法。它不同于普通投票法。普通投票法是一股一票,而且每一票只能投在一位候选人上。而采取累计投票法,投票人可以投等于候选人人数的票,并可能将票全部投给一人,保证中小股东能选出自己的董事。采取投票的方式也应于公司章程中规定。

(4)订立公正价格条款。要求出价收购人对所有股东支付相同的价格。溢价收购主要是企图吸引那些急于更换管理层的股东,而公正价格条款无疑阻碍了这种企图的实现。有些买方使用"二阶段出价",即以现金先购股 51%,另外再用债券交换剩下的 49% 的股票。目标公司股东因怕收到债券会争先将股票低价卖出。

1982 年 3 月美国钢铁公司就以此招来收购马拉松石油公司股票。为避免买方使出此招分化目标公司股东,目标公司在章程中可加上公正价格条款,使股东在售股时享受同股同酬的好处。

(5)限制董事资格条款,增加买方困扰。即在公司章程中规定公司董事的任职条件,非具备某些特定条件者不得担任公司董事,具备某些特定情节者也不得进入公司董事会。增加收购方选送合适人选出任公司董事的难度。

3. 设置降落伞

公司收购往往导致目标公司的管理人员被解职,普通员工也可能被解雇。为了解除管理人员及员工的这种后顾之忧,美国有许多公司采用设置金降落伞(golden parachute)、灰色降落伞(pension parachute)和锡降落伞(tin parachute)的做法。

(1) 金降落伞指当目标公司被并购、接管,其董事及高层管理者被解职的时候,可一次性领到巨额的退休金(解职费)、股票选择权收入或额外津贴。

(2) 灰色降落伞指向下面几级的管理人员提供较逊色的保证金,金额等同数周至数月的工资。灰色降落伞曾经一度在石油行业十分流行,皮根斯在收购、接管美孚石油公司后不得不支付高达2 000万~3 000万美元的灰色降落伞费用。

(3) 锡降落伞指目标公司的员工若在公司被收购后两年内被解雇的话,则可领取员工遣散费。显然,灰色降落伞和锡降落伞的得名,与金降落伞的得名出于同辙。

4. 建立合理的持股结构

收购公司的关键是收购到足量的股权。一家上市公司,为了避免被收购,应该重视建立这样的股权结构:在该种股权结构中,公司股权难以足量地转让到收购者的手上。很显然,这里的"合理的持股结构"中的"合理",是以反收购效果为参照标准的。建立这种股权结构,其做法主要有以下三种:

(1) 公司自我控股。即公司的发起组建人或其后继大股东为了避免公司被他人收购,合计持股不少于公司总股本的51%,确保对公司的绝对控股地位。

(2) 交叉持股或相互持股。即关联公司或关系友好公司之间相互持有对方股权,在其中一方受到收购威胁时,另一方伸以援手。

(3) 把股份放在朋友的手上。这种做法之于公司反收购的积极效果与上述交叉持股类似,即一方面将公司部分股份锁定在朋友股东手上,增大收购者吸筹难度和成本;另一方面在有关表态和投票表决中可方便朋友股东支持公司的反收购行动。

5. 设计员工持股计划

员工持股计划指鼓励公司雇员购买本公司股票,并建立员工持股信托组织的计划。虽然说员工持股计划在国外的产生与发展是公司民主化思潮及劳动力产权理论影响下的产物,但在现代西方各国,员工持股计划也成为公司进行反收购的重要手段。这是因为公司被收购往往意味着大量员工的解雇与失业,因而在收购开始时,员工股东对公司的认同感高于一般的股东,其所持股份更倾向于目标公司一方,从而使公司不易被收购。

(二) 主动性反收购措施

主动性反收购措施指在敌意报价后企业已面临被收购的境地时,采取增大收购方收购成本的临时补救策略。比较常见的策略有以下几种:

1. 白衣骑士

白衣骑士(white knight)策略指在恶意并购发生时上市公司的友好人士或公司,作为第三方出面解救上市公司,驱逐恶意收购者,形成第三方与恶意收购者共同争购上市公司股权的局面。在这种情况下,收购者要么提高收购价格要么放弃收购,往往会出现白衣骑士与收购者轮番竞价的情况进而造成收购价格的上涨,直至逼迫收购者放弃收购。在白衣骑士出现的情况下,目标公司不仅可以通过增加竞争者使买方提高并购价格,甚至可以锁住期权给予白衣骑士优惠的购买资产和股票的条件。这种反收购策略将带来收购竞争,有利于保护全体股东的利益。

2. 收购收购者

收购收购者又名帕克曼防御。这一反收购术的名称取自于 20 世纪 80 年代初期美国颇为流行的一种电子游戏。在该游戏中,电子动物相互疯狂吞噬,其间每一个没有吃掉其敌手的一方反会遭到自我毁灭。作为反收购策略,帕克曼防御指公司在遭到收购袭击的时候,不是被动地防守,而是以攻为守、以进为退,或者反过来对收购者提出还盘而收购收购方公司,或者以出让本公司的部分利益,包括出让部分股权为条件,策动与公司关系密切的友邦公司出面收购收购方股份,以达围魏救赵的效果。

帕克曼防御可使实施此战术的目标公司处于进退自如的境地。“进”可使目标公司反过来收购袭击者;“守”可迫使袭击者返回保护自己的阵地,无力再向目标公司挑战;“退”因本公司拥有部分收购公司的股权,即使最终被收购,也能分享到部分收购公司的利益。

帕克曼防御术的运用,一般需要具备一些条件:

(1)袭击者本身应是一家公众公司,否则谈不上收购袭击者本身股份的问题。

(2)袭击者本身有懈可击,存在被收购的可能性。

帕克曼防御者即反击方需要有较强的资金实力和外部融资能力,否则帕克曼防御的运用风险很大。20 世纪 80 年代联合碳化物公司对 GAF 公司的反收购行动中就曾考虑过帕克曼防御方案,但终因资金实力不足而放弃。反击方在自己实力不足的时候,需要有实力较强的友邦公司支持。

3. 焦土政策

常见做法主要有两种:售卖冠珠和虚胖战术。

(1)售卖冠珠。在并购行当里,人们习惯性地把一家公司里有吸引力和具有收购价值的部分,称为冠珠。它可能是某个子公司、分公司或某个部门,可能是某项资产,可能是一种营业许可或业务,可能是一种技术秘密、专利权或关键人才,更可能是这些项目的组合。冠珠,它有吸引力,诱发收购行动,是收购者收购该公司的真正用意所在,将冠珠售卖或抵押出去,可以消除收购的诱因,粉碎收购者的初衷。

(2)虚胖战术。一家公司,如果财务状况好,资产质量高,业务结构又合理,那么就具有相当的吸引力,往往诱发收购行动。在这种情况下,一旦遭到收购袭击,可采用虚胖战术作为反收购的策略。做法有多种,或者是购置大量资产,该种资产多半与经营无关或盈利能力差,令公司包袱沉重,资产质量下降;或者是大量增加公司负债,恶化财务状况,加大经营风险;或者是故意做一些长时间才能见效的投资,使公司在短时间内资产收益率大减。所有这些,使公司从精干变得臃肿,收购之后,买方将不堪其负累。这如同苗条、迷人的姑娘,陡然虚胖起来,原有的魅力消失了,追求者只好望而却步。

4. 股份回购

股份回购指目标公司或其董事、监事通过大规模买回本公司发行在外的股份来改变资本结构的防御方法。

股份回购的基本形式有两种:一是目标公司将可用的现金或公积金分配给股东以换

回后者手中所持股票；二是公司通过发售债券，用募得的款项来购回它自己的股票。被公司购回的股票在会计上称为库存股。

股票一旦大量被公司购回，其结果必然是在外流通的股份数量减少，假设回购不影响公司的收益，那么剩余股票的每股收益率会上升，每股的市价也随之增加。目标公司如果提出以比收购者价格更高的出价来收购其股票，则收购者也不得不提高其收购价格，这样，收购的计划就需要更多的资金来支持，从而难度增加。

5. 法律诉讼

通过发现收购方在收购过程中存在的法律缺陷，提出司法诉讼，是反收购战的常用方式。目标公司提起诉讼的理由主要有三条：

第一，反垄断。部分收购可能使收购方获得某一行业的垄断或接近垄断地位，目标公司可以此作为诉讼理由。反垄断法在市场经济国家占有非常重要的地位。如果敌意并购者对目标企业的并购会造成某一行业经营的高度集中，就很容易触犯反垄断法。因此，目标公司根据相关的反垄断法进行周密调查，掌握并购的违法事实并获取相关证据，即可挫败敌意并购者。

第二，披露不充分。目前各国的证券交易法规都有关于上市公司并购的强行性规定。这些强行性规定一般对证券交易及公司并购的程度、强制性义务做出了详细的规定，比如持股量、强制信息披露与报告、强制收购要约等。敌意并购者一旦违反强行性规定，就可能收购失败。

第三，犯罪行为，例如欺诈。但除非有十分确凿的证据，否则目标公司难以以此为由提起诉讼。目标公司通过诉讼，迫使收购方提高收购价；或延缓被收购时间，以便另寻白衣骑士以及在心理上重振管理层的士气等。

反收购的根本目的就是对抗收购者的收购行为，维护公司原有利益格局，防止收购者与公司的股东、管理者以及其他利益相关人发生利益矛盾和冲突，阻挠收购者收购目的实现，将公司的控制权掌握在自己手中，防止对公司产生实质性的影响。

其他的反收购措施包括存在争议而拒绝出售，说服股东不要出售，煽动雇员、社区反对收购以及利用宣传手段阻止收购，等等。

第四节 杠杆收购与管理层收购

一、杠杆收购

（一）杠杆收购的含义及特点

1. 含义

杠杆收购（LBO）指公司或个体利用自己的资产作为债务抵押收购另一家公司的策略。交易过程中，并购方主要通过举债获取目标企业的产权，又从目标企业的现金流量中偿还债务，同时以目标企业的资产为担保获得收购资金，因而在收购过程中，收购方的现金开支可降低到最低程度。

　　杠杆收购也可以是一家有潜力、有管理能力的中小型公司,在投资公司的帮助下收购一家陷入困境的大公司或上市公司。这种操作的结果是原来的收购主体公司变成被收购公司的子公司,而收购主体公司同时获得被收购公司的绝对控股权。

　　2. 杠杆收购的特点

　　杠杆收购的突出特点表现在以下三个方面:

　　(1) 特殊的资本结构。在杠杆收购中,收购资金统筹包括三部分:其一是借贷资金,约占收购资金总量的 60%;其二为垃圾债券,也可称为夹层资金,约占收购资金总量的30%;其三为自有资金,约占收购资金总量的 10%。也就是说,收购方以 10% 的资金撬动了 90% 的资金进行收购,因而称此种收购为杠杆收购。

　　(2) 特殊的融资安排。由于杠杆收购资金主要来自外部融资,因此需要有投资银行等第三方参与收购。事实上,杠杆收购的主体一般是专业的金融投资公司,金融投资公司收购目标企业的目的是以合适的价钱买下公司,通过经营使公司增值,并通过财务杠杆增加投资收益。在操作过程中,投资银行等第三方通常要先安排过桥贷款(bridge loan)作为短期融资,然后通过举债(借债或借钱)完成收购。

　　(3) 它是一种高风险的收购。杠杆收购是高负债、高风险、高投机的并购活动。首先,收购资金大部分来自外部融资,对收购方来说大大降低了自有资金比例;其次,大量举债有可能给收购方带来支付困难,甚至有可能出现破产危机;最后,杠杆收购只是被收购公司易手,并没有增加实际生产能力,收购能否成功取决于未来清偿能力。

　　(二) 杠杆收购的优越性

　　杠杆收购主要兴盛于 20 世纪 70 年代末,是第四次全球并购浪潮中被广泛采用的并购方式。之所以能够兴盛,缘于以下两个方面的优越性:

　　1. 极高的股权回报率

　　杠杆收购通过大量举债改变了公司的资本结构,公司的负债率大大提高而股东权益比率却迅速下降,这就增强了资本结构的杠杆效应。在公司最终溢价出售的情况下,收购方的股东权益回报率将出奇的高。

　　例如,某收购者以 1 亿元自有资本和 9 亿元的债务融资收购了一家经营业绩较好的公司,2 年后公司清偿了 2 亿元的债务,同时,收购者以 11 亿元的价格将公司出售,那么,原收购者所获得的利益是 $11-(9-2)=4$(亿元),如果不考虑回报的时间价值,收购者的股权资本回报率是 $4 \div 1 \times 100\% = 400\%$。

　　2. 有利的税收优势

　　杠杆收购中,主要的融资安排是举债收购,债务资本往往高达公司总资本的 90% 甚至更多。债务资本的利息是在税前开支的,具有优越的税盾作用,减少了应税利润,从而减少了公司所应缴纳的所得税,在企业所得税税率较高或实行累进税率的地方尤其受到欢迎。

　　对于杠杆收购的批评主要集中在,并购公司通过盗用第三方的财富来榨取目标公司的额外现金流。被收购公司由于支付利息而享受免税政策,在随后的生产运营过程中只有很少的赋税,但股东分配到的股息享受不到这样的优惠。此外,杠杆收购最大的风险存在于金融危机、经济衰退等不可预见事件的出现,以及政策调整等。这将会导致定期利息支付困难、技术性违约、全面清盘。被收购公司经营管理不善、管理层与股东动机不一致都会威胁杠杆收购的成功。

（三）杠杆收购的程序

在具体应用时,杠杆收购没有固定的流程可遵循,一般是按以下步骤进行:

第一阶段,杠杆收购的准备阶段。

主要是由发起人制定收购方案,与被收购方进行谈判,进行并购的融资安排,必要时以自有资金参股目标企业。发起人通常就是企业的收购者。

操作上,收购方不直接出面,而是首先选择投资银行等财务顾问,以少量资金注册一家虚拟公司,由该公司出面利用目标公司的资产做担保进行融资,并以所融资金收购目标方的股票,以达到收购目标公司的目的。

第二阶段,收购资金的筹集阶段。

按照杠杆收购的资金安排,全部收购资金按照三个渠道进行筹集:

首先,自有资金的筹集。自有资金来自收购方,因此,自有资金是由杠杆收购者以及公司管理层组成的集团进行筹集,该项资金约占整个收购资金总额的10%。

其次,银行信贷资金的筹集。由虚拟公司以目标公司的资产为担保,向银行借入收购所需资金,该项资金占整个收购价格的50%~70%。投资银行为促进交易的顺利达成,常常向收购者提供自有资本支持下的过渡性贷款。

最后,垃圾债券发行阶段。由目标公司安排债券发行事宜,并向投资者(主要是机构投资者)发行利率较高(一般利率可达15%)的垃圾债券,高息垃圾债券融资占收购资金总额的20%~40%。

收购方先通过企业管理层组成的集团筹集收购价10%的资金,然后以准备收购的公司的资产为抵押,向银行借入过渡性贷款,相当于整个收购价格的50%~70%的资金,并向投资者推销为收购价20%~40%的债券。

第三阶段,股权收购、资产拆卖阶段。

收购方获得足够的收购资金后,出价对目标公司进行股权收购。这种收购实际相当于使目标公司上市私有化。私有化完成后,对目标公司进行资产重组,并对部分主营业务外的资产进行拍卖以减少负债。

在投资银行提供过渡性贷款的情况下,收购完成后通常需要一个再融资过程。也就是通过再融资,将长期性债务与过渡性债务进行置换,然后使虚拟公司反向并购目标公司,将虚拟公司注销,再将长期性债务转移给目标公司,从而大大提高目标公司的负债率。

第四阶段,资产重组及上市阶段。

杠杆收购完成后,进行资产重组是一个必需的环节。其实质是对公司资本结构进行整顿,调整债权债务,减少债务负担和支出,避免发生财务困难,为公司的持续经营奠定基础。具体分为三个步骤:首先,确定公司全部资产价值;其次,在资产估价的基础上削减债务和利息支出为公司创造一组好的财务比率;最后,进行债权转换,优化资本结构,为公司上市融资打好基础。

需要说明的是,在中国由于垃圾债券尚未兴起,收购者大都是用被收购公司的股权作质押向银行借贷来完成收购的。

扩展阅读 6-1

美国 RJR Nabisco 公司争夺战

说到杠杆收购,就不能不提及 20 世纪 80 年代的一桩杠杆收购案——美国雷诺兹-纳贝斯克(RJR Nabisco)公司收购案。这笔被称为"世纪大收购"的交易以 250 亿美元的收购价震动世界,成为历史上规模最大的杠杆收购之一。

这场收购战争主要在 RJR 纳贝斯克公司的高级治理人员和闻名世界的收购公司 KKR(Kohlberg Kravis Roberts & Co.L.P.)之间展开,但由于它的规模巨大,其中不乏像摩根士丹利、第一波士顿等这样的投资银行和金融机构的直接或间接参与。收购战争的发起方是以岁斯·约翰逊为首的 RJR 纳贝斯克公司高层治理者,他们认为公司当时的股价被严重低估。1988 年 10 月,治理层向董事局提出治理层收购公司股权建议,收购价为每股 75 美元,总计 170 亿美元。虽然约翰逊的出价高于当时公司股票 53 美元/股的市值,但公司股东对此却并不满足。不久,华尔街的"收购之王"KKR 公司加入这次争夺。经过 6 个星期的激战,最后 KKR 胜出,收购价是每股 109 美元,总金额 250 亿美元。KKR 本身动用的资金仅 1 500 万美元,而其余 99.94% 的资金都是靠垃圾债券大王迈克尔·米尔肯(Michael Milken)发行垃圾债券筹得。

二、管理层收购

(一)管理层收购的含义及特点

1. 管理层收购的含义

管理层收购(MBO)指公司的经理层利用借贷所融资本或股权交易收购本公司的一种行为,这会引起公司所有权、控制权、剩余索取权、资产等变化,改变公司所有制结构。通过收购,企业的经营者变成了企业的所有者。

此外,牛津大学出版社出版的《商务词典》解释:管理层收购指公司管理者收购公司的行为,通常为公司管理者从风险投资者手中回购股权的行为。

该定义主要是针对创业型科技企业而言的。由于创业型科技企业创业初期通常都有风险投资者介入,当风险资本退出时,企业创业者为了避免公司股权被稀释或者外流,而由管理层将风险投资者所持有的股份回购。

2002 年 10 月 8 日中国证监会发布的《上市公司收购管理办法》虽没有对管理层收购进行定义,但是规定在聘请具有证券从业资格的独立财务顾问就被收购公司的财务状况进行分析的问题上,如果收购人为被收购公司的管理层或员工,被收购公司的独立董事应当为公司聘请独立财务顾问等专业机构,分析被收购公司的财务状况,就收购要约条件是否公平合理、收购可能对公司产生的影响等事宜提出专业意见，并予以公告。这一规定表明了《上市公司收购管理办法》认可了管理层收购的存在，但是并没有就管理层收购所涉及的法律问题进行具体的规定。

2. 管理层收购的特点

管理层收购有以下三个特点：

（1）MBO 的主要投资者是目标公司的经理和管理人员，他们往往对该公司非常了解，并有很强的经营管理能力。通过 MBO，他们的身份由单一的经营者角色变为所有者与经营者合一。

（2）MBO 主要是通过借贷融资来完成的，因此，MBO 的财务由优先债（先偿债务）、次级债（后偿债务）与股权三者构成。目标公司存在潜在的管理效率提升空间，管理层是公司全方位信息的拥有者，公司只有在具有良好的经济效益和经营潜力的情况下，才会成为管理层的收购目标。

（3）通常发生在拥有稳定的现金流量的成熟行业。MBO 属于杠杆收购，管理层必须首先进行债务融资，然后用被收购企业的现金流量来偿还债务。成熟企业一般现金流量比较稳定，有利于收购顺利实施。

（二）管理层收购的主要方式

按照收购的标的物，管理层收购主要有收购资产、收购股票和综合证券收购三种方式。

1. 收购资产

收购资产指管理层收购目标公司大部分或全部的资产，实现对目标公司的所有权和业务经营控制权。收购资产的操作方式适用于收购对象为上市公司、大集团分离出来的子公司或分支机构、公营部门或公司。如果收购的是上市公司或集团子公司、分支机构，则目标公司的管理团队应直接向目标公司发出收购要约，在双方共同接受的价格和支付条件下一次性实现资产收购。如果收购的是公营部门或公司，则有两种方式：一是目标公司的管理团队直接收购公营部门或公司的整体或全部资产，一次性完成私有化改选；二是先将公营部门或公司分解为多个部分，原来对应职能部门的高级官员组成管理团队分别实施收购，收购完成后，原公营部门或公司变成多个独立经营的私营企业。

2. 收购股票

收购股票指管理层从目标公司的股东那里直接购买控股权益或全部股票。如果目标公司有为数不多的股东或其本身就是一个子公司，购买目标公司股票的谈判过程就比较简单，管理层直接与目标公司的大股东进行并购谈判，商议买卖条件即可。如果目标公司是个公开发行股票的公司，收购程序就相当复杂。其操作方式为目标公司的管理团队通过大量的债务融资收购该目标公司所有的发行股票。通过二级市场购买目标公司股票是一种简便易行的方法，但因为受到有关证券法规信息披露原则的制约，如购进目标公司股份达到一定比例或达至该比例后持股情况再有相当变化都需履行相应的报告及公告义务，在持有目标公司股份达到相当比例时更要向目标公司股东发出公开收购要约，所有这些要求都易被人利用哄抬股价，而使并购成本激增。

3. 综合证券收购

它指收购主体对目标公司提出收购要约时,其出价有现金、股票、公司债券、认股权证、可转换债券等多种形式。这是以管理层在进行收购时的出资方式来分类的。综合起来看,管理层若在收购目标公司时能够采用综合证券收购,既可以避免支付更多的现金,造成新组建公司的财务状况恶化,又可以防止控股权的转移。因此,综合证券收购在各种收购方式中的比例近年来呈现逐年上升的趋势。

收购公司还可以通过发行无表决权的优先股来支付价款。优先股虽在股利方面享有优先权,但不会影响原股东对公司的控制权,这是这种支付方式的一个突出特点。

(三)管理层收购的一般程序

管理层收购从大的方面可分为两个阶段,也就是 MBO 策划以及组建收购集团阶段和MBO 执行以及进行收购行动阶段。共包括以下十个具体步骤:

1. MBO 可行性分析

其重点内容包括以下四个方面:

(1)检查和确认目标企业的竞争优势、现在以及可以预见的未来若干年财务和现金流情况;

(2)对供应商、客户和分销商的稳定性进行评估,对目标公司现存经营管理和制度上的问题及改进潜力进行研究;

(3)收购存在的法律障碍和解决途径,收购有关的税收事项及安排;

(4)员工及养老金问题、公司股东权益的增长和管理层的利益回报等。

2. 组建管理团队

以目标公司现有的管理人员为基础,由各职能部门的高级管理人员和职员组成收购管理团队。组建管理团队时,应从优势互补的角度考虑,引进必要的外部专家和经营管理人员,同时剔除掉内部那些缺乏敬业精神和团队协作的原管理人员或高级职员。通常情况下,管理团队以自有积蓄或自筹资金提供 10% 的收购资金,作为新公司的权益基础。

3. 设计管理人员激励体系

管理人员激励体系的核心思想是通过股权认购、股票期权或权证等形式向管理人员提供基于股票价格的激励报酬,使管理人员成为公司的所有者和经营者,其收入及权益与公司盈亏直接挂钩,其能够得到基于利润等经营目标的股东报酬,从而充分发挥管理才能和敬业精神。

4. 设立收购主体——壳公司

由管理团队作为发起人注册成立一家壳公司,也称为虚拟公司或纸上公司,作为拟收购目标公司的主体。壳公司的资本结构就是过渡贷款加自有资金。设立新公司的原因是管理层作为一群自然人要实现对目标企业资产的收购,只有借助于法人形式才能实现。因此,在这种情况下,管理层在组建管理团队后,首先要在目标公司的经营业务的基础上设计公司框架,制定公司章程,确定公司股份认购原则,发起、设立有限责任公司,在新设立的公司中,管理团队人员经过选举确定董事长、总经理和董事会成员以及各个层面的高级管理人员。

5. 选聘中介机构

管理团队应根据收购目标公司的规模、特点以及收购工作的复杂程度,选聘专业中介机构,如投资银行、律师事务所、会计师事务所和评估事务所等机构。这类机构不仅能指导业务操作,提高并购成功率,而且能为后续融资提供支持,如投资银行还可提供过渡贷款融资。

6. 收购融资安排

在 MBO 操作过程中,管理层只付出收购价格中很小的一部分,其他资金由债务融资筹措。其中所需资金的大部分(50%~60%)来自以公司资产为抵押向银行申请的贷款。该项贷款可以由数家商业银行组成辛迪加来提供。这部分资金也可以由保险公司或专门进行风险资本投资或杠杆收购(指收购者以自己很少的本钱为基础,然后从投资银行或其他金融机构筹集、借贷足够的资金进行收购活动,收购后公司的收入刚好支付因收购而产生的高比例负债,这样能达到以很少的资金赚取高额利润的目的,这也称为高负债的收购)的有限责任公司来提供。其他资金以各级别的次等债券形式,通过私募(针对养老基金、保险公司、风险资本投资企业等)或公开发行高收益率债券来筹措。

7. 评估和收购定价

目标公司价值的确定不外乎两个依据:一是根据目标公司的盈利水平评价;二是按照目标公司的账面资产价值评价。目标公司的估价可以委托专业评估机构完成。管理团队根据其对目标公司经营情况和发展潜力的充分了解,确定能够接受且合理的总购买价格。管理团队在确定收购价格时,要充分考虑以下因素:

(1) 建立在公司资产评估基础上的各价值因素。包括:固定资产、流动资产的价值;土地使用价值;企业无形资产价值;企业改造后的预期价值;被转让的债权、债务;离退休职工的退休养老、医疗保险和富余人员安置费用等。

(2) 外部买主的激烈竞争。把握和利用与原公司决策者的感情因素和公司内幕消息,争取竞争条件下的最可能争取的价格优惠。

8. 收购谈判,签订合同

这一步是 MBO 的核心和关键步骤。在这一阶段,管理团队就收购条件和价格等条款同目标公司董事会进行谈判。收购条款一经确定,MBO 便进入实质性阶段,管理层与目标公司正式签订收购协议书。收购协议书应明确双方享有的权利和义务。其主要内容如下:

(1) 收购双方的名称、住所、法定代表人;企业收购的性质和法律形式;收购完成后,被收购企业的法律地位和产权归属。

(2) 收购的价格和折算标准,收购涉及的所有资本、债务的总金额,收购方支付收购资金来源、性质、方式和支付期限。

(3) 被收购目标公司的债权、债务及各类合同的处理方式以及被收购目标公司的人员安置及福利待遇等。

9. 收购合同的履行

收购集团按照收购目标或合同约定完成收购目标公司的所有资产或购买目标公司所有发行在外的股票,使其转为非上市公司。收购完成,根据收购具体情况办理下列手续和事项:

（1）审批和公正。协议签订后,经双方法定代表人签字,报请有关部门审批,然后根据需要和双方意愿申请法律公证,使收购协议具有法律约束力,成为以后解决相关纠纷的依据。

（2）办理变更手续。收购完成以后,意味着被收购方的法人资格发生了变化。协议书生效后,收购双方要向工商等有关部门办理企业登记、企业注销、房产变更及土地使用权转让手续,以保证收购方的利益和权利。

（3）产权交接。收购双方的资产交接,须在律师现场见证、银行和中介机构等有关部门的监督下,按照协议办理移交手续进行,经过验收、造册,双方签证后,会计据此入账。按协议清理收购目标公司的债权、债务,并据此调整账户,办理更换合同、债据等手续。

10. 发布收购公告

这是收购过程的最后一道程序。把收购的事实公诸社会,可以在公开报刊上刊登,也可由有关机构发布,使社会各方面知道收购事实,并开始调整与之相关的业务。

● 关键术语 ●

企业并购　善意收购　恶意收购　杠杆收购　管理层收购

● 本章小结 ●

1. 并购是企业以不同的方式直接与其他企业组合起来,利用现代设备、技术力量和其他有利条件,扩大生产规模,实现优势互补,从而促进企业迅速成长的一种经营手段。其实质是在企业控制权运动过程中,各权利主体依据企业产权的制度安排而进行的一种权利让渡行为。

2. 企业并购的动因有获得规模效益、降低进入新行业和新市场的障碍、降低企业经营风险、获得科学技术上的竞争优势、获得经验共享和互补效应、实现财务经济、有利于进行跨国经营、满足企业家的内在需要。

3. 上市企业并购的操作流程大致如下:并购决策与工作计划;项目筛选与目标定位;目标分析与尽职调查;初步接洽与并购意向;信息分析与并购方案;并购谈判与并购协议;并购实施与后期整合。

4. 我国企业并购中的主要风险有报表风险、评估风险、合同风险、资产风险、负债风险、财务风险、诉讼风险、客户风险、雇员风险、保密风险、经营风险、整合风险、法律风险、政府行为风险、信誉风险、其他风险。

5. 收购分为善意收购和恶意收购。恶意收购通常会导致反收购的出现。反收购指目标公司管理层为了防止公司控制权转移而采取的旨在预防或挫败收购者收购本公司的行为。目标公司反收购措施分为两大类:一类是预防收购者收购的事前措施,一类是当收购出现时为阻止收购者收购成功的事后措施。

6. 杠杆收购指公司或个体利用自己的资产作为债务抵押,收购另一家公司的策略。交易过程中,并购方主要通过举债获取目标企业的产权,又从目标企业的现金流量中偿还债务,同时以目标企业的资产为担保获得收购资金,因而在收购过程中,收购方的现金开

支可降低到最低程度。[此处文字被遮挡]

7. 管理层收购指公司的经理层利用借贷所融资本或股权交易收购本公司的一种行为,这会引起公司所有权、控制权、剩余索取权、资产等变化,以改变公司所有制结构。通过收购,企业的经营者变成了企业的所有者。

●复习思考题●

1. 什么是企业并购?为什么要进行企业并购?
2. 公司并购有哪些风险?
3. 反收购措施都有哪些?
4. 杠杆收购的优势有哪些?
5. 管理层收购的主要方式有哪些?

●本章实训●

一、实训 A

(一) 实训目的

要求学生在学习奔驰公司发展历程上非常重要的一次企业并购后能深刻体会企业并购给企业带来的巨大改变。

(二) 实训内容

1. 背景资料

跨国汽车新巨人的诞生——戴姆勒—奔驰汽车公司与克莱斯勒汽车公司合并

1999 年 5 月 7 日,世界汽车工业史上迎来了前所未有的大行动:德国的戴姆勒—奔驰汽车公司(以下简称奔驰公司)与美国的克莱斯勒汽车公司(以下简称克莱斯勒公司)宣布合并。这不但使世界舆论哗然,汽车行业内部更是如同经历了一场地震。权威人士预言,全球汽车工业将随着奔驰公司与克莱斯勒公司的合并掀起新一轮的调整浪潮,出现白热化的局面,并最终出现全新结构。

(1) 并购背景及原因。奔驰公司和克莱斯勒公司均是当今世界举足轻重的汽车巨人。奔驰公司是德国最大的工业集团,总部设在德国南部的斯图加特。长期以来,奔驰公司的业绩一直非常优秀,尽管世界金融市场一度动荡不定,但奔驰公司生产的汽车一直在世界汽车市场上保持强劲的势头。克莱斯勒公司是美国仅次于通用和福特的第三大汽车制造商,总部设在底特律。该公司是多元化企业,除了汽车之外,还生产和经营汽车配件、电子产品等。美国《财富》杂志统计,克莱斯勒公司自 20 世纪 90 年代初开始,一直在美国 500 家最大公司中排名前 10 位,让人刮目相看。那么,为什么这样两大汽车巨人会在世纪之交选择强强联合呢?

首先,经济全球化趋势正日益增强。汽车行业的决策者非常清醒地认识到,如果要在 21 世纪在行业内部站稳脚跟并求得进一步发展,必须着手扩展生存空间,增强竞争力,只有强中更强,才能在全球化浪潮中稳住阵脚。同时,汽车行业市场上早已出现供大于求的局面。以轿车来说,全球每年的产量为 6 000 万辆,而销量只有 4 000 万辆。在有限的销售量下,各大汽车公司不得不考虑如何占据尽可能大的世界市场份额。走企业联合的道路则似乎成了汽车行业的大趋势。两家公司的合并还有它们自身独特的原因。首先,双方可以形成优势互补的局面。奔驰公司是德国最大的工业集团,而克莱斯勒公司则是美国第三大汽车制造商,两者都是营利企业,具有雄厚的财力,强强联合的前景被十分看好。

其次,双方在生产和销售领域互补的态势显得最为明显。在市场分销上,克莱斯勒公司的销售额93%集中在北美地区,在其他地区的份额只占7%。尽管克莱斯勒公司在美国三大汽车公司中一直保持最高的利润,但北美市场一旦不景气,将会影响公司的前程。因此合并正好可以使其摆脱对北美市场的依赖性,打进奔驰公司业已占有的地盘。而奔驰公司也一直试图大规模打进北美市场。目前,奔驰公司在北美市场的销售份额只占总销售额的21%。而与克莱斯勒公司的联合正好可满足它对北美市场的要求。从产品线来看,两家公司各有自身的优势,双方产品重合的情形极少。克莱斯勒公司的强项是小型汽车、越野吉普车和微型箱式汽车;奔驰公司以生产豪华小汽车闻名。双方产品唯一重合的是奔驰 M 级越野车和克莱斯勒的"吉普",但 M 级越野车在奔驰系列中所占的销量比重不大。

最后,降低生产成本、增强竞争力是两家公司合并的另一个重要因素。合并之后,双方将在采购、营销、技术协作以及零部件互换方面开展协作,从而达到降低营销成本、方便研究与技术开发、发展生产和促进销售的目的。

(2)合并过程。奔驰公司和克莱斯勒公司的合并不仅是汽车行业,也是整个世界工业史上最大的行动。巨型的合并计划从萌芽到瓜熟蒂落,前后只用了不到 4 个月的时间。

1999 年 1 月 12 日,美国底特律市举行汽车博览会。奔驰公司总裁于尔根·施伦普亲自出马为奔驰公司的产品助阵。借此机会,他来到位于底特律的克莱斯勒公司总部,向克莱斯勒公司的总裁罗伯特·伊顿提出了双方合并的设想。施伦普根本没有想到,伊顿与他一拍即合。双方接下来进行了 10 余次的秘密会谈。在谈判的过程中经历过许多的障碍。在许多重大问题上双方僵持不下的时候,其中一方一言不发匆匆走人也是常有的事。

最初是关于未来的公司领导人的问题,施伦普和伊顿在处理这个问题的时候都表现得很豁达。他们表示不会让这一问题阻碍一项于双方都有利可图的交易。两人同意合并的头三年将共同任公司董事长。三年后,比施伦普大 5 岁、现年 58 岁的伊顿将退出,由施伦普一人掌管。最大的难题是合并之后新公司的法律结构问题。奔驰汽车公司是一家德国股份公司,而克莱斯勒公司则根据美国法律经营。双方曾经讨论在第三国荷兰组成新公司,但由于税收问题的障碍而不得不放弃。最后双方商定,新公司将保留德国特色的股份公司形式,并在新公司中保留奔驰公司一直采用的共同决定机制。这就是说,有工人代表参加新公司的监事会,他们在有关公司的重大问题上有参与决定的权利。这一切对于美国人来说,都是完全新鲜的事物。双方都能认识到合并会给两者带来的好处,善于从长远的角度看问题,因此虽然面临众多阻碍,谈判还是不断地取得进展。5 月 4 日,谈判结束了。在经过一系列准备之后,宣布仪式于 7 日举行。这一石破天惊的合并终于问世。

尽管合并之后的戴姆勒—克莱斯勒公司遇到了诸如文化融合、工资制度的不统一等各种问题,并且继续面临激烈的行业竞争以及全球经济疲软,但该公司通过业务整合十分成功地保持了其世界汽车行业的强大领导力,至今仍然驰名全球。

资料来源:作者整理。

2. 实训要求

要求学生以小组为单位,查阅奔驰公司的相关资料,回答如下问题。

问题1:这次并购中都经过了哪些程序?

问题2:两家公司合并的原因有哪些?

(三) 实训组织

1. 指导教师安排实训项目,提出相关要求。

2. 学生自由分成几个小组,由组长负责任务分配,在课堂上用PPT配合演讲的形式向同学们做汇报。

二、实训B

(一) 实训目的

1. 掌握企业并购的相关知识。

2. 训练学生分析问题、解决问题的能力。

(二) 实训内容

1. 背景资料

2020年8月28日,沃尔玛公司表示已决定与微软公司收购TikTok的业务。这表明沃尔玛公司现在希望进入技术和媒体领域,并吸引越来越多的年轻人。沃尔玛公司表示,此举将帮助该公司的第三方在线市场发展。沃尔玛公司使用微软公司的Azure云平台,与微软公司合作收购TikTok的消息传出后,沃尔玛公司在纽约证券交易所的股价大涨近3.6%,至135.47美元。

2. 实训要求

结合上述背景资料,查阅收集相关资料,回答下列问题:

问题1:本次企业并购的动因是什么?请对此做出评论。

问题2:面对此次并购,字节跳动可能能够采取的反收购措施有哪些?

问题3:此次并购对于中概股海外上市会产生怎样的影响?

(三) 实训组织

1. 指导教师布置实训项目,提示相关要求。

2. 采取学生自由组合的方式,将学生划分为小组。

3. 要求学生以小组为单位,认真收集微软收购TikTok的相关资料,并就相关问题以PPT形式进行课堂汇报。

● 即测即评 ●

第七章
投资咨询与资产管理

章前引例

2018年4月27日,中国人民银行、中国银行保险监督管理委员会、中国证券监督管理委员会、国家外汇管理局联合发布了《关于规范金融机构资产管理业务的指导意见》(以下称资管新规)。在经过多年的快速发展之后,资产管理业务终于迎来了相对统一的监管规则。分散于银行、信托、保险、证券、基金等不同金融子领域的资产管理业务,重新站在了同一个起跑线上,一个基本监管规则一致、注重合规、严控风险的新时代已经到来。

通过本章学习你将了解与掌握什么是证券投资咨询业务,投资银行咨询服务业务的内容是什么,投资银行咨询服务业务的程序是怎样的,理财顾问是什么。了解与掌握投资银行资产管理业务是什么,资产管理业务的内涵及运作,怎样进行资产管理业务的运营管理与风险控制。

本章知识结构图

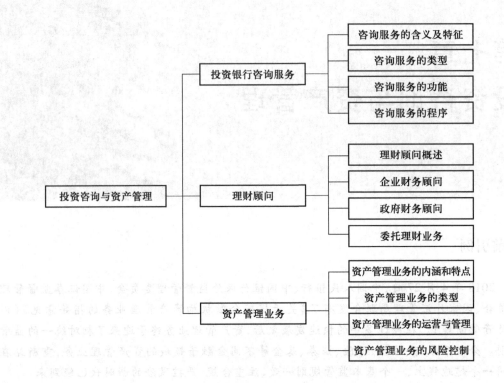

第一节　投资银行咨询服务

一、咨询服务的含义及特征

（一）咨询服务的含义

一般来讲,咨询服务包括提供信息、建议、意见并收取手续费的所有活动。具体来讲,咨询服务是一种以合同关系为基础,以知识、信息、经验、技术和技能为载体,针对客户的需要提供信息、建议或方案的综合性研究决策活动。

（二）咨询服务的特征

1. 知识创新性

提供的咨询服务必须是建立在最新的知识结构之下,保证思路及观点的创新性。

2. 信息综合性

咨询服务提供的信息必须全面、及时,只有建立在此基础上的分析和研判才能准确、到位。

3. 独立客观性

投资银行提供的咨询服务必须有独到的观点和认知,有别于其他渠道的分析,以得到客户的认可和信任。

4.着眼未来性

客户咨询是为未来投资打基础,投资银行提供的信息咨询要具有一定的前瞻性。

二、咨询服务的类型

（一）资产重组咨询服务

当投资银行受聘于资产重组的并购方时,投资银行提供的主要咨询服务有以下三个方面:

（1）寻找资产重组的目标公司,分析公司资产净值、资产负债率和资产利润率等财务指标,分析公司所处行业的特征、管理层的能力和公司的竞争力;

（2）提出详细的收购建议;

（3）与目标公司的管理层商谈收购条款,编制资产重组的公告,并帮助并购方制定出最终的收购计划。

当投资银行受聘于目标公司时,投资银行提供的主要咨询服务有以下三个方面:

（1）参与公司组织结构的设计,改善财务管理的手段,提高目标公司抵御被收购的能力。

（2）建议公司采取一系列的预防措施,减少被收购的威胁。

（3）面对敌意收购,帮助目标公司构建反收购的攻势。帮助目标公司收集并购公司的资料信息,帮助目标公司向其股东论证、宣传收购价格及收购条件的不合理性,寻求股东的支持。

（二）信息咨询服务

1.常年经济信息咨询

常年经济信息咨询包括宏观经济信息咨询、金融信息咨询、行业产品信息咨询等。

2.企业资信信息咨询

客户在投资的过程中重要的关注点就是投资对象的资信状况,这是客户投资选择的基础。但是客户掌握的资料有限、分析问题的能力有限,所以,客户必然要向投资银行咨询。

3.专项调查信息咨询

客户需要投资银行提供具有一定专业性、一定范畴的专项信息。一般投资银行只有通过调查、分析才能提供相对全面、准确的信息。

（三）投资咨询服务

1.债券投资咨询服务

（1）帮助客户选择合理的债券品种,以满足不同客户的风险—收益偏好;

（2）为客户提供不同发行价格下收益率分析及建议。

2.股票投资咨询服务

（1）根据客户的要求,为客户提供股票分析与预测,并提供选股建议;

（2）利用行为金融理论,引导客户树立正确的投资理念;

（3）利用专业的技巧，帮助客户形成正确的投资方法。

（四）管理咨询服务

投资银行主要从基础服务、专项服务、战略顾问和综合服务等方面为客户提供管理咨询服务。主要帮助客户设计公司的战略策略、确定最佳的资本组合。

三、投资银行咨询服务的功能

投资银行咨询服务的功能体现在以下方面：

（一）提高市场效率

在投资银行的咨询服务下，市场参与者能够更理性地参与市场投资，其投资策略更加有的放矢，更有针对性，市场效率得到提高。

（二）提高上市公司的质量

在投资银行的咨询服务，上市公司不断修正投资行为和投资技巧，盈利能力得到提高。同时，通过并购重组等方式，进行资产组合，上市公司的市场竞争力得到提高。

（三）提高投资银行的市场竞争力

投资银行通过提供咨询服务能够与客户建立良好的合作关系，为一级市场业务、二级市场业务的顺利开展打下基础，赢得客户，从而占领市场先机，使市场竞争力得到提高。

（四）引导投资者理性投资

接受投资银行的咨询服务后，投资者的投资行为会更加有序、更加理性。在专业指导之下，投资者可以有目的、有节奏地投资，维护市场秩序，其投资行为更加良性。

四、投资银行咨询服务的程序

（一）明确咨询服务的长期目标

投资银行提供咨询服务的长期目标是建立与客户之间的长期伙伴关系，共同解决客户所面临的问题。投资银行会针对不同客户采取不同的咨询服务策略：对于潜在客户，主要通过多接触来提高其投资兴趣，显示专业能力；对于新客户，通过小项目的咨询服务，建立信任关系，显示专业能力，并建立良好的合作关系；对于榜样客户，以往合作的若干成功项目，为彼此建立了良好的信任关系，因而可以通过进一步加深接触，为未来的合作打下基础；对于老客户，由于彼此相互了解，只需巩固这种良好的合作关系；对于核心客户，客户将会委托一些全面、复杂的咨询事务，可以与客户共同学习，开发新的解决问题的方法。

（二）组建咨询服务项目组

咨询服务项目组一般由三个层次的顾问人员组成：资深经理，负责指导项目的业务，并对最终的业务完成质量承担完全的责任；项目经理，负责领导操作责任；管理顾问，负责操作责任。在管理咨询服务中，客户单位也会委派专门人员，参与咨询项目组。

（三）了解客户需求，递交项目建议书

咨询服务项目组通过与客户沟通，了解客户需求，进行全面的考虑，设计项目建议书，并递交项目建议书。

（四）签订合同，明确双方的权利与义务

投资银行在认定项目建议书的同时，与客户签订合同，明确双方在接下来合作中的权利和义务。

（五）形成最终的咨询报告

投资银行与客户签订合同之后，进一步讨论项目建议书中的相关细节，不断丰富项目建议书中的内容，形成最终的咨询报告。

（六）指导客户实施咨询方案

投资银行提交咨询报告后，在执行咨询报告过程中，有义务解答客户的问题，并帮助客户顺利实施咨询方案。

（七）信息反馈

在实施咨询方案过程中，若发现问题，投资银行有义务帮助客户不断修正咨询方案，完善咨询报告。

第二节　理财顾问

一、理财顾问概述

（一）理财顾问的对象

理财顾问指投资银行利用自身拥有的智力和信息资源为筹资者和投资者提供市场信息、设计融资和投资方案、出具咨询报告、提出公正意见、开展委托理财等，是一种新型创收业务。

理财顾问业务的服务对象有两大类：一类是资金筹集者，包括国内外工商企业和各级政府部门等；另一类是投资者，包括中小投资者和机构投资者，机构投资者指工商企业、投资基金、养老基金、保险基金和各类基金会。为筹资者提供的顾问服务即财务顾问；为投资者提供的顾问服务即是投资顾问（也称为投资咨询）。

以资金筹集者为服务对象的财务顾问业务由来已久，形成了投资银行重要的业务来源。现在，以个人投资者为服务对象的理财顾问业务发展十分迅速，呈现出与企业财务顾问和政府财务顾问业务并驾齐驱的发展之势。实际上，为个人投资者提供专业的理财顾问服务已成为一个蓬勃发展的新兴职业，即个人理财师或独立个人理财顾问。他们根据个人收支情况、中长期财务目标、风险承受能力，为投资者制定储蓄计划、保险计划、投资计划、退休计划、税务计划等，支持个人合理规划不同阶段的财务目标。在美国，独立理财顾问兴起于 20 世纪 90 年代，现已成为一个相对成熟的新兴行业。在我国，随着人民的整体生活水平大大提高，一部分先富裕起来的群体积累了可观的个人财产，对理财顾问的需求正在逐渐上升。此时，投资银行充分利用自身的信息生产能力和智力资源优势，积极开展理财顾问服务，将会有越来越大的盈利空间。

（二）理财顾问的业务范围及收费方式

1. 理财顾问的业务范围

理财顾问的业务范围包括为客户（企业和政府机构）提供筹资顾问、资产重组顾问、财务风险管理顾问、项目融资顾问。

投资顾问的业务范围包括为客户进行宏观经济分析、行业分析、公司分析和市场分析，帮助进行投资项目策划和提供投资方案，与客户开立共同账户合作投资，接受全权委托代客理财等。大型投资银行还在全球范围开展证券承销、证券投资及资产管理业务。

为客户提供投资咨询服务是投资银行的天职，国际上大型投资银行都设有专门从事研究及咨询业务的部门。提供研究报告已成为投资银行重要的利润来源。投资银行可向经纪交易商或大型机构客户如风险投资机构、共同基金、保险基金等出售研究成果。

2. 理财顾问的收费方式

投资银行在开展理财顾问业务时，可采用两种收费方式。

（1）独立收费方式。即投资银行接受客户委托，为客户提供各类独立的顾问服务，顾问费用由双方商定，也可由投资银行根据该项目所耗费的时间和人工确定。

（2）非独立收费形式。即投资银行提供的顾问服务包括在其他业务中，如证券承销、企业并购和风险管理等，顾问报酬也列入其他业务当中计算。

（三）投资银行开展理财顾问业务需注意的事项

（1）投资银行为了科学、准确、规范、有序地开展理财顾问业务，必须组建咨询业务专家委员会。为保证咨询结论的准确性，必须邀请多个领域的专家和学者及评估、法律等方面的专业人士组成咨询业务专家委员会。遇有咨询业务时，邀请相应领域的专家、评估专家、律师、会计师等组成该项目的评估小组，负责对该项目的可行性和合理性进行全面、客观、公允的分析、评价，最后撰写项目报告。投资银行的咨询业务专家委员会是咨询业务规范化、高效化的基础，也是咨询结论科学性、权威性的必要保证。

（2）要建立金融咨询业务的资料信息库。可收集、整理世界银行及著名咨询公司、评级公司有关评估方法、咨询个案等方面的材料；可收集、整理国家的有关政策，相关法律、法规，国家和地区的产业规划和产业政策；可收集、整理本地区的有关投资促进、投资限制、投资禁止等方面的地方性法规等材料。

（3）要加强对金融咨询业务人员的岗位培训。咨询服务业务涉及面广、专业性强、不可预见性大，因而对从业人员素质的要求更高。可通过邀请与咨询业务相关的专家、学者讲授有关专业知识，举办专题讲座、报告等形式提高咨询人员的素质，还可举办专门的培训班对有关人员进行专业化、系统化的业务培训。

（4）切忌草率出具咨询意见，注意咨询结论的权威性。信誉是投资银行生存和发展的基石。要通过严格的咨询业务操作规程、高素质的业务人员队伍和扎实的工作来力保咨询结论的严谨性、科学性和公正性。在咨询服务中，严把咨询报告质量关，以维护投资银行良好的社会公众形象。

二、企业财务顾问

投资银行为企业提供财务顾问服务，既包括为企业融资提供全方位方案设计和协调安排等,也包括在企业并购和反并购等资产重组活动中充当财务顾问。投资银行的企业重组咨询业务可以分为两大类:一类是为企业兼并重组提供策划和财务顾问服务。在这类业务中,投资银行不是充当重组并购活动和交易的主体或当事人,而只作为中介人,为并购重组交易的兼并方或目标企业提供策划、顾问及相应的融资服务。这类业务是投资银行作为企业财务顾问的主要业务。另一类是兼并收购自营。在这类业务中,投资银行是兼并收购交易的主体,它把产权买卖当作一种投资行为,先是买下产权,然后或直接转让,或分拆卖出,或整体经营待价而沽,或包装上市抛售股权套现,目的是从中赚取买卖差价。

(一)企业重组中的咨询顾问

企业在重组的过程中,需要以全新的视野审视自身的战略规划、经营策略、财务管理、业务分离与整合等问题。而这些正是投资银行发挥其优势的业务领域。

作为企业重组的咨询顾问,投资银行应做好以下工作:

(1)帮助企业进行财务分析,分析存在的危机因素和问题,研究本质和成因,提出相应的对策建议。

(2)根据企业的具体情况和比较优势,重新规划、制定企业的发展战略和经营策略,进行新形势下的企业目标定位。

(3)协助企业设计并实施融资方案,帮企业补充进一步发展所需要的资金。

(4)重新拟定经营方针,根据主客观因素的变化重新排列出企业业务发展的重要程度序列,建议企业集中有限资源重点发展拳头业务,同时删除掉一些不重要、不具备任何优势的业务。

(5)重新规划、设计企业的组织机构设置和分支机构设置。

(二)作为并购方的财务顾问

投资银行一般都设有企业并购部门,专门从事并购业务。企业并购部门收集了大量可能发生兼并收购的交易信息,同时,投资银行具有长期积累的并购经验和娴熟的投资技巧,常被兼并收购双方聘请为顾问,进行兼并收购方案的设计并协助实施。

投资银行在被并购方聘为财务顾问后,一般要发挥以下作用:

(1)替并购方寻找合适的目标公司并进行相关的分析、研究;

(2)提出具体的收购建议,包括收购策略、收购的价格与非价格条件、收购时间表和相应的财务安排等;

(3)与目标公司的董事或大股东接洽并商议收购条款;

(4)编制有关的并购公告,详述有关并购事宜,同时准备一份寄给目标公司股东的函件,说明收购的原因、条件和接纳收购程序等;

(5)提出令人信服的和并购方有能力去完成的收购计划。

(三)作为目标公司的财务顾问

投资银行还可以作为目标公司的财务顾问,积极应对收购公司的收购计划,设计出有效的反兼并和反收购的策略和方案。

(1)如果是敌意收购,需要防御和抵抗敌意收购公司的进攻。投资银行必须和目标公司的董事会共同研究和制定出一套防范被收购的方案,增加收购的成本和难度。常见的措施有资产重估、股份回购、白衣骑士、金降落伞和锡降落伞、售卖冠珠、毒丸计划、帕克曼战略、反接管修正、反收购的法律手段等。

（2）就收购方提出的收购建议，向公司董事和股东做出收购建议是否公平、合理和是否接纳收购建议的意见。

（3）编制有关文件和公告，包括新闻公告，说明董事会对建议的初步反应和他们对股东的意见。

（4）协助目标公司准备一份对收购建议的说明和他们的意见，寄给目标公司的股东。

投资银行在作为收购方企业并购顾问的同时，可以作为其融资顾问，负责其资金筹措，如提供过桥融资（过桥贷款）；投资银行在作为目标企业并购顾问的同时，可以作为其融资顾问，负责其资金筹措，如发行垃圾债券。

三、政府财务顾问

（一）政府财务顾问业务的主要内容

投资银行担当政府财务顾问主要涉及为国有企业所有权结构重组及改制上市充当财务顾问和充当政府经济决策部门的业务顾问两个方面的工作。

1. 为国有企业所有权结构重组及改制上市充当财务顾问

为了有效实施国有企业所有权结构重组及改制上市，政府聘请投资银行作为财务顾问，由投资银行进行私有化方案的整体设计和相关操作，如为改制企业寻找战略投资者、设计合理的股权结构和融资方案、提供全面的财务顾问服务等。

2. 充当政府经济决策部门的业务顾问

政府在进行经济决策时，由于缺乏充分的金融知识和在金融市场运作的娴熟技巧，需要投资银行从专业角度提供支持和顾问服务。

（二）我国投资银行开展政府财务顾问的情况

1. 投资银行与深化国有企业改革

在我国国有企业的战略性重组中，投资银行扮演着十分重要的角色。第一，作为专业性咨询机构，投资银行是资产重组的总体规划师；第二，在国有企业资产重组的具体操作方面，投资银行也是不可或缺的专业性机构；第三，投资银行的参与和运作，可以在一定程度上消除国有资产流动的各种障碍，解决国有企业组织构造等方面的一系列更深层次的问题；第四，为单个企业的资产重组和组织结构优化担当参谋和助手。

2. 投资银行与地方政府科学决策

在我国，投资银行可以帮助地方政府制定经济发展战略，就区域经济和行业经济的整合提出决策方案，进行公共工程的可行性分析、筹资安排、资金运用及财务状况的最终审核。

四、委托理财业务

（一）委托理财概述

1. 委托理财的含义

委托理财又称代客理财，是同一业务从委托方和管理方角度形成的不同称谓。委托理财指专业管理人接受资产所有者委托,代为经营和管理资产,以实现委托资产增值或其他特定目标的行为。一般特指证券市场内的委托理财,即投资银行作为管理人,以独立账户募集和管理委托资金,投资于证券市场的股票、基金、债券、期货等金融工具的组合,实现委托资金增值或其他特定目的的中介业务。

2. 基于不同目的的账户理财

根据委托投资的目的,委托理财可分为增值账户理财和特别账户理财两类。

(1) 增值账户理财(increment account management)指委托投资以委托资产的增值为主要目的。

(2) 特别账户理财(special account management)指委托投资有其他特定投资目的。

3. 开展委托理财业务的模式

投资银行可以通过以下模式开展委托理财业务:

(1) 通过下设的资产管理部直接从事委托理财业务;

(2) 通过设立独立的资产管理公司来从事委托理财业务;

(3) 与其他专业性投资机构共同设立资产管理公司来从事理财业务。

(二) 委托理财的类型

1. 根据服务方式,委托理财分为集合型委托理财和个体型委托理财

集合型委托理财指投资银行集合众多委托人的资产,并对托管资产实行集中统一管理。个体型委托理财指投资银行对大宗客户实施一对一的委托理财服务。

集合型委托理财可看作一种基金管理模式。在操作上,投资银行将具有类似投资偏好的中小规模投资者的资产集中起来,成立一个私募基金,投资银行作为私募基金的资产管理人。个体型委托理财的主要客户是一些资金实力雄厚的机构投资者、富有的个人投资者及社会的公益性基金等。资产管理人可以满足委托人的个性化需求。

投资银行可以引导两者相互转换。如果管理人发现若干账户理财业务委托目标相同、风险偏好相似,可在相应范围内向投资者发起私募基金,以降低委托成本,发挥委托资产总体规模优势。当私募基金中某一特定持有人所占份额较大时,为防止该持有人与同一基金其他持有人发生理念冲突,给重要客户提供更细致、满意的服务,管理人可以考虑将该客户的委托理财方式转换为个体型委托理财。

2. 根据收益方式,委托理财分为完全代理型委托理财和风险共担型委托理财

完全代理型委托理财指受托人只负责对委托资产的管理与运作做出保证,而不对委托人资产的收益做出保证。在完全代理型委托理财业务中,委托资产的收益和损失完全由委托人承担,受托人在向委托人收取管理费用的情况下,再根据委托资产的经营业绩提取适当的业绩回报。

风险共担型委托理财指委托资产管理人根据证券市场的平均收益率并根据自身的资产管理水平和风险承受能力对委托人资产的年收益率做出适当的许诺。在风险共担型委托理财业务中,如果资产管理人运用委托资产投资产生较高的收益,其中超出保证收益率部分的收益将由受托人单独享有或与委托人共同分享。

完全代理型委托理财和风险共担型委托理财的具体比较,如表7-1所示。

表 7-1 完全代理型委托理财和风险共担型委托理财的比较

	完全代理型委托理财	风险共担型委托理财
承担风险	委托人承受较大风险	管理人承受较大风险
享受收益	投资收益主要由委托人所有	管理人享受很高的业绩提成
对管理人资本规模和投资技巧的要求	较高	高
管理费用	高(低)管理费+低(高)业绩提成	较高的管理费用+较高的业绩提成

在实际运作中,会形成四种理财类型:集合完全代理型、个体完全代理型、集合风险共担型、个体风险共担型。

(三)委托理财当事人的基本权利和义务

委托理财业务中,投资银行作为资产管理人,接受资产委托人的委托,实施资产管理行为,并与同为受托人的资产托管人相互监督,力求委托资产的保值、增值。

委托理财业务中,资产委托人、资产管理人和资产托管人各自享有的基本权利和应尽的基本义务如表 7-2 所示。

表 7-2 资产委托人、资产管理人和资产托管人各自享有的基本权利和应尽的基本义务

	基本权利	基本义务
资产委托人	要求资产管理人根据自己的意愿对委托资产进行运作	将委托资产信用托付给资产管理人进行运作
	充分了解资产管理人的资产运作状况和委托资产净值的变化	向资产管理人支付管理费用,并给予资产管理人适当的业绩提成
	享受委托资产的投资收益	承担委托资产投资损失
资产管理人	运用委托资产进行投资	保管并管理资产委托人资产
	按规定收取资产管理费用	向资产委托人支付收益
	按规定享有业绩提成	向资产委托人公开资产管理情况
资产托管人	收取资产托管费用	保障资产委托人资产的安全,执行资产管理人的投资指令

(四)投资银行委托理财业务的品种创新

投资银行在委托理财业务方面的创新主要有资金流动型委托理财、附加期权型委托理财、经营平衡型委托理财、或有条件型委托理财、多方合作型委托理财等。

1.资金流动型委托理财

资金流动型委托理财对委托资金实行流动性管理,即客户将一定额度的资金自期初

分批划入理财专户,投资银行则分批投资,到期逐步套现再分批返还客户。

2. 附加期权型委托理财

投资银行设计附加期权型委托理财主要为解决如何扩大自己投资规模的问题。

3. 经营平衡型委托理财

经营平衡型委托理财是投资银行为经营型客户设计的理财品种。

4. 或有条件型委托理财

购买或有条件型委托理财产品后,当各种预期或有条件发生时,客户可以最大限度地分享可能获取的投资收益,当然也要承担可能发生的亏损。

5. 多方合作型委托理财

在多方合作型理财中,投资银行吸收投资公司、银行、营业部甚至个人参与,并发挥中介、托管、策划等第三方的作用。

（五）我国投资银行委托理财业务的发展历程

我国委托理财业务的发展大体可分为五大阶段:

1. 没有合法地位的"地下"阶段(1996 年—2001 年上半年)

起初,券商并没有委托理财这项业务,主要业务是经纪、自营、代理发行证券三大类。

券商的委托理财业务在 1996 年的牛市行情中才初见端倪,在 2001 年上半年到达了高潮。尽管这一阶段券商开展委托理财是业内公开的秘密,然而它并没有合法的地位,如《证券法》中明确规定证券公司的主要业务是经纪、自营、代理发行债券三大类。由于这一阶段券商一般都给客户承诺最低回报,加之券商的自营部门与资产管理部门也没有分开,所以这一阶段券商的委托理财其实是自营的变相融资形式。

2. 取得了合法地位并逐步规范化阶段(2001 年年底—2004 年 2 月)

此阶段以《关于规范证券公司受托投资管理业务的通知》(2001 年年底出台)的出台为标志,它的公布使券商理财有章可循。这一阶段券商的委托理财还是面向机构客户,面向大众散户的集合委托理财并没有合法的地位,券商只能在探索中前进。

3. 步入规范、快速发展的新阶段(2004 年 3 月—2012 年 9 月)

此阶段以《证券公司客户资产管理业务试行办法》的出台(2004 年 2 月正式实施)为标志,券商委托理财业务进入了一个规范、快速发展的新阶段。券商委托理财业务既可以面对机构客户,也可以面对公众散户;券商既可以为单一客户办理定向委托理财业务,也可以为多个客户办理集合委托理财业务,还可以为客户办理特定目的的专项委托理财业务。同时,从事客户委托理财的门槛降低,使得更多的券商加入委托理财业务的行列。

从此,证券公司委托理财业务在规则的约束下,在行政审批的历史背景下缓慢前行,直到 2008 年《证券公司监督管理条例》出台,进一步明确了证券公司委托理财业务需要证监会的批准方可开展。同年,《证券公司集合资产管理业务实施细则(试行)》发布,证券公司集合委托理财业务进一步得到规范。

4. 规则红利爆发阶段(2012 年 10 月—2017 年)

一直到 2012 年,整个行业发展环境迎来了大的政策红利释放,券商委托理财业务"一法两则"规则框架出台,委托理财业务发展进入了快车道。2012 年 10 月,中国证监会正

投资银行理论与实务(第二版)

式发布了《证券公司客户资产管理业务管理办法》《证券公司集合资产管理业务实施细则》及《证券公司定向资产管理业务实施细则》(简称"一法两则"),券商委托理财计划从此由审批制转入协会备案制,而在业务规范上,允许产品分级、允许份额转让等使制度优势得到明显提升,券商委托理财发展进入历史快车道。

接着,2012年修订后的《证券投资基金法》的实施,私募委托理财形态确立,券商委托理财也面临新的制度调整,随之,2013年证监会对具体的业务规则进行了微调,从此券商集合委托理财计划仅包含小集合产品。从此,券商委托理财计划在没有公募牌照的前提下,只能以私募业务的形式开展,这一业务格局一直延续到现在。

但是在这个延续过程中,大集合这一产品也在存续中边发展、边过渡、边整改。一直到《证券期货经营机构私募资产管理业务管理办法》等新规发布后,大集合产品才有了明确的整改规范。

5. 大资管时代重塑(2018年至今)

2018年,是券商委托理财发展过程中规则频出的一年,也是券商规则在新的发展时期重新确立的一年。

2018年,有关委托理财新规发布,证监会的配套细则也伴随出台,券商私募委托理财业务在新的规则下虽然享有穿透计算人数豁免、产品成立规模降低、规模上限取消、业绩报酬计提标准确定等优势,但是委托理财计划依然仍将在新的制度体系下围绕标准化资产展开,这预示着能够享受规则红利的券商依然以龙头券商为主,强者恒强的格局更加难以撼动。

第三节　资产管理业务

投资银行为开展咨询服务,一般都会专设研究机构,并组建一支力量雄厚的研究队伍和招募一大批的咨询服务人员。这为投资银行开展资产管理业务提供了良好的技术支撑和重要的咨询研究基础,使得投资银行可以更好地控制风险和提高收益。近年来,我国投资银行的资产管理业务随着法律法规的完善呈现快速发展态势。

一、资产管理业务的内涵和特点

(一)资产管理业务的内涵

结合西方国家投资银行资产管理业务的运作经验,资产管理可以有如下界定:资产管理,从一般意义上讲,指所有者将其合法拥有资产(既可以是货币资产,也可以是实物资产)的运作与管理权以合法的形式委托给具有专业运作管理能力的机构和个人,以期获得最大的投资回报率。而我们经常讲的投资银行的资产管理业务,则主要指投资银行受投资者(包括机构投资者和个人投资者)委托将其合法持有的现金或证券通过金融市场的运作,有效降低市场风险,为投资者赢得较高投资回报的一种新兴的金融业务。

从实质上讲,投资银行的资产管理业务体现的是一种信托关系。信托关系指委托人出于对受托人的信任,将其财产权转移给受托人,由受托人按照委托人的意愿,为受益人

182

的利益和特定目的,进行管理和处分财产的行为关系。作为一种金融契约的范畴,资产管理具有一般金融契约的共同特点,如都涉及委托人与受托人的关系、财产运作与收益分配等。

《证券公司客户资产管理业务管理办法》提出:"证券公司可以依法从事下列客户资产管理业务:① 为单一客户办理定向资产管理业务;② 为多个客户办理集合资产管理业务;③ 为客户办理特定目的的专项资产管理业务。"这为中国投资银行资产管理业务的进一步规范发展提供了制度供给,从而有利于夯实中国投资银行的业务基础和综合实力。

（二）资产管理业务的特点

1. 资产管理体现了金融契约的委托代理关系

在资产管理业务中,客户作为委托人,是资产的所有者,当其与投资银行签订《资产委托管理协议书》以后,委托投资银行代其管理资产,投资银行便成为了资产的受托方,享有在协议规定范围内按委托人的意愿和在授权范围内对受托资产进行经营管理的权利。委托人和受托人的关系一旦确立,受托资产的财产权利就从委托人转到受托人手中,这些财产在法律上视同为受托人的财产,委托人不能任意调用、处分该信托财产和干预受托人的资产运作,除非协议到期、约定提前兑现、投资管理人违法操作、被管理当局强行清算等情况出现。委托资产管理的信托资产的运作是具有独立性的。这种独立性除了表现在信托财产权的相对独立性外,还表现在信托财产的财务账户的独立性上,信托财产的财务账户应与受托人自己的账户分开,而且每一笔信托财产在财务上都要单独设立账户。

在某种特定资产管理合约中,受托人接受委托人的委托按照其意愿和授权进行资产管理,但并没有为委托人谋取财产收益的义务,所以受托人在财产运作过程中并不以财产收益最大化为目标,委托人也无权要求受托人以财产收益最大化为目标。因此,不论信托财产是否增值,受托人均按照净资产数量和约定的管理费率提取管理费。也就是说,即使信托财产发生经营性亏损,只要资产的净值为正,受托人就可按比例收取管理费。正是资产管理业务所体现的金融契约的委托代理关系,委托人和受托人之间不可避免地存在逆向选择和道德风险。因此,合理和有效地控制资产管理的市场风险,便成为资产管理业务顺利开展的关键。

2. 资产管理服务采用个性化的管理

委托人委托的资产性质不同,他们对投资银行管理资产的要求会千差万别,资产管理协议中赋予投资银行的权利也会不尽相同。作为受托人的投资银行必须对各个客户的资产分别设立账户,根据客户的不同要求,进行个性化的服务。投资银行一般根据委托资产的流动性、安全性和收益性将资产划分为不同的投资目标,通过投资目标对客户的资产进行市场细分,然后依据不同的投资目标,将所管理资产部分投资于证券市场上已有的股票、债券,部分投资于按所管理资产的特性设计的新型投资工具(如各类基金和金融衍生工具)。

因此,资产管理体现了鲜明的服务个性化特征。

3. 投资银行的受托资产具有多样性

投资银行接受客户委托管理的资产主要是金融资产,金融资产具有多样性,不仅包括现金资产,还包括股票、债券和其他有价证券。在所有金融资产中,投资银行受托管理的资产主要是现金和国债。由于现金和国债具有较强的流动性,投资银行容易利用现金和国债进行投资。投资银行的资产管理业务一般以证券一级市场和二级市场为依托,因此一般需要先将金融资产转化为货币后再进行投资。当投资银行接受的金融资产为现金时,可以直接进行投资;当投资银行接受的金融资产为国债时,可以先通过在国债回购市场进行回购获得货币后再进行投资。

4. 客户承担投资风险

客户承担投资风险是投资银行资产管理业务的基本特征。《关于修改〈证券公司客户资产管理业务管理办法〉的决定》指出,"证券公司从事客户资产管理业务,不得有下列行为:① 挪用客户资产;② 向客户做出保证其资产本金不受损失或者取得最低收益的承诺;③ 以欺诈手段或者其他不当方式误导、诱导客户"。但是,证券公司、资产托管机构在客户资产管理业务活动中违反合同规定或未切实履行职责并造成损失的,客户可依法要求证券公司、资产托管机构给予赔偿。因此,客户承担投资风险是资产管理业务的基本特征。

5. 资产管理业务和其他业务之间是紧密相连的

投资银行在从事其他业务的过程中积累了丰富的经验、信息和资源,这些都在客户来源、资金投向、运作经验、研究咨询等方面为资产管理业务的开展提供了资源和便利。投资银行的各项业务之间紧密相连,使得投资银行在开展资产管理业务中同其他机构相比具有极大的规模效应和优势。比如说,投资银行的资产管理业务和经纪业务之间就存在很强的业务互补关系,经纪业务总部及其下属的营业部掌握着大量的客户信息,为资产管理业务的开展提供了一个重要的信息来源。投资银行的资产管理部门可以同经纪业务部门建立业务协作关系;经纪业务部门可以凭借自己的客户信息优势,向资产管理部门推荐潜在的客户;而资产管理部门则可以根据所获取的客户信息对业务的贡献大小,决定是否利用经纪业务部门的交易系统进行交易。再比如说,投资银行的研究咨询部门可以为资产管理部门提供研究成果。随着投资银行之间竞争的日益激烈,研究咨询服务部门的实力对资产管理部门有重要的影响作用。研究咨询服务部门为资产管理部门提供的研究成果包括:宏观经济分析、政策分析和预测、行业分析报告、可行性分析报告、投资产品设计和客户需求研究等。

6. 资产管理业务体现了一对一的信息披露

资产管理业务由于采取了个性化的管理模式,信息披露的程度不高。由于受托资产具有一定的保密性,客户的谈判能力有差异,因此在契约中利益分配条款也存在一定的差异。资产管理业务较自营业务具有保密性,只要委托方和受托方不因利益纠纷而主张权利,法律取证就相当困难。这就使得资产管理业务的信息披露是以一对一的方式进行的,而不是向社会公众进行公开。《证券公司客户资产管理业务试行办法》规定,证券公司应当至少每3个月向客户提供一次准确、完整的资产管理报告,对报告期内的客户资产的配置状况、价值变动等情况做出详细说明。同时,应该保证客户能够按照资产管理合同约定的时间和方式查询资产配置情况等信息。

7. 资产管理业务的风险控制主要体现在资金流向的控制和价格波动预警指标的设计上

由于资产管理业务具有保密性和对信息披露有限,因此存在较大的风险,规避和控制风险便成为投资银行开展资产管理业务的关键。从外部监管的角度看,法律法规较健全的国家都通过相关条款对从事资产管理业务实体的资金流向进行严格控制;从内控制度的设计上看,投资银行主要通过风险收益比率进行方案选择和比较,建立风险评价体系和价格波动预警指标体系,从而对受托资产的运作和资产管理人的道德风险进行有效控制。

二、资产管理业务的类型

在资产管理业务的发展过程中,不同的客户具有不同的委托资产形态、委托资产规模和投资目标以及资产管理组织形态,因此就形成了不同的资产管理业务类型。

(一) 按委托管理资产形态分类

按委托管理资产形态的不同,资产管理业务可以划分为现金管理、国债管理、新股申购和企业年金基金管理。

1. 现金管理

企业或个人在日常运作过程中常常由于各种原因而不得不持有一定的货币资金,从而丧失了利用这些货币资金在其他途径获利的机会,即存在一定的机会成本。投资银行通过现金管理,使客户从暂时沉淀的现金中获得收益。投资银行为客户管理现金的主要方法是:对客户有关的财务统计数据进行分析,建立最低现金需要量的数学模型,对客户的最佳现金存量进行预测;帮助客户制定现金收支计划,通过减少短期债务等手段,对客户的财务收支实行动态管理;在此基础上,从流动性、安全性和收益性匹配的角度,为客户建立一种最佳现金流动性组合。

2. 国债管理

客户将国债委托给投资银行进行管理。在委托期间,投资银行凭借专业信息优势和研究优势进行现券买卖、国债回购或者同股票在一起构成投资组合进行运作以获取最大化收益。委托期结束后,客户除了得到投资利润分成,还要求投资银行归还与期初面额相等的国债。

3. 新股申购

投资银行将许多散户资金集中起来进行专户管理,集体认购新股,从而大大提高了客户认购新股的中签率,同时为客户节省了认购成本,增加了投资收益,增强了投资银行对客户的吸引力。

4. 企业年金基金管理

企业年金作为由企业发起,企业和员工个人共同缴费的养老金,会积累形成数量庞大的企业年金资产。由于涉及企业和个人的权益,如此巨大的养老储蓄,需要通过安全投资来达到保值、增值的目的。投资银行通过管理企业年金基金,将其投资于银行存款、国债和其他具有良好流动性的金融工具,包括投资性保险产品、证券投资基金、股票、信用等级在投资级以上的企业债、金融债等各类有价证券,从而实现企业年金基金的保值、增值。

(二) 按中国证监会《证券公司客户资产管理业务试行办法》分类

按中国证监会《证券公司客户资产管理业务试行办法》(以下简称《试行办法》),资产管理业务划分为定向资产管理、集合资产管理和专项资产管理。

1. 定向资产管理

它指与资产净值不低于 100 万元的单一客户签订定向资产管理合同,并通过该客户的账户为其提供的一种资产管理服务。

2. 集合资产管理

它指通过设立集合资产管理计划,与多个客户签订集合资产管理合同,将客户资产交由具有客户交易结算资金法人存管业务资格的商业银行或者中国证监会认可的其他机构进行托管,通过专门的账户为客户提供的资产管理服务。集合资产管理又可以进一步细分为限定性集合资产管理和非限定性集合资产管理。限定性集合资产管理计划中,资产主要用于投资国债、国家重点建设债券、债券型证券投资基金、在证券交易所上市的企业债券、其他信用度高且流动性强的固定收益类金融产品或在投资额不超过该计划资产净值的 20% 并在遵循分散投资风险的原则的情况下投资。业绩优良、成长性高、流动性强的股票等权益证券以及股票型证券投资基金的资产,非限定性集合资产管理计划的投资范围由集合资产管理合同约定。

3. 专项资产管理

它指针对客户的特殊需要和资产的具体情况,设定特定投资目标,通过专门的账户为客户提供特定目的的专项资产管理服务。

(三)按照利益分配机制分类

按照利益分配机制的不同,资产管理业务可以分为完全代理型资产管理和风险共担型资产管理两类。

1. 完全代理型资产管理

完全代理型资产管理中,受托人只负责委托资产的管理与运作,而不对委托人资产的收益做出保证,委托资产的收益与损失完全由委托人承担;委托人承担较大的风险;受托人向委托人收取管理费用,再根据委托资产的经营业绩提取适当的业绩报酬;对管理人资本规模和投资技巧的要求较高;受托人行为的自由度较低。

2. 风险共担型资产管理

风险共担型资产管理中,受托人对委托人资产的年收益做出适当的许诺;超出保证收益率部分的收益由受托人单独享有或与委托人共同分享;受托人承受较大的风险;对管理人资本规模和投资技巧的要求比完全代理型低;受托人行为的自由度较低。

三、资产管理业务的运营与管理

(一)资产管理合同的内容

资产管理合同的基本内容为:客户资产的种类和数额;投资范围、投资限制和投资比例;投资目标和管理期限;客户资产的管理方式和管理权限;各类风险揭示;客户资产管理信息的提供和查询方式;当事人的权利和义务;管理报酬的计算方式和支付方式;与客户有关的其他费用的提取和支付方式;合同解除和终止的条件、程序及客户资产的清算返还事宜等。集合资产管理合同还应包括集合资产管理计划开始运作的条件和日期、资产托管机构的职责、托管方式与托管费用、客户资产净值的估算和投资收益的确认与分派等内容。

（二）资产管理业务程序

1. 审查客户申请

要求客户提供相应的文件，并结合有关的法律限制决定是否接受其委托。委托人可以是自然人，也可以是机构。个人委托人应具有完全的民事行为能力，机构委托人必须合法设立并有效存续，对其所委托资产具有合法所有权，委托资产一般还必须达到受托人要求的一定数额。

2. 签订资产委托管理协议

双方在协议中对委托资金的数额、委托期限、收益分配、双方权利义务等做出具体规定。

3. 管理运作

在客户资金到位后，投资银行便可以开始运作。通常，投资银行都通过建立专门的附属机构来管理投资者委托的资产。投资银行在资产管理过程中，应该做到专户管理、单独核算，不得挪用客户资金，不得骗取客户收益。同时，投资银行应该遵守法律法规，防范投资风险。

4. 返还本金及收益

委托期满后，受托人按照资产委托管理协议条例，在扣除应得的管理费和报酬后，将本金和收益返还给委托人。

假如在委托期内资产管理人的身体等状况发生了重大变化，无法继续履行契约规定的应尽义务，从保护委托人利益的角度出发，委托人有权利要求更换管理人。原则上新的资产管理人应该无条件地承担原管理人的义务，将委托理财契约执行到底。

一般来说，导致契约条款修改的主要原因是国家政策和市场环境发生重大变化使得部分契约条款无法执行。当出现以下情况之一时，资产委托人从保护自身利益的角度出发可以与资产管理人提前解除委托管理关系：① 委托资产出现严重亏损（具体比例由双方协商确定）；② 资产管理人出现解散、依法被撤销、破产等不可抗力情况；③ 资产管理人被证券监管部门撤销委托理财业务资格；④ 资产管理人严重违反资产管理契约。

四、资产管理业务的风险控制

（一）投资风险的控制

资产的投资风险指资产的投资组合所产生的风险，主要包括流动性风险、信用风险和市场风险，它们属于非系统性风险，可以通过投资组合来降低。投资风险的控制技术主要是风险量化，通过建立各种数学模型，应用计算机软件对投资组合的数据进行压力测试和敏感性测试，测试风险暴露值，从而达到控制风险大小的目的。目前国际上较普遍采用的风险评估技术主要有方差风险计量方法、系数风险计量方法和 VAR 风险计量方法。

（二）运作风险的控制

资产的运作风险指由于人为因素、管理不善和法律法规不健全等制度缺陷导致的风险，主要包括操作风险、法律风险、决策风险和信誉风险。信誉风险指资产管理业务潜在风险暴露引起资产损失，从而使资产管理部门信誉受损的风险。由于资产运作风险产生的原因有内部原因和外部原因,因此,相应的风险控制也有内部风险控制和外部风险控制。其中,内部风险控制主要通过内部组织结构的设计和风险监督机制的完善来进行,外部风险控制则主要通过相关法律法规的监督和约束来进行。

1. 客户资产的独立管理制度

投资银行从事资产管理业务,应将客户资产或集合资产管理计划的资产与自有资产、其他客户或集合资产管理计划的资产分隔开,分别设置账户,独立核算,分账管理。

2. 第三方托管制度

《试行办法》规定,投资银行从事集合资产管理业务,必须将集合资产管理计划的资产全部交由独立的资产托管机构托管,在资产托管机构的监督下管理和运作集合资产管理计划的资产;从事定向资产管理业务,应当按照中国证监会的规定,对客户资产中的货币资金按照客户交易结算资金的存管规定进行管理。客户有要求的,投资银行应当将资产交给资产托管机构进行托管。

3. 经营主体资格的要求

对经营主体资格的要求主要有最低资本额限制、资本负债率限制、经营主体的发起人运作经验与业绩要求和从业人员资格要求。

4. 分散投资原则

各国法律法规都对资产组合证券品种数下限、单一品种占有的资金占所管理资产的比率上限和单一品种持有量占该证券品种流通量的比率上限等进行规定,以从法律的角度保证投资组合风险的足够分散。《试行办法》规定,一个集合资产管理计划投资于一家公司发行的证券的金额不得超过该计划资产净值的 10%。

5. 外部监管制度

外部监管主要指通过对资产管理人从事关联交易、证券欺诈等危害投资者利益的行为进行监管。我国对资产管理业务的外部监管主要指通过中国证监会、证券交易所、证券登记结算公司和证券业协会对投资银行、资产托管机构的业务活动进行监督。同时,投资银行在年度审计时应对资产管理业务及集合资产管理计划的运作情况进行专门审计。

6. 信息披露制度

各国法律都对资产管理业务的信息披露进行了严格规定,以保证投资者准确、及时地了解资产管理状况,发挥投资者的监督作用。《试行办法》规定,投资银行应至少每 3 个月一次向客户提供准确、完整的资产管理报告。

● 关键术语 ●

投资银行咨询服务 理财顾问 企业财务顾问 企业重组中的咨询顾问 政府财务顾问 委托理财业务 资产管理业务

● 本章小结 ●

1. 一般来讲,咨询服务包括提供信息、建议、意见并收取手续费的所有活动。具体来讲,咨询服务是一种以合同关系为基础,以知识、信息、经验、技术和技能为载体,针对客户的需要提供信息、建议或方案的综合性研究决策活动。

2.投资银行咨询服务的功能体现在:提高市场效率;提高上市公司的质量;提高投资银行的市场竞争力;引导投资者理性投资。

3.咨询服务的程序包括:明确咨询服务的长期目标;组建咨询服务项目组;了解客户需求,递交项目建议书;签订合同,明确双方的权利与义务;形成最终的咨询报告,指导客户实施咨询方案;信息反馈。

4.理财顾问指投资银行利用自身拥有的智力和信息资源为筹资者和投资者提供市场信息、设计融资和投资方案、出具咨询报告、提出公正意见、开展委托理财等,是一种新型创收业务。

5.投资银行为企业提供财务顾问服务,既包括为企业融资提供全方位方案设计和协调安排等,也包括在企业并购和反并购等资产重组活动中充当财务顾问。

6.投资银行作为并购方的财务顾问,设计和实施收购方案;投资银行作为目标公司的财务顾问,设计反兼并与反收购的策略。

7.投资银行担当政府财务顾问,主要涉及为国有企业所有权结构重组及改制上市充当财务顾问和充当政府经济决策部门的业务顾问两个方面的工作。

8.委托理财又称代客理财,是同一业务从委托方和管理方角度形成的不同称谓。委托理财指专业管理人接受资产所有者委托,代为经营和管理资产,以实现委托资产增值或其他特定目标的行为。一般特指证券市场内的委托理财,即投资银行作为管理人,以独立账户募集和管理委托资金,投资于证券市场的股票、基金、债券、期货等金融工具的组合,实现委托资金增值或其他特定目的的中介业务。

9.投资银行在委托理财业务方面的创新主要有资金流动型委托理财、附加期权型委托理财、经营平衡型委托理财、或有条件型委托理财、多方合作型委托理财等。

10.资产管理业务,从一般意义上讲,指所有者将其合法拥有资产(既可以是货币资产,也可以是实物资产)的运作与管理权以合法的形式委托给具有专业运作管理能力的机构和个人,以期获得最大的投资回报率。而我们经常讲的投资银行的资产管理业务,则主要指投资银行受投资者(包括机构投资者和个人投资者)委托将其合法持有的现金或证券通过金融市场的运作,有效降低市场风险,为投资者赢得较高投资回报的一种新兴的金融业务。

●复习思考题●

1.投资银行咨询服务的含义及特征是什么?

2.投资银行咨询服务的类型有哪几种?

3.投资银行咨询服务的功能表现在哪些方面?

4.说明投资银行咨询服务的程序。

5.解释理财顾问业务的含义。

6.说明理财顾问的业务范围及收费方式。

7.投资银行开展的财务顾问业务主要是针对哪些客户?分别提供什么服务?

8. 政府财务顾问的内容是什么？

9. 解释委托理财业务的含义。

10. 委托投资包括哪几种类型？

11. 比较完全代理型委托理财和风险共担型委托理财的异同。

12. 阐述委托理财业务中,资产委托人、资产管理人和资产托管人各自享有的基本权利和应尽的基本义务。

13. 投资银行委托理财业务有哪些创新品种？

14. 投资银行资产管理业务的内涵和特点是什么？

15. 投资银行资产管理业务包括哪几种类型？

16. 说明投资银行资产管理业务的程序。

17. 阐述投资银行资产管理业务风险控制策略。

●本章实训●

一、实训目的

1. 掌握投资银行资产管理业务的相关知识。

2. 训练学生分析问题、解决问题的能力。

二、实训内容

（一）背景资料

券商资管业务的重塑

在资产管理市场发展的机遇与挑战下,券商资产管理业务在快速发展 7 年之后从 2018 年开始经历"转型之痛"。

中国证券投资基金业协会 2019 年一季度发布的《资产管理业务统计数据》显示,截至 2019 年 3 月 31 日,基金管理公司及其子公司、证券公司、期货公司、私募基金管理机构资产管理业务总规模约 51.4 万亿元。

其中,证券公司及其子公司的私募资产管理业务规模为 13.27 万亿元。具体来看,截至 2019 年一季度末,证券公司及其子公司私募资产管理的产品共有 18 060 支,其中单一资产管理计划的产品有 13 464 支,占比达 74.5%;集合资产管理计划的产品共计 3 705 支,占比 20.51%;证券公司私募子公司私募基金共计 891 支,占比 4.9%。

事实上,券商资产管理业务正呈现四大变化,业务格局正在重塑。

一是从整体规模来看,券商资产管理业务规模已连续 8 个季度下滑。自 2017 年一季度达到历史最高规模 18.77 万亿元后,券商资产管理业务规模逐季下滑至 13.27 万亿元,两年以来下降 5.5 万亿元。与此同时,公募基金规模已于 2019 年 3 月底达到 13.94 亿元,正式反超券商资产管理规模。

二是整体规模下滑的主因是定向资产管理计划规模的大规模下滑。具体来看,定向资产管理计划规模(也称单一资产管理计划规模)和集合计划资产规模在近两年相继下滑,由 16.06 万亿元和 2.29 万亿元分别下滑至 10.8 万亿元和 1.99 亿元,下滑了 5.26 万亿元和2977亿元。不难看出,定向资产管理计划规模下滑占总下滑规模的95.6%,成为券商资产管理业务规模下滑的主因。

三是证券公司私募子公司私募基金发展迅猛,规模飙升。直投子公司的直投基金规模增长迅速,从2016年年末的2671亿元已增长到2019年一季度末的4 846.43亿元。虽然该存量在券商资产管理整体规模占比并不高,但券商私募基金的发展态势却显而易见。

事实上,近年来,各大券商直投子公司对于券商业绩贡献度显著提升,尤其是龙头券商不断加大了对于私募股权投资的关注度。

据悉,2018年,中信证券私募股权基金子公司金石投资完成对外投资超过20亿元,截至2018年年底,金石投资在管私募股权投资基金15支,管理规模约400亿元;广发证券私募股权基金子公司广发信德成绩也十分突出,其在2018年共完成46个股权投资项目,投资金额近30亿元。

四是专项资管计划项正式退出券商资产管理业务统计数据当中。中国证券投资基金业协会表示,自2019年一季度起,定期公布的资产管理业务统计数据将不再包括资产支持专项计划备案制推出之前经证监会审批由证券公司设立的专项资产管理计划。事实上,从2017年开始,该数据统计先剔除了在基金业协会备案的证券公司资产支持专项计划产品。ABS产品规模早已不再计入证券公司及其子公司私募资产管理业务规模当中。

总体来看,随着资产管理新规、银行理财子公司等监管政策落地,统一、全面和严格的监管将会重塑我国资产管理行业生态,证券市场运行生态和资产管理行业格局将发生很大变化,而未来券商资产管理行业在走向规范化成长轨道上,值得市场持续期待。

资料来源:作者整理。

(二)实训要求

结合上述背景资料,查阅收集相关资料,回答下列问题:

问题1:投资银行资产管理业务有哪些方式?

问题2:投资银行资产管理业务的未来发展趋势如何?

三、实训组织

1. 指导教师布置实训项目,提示相关要求。

2. 采取学生自由组合的方式,将学生划分为小组。

3. 要求学生以小组为单位,认真收集投资银行资产管理业务的相关资料,并就相关问题以PPT形式进行课堂汇报。

● 即测即评 ●

第八章
项目融资

章前引例

固安工业园区充分借鉴了英国道克兰港口新城和韩国松岛新城等国际经典PPP合作案例的主要经验,把平等、契约、诚信、共赢等公私合作理念融入了固安县政府与华夏幸福(华夏幸福基业股份有限公司的简称)的协作开发和建设运营之中。

固安县政府与华夏幸福签订排他性的特许经营协议,设立三浦威特园区建设发展有限公司(以下简称三浦威特)作为双方合作的项目公司(SPV),华夏幸福向项目公司投入注册资本金与项目开发资金。项目公司作为投资及开发主体,负责固安工业园区的设计、投资、建设、运营、维护一体化市场运作,着力打造区域品牌。固安工业园区管委会履行政府职能,负责决策重大事项、制定规范标准、提供政策支持以及基础设施及对公共服务价格和质量的监管等,以保证公共利益最大化。

基于政府的特许经营权,华夏幸福为固安工业园区投资、建设、开发、运营提供一揽子公共产品和服务。包括土地整理、基础设施建设、公共设施建设、产业发展服务以及咨询、运营服务等。

双方合作的收益回报模式是使用者付费和政府付费相结合。固安县政府对华夏幸福的基础设施建设和土地开发投资按成本加成方式给予110%补偿;对于提供的外包服务,按约定比例支付相应费用。两项费用作为企业回报,上限不高于园区财政收入增量的企业分享部分。若财政收入不增加,则企业无利润回报,不形成政府债务。

社会资本利润回报以固安工业园区增量财政收入为基础,县政府不承担债务和经营风险。华夏幸福通过市场化融资,以固安工业园区整体经营效果回收成本,获取收益,同时承担政策、经营和债务等风险。

项目融资中都涉及哪些主体?都要经过哪些程序?最终需要确定什么样的项目资金结构?该项目要采取什么样的模式?通过本章的学习,你应该掌握什么是项目融资、项目融资的方式、项目融资的几种结构、项目融资都有哪些融资方式。

本章知识结构图

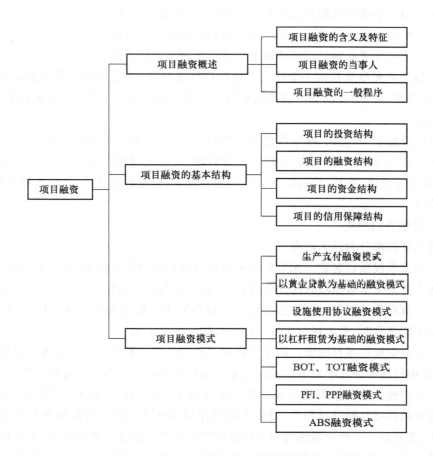

第一节　项目融资概述

　　融资指资金的融通,即借入方按照约定条件和程序向借出方融入资金的行为。传统的融资方式主要表现为借贷形式,比如发行债券的方式和银行借贷的方式等。其主要特点是借款人以其自身的收益或者信用作担保,如果借款人不具备信用条件或者收益条件,融资将会是比较困难的。项目融资与传统的融资方式不同,它主要不是以项目发起方的信用和资产作为担保获得贷款的,而是以项目未来的现金流量和项目本身的资产作为债务偿还的来源。目前,项目融资不断活跃在国际资本市场,并已经成为大型基础设施以及资源开发项目的主要融资方式。

一、项目融资的含义及特征

（一）项目融资及其种类

1. 一般定义

项目融资指为一个特定经济实体所安排的融资,其贷款人在最初考虑安排贷款时,满足于以该经济实体的现金流量和收益作为偿还贷款的资金来源,并且满足于以该经济实体的资产作为偿还贷款的安全保障的一种融资方式。

贷款方为一个特定的经济实体所安排的融资,其担保条件如下:

(1) 以该实体现有或将形成的现金流量和收益作为偿还的资金来源;

(2) 以该实体现有或将形成的现金价值作为贷款的偿还的安全保障。

项目融资的实质就是向一个经济实体提供贷款时,以该经济实体作为偿还债务的资金来源,并将该经济实体的资产作为担保物。也就是说,归还贷款的资金来自项目本身,而不是其他。

项目融资始于20世纪30年代的美国油田开发事业,后来逐步扩大范围。至今主要有三类项目适用融资:一是资源开发项目,如石油、天然气、煤炭、铀等资源;二是基础设施项目,比如道路交通、机场、码头以及城市公用设施等;三是制造业项目,如大型轮船、飞机制造等项目。

2. 项目融资的种类

项目融资通常分为以下两类:

(1) 无追索权项目融资。无追索权项目融资也称纯粹项目融资,在这种融资方式下,贷款的还本付息完全依靠项目的经营收益。同时,贷款银行为保证自身的利益,必须从该项目的资产取得物权担保。如果该项目由于种种原因未能建成或经营失败,其资产或收益不足以清偿贷款时,贷款银行无权向该项目的主办人追索。

(2) 有追索权的项目融资。除了以贷款项目的经营收益作为还款来源和取得物权担保外,贷款银行还要求有项目实体以外的第三方提供担保。贷款银行有权向第三方追索。但担保人承担债务的责任以他们提供的担保额为限,所以称为有限追索权的项目融资。在有限追索权的项目融资过程中,贷款人可以在贷款的某个特定阶段对项目借款担保人实行追索,或者在一个特定范围内对项目借款担保人实行追索。除此之外,无论项目出现任何问题,贷款人均不得追索借款担保人除了该项目资产、现金流以及所承担的义务之外的任何形式的资产。

(二) 项目融资的特点

1. 项目导向

贷款人不是以项目主办单位和发起人的信用和资产作为发放贷款的保障,而是以项目公司的资产及该资产可能带来的财务收益作为发放贷款的考量要素,即项目自身创造的收益是偿还贷款的基础。但项目融资很少是完全无追索权的,贷款人会以多种方式要求获得有限追索权。

2. 信用支持

项目必须有可靠的信用支持,这种支持可由主办者提供,也可由第三方提供,其作用仅限于项目的开发阶段和建设期,而不是项目的整个运作过程。支持形式可以是直接或间接的担保,或取或付协议(take-or-pay contract),或经济必需品等,但不会对发起人的资产负债表产生大的影响。如果信用支持由第三方提供,则根本不会影响资产负债表,但无论如何,这种信用支持必须是确确实实存在的。

3. 风险分担

虽然项目公司是承担债务的主体,但实际上项目公司已通过结构上的安排将信用风险分散出去。项目的发起人、项目的经营与维护人、项目的设备供应商、项目的建筑商、项目产品的购买人以及东道国和其他项目的收益人,分别以不同的方式承担了项目的风险,使得项目总体风险减小到最低程度,项目信用提高。

4. 表外融资

项目融资的债务不反映在项目发起人(包括中方与外方)的资产负债表上,即不改变项目发起人资产负债表所显示的财务状况。

5. 杠杆效应

项目融资提供较高的杠杆作用。贷款在总投资中可能占较高比例,从而会提高项目的财务杠杆作用,减少项目发起人在项目中的入资,提高发起人的投资利润率。

6. 税收优势

项目所在国政府对于项目投资通常都有一定的税收鼓励政策,同时,项目融资方还可以通过结构设计,将税收优势最大限度地加以分配和利用,从而降低融资成本,提高项目的综合收益和偿还能力。

7. 成本较高

由于项目融资结构复杂、涉及面广,需要融资方做大量的有关风险分析、税收结构调整、资产抵押等的一系列工作,筹资成本比普通的融资多出几倍,而且融资组织的时间比较长,因此项目融资的实施范围受限。

（三）项目融资与传统融资的区别

项目融资与传统融资的主要区别在于:按照传统的融资方式,贷款人把资金贷给借款人,然后由借款人把借来的资金投资于兴建的某个项目,偿还债款的义务由借款人承担,贷款人所看重的是借款人的信用、经营情况、资本结构、资产负债程度等,而不是他所经营的项目的成败,因为借款人尚有其他资产可供还债之用。但按照项目融资的方式,工程项目的主办人或主办单位一般都专门为该项目的筹资而成立一家新的工程项目公司,由贷款人把资金直接贷给工程项目公司,而不是贷给项目的主办人。在这种情况下,偿还贷款的义务是由该工程项目公司来承担,而不是由承办人来承担,贷款人的贷款将从该工程项目建设投入营运后所取得的收益中得到偿还。因此,贷款人所看重的是该工程项目的经济性、可能性以及所得收益,项目的成败对贷款人能否收回其贷款具有决定性的意义。而项目成败的关键是工程项目公司在投资项目的分析、论证中要有准确、完备的信息来源和渠道,要对市场进行周密而细致的调研、分析和有效的组织实施能力,要全面了解和熟识投资项目的建设程序,要能预见项目实施中可能出现的问题及应采取的相应对策。这些专业性、技术性极强的工作的开展,在一些大型的国际投资项目中,通常都需要由一家专业的财务顾问公司担任顾问。财务顾问公司作为筹资者与投资者之间的中介机构,凭借对市场的了解以及专门的财务分析人才优势,可以为项目制定严格的、科学的、技术的财务计划,并在资产的规划和投入过程中做出理性的投资决策。

二、项目融资的当事人

项目融资与传统融资方式相比,它的操作程序和金融技巧要复杂得多,其涉及的当事人也往往相当广泛。具体来说,项目融资的主要当事人包括以下八类:

(一) 项目发起人

项目发起人通过组织项目融资,实现投资目标的综合要求。项目发起人可以是政府部门、公司、承包商、供应商、项目产品的购买方或使用方的多边联合体。

(二) 项目公司

项目公司是为项目的建设和筹资而成立的直接承担项目债务责任和项目风险的法律主体。在项目融资中,一般不由母公司或控股公司作为项目直接主办人,而是由一个项目公司作为项目主办人承担项目的财务风险和经营风险。项目公司以其自身的资产和未来的现金流量作为偿还借款的主要保证,避免有限追索权的融资安排被作为债务列入项目的实际投资者的资产负债表上。

(三) 贷款银行

贷款银行指为项目提供贷款支持的商业银行、非银行金融机构和一些国家政府的出口信贷机构。由于项目融资所需资金数量较大,因而贷款银行通常组建国际银团为项目提供贷款。国际银团成员一般来自不同的国家,也包括项目东道国银行。

(四) 项目投资者

项目投资者是项目融资的真正借款人。在优先追索权的融资结构中,项目投资者除了拥有项目公司的全部股权或部分股权以及提供一部分股本资金外,还需要以直接担保或间接担保形式为项目公司提供一定的支持。

(五) 金融顾问和法律、税务顾问

金融顾问通常由熟悉资本市场运作规则的投资银行和商业银行担任。其职责是帮助发起人评价项目的可行性,对融资结构提出参考意见,但不承担任何后果。

法律顾问服务内容主要包括:协助建立法律纠纷预防机制、及时处理已存在的相关法律问题等。如解答法律咨询、依法提供建议或者出具法律意见书;协助草拟、制订、审查或者修改项目融资合同、章程等法律文书;代理参加诉讼、调解或仲裁活动;办理双方商定的其他法律事务。

税务顾问运用税法和税收政策,为纳税人的纳税行为达到最优化而提供多种方式的服务,解决项目融资的税收难题,在纳税人委托授权情况下以纳税人名义处理税务事宜,协调处理税企关系,调节纳税争议。

(六) 项目的承包方

项目的承包方负责项目的工程设计和建设。项目的承包方通常与项目公司签订固定价格的承包合同。一般情况下,还要承担延误工期和工程质量不合格的风险。

(七) 项目供应商

项目供应商包括原材料和设备供应商。他们的收益来源于供应合同,对项目的经济效益一般不是很关心。

（八）其他参与人

其他参与人包括项目产品的购买方或者项目设施的使用者,有关的政府机构,为项目政治、商业和外汇风险提供担保的保险机构以及相关国际金融机构等。

三、项目融资的一般程序

一般来说,项目融资的程序大致可以分为五个阶段:投资决策阶段、融资决策阶段、融资结构分析阶段、融资谈判阶段和执行阶段。

（一）投资决策阶段

对于任何一个投资项目,决策者在下决心之前,都需要对其进行相当周密的投资决策分析,这些分析包括宏观经济形势的判断、工业部门的发展以及项目在工业部门中的竞争性分析、项目的可行性研究等内容。投资者一旦做出投资决策,接下来的一个重要工作就是确定项目的投资结构,项目的投资结构与将要选择的融资结构和资金来源有着密切的关系。同时,在很多情况下项目投资决策是与项目能否融资以及如何融资紧密联系在一起的。投资者在决定项目投资结构时需要考虑的因素很多,其中主要包括项目的产权形式、产品分配形式、决策程序、债务责任、现金流量控制、税务结构和会计处理等方面的内容。

（二）融资决策阶段

在这个阶段,项目投资者将决定采用何种融资方式为项目开发筹集资金。是否采用项目融资,取决于投资者对债务责任分担、贷款资金数量、时间、融资费用以及债务会计处理等方面的要求。如果决定选择采用项目融资作为筹资手段,投资者就需要选择和任命融资顾问,开始研究和设计项目的融资结构。

（三）融资结构分析阶段

设计项目融资结构的一个重要步骤是完成对项目风险的分析和评估。项目融资的信用保障结构的基础是由项目本身的经济强度以及与之有关的各个利益主体与项目的契约关系和信用保证构成的。能否采用以及如何设计项目融资结构的关键点之一就是要求项目融资顾问和项目投资者一起对与项目有关的风险因素进行全面分析和判断,确定项目的债务承受能力和风险,设计出切实可行的融资方案。项目融资结构以及相应的资金结构的设计和选择必须全面反映投资者的融资战略要求和考虑。

（四）融资谈判阶段

在初步确定了项目融资方案以后,融资顾问将有选择地向商业银行或其他投资机构发出参与项目融资的建议书、组织贷款银团、策划债券发行、着手起草有关文件。与银行的谈判内容会有很多次的反复,这些反复可能是对相关法律文件进行修改,也可能涉及融资结构或资金来源的调整,甚至可能是对项目的投资结构及相应的法律文件做出修改,来满足债权人的要求。在谈判过程中,强有力的顾问可以提高投资者的谈判地位,保护其利益,并能够灵活地、及时地找出方法解决问题,打破谈判僵局。因此,在谈判阶段,融资顾问的作用是非常重要的。

（五）执行阶段

在正式签署项目融资的法律文件之后，融资的组织安排工作就结束了，项目融资进入执行阶段。在这期间，贷款人通过融资顾问经常性地对项目的进展情况进行监督，根据融资文件的规定，参与部分项目的决策、管理和控制项目的贷款资金投入和部分现金流量。贷款人的参与可以按项目的进展划分为三个阶段：项目建设阶段、试生产阶段和正常运行阶段。

第二节 项目融资的基本结构

项目融资的基本结构包括四个部分，即项目的投资结构、项目的融资结构、项目的资金结构和项目的信用保障结构。

一、项目的投资结构

（一）项目投资结构的含义及对融资安排的影响

项目投资结构就是在项目融资过程中，不同的投资主体在项目运作中的投资权重、所处地位、对决策的影响以及项目权益处置等的总和。项目投资结构的设计，指在项目所在国家的法律、法规、会计、税务等外在客观因素的制约条件下，寻求一种能够最大限度地实现其投资目标的项目资产所有权结构的过程。项目投资结构对项目融资安排的一些影响主要表现在以下三个方面：

1. 对项目现金流量的控制

由于项目融资中贷款的偿还主要来源于项目的现金流量，所以贷款银行会对项目的资金使用在某种程度上加以控制。这种控制包括在融资期间，贷款资金的使用需要得到银行批准，项目的经营收入必须进入指定的专门银行账户，账户资金的用途、使用范围、使用手续，以及使用的优先序列都要符合融资协议的规定。典型的资金使用优先序列是：生产成本；项目资本再投入（用来保证项目正常生产运行）；债务本金偿还；项目扩建及发展资金；投资者的利润分配。

2. 对项目决策程序的控制

在项目融资中贷款银行通常要求在一定程度上介入项目的管理，对投资者在项目中的决策权加以控制。贷款银行关心的问题主要是资金方面的决策，如年度资本预算和生产预算、项目扩建规划、项目减产停产等，目的在于保证被融资项目不会做出任何有损于贷款银行利益的决定。

3. 对项目资产处置权的控制

贷款银行在项目融资中通常要求限制借款人处置项目资产的权力，防止出现任何未经贷款银行同意的资产处置。贷款银行的控制权一般表现为以单项资产金额作为衡量标准，要求任何超过金额标准的资产处置都必须经过其批准。

（二）项目投资结构的种类

目前,国际上项目融资基本投资结构的主要形式有四种:公司型合资结构、合伙制结构、非公司型合资结构、信托基金结构。

1. 公司型合资结构

公司型合资结构(incorporated joint venture)的基础是有限责任公司。公司承担一切有关的债权债务,在法律上具有起诉权也有被起诉的可能。并且除了在公司被解散的情况之外,公司对这些资产和权益有着永久性继承权,而不受到其股东变化的影响。投资者通过持股拥有公司,并通过选举任命董事会成员对公司的日常运作进行管理。由于公司型合资结构相对简单明了,国际上大多数的制造业、加工业项目都采用的是公司型合资结构。

公司型合资结构的优点是:① 有限责任;② 融资安排比较容易;③ 投资转让比较容易;④ 股东之间关系清楚;⑤ 可以安排非公司负债型融资结构。

公司型合资结构的缺点是:① 对现金流量缺乏直接的控制;② 税务结构灵活性差。

为了克服公司型合资结构的这些缺陷,国外许多公司都在法律许可的范围内尽可能地对简单结构加以改造,创造出种种复杂的公司结构,争取尽快、尽早地利用项目的税务亏损(或优惠),提高投资的综合经济效益。其中一种具有代表性的做法是在合资公司中做出某种安排,使得其中一个或几个投资者可以吸收、使用项目投资前期的税务亏损(或优惠),同时将所获得的部分利益以某种形式与其他投资者分享。

2. 合伙制结构

合伙制结构指由两个或两个以上的利益主体以收益共享、风险共担为条件形成投资实体的投资结构。分为普通合伙制结构和有限合伙制结构两类。

（1）普通合伙制结构。普通合伙制结构中的合伙人称为普通合伙人(GP)。每个合伙人就一起承担的合伙部分承担无限责任。此结构主要适合各类为项目融资提供服务的会计师事务所、律师事务所、税务师事务所等机构。

（2）有限合伙制结构。有限合伙制结构是在普通合伙制结构基础上发展起来的一种合伙制结构。有限合伙制结构需要至少一个普通合伙人和至少一个有限合伙人(LP)。其中,有限合伙人就其合伙出资部分承担有限责任,但一般不参与项目管理和运作;普通合伙人负责项目的总体管理和运作,就其合伙出资部分承担无限责任。

3. 非公司型合资结构

非公司型合资结构(unincorported joint venture),又称为契约型合资结构,是一种被大量使用并且广泛接受的投资结构。非公司型合资结构的主要特征包括:① 非公司型合资结构是通过每一个投资者之间的合资协议建立起来的;② 在非公司型合资结构中,每一个投资者直接拥有全部的项目资产中的一个不可分割的部分;③ 根据项目的投资计划,每一个投资者需要投入相应投资比例的资金,这些资金的用途包括项目的前期开发费用、项目的固定资产投入、流动资金、共同生产成本和管理费用等;④ 每一个投资者直接拥有并有权独自处置其投资比例的项目最终产品;⑤ 与合伙制结构不同,在非公司型合资结构中,没有一个投资者可以作为其他投资者的代理人;⑥ 每一个投资者的责任都是独立的；⑦ 每一个投资者对于其他投资者的债务责任或民事责任不负有任何共同的和连带的责任；⑧ 由投资者代表组成的项目管理委员会是非公司型合资结构的最高决策机构,负责一切有关问题的重大决策；⑨ 项目的日常管理由项目管理委员会指定的项目经理负责；⑩ 项目经理可以由其中一个投资者担任,也可以由一个合资的项目管理公司担任,在一些情况下,也可以由一个独立的项目管理公司担任；⑪ 有关项目管理委员会的组成、决策方式与程序,以及项目经理的任命、责任、权利和义务,需要通过合资协议或者单独的管理协议加以明确规定；⑫ 投资者同意他们之间在非公司型合资结构中的关系是一种合作性质的关系,而不是一种合伙性质的关系。

4. 信托基金结构

信托基金结构即以信托制度为前提,按照信托方式形成的投资结构。与公司型合资结构相比较,信托基金结构还具有以下几方面的特点：① 信托基金是通过信托契约建立起来的,这一点与根据国家有关法律组建的有限责任公司是有区别的。组建信托基金必须有信托资产,这种资产可以是动产,也可以是不动产。② 信托基金与公司法人不同,不能作为一个独立法人而在法律上具有起诉权和被起诉权。受托管理人承担信托基金的起诉和被起诉的责任。③ 信托基金的受托管理人作为信托基金的法定代表,他所代表的责任与其个人责任是不能够分割的。④ 在信托基金结构中,受托管理人只是受信托单位持有人的委托持有资产,信托单位持有人对信托基金资产按比例拥有直接的法律权益,在任何时候,每一个信托单位的价值等于信托基金净资产的价值除以信托单位总数。

(三) 设计投资结构所需考虑的几个因素

1. 项目资产的拥有形式

投资者以其拥有的一部分资产抵押作为融资的一个担保条件与其以持有的一部分项目公司股份作为担保有本质的区别。项目资产的拥有形式可以分为：投资者拥有全部公共资产的一定比例和不同投资者拥有不同的项目资产。

2. 项目产品的分配形式

项目产品的分配形式在一定程度上与项目资产的拥有形式是相联系的,投资者是愿意直接获得其投资份额的项目产品并按照自己的意愿去处理,还是愿意项目作为一个整体去销售产品然后将项目的净利润进行分配,是决定项目投资结构的另一重要因素。

3. 项目管理的决策方式与程序

无论采取哪种投资结构,投资方都需要按照各种决策问题的重要性序列通过合资协议将决策程序准确地规定下来,并在充分保护少数投资者权益的基础上,建立一个有效的决策机制。

4. 债务责任

投资者采用不同的投资结构,其所承担的债务责任性质各异。公司型合资结构中,债务责任主要被限制在项目公司中,投资者的风险只包括已投入的股本资金以及一些承诺的债务责任。非公司型合资结构中,投资者以直接拥有的项目资产安排融资,其责任是间接的。

5. 项目资金流量的控制

项目正常运行后,将经营收入减去生产成本、经营管理费用、资本再投入后的净现金流用于偿还银行债务和为投资者提供相应的投资收益。投资者必须根据公司的总体资金构成和对融资安排的考虑,选择符合投资目标的现金流分配方式。公司型合资结构比非公司型合资结构更容易安排融资,因为投资者对现金流的控制权是由董事会或管委会分配的。

6. 税务结构

这是投资决策中最复杂的问题之一。各国税法千差万别,所以税务结构的设定也就不同。公司型合资结构中,税务能否合并或用来冲抵往年的亏损,不同的国家规定不同。合伙制和有限合伙制结构的应纳税收是按照合伙制结构的总收入水平计算的。纳税主体为单一的合伙人。非公司型合资结构的资产归投资者直接拥有,项目产品也是由投资者直接拥有。信托基金结构应纳税收应以基金本身作为一个整体加以核算。

7. 会计处理

不同的投资结构在会计处理上有所不同,即使是同一结构,也会因为投资比例的不同在资产负债表和经营损益表的合并上有不同表现。对于公司型合资结构而言,第一,在一个公司的持股比例如果超过50%,那么该公司的资产负债表需要全面合并到该投资者自身公司的财务报表中;第二,持股比例若为20%～50%,那么投资者需要在自身公司的财务报表中按投资比例反映出该公司的实际盈亏情况;第三,持股比例如少于20%,只需在自身公司的财务报表中反映出实际投资成本,无须反映任何被投资公司的财务状况。对于合伙制结构和信托基金结构的会计处理与公司型合资结构相似。非公司型合资结构无论投资比例大小,该项投资全部资产负债和经营损益情况都必须在投资者自身的公司财务报表中全面反映出来。

8. 投资的可转让性

投资者在项目中的投资权益能否转让、转让程序以及转让的难易程度是判断一个投资结构的重要因素,一般规律是项目投资结构越简单则投资的转让问题就越简单。

9. 对项目资金的选择

项目本身的类型和融资需求对投资结构的设计有着直接的影响。对于一个新项目,选择和设计投资结构的余地较大,有可能从多种可行方案中设计出一种既可以充分体现投资者的发展战略又能满足融资要求的投资结构。然而对于一个已经建立起来的项目,后来投资者再对投资结构进行选择的余地就比较小了。

二、项目的融资结构

项目的融资结构指不同融资渠道在项目总体融资中所占比重及其在项目处置过程中的话语权重。

项目的融资结构有两种类型:一是投资者直接安排项目融资形成的融资结构;二是投资者通过项目公司安排项目融资形成的融资结构。

（一）投资者直接安排项目融资形成的融资结构

由项目投资者直接安排项目的融资,并且直接承担起融资安排中相应的责任和义务,可以说,这是一种最简单的项目融资结构。

这种结构适用于投资者本身的财务结构不很复杂的情况,有利于投资者对税务结构进行安排,对于资信状况良好的投资者,直接安排融资还可以获得成本较低的贷款。需要注意的问题是,如何限制贷款银行对投资者的追索权利,以及项目贷款很难安排成为非公司负债型的融资。

(二) 投资者通过项目公司安排项目融资形成的融资结构

为了减少投资者在项目中的直接风险,在非公司型合资结构、合伙制结构甚至公司型合资结构中,项目的投资者经常会建立一个单一目的的项目子公司作为投资载体,以该项目子公司的名义与其他投资者组成合资结构和安排融资。

这种形式的特点是项目子公司将代表投资者承担项目中全部的或主要的经济责任,但是需要投资者提供一定的信用支持和保证。对于投资者而言,第一,容易划清项目的债务责任;第二,项目融资有可能被安排成为非公司负债型的融资;第三,在税务结构安排上灵活性可能差一些(取决于各国税法对公司之间税务合并的规定)。

(三) 通过项目公司安排项目融资的优缺点

(1)项目公司统一负责项目的建设、生产、市场,并且可以整体地使用项目资产和现金流量作为融资的抵押和信用保证,在概念上和融资结构上易于为贷款银行所接受,法律结构相对简单。

(2)项目投资者不能直接安排融资,而是通过间接的信用保证形式支持项目公司的融资,投资者的债权债务均有明确表示,因此容易实现有限追索的项目融资和非公司负债型融资的目标要求。

(3)可以利用大股东的优势获得较优惠的贷款条件,还能避免投资者之间为安排融资而相互竞争。

(4)缺乏灵活性,很难满足不同投资者对融资的各种要求,在税务结构安排和债务形式选择方面灵活性较差。

三、项目的资金结构

项目的资金结构指在项目融资过程中所确定的项目的股本金(或叫权益资本,下同)与债务资金的形式、相互间的比例关系及相应的来源。项目的资金结构主要有三部分:股本金、准股本金(无担保贷款、可转换债券、贷款担保存款、备用信用证等)和债务资金。

(一) 股本金

项目资金结构中的股本金形式指项目投资者是直接投入资金作为股本金,还是第三方通过在资本市场上购买优先股或普通股作为股本金,或者,通过贷款担保和其他信用保证形式作为股本金,抑或通过无担保贷款或可转换债券或零息债券作为准股本金投入。

(二) 准股本金

准股本金指项目投资者或与项目利益有关的第三方所提供的一种从属性债务,它是相对股本金而言的,它既有股本金的性质,又有债务资金的性质。作为贷款银行来讲,它是股本金。因为,当项目公司破产时,在偿还所有的项目融资债务资金之前,准股本金将不能被偿还。作为投资者来讲,它又是债务资金,最明显的特点是可以把这部分从属性债务的利息计入成本,冲抵所得税。

（三）债务资金

债务资金的形式指是通过银行借款,还是在资本市场上发行债券,抑或是融资租赁等。股本金与债务资金的比例关系指在项目资金结构中股本金与债务资金的各自比例及对项目融资的影响。股本金和债务资金的相应来源指股本金和债务资金的来源渠道及对来源的合理选择。与传统的融资方式相比,项目融资的资金结构要灵活得多。

债务资金主要来源于以下六个方面:

（1）商业银行贷款。商业银行贷款可以由一家银行提供,也可以由几家银行联合提供。贷款形式可以根据借款人的要求来设计,包括定期贷款、建设贷款、流动资金贷款等。

商业银行贷款的基本法律文件包括两个部分:贷款协议、资产抵押或担保协议。商业银行贷款的资产抵押或担保协议的形式和内容与各国法律有直接的关系,因而不同国家以及不同项目之间其文件形式将有较大的差别。贷款的资产抵押或担保协议是项目融资结构的一个重要法律文件。

（2）国际辛迪加银团贷款。国际辛迪加银团贷款,简称国际银团贷款,是商业银行贷款概念在国际融资实践中的合理延伸。国际上多数大型融资,资金需求规模之大、结构之复杂,只有大型跨国银行和金融机构联合组织起来才能承担得起融资的任务。

（3）国际债券资金。国际债券指一国政府、企业、金融机构等在国际金融市场上以外国货币为面值发行的债券。在国际债券中具有代表性的例子便是欧洲债券。欧洲债券是为借款人提供从欧洲货币市场为数众多的金融机构投资者和个人投资者手中获得成本较低的债务资金的一种有效形式,与一般国家发行的本国债券或外国债券不同,欧洲债券的发行和交易超出国家的界限,不受任何一个国家的国内金融市场的法律法规限制。

（4）商业票据。商业票据是金融市场上主要的也是最古老的金融工具之一。商业票据为借款人提供了一种成本低、可靠性高,同时可以通过不断延期来满足长期资金需求的短期债务资金。利用商业票据融资的优点主要有:成本低、资金来源多元化、资金使用灵活。

（5）租赁融资。经营租赁具有两方面的特征:① 在多数工业国家,经营租赁一般不被视为公司的一种债务责任,因而可以成为非公司负债型融资的一个重要来源。在会计处理上,经营租赁不作为公司负债列入资产负债表,而只需要在资产负债表的注释中作为一种固定的费用支出加以说明。② 由于这一特点,经营租赁为其使用者提供了较大的灵活性。项目融资的贷款协议经常包括一些对借款人的限制性条款,其中包括对资产负债比率的限制、对安排新的债务的限制等,但是经营租赁往往不在此列。

（6）其他信用资金。

四、项目的信用保障结构

（一）项目融资的风险评估

对融资项目进行评估是投资银行参与项目工作的重要工作。西方一些擅长项目融资的投资银行,都建有各具特色的项目风险评价系统,为项目现金流量模型分析的实用性、综合性和有效性提供了更有力和简便快速的计算手段。

项目融资风险主要来源于以下六个方面:

1. 技术和建设风险

技术和建设风险,主要指建设阶段活动成本超支和时间超期,如设计不周、工程设备不完善、材料设备供应不上、物价上涨,以及劳工问题等。

2. 经营和销售风险

经营和销售风险,即由于储存欠缺、能源及原材料成本上升、市场物价波动、销售协议违约等原因导致的项目的营利性受损害的风险。

3. 管理风险

管理风险,即由于主办人开发和经营能力的缺乏以及合伙人的分歧等原因导致的项目可靠性风险。

4. 金融风险

金融风险,即主要由于银行信贷利率和国际汇率变化导致财务不经济的风险。

5. 政治风险

政治风险,即由于项目所在国家的政治条件发生变化而导致项目失败、项目信用结构改变、项目债务偿还能力改变等的风险。

6. 其他风险

项目融资的其他风险包括环境风险、人员风险以及资金和信用风险等。

(二)项目融资的风险担保

在实际运作中,为降低项目的融资风险,通常需要信用保障。项目融资信用保障结构的核心是融资的债权担保。融资的债权担保分为物的担保和人的担保。

1. 物的担保

物的担保包括对项目的不动产和有形资产的抵押、对无形资产设置担保物权等方面。物的担保形式比较直接,法律的界定也比较清楚。经常使用的有两种形式:

(1)抵押。即为提供担保而把资产的所有权转移于债权人(抵押权人),但是附有一项明示或默示的条件,即该项资产的所有权应在债务人履行其债务后重新转移于债务人。

(2)担保。即不需要资产和权益占有的转移或者所有权的转移,而是债权人或债务人之间的一项协议。根据此协议,债权人有权使用该项担保条件下资产的收入来清偿债务人对其的责任,并享有优先的请求权。

2. 人的担保

人的担保在项目融资中的基本表现形式是项目担保,是在贷款银行认为项目自身物的担保不够充分时而要求借款人提供的一种人的担保。它是一种以法律协议的形式做出的承诺,依据这种承诺担保人向债权人承担了一定的义务。

项目担保人包括三个方面:项目的直接投资者和主办人、与项目利益有关的第三方参与者、商业担保人。

(1)项目的直接投资者和主办人。项目的直接投资者和主办人作为担保人是项目融资结构中最主要和最常见的一种形式。

（2）与项目利益有关的第三方参与者。指在项目的直接投资者之外由其他与项目开发者有直接或间接利益关系的机构为项目的建设或者项目的生产经营提供担保。大致分为以下几种类型：

① 政府机构。这种方式极为普遍，尤其是对发展中国家的大型项目的建设是十分重要的，政府的介入可以减少政治风险和经济政策风险。对于工业化国家，这种方法可以避免政府的直接股份参与。

② 与政策开发有直接利益关系的商业机构。其目的是通过为项目融资提供担保而换取自己的长期商业利益。

③ 世界银行、地区开发银行等国际性金融机构。这类机构虽然与项目的开发并没有直接的利益关系，但是为了促进发展中国家的经济建设，对于一些重要的项目，有时可以寻求到这类机构的贷款担保。

（3）商业担保人。商业担保人以提供担保作为一种赢利的手段，承担项目的风险并收取担保服务费。商业担保人往往是通过分散化经营降低自己的风险。其提供服务的两种基本类型是：一是担保项目投资者在项目中或者项目融资中所必须承担的义务。这类担保人一般为商业银行、投资公司和一些专业化金融机构，所提供的担保一般为银行信用证或银行担保。二是为了防止项目意外事故的发生而提供的担保。这种担保人一般为各种类型的保险公司。

第三节　项目融资模式

不同的项目融资具有不同的追索内容、不同的参与方、不同的风险结构和不同的融资结构，因此，每一个项目融资都有其自身的特殊结构。但从大的方面来说，基本的融资结构有两种：一是无追索或有限追索权贷款，即提供的贷款依靠项目预期的未来现金流量得到偿还；二是收益买断，即用预先购买或产品支付的方式预先支付一定数量的资金来购买项目的销售收益或其他收益。

项目融资模式是项目融资整体结构组成中的核心部分。项目的融资模式设计，需要与项目投资结构的设计同步考虑，并在项目的投资结构确定下来之后，进一步细化设计工作。

一、生产支付融资模式

生产支付（production payment）是项目融资的早期形式之一，起源于 20 世纪 50 年代美国的石油天然气项目开发的融资安排。一个生产支付的融资安排是建立在由贷款银行购买某一特定矿产资源储量的全部或部分未来销售收入的权益的基础上的。在这一安排中提供融资的贷款银行从项目中购买到一个特定份额的生产量，这部分生产量的收益也就成为项目融资的主要偿债资金来源。因此，生产支付是通过直接拥有项目的产品和销售收入，而不是通过抵押或权益转让的方式来实现融资的信用保证。对于那些资源属于国家所有，项目投资者只能获得资源开采权的国家和地区，生产支付的信用保证是通过购买项目未来生产的现金流量加上资源开采权和项目资产的抵押实现的。生产支付融资适用于资源贮藏量已经探明并且项目生产的现金流量能够比较准确地计算出来的项目。生产支付融资所能安排的资金数量,等于生产支付所购买的那一部分矿产资源的预期未来收益在一定利率条件下贴现出来的资产现值。

以生产支付为基础融资模式的特点如下:

(1)由于所购买的资源储量及其销售收益被用作生产支付融资的主要偿还债务资金来源,因此,融资比较容易被安排成为无追索或有限追索的形式。

(2)融资期限将短于项目的经济生命期。

(3)在生产支付融资结构中,贷款银行一般只为项目的建设资本费用提供融资,而不承担项目生产费用的贷款,并且要求项目投资者提供最低生产量、最低产品质量标准等方面的担保。

二、以黄金贷款为基础的融资模式

黄金贷款(gold loan)与生产支付融资在概念上相似,同样是一种由项目产品所支持的融资。由于黄金本身兼备商品和货币的双重特性,黄金贷款的基本形式是在项目建设初期由贷款银行将一定数量的黄金借给项目的投资者(借款人),以满足其项目建设的资金需要,而在项目的生产期间投资者再以生产出来的黄金分期偿还贷款。与生产支付融资比较,黄金贷款在形式上看起来更像是一种易货贸易(即通常所说的"借金还金")和一种远期的销售合同。提供黄金贷款的银行不是以购买被融资项目的全部或部分资源储量作为融资的基础,而只是要求黄金借款人在一定的时期内以黄金的形式偿还贷款。

以黄金贷款为基础融资模式的特点如下:

(1)项目投资者通过黄金贷款银行安排一个黄金贷款,利用出售黄金所获得的资金建设开发项目,支付工程公司费用。

(2)因为黄金贷款银行通常不承担项目风险,项目投资者必须与担保银行做出有限追索的项目融资安排,由担保银行承担项目风险,获得项目建设的完工担保和项目资产的第一抵押权,并收取一定的项目担保费用。

(3)在项目进入生产阶段之后,投资者用生产出来的黄金偿还贷款,避免了任何价格波动上的风险。

三、以设施使用协议为基础的融资模式

利用设施使用协议(tolling agreement)安排项目融资,其成败的关键是项目设施的使用者能否提供一个强有力的具有"无论提货与否均需付款"(在这里也可以称为"无论使用与否均需付款")性质的承诺。这个承诺要求项目设施的使用者在融资期间定期向设施的提供者支付一定数量的预先确定下来的项目设备使用费。这种承诺是无条件的,不管项目设施的使用者是否真正地利用了项目设施所提供的服务。在项目融资中,这种无条件承诺的合约权益将被转让给提供贷款的银行,通常再加上项目投资者的完工担保,就构成了项目信用保证结构的主要组成部分。理论上,项目设施的使用费在融资期间应足以支付项目的生产经营成本和为项目债务还本付息。该模式的特点如下:

（1）投资结构的选择比较灵活,既可以采用公司型合资结构,也可采用非公司型合资结构、合伙制结构或信托基金结构。

（2）项目的投资者可以利用与项目利益有关的第三方信用来安排融资,分散风险,节约初始资金投入。

（3）具有"无论提货与否均需付款"性质的设施使用协议是项目融资不可缺少的组成部分。

（4）采用这种模式的项目融资,在税务结构处理上需要比较谨慎。

四、以杠杆租赁为基础的融资模式

以杠杆租赁(leveraged leasing)为基础组织起来的项目融资模式,指在项目投资者的要求和安排下,由杠杆租赁结构中的资产出租人融资购买项目的资产,然后租赁给承租人(项目投资者)的一种融资结构。资产出租人和融资贷款银行的收入以及信用保证主要来自结构中的税务好处、租赁费用、项目的资产以及对项目现金流量的控制。其主要特点有:

（1）杠杆租赁由于充分利用了项目的税务好处作为股本参加者的投资收益,所以降低了投资者的融资成本和投资成本,同时增加了融资结构中债务偿还的灵活性。

（2）杠杆租赁融资应用范围比较广泛。

（3）项目的税务结构以及税务扣减的数量和有效性是杠杆租赁融资模式的关键。

（4）融资模式比较复杂,所以重新安排融资的灵活性以及可供选择的重新融资余地就变得较小。

五、BOT 融资模式与 TOT 融资模式

（一）BOT 融资

BOT(build-operate-transfer)是"建设—经营—转让"的简称,该融资模式指政府将一个基础设施项目的特许权授予承包商(一般为国际财团),承包商在特许期内负责项目设计、融资、建设和运营,并回收成本、偿还债务、赚取利润,特许期结束后将项目所有权移交政府。实质上,BOT 融资模式是政府与承包商合作经营基础设施项目的一种特殊运作模式。BOT 融资模式是私营企业参与基础设施建设,向社会提供公共服务的一种模式。BOT 融资模式在不同的国家有不同称谓,我国一般称其为"特许权"。

BOT 融资模式具有以下特点:

（1）BOT 融资模式是无追索的或有限追索的,举债不计入国家外债,债务偿还只能靠项目的现金流量。

（2）承包商在特许期内拥有项目所有权和经营权。

（3）名义上,承包商承担了项目全部风险,因此融资成本较高。

（4）与传统模式相比,BOT 融资项目设计、建设和运营效率一般较高,因此,用户可以得到较高质量的服务。

（5）BOT 融资项目的收入一般是当地货币,若承包商来自国外,对宗主国来说,项目

建成后将会有大量外汇流出。

（6）BOT 融资项目不记入承包商的资产负债表，承包商不必暴露自身财务情况。

以 BOT 模式融资的优越性主要有以下几个方面：

首先，减少项目对政府财政预算的影响，使政府在自有资金不足的情况下，仍能上马一些基建项目。政府可以集中资源，对那些不被投资者看好但又对地方政府有重大战略意义的项目进行投资。BOT 融资不构成政府外债，可以提高政府的信用，政府也不必为偿还债务而苦恼。

其次，把私营企业中的效率引入公用项目，可以极大地提高项目建设质量并加快项目建设进度。同时，政府将全部项目风险转移给了私营发起人。

最后，吸引外国投资并引进国外的先进技术和管理方法，对地方的经济发展会产生积极的影响。BOT 融资模式主要用于建设收费公路、发电厂、铁路、废水处理设施和城市地铁等基础设施项目。

早在 20 世纪 80 年代，我国就有了成功的 BOT 融资项目——深圳沙角电厂。该项目于 1984 年签署合资协议，1986 年完成融资安排并动工兴建，1988 年投入使用。项目总装机容量 70 万千瓦，总投资为 42 亿港元。该项目采用粤港合作经营模式兴建。合资粤方为深圳特区电力开发公司（A 方），合资港方是一家在香港注册的专门为该项目成立的公司——合和电力（中国）有限公司（B 方），合作期 10 年。合作期间，B 方负责安排提供项目全部的外汇资金，组织项目建设，并且负责经营电厂 10 年（合作期）。作为回报，B 方获得在扣除项目经营成本、煤炭成本和支付给 A 方的管理费后 100% 的项目收益。合作期满时，B 方将深圳沙角电厂的资产所有权和控制权无偿转让给 A 方，退出了该项目。

（二）TOT 融资模式

TOT（transfer-operate-transfer）是"移交—经营—移交"的简称，该融资模式指政府与投资者签订特许经营协议后，把已经投产运行的可收益公共设施项目移交给民间投资者经营，凭借该设施在未来若干年内的收益，一次性地从投资者手中融得一笔资金，用于建设新的基础设施项目，特许经营期满后，投资者再把该设施无偿移交给政府管理。

TOT 融资模式与 BOT 融资模式是有明显区别的，它不需直接由投资者投资建设基础设施，因此避开了基础设施建设过程中产生的大量风险和矛盾，比较容易使政府与投资者达成一致。TOT 融资模式主要适用于交通基础设施的建设。

近些年国外出现一种将 TOT 与 BOT 融资模式结合起来但以 BOT 为主的融资模式，叫作 TBT。在 TBT 模式中，TOT 的实施是辅助性的，采用它主要是为了促成 BOT。TBT 有两类：一是公营机构通过 TOT 模式有偿转让已建设施的经营权，融得资金后将这笔资金入股 BOT 项目公司，参与新建 BOT 项目的建设与经营，直至最后收回经营权。二是无偿转让，即公营机构将已建设施的经营权以 TOT 模式无偿转让给投资者，但条件是与 BOT 项目公司按一个递增的比例分享拟建项目建成后的经营收益。两类模式中，前一种比较少见。

长期以来，我国交通基础设施发展严重滞后于国民经济的发展，资金短缺与投资需求的矛盾十分突出。TOT 模式为缓解我国交通基础设施建设资金供需矛盾找到一条现实出路,可以加快交通基础设施的建设和发展。

六、PFI 融资模式与 PPP 融资模式

(一) PFI 融资模式

PFI(private finance initiative)是"私人主动融资"的简称,该融资模式的核心在于政府从私人处购买服务,如图 8-1 所示。目前这种模式多用于社会福利性质的建设项目,不难看出这种模式多被那些硬件基础设施相对完善的发达国家采用。比较而言,发展中国家由于经济水平的限制,将更多的资源投入到了能直接或间接产生经济效益的地方,而这些基础设施在国民生产中的重要性很难使政府放弃其最终所有权。

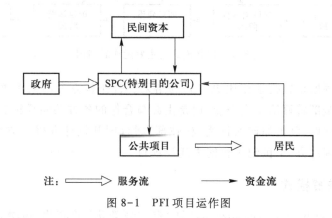

注： 服务流　　——▶ 资金流

图 8-1　PFI 项目运作图

PFI 项目在发达国家的应用领域总是有一定的侧重。以日本和英国为例,从数量上看,日本的侧重领域由高到低为社会福利、环境保护和基础设施,英国则为社会福利、基础设施和环境保护。从资金投入上看,日本在基础设施、社会福利、环境保护三个领域的投资仅为英国相同领域投资的 7%、52% 和 1%,可见其规模与英国相比要小得多。当前在英国 PFI 项目非常多样,最大型的项目来自国防部,如空对空加油罐计划、军事飞行培训计划、机场服务支持等。更多的典型项目是相对小额的设施建设,如教育或民用建筑物、警察局、医院能源管理或公路照明,较大一点的包括公路、监狱和医院用楼等。PFI 模式和 PPP 模式是最近几年国外发展得很快的两种民资介入公共投资领域的模式,虽然在我国尚处于起步阶段,但是具有很好的借鉴意义,也是我国公共投资领域投融资体制改革的一个发展方向。

(二) PPP 融资模式

PPP(public private partnership)"是政府和社会资本合作"的简称,该融资模式指公共部门与私人企业合作,是公共基础设施的一种项目融资模式。如图 8-2 所示。该模式鼓励私人企业与政府进行合作,参与公共基础设施的建设。

PPP 的中文意思是:公共、民营、伙伴。PPP 模式的构架是:从公共事业的需求出发,利用民营资源的产业化优势,通过政府与民营企业双方合作,共同开发、投资建设并维护运营公共事业,政府与民营经济在公共领域达成合作伙伴关系。通过这种合作形式,合作

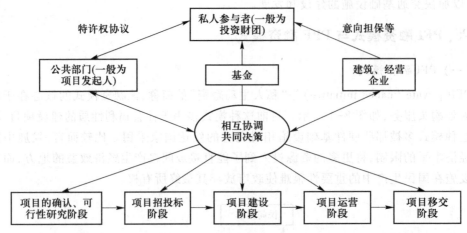

图 8-2　PPP 模式的主要运作思路图

各方可以实现与预期单独行动相比更有利的结果。合作各方参与某个项目时,政府并不是把项目的责任全部转移给私人企业,而是由参与合作的各方共同承担责任和融资风险。这是一项世界性课题,已被原国家计委、科技部、联合国开发计划署三方会议正式批准纳入正在执行的我国地方 21 世纪议程能力建设项目。

七、ABS 融资模式

ABS 英文(asset backed securitization)是"资产证券化"的简称,该融资模式是以项目所属资产为支撑的证券化融资模式,即以项目所拥有的资产为基础,以项目资产可以带来的预期收益为保证,通过在资本市场发行债券来募集资金的一种项目融资模式。

(一) 相比其他证券产品,资产支持型证券具有的优点

1. 具有吸引力的收益

在评级为 3A 级的资产中,资产支持型证券比到期日与之相同的国债具有更高的收益率,其收益率与到期日和信用评级相同的公司债券或抵押支持型债券的收益率大致相当。

2. 较高的信用评级

从信用角度看,资产支持型证券是最安全的投资工具之一。与其他债务工具类似,它们也是在按期偿还利息与本金能力的基础之上被评估与评级的。但与大多数公司债券不同的是,资产支持型证券可以得到担保物品的保护,其内在结构特征结合外部保护措施使其得到信用增级,从而进一步保证了债务责任得到落实。大多数资产支持型证券能从主要的信用评级机构得到最高信用评级——3A 级。

3. 投资多元化与多样化

资产支持型证券市场是一个在结构、收益、到期日以及担保方式上都高度多样化的市场。用以支持型证券的资产涵盖了不同的业务领域,从信用卡应收账款到汽车、轮船和休闲设施贷款,以及从设备租赁到房地产和银行贷款。另外,资产支持型证券向投资者提供了条件,使他们能够将传统上集中于政府债券、货币市场债券或公司债券的固定收益证券

进行多样化组合。

4. 可预期的现金流

多种资产支持型证券的现金流的稳定性与可预测性都得到了很好的设置。购买资产支持型证券的投资者有极大的信心得到期望中的偿付。然而,类似于担保的资产支持型证券,有可能被提前偿付,因此投资者必须明白,此时现金流的可预测性就不那么准确了。这种高度不确定性往往由高收益性反映出来。

5. 事件风险小

由于资产支持型证券得到标的资产的保证,从而实现了对事件风险而引起的评级下降的保护。与公司债券相比,这点更显而易见。投资者对于没有保证的公司债券的主要担心在于,不论评级有多高,一旦发生对发行人产生严重影响的事件,评级机构将调低其评级。类似的事件包括兼并、收购、重组及重新调整资本结构,这些通常都是由于公司的管理层为了提高股东的收益而引起的。

（二）与传统的融资模式相比,ABS 融资模式具有的特点

（1）ABS 融资模式的最大优势是通过在国际市场上发行债券筹集资金,债券利率一般较低,从而降低了筹资成本。

（2）通过证券市场发行债券筹集资金是 ABS 不同于其他项目融资模式的一个显著特点。

（3）ABS 融资模式隔断了项目原始权益人自身的风险,使其清偿债券本息的资金仅与项目资产的未来现金收入有关,加之,在国际市场上发行的债券会由众多的投资者购买,从而分散了投资风险。

（4）ABS 融资模式是通过 SPV 发行高档债券筹集资金,这种负债不反映在原始权益人自身的资产负债表上,从而避免了对原始权益人资产质量的限制。

（5）由于采取了利用 SPV 增加信用等级的措施,融资者能够进入国际高档证券市场,发行那些易于销售、转让以及贴现能力强的高档债券。

（6）由于 ABS 融资模式是在高档证券市场筹资,融资者接触的多为国际一流的证券机构,有利于培养国际项目融资方面的专门人才。

（三）ABS 融资的具体运作过程

① 组建一个特别目的公司。② 特别目的公司选择能进行资产证券化融资的对象。③ 以合同、协议等方式将政府项目未来现金收入的权利转让给特别目的公司。④ 特别目的公司直接在资本市场发行债券募集资金或者由特别目的公司信用担保,由其他机构组织发行,并将募集到的资金用于项目建设。⑤ 特别目的公司通过项目资产的现金流入清偿债券本息。

很多国家和地区将 ABS 融资模式重点用于交通运输部门的铁路、公路、港口、机场、桥梁、隧道建设项目,能源部门的电力、煤气、天然气等基本设施建设项目,公共事业部门的医疗卫生,供水、供电和电信网络等公共设施建设项目,并取得了很好的效果。

● 关键术语 ●

项目融资　项目的投资结构　项目的融资结构　项目的资金结构

● 本章小结 ●

1. 项目融资的实质就是向一个经济实体提供贷款时,以该经济实体作为偿还债务的资金来源,并将该经济实体的资产作为担保物。也就是说,归还贷款的资金来自项目本身,而不是其他。

2. 项目融资区别于其他融资方式。项目融资中,工程项目的主办人或主办单位一般都专门为该项目的筹资而成立一家新的工程项目公司,由贷款人把资金直接贷给工程项目公司,而不是贷给项目的主办人。在这种情况下,偿还贷款的义务是由该工程项目公司来承担,而不是由承办人来承担,贷款人的贷款将从该工程项目建设投入营运后所取得的收益中得到偿还。因此,贷款人所看重的是该工程项目的经济性、可能性以及所得收益,项目的成败对贷款人能否收回其贷款具有决定性的意义。

3. 一般来说,项目融资的程序大致可以分为五个阶段:投资决策、融资决策、融资结构分析、融资谈判和执行。

4. 项目融资的基本结构包括四个部分,即项目的投资结构、项目的融资结构、项目的资金结构和项目的信用保障结构。

5. 目前,国际上项目融资基本投资结构的主要形式有四种:公司型合资结构、合伙制结构、非公司型合资结构、信托基金结构。

6. 从大的方面来说,项目融资基本的融资结构有两种:一是无追索或有限追索权贷款,即提供的贷款依靠项目预期的未来现金流量得到偿还;二是收益买断,即用预先购买或产品支付的方式预先支付一定数量的资金来购买项目的销售收益或其他收益。

7. 项目融资可以分为生产支付融资模式、以黄金贷款为基础的融资模式、以设施使用协议为基础的融资模式、以杠杆租赁为基础的融资模式、BOT 融资模式与 TOT 融资模式、PFI 融资模式与 PPP 融资模式、ABS 融资模式。

● 复习思考题 ●

1. 试论述项目融资的定义及本质。
2. 项目融资与传统融资方式相比有哪些基本特点?
3. 项目融资的当事人主要有哪些?
4. 项目融资中三种资本结构是什么?
5. 项目融资的基本程序包括哪些?

● 本章实训 ●

一、实训 A

（一）实训目的

要求学生通过深入学习经典融资案例,对项目融资在理论学习的基础上,形成自己的独特看法。

（二）实训内容

1. 背景资料

中信公司在澳大利亚波特兰铝厂项目中的融资实例

波特兰铝厂位于澳大利亚维多利亚州的港口城市波特兰,始建于 1981 年,后因国际市场铝价大幅度下跌和电力供应等问题,于 1982 年停建。在与维多利亚州政府达成 30 年电力供应协议之后,波特兰铝厂于 1984 年重新开始建设。1986 年 11 月投入试生产,1988 年 9 月全面建成投产。波特兰铝厂由电解铝、阳极、铝锭浇铸、原材料输送及仔储、电力等几个主要生产线组成,其中核心的电解铝生产线采用的是美国铝业公司 20 世纪 80 年代的先进技术,整个生产过程由电子计算机严格控制,每年可生产铝锭 30 万吨,是世界上技术先进、规模最大的现代化铝厂之一。1985 年 6 月,美国铝业澳大利亚公司(以下简称美铝澳公司)与中国国际信托投资公司(以下简称中信公司)接触,邀请中信公司投资波特兰铝厂。经过历时一年的投资论证、可行性研究、收购谈判、项目融资等阶段的紧张工作,中信公司在 1986 年 8 月成功地投资于波特兰铝厂,持有项目 10% 的资产,每年可获得 3 万吨铝锭。与此同时,中信澳大利亚有限公司(简称中信澳公司)成立,代表中信公司管理项目的投资、生产、融资、财务和销售,承担中信公司在合资项目中的经济责任。波特兰铝厂投资是当时中国在海外最大的工业投资项目。中信公司在决策项目投资的过程中,采取了积极、慎重、稳妥的方针,大胆采用了当时在我国还未采用过的国际上先进的有限追索杠杆租赁的项目融资模式,为项目的成功奠定了坚实的基础。

2. 项目融资结构

（1）波特兰铝厂的投资结构。波特兰铝厂采用的是非公司型合资形式的投资结构。这个结构是在中信公司决定参与之前就已经由当时的项目投资者谈判建立起来的。因而,对于中信公司来讲,在决定是否投资时,没有调整投资结构的可能,所能做到的只是在已有的结构基础上尽量加以优化:第一,确认参与该投资结构是否可以实现中信公司的投资战略目标;第二,在许可的范围内,就合资协议的有关条款加以谈判以争取较有利的参与条件。1986 年中信公司参与波特兰铝厂投资之后,项目的投资结构组成为:美铝澳公司 45%,维多利亚州政府 35%,第一国民资源信托基金 10%,中信澳公司 10%(1992 年,维多利亚州政府将其在波特兰铝厂中的 10% 资产出售给日本丸红公司,投资结构又发生了变化)。

如图 8-3 所示,波特兰铝厂的项目投资者在合资协议的基础上组成了非公司型合资结构,由四方代表参加的项目管理委员会作为波特兰铝厂的最高管理决策机构,负责项目的建设、生产、资本支出和生产经营预算等一系列重大决策,同时通过项目管理协议委任美铝澳公司的一个全资拥有的单一目的项目公司——波特兰铝厂管理公司作为项目经理负责日常生产经营活动。在项目投资结构一章论述项目投资结构时所列举的非公司型合资结构的特点在波特兰铝厂的投资结构中均有所体现。其主要特点有:① 波特兰铝厂的资产根据投资比例由项目投资者直接拥有,铝厂本身不是一个法人实体。投资各方单独安排自己的项目建设和生产所需资金。这种资产所有形式为中信公司在安排项目融资时直接提供项目资产作为贷款抵押担保提供了客观上的可能性。② 项目投资者在支付了项目生产成本之后直接按投资比例获取项目最终产品——铝锭,并且生产电解铝的两种主要原材料——氧化铝和电力,也是由项目投资者分别与其供应商签订长期供应协议,因而每个投资者在项目中的生产成本构成是不尽相同的,所获得的利润也不一样。③ 波特兰铝厂的产品销售由各个项目投资者直接控制和掌握。④ 由于波特兰铝厂资产由投资者直接拥有,项目产品以及项目现金流量直接为投资者所支配,因而与一切非公司型合资结构一样,波特兰铝厂自身不是一个纳税实体。与项目有关的纳税实体分别是在项目中的投资者,各个投资者可以自行安排自己的税务结构问题。波特兰铝厂的投资结构所具备的以上几种主要特征,为中信公司自行安排有限追索的项目融资提供了有利的条件。

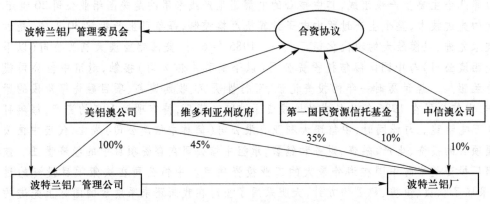

图 8-3 波特兰铝厂投资结构和管理示意图

(2)中信澳公司在波特兰铝厂中所采用的融资模式。中信澳公司在波特兰铝厂投资中所采用的是一个为期 12 年的有限追索杠杆租赁项目融资模式。其融资结构如图 8-4所示。

在图 8-4 中的有限追索杠杆租赁融资中有四个重要的组成部分:

第一,股本参与银团。由五家澳大利亚主要银行组成的特殊合伙制结构,以及其所任命的波特兰项目代理公司——项目代理公司,是杠杆租赁中的股本参与者,是波特兰铝厂 10%资产的法律持有人和杠杆租赁结构的出租人。特殊合伙制是专门为波特兰项目的有限追索杠杆租赁结构组织起来的,负责为中信澳公司在波特兰铝厂项目中的投资提供股本资金(占项目建设资金投资的 1/3)和安排债务资金。股本参与银团直接享有项目结构中来自加速折旧以及贷款利息等方面的巨额税务好处,并可通过与中信澳(波特兰)公司签署的资产租赁协议(亦称委托加工协议),将项目资产出租给中信澳(波特兰)公司生产

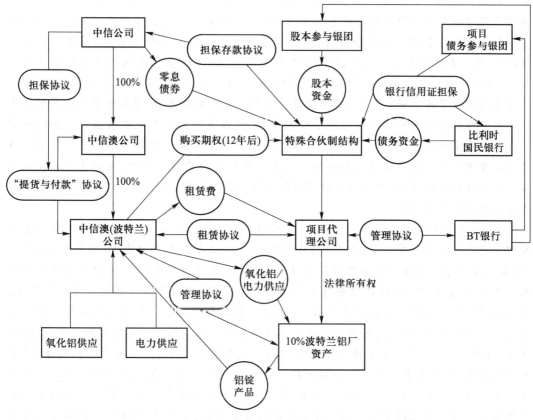

图 8-4 中信澳公司的融资结构

电解铝。股本参与银团通过租赁费收入支付项目的资本开支、到期债务、管理费用、税收等。股本参与银团本身的投资收益来自两个部分:第一,来自项目的巨额税务亏损,通过利用合伙制结构特点吸收这些税务亏损抵免公司所得税获取;第二,吸收税务亏损的不足部分,通过租赁费形式获取。股本参与银团在波特兰项目中不直接承担任何的项目风险或者中信公司的信用风险。这些风险由项目债务参与银团以银行信用证担保的方式承担。

　　第二,项目债务参与银团。在波特兰项目杠杆租赁结构中,债务资金结构由两个部分组成:比利时国民银行和项目债务参与银团。全部的债务资金贷款(占项目建设资金投资的 2/3)是由比利时国民银行提供的。但是,由于比利时国民银行并不承担任何的项目信用风险(全部风险由项目债务参与银团以银行信用证形式承担),所以比利时国民银行不是杠杆租赁结构中真正意义上的债务参与者。比利时国民银行在融资结构中的作用是为项目提供无须交纳澳大利亚利息预提税的贷款。比利时税法允许其国家银行申请扣减在海外支付的利息预提税。因而澳大利亚利息预提税成本就可以不由项目的实际投资者和借款人——中信澳公司承担。从项目投资者的角度,这样的安排可以节省融资成本,尽管需要支付给比利时银行一定的手续费。杠杆租赁结构中真正的债务参加者是由澳大利亚、日本、美国、欧洲等几家银行组成的贷款银团。贷款银团以银行信用证的方式为股本参与银团和比利时国民银行提供信用担保,承担全部的项目风险。以上股本参与银团、债务参与银团以及实际提供全部项目债务资金的比利时国民银行三方组成了波特兰铝厂项目融资中具有特色的一种资金结构,为全部项目投资提供了96%的资金,基本上实现了100%融资。在这个资金结构下,对于项目投资者来说,无论是来自股本参与银团的资金投入,还是来自比利时国民银行的项目贷款,都是项目融资中的高级债务资金,都需要承担有限追索的债务责任。但是,对于项目融资中的各方面来说,根据其资金性质又可以进一步划分为股本资金和债务资金两个组成部分,股本资金的收益主要来自投资结构中的税务收益和资本回收,而债务资金的收益主要来自利息收入。债务参与银团提供的银行信用证作为一种主要的融资工具被第一次使用在杠杆租赁的结构中,通过信用证担保安排比利时国民银行贷款,充分利用政府对利息预提税的法规,为中信公司节约了总值几百万美元的利息预提税款。

第三,项目资产承租人。中信澳公司合资拥有的中信澳(波特兰)公司是杠杆租赁结构中的资产承租人。中信澳(波特兰)公司通过一个12年期的租赁协议,从项目代理公司(也即从由股本参与银团组成的特别合伙制)手中获得波特兰铝厂项目10%资产的使用权。中信澳(波特兰)公司自行安排氧化铝购买协议、电力供应协议等关键性生产合同,使用租赁的资产生产出最终产品铝锭,并根据与其母公司——中信澳公司签署的提货与付款性质的产品销售协议,将铝锭销售给中信澳公司。由于项目融资的有限追索性质,中信澳(波特兰)公司的现金流量被处于融资经理人的监控之下,用来支付生产成本、租赁费等经营费用,并在满足了一定的留置基金条件下,可以利润的形式返还给股东——中信澳公司。在项目融资结构中,中信澳(波特兰)公司是项目投资者专门建立起来的单一目的项目子公司。根据融资安排,在12年融资期限结束时,中信澳(波特兰)公司可以通过期权安排,收购股本参与银团在项目中资产权益,成为波特兰铝厂10%资产的法律持有人。

第四,项目融资经理人。图8-4中的美国信孚银行澳大利亚分行(Bankers Trust Australia Ltd,简称BT银行)在有限追索的杠杆租赁融资结构中扮演了四个方面的重要角色:第一,作为中信公司的融资顾问,负责组织了这个难度极高、被誉为澳大利亚最复杂的项目融资结构;第二,在融资结构中承担了杠杆租赁经理人的角色,代表股本参与银团处理一切有关特殊合伙制结构以及项目代理的日常运作;第三,担任了项目债务参与银团的主经理人;第四,分别参与了股本参与银团和债务参与银团,承担了贷款银行的角色。

(3)融资模式中的信用保证结构。除了以上几个方面在杠杆租赁融资中发挥了重要的作用之外,图8-4中由中信公司和中信澳大利亚公司联合组成的信用担保结构同样发挥着至关重要的作用。作为一个有限追索的项目融资,项目投资者(在这里是中信公司和100%控股的中信澳公司)所承担的债务责任以及所提供的信用支持表现在三个方面:

第一,提货与付款形式的市场安排。中信澳公司通过与中信澳(波特兰)公司签署一项与融资期限相同的提货与付款形式的长期产品购买协议,保证按照国际市场价格购买中信澳(波特兰)公司生产的全部项目产品,降低了项目贷款银团的市场风险。但是,由于在1986年建立的中信澳公司与中信澳(波特兰)公司一样均为一种空壳公司,所以贷款银行要求中信公司对中信澳公司与中信澳(波特兰)公司之间的提货与付款协议提供担保。

第二,项目完工担保和项目资金缺额担保。中信公司在海外的一家国际一流银行中存入一笔固定金额(为项目融资总金额的 10%)的美元担保存款,作为项目完工担保和资金缺额担保的准备金。在项目建设费用超支和项目现金流量出现缺额时,根据一定的程序,项目融资经理人可以动用担保存款资金。但是这个担保是有限的,其限额为担保存款的本金和利息。事实上,由于项目经营良好,担保存款从来没有被动用过,并在 1990 年被解除。

第三,中信公司在项目中的股本资金投入。中信公司以大约为项目建设总金额的 4%的资金购买了特殊合伙制结构发行的与融资期限相同的无担保零息债,成为中信公司在项目中的实际股本资金投入。虽然投资金额很少,但是作为项目投资者的一种实际投入,可以对贷款银团起到一种良好的心理安慰作用。

资料来源:作者整理。

3. 实训要求

要求学生自由组合成为小组,查阅中信公司在澳大利亚波特兰铝厂项目中的融资实例相关资料,探索以下问题的答案。

问题 1:为什么中信公司投资澳大利亚波特兰铝厂项目?

问题 2:试在课堂以自己的话阐述这个融资实例。

问题 3:试分析该融资项目的投资结构、融资结构、信用结构是怎样形成、确定的。

(三) 实训组织

1. 指导教师提出以上三个实训问题。

2. 学生自由分组后,由组长负责任务分配。

3. 以小组为单位,向全班同学汇报演讲。

二、实训 B

(一) 实训目的

1. 掌握项目融资的相关知识。

2. 训练学生分析问题、解决问题的能力。

(二) 实训内容

1. 背景资料

PPP 项目设计保障量机制因素和收益分享机制模式

为了稳定项目运营预期,合理分担社会资本运营风险,大部分运营项目都有政府的保量承诺,如收费公路的车流保证、地铁项目的客流保证、电厂项目的购电保证等。

最低保证机制是可行性缺口补贴支付机制的一种特殊形式,在设计最低保证量机制时,应注意以下问题:

(1) 最低保证量的设置必须以项目产出说明和批准的可行性研究报告为依据;

(2) 最低保证量强调最低使用量的保证,而不是最低营业收入或固定价格保证;

(3) 政府支付相应的差额补贴或购买价格,因为保证的最低数量承诺不是绝对的,但也应考虑社会资本方的实际成本支出和社会资本方的经营业绩等因素;

（4）项目投资经营的商业风险应与不可抗力和形势变化相区别。由于不可抗力或情况变化等不可预见的客观原因使保证的最低收益无法实现的,不属于商业风险。

超额收益率指超过正常(预期)收益率的收益率。一方面,根据财政部《PPP 模式运行指南》,项目实际执行情况优于约定标准的,由项目实施机构按照项目合同约定的奖励条款执行,可作为工程期满后合同能否延期的依据。另一方面,可以鼓励社会资本进一步提高运营效率,实现项目合作伙伴的双赢。

据此,可以通过以下方式实现分享:

（1）从超额收益中提取红利支付给社会资本方;

（2）超额收益按超额比例除以社会资本和政府资本,再按超额比例分步分配;

（3）延长政府与社会资本方的合作期限。

从防止暴利的角度来看,PPP 项目需要建立超额利润分享机制。如果使用得当,可以有效地在社会资本的合理回报和暴利之间形成一个"阀门"。

资料来源:作者整理。

2. 实训要求

结合上述背景资料,查阅收集相关资料,回答下列问题:

问题 1:PPP 融资模式有哪些优势?

问题 2:PPP 融资模式可能存在的风险有哪些?

（三）实训组织

1. 指导教师布置实训项目,提示相关要求。

2. 采取学生自由组合的方式,将学生划分为小组。

3. 要求学生以小组为单位,认真收集项目融资的相关资料,并就相关问题以 PPT 形式进行课堂汇报。

● 即测即评 ●

第九章
风险投资

章前引例

    2001 年,贝克旗下的媒体集团纳斯贝(Naspers Ltd.)向其时前景尚不明朗的中国互联网公司腾讯投资了 3 200 万美元。如今这笔投资的回报达到了惊人的 660 亿美元,差不多与纳斯贝自己的股票市值相当。这一交易堪称风险投资界的奇迹!

    通过本章的学习你应该掌握什么是风险投资,它和股票、债券等投资相比有什么特征,投资银行在风险投资中有什么作用,风险投资是怎样运行的,我国风险投资发展情况如何。

本章知识结构图

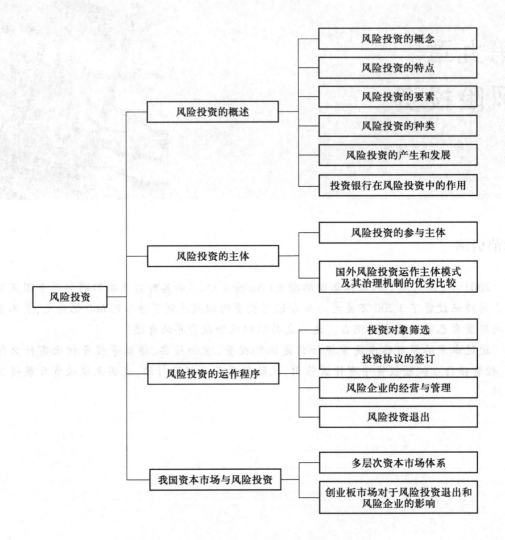

第一节 风险投资的概述

一、风险投资的概念

风险投资(VC),又称创业投资。不同的 VC 的概念界定起源于对英语原文"风险资本"的不同理解。

根据全美风险投资协会的定义,风险投资是由职业金融家投入到新兴的、迅速发展的、有巨大竞争潜力的企业(特别是中小型企业)中的一种股权资本。相比之下,经济合作和发展组织(OECD)的定义则更为宽泛,即凡是以高科技与知识为基础,生产与经营技术密集的创新产品或服务的投资,都可视为风险投资。

风险投资的魅力就在于它是一种特殊的金融创新。它不仅是一种投资,同时也是一种融资,并且投资和融资的工具都是以权益形式存在的。即作为金融中介的风险投资公司或风险投资基金,首先从投资人那里筹集一笔以权益形式存在的资金,然后又以掌握部分股权的形式对一些具有成长性的企业进行投资(当然前提是职业风险投资家觉得所投项目未来的回报能够补偿其承担的巨大投资风险)。当风险企业经过营运、管理获得成功后,风险投资家再安排其股份从风险企业中退出。

随着当代金融市场和金融工具的不断创新,传统的风险投资产生了许多变异。比如,从投资形式来看,当前有的风险投资已由股权和债权加以合并形成联合投资,这种情况大多发生在投资人需要短期回报时,风险投资家不得不部分提供债权投资。当然,风险投资家要做的,就是使这种联合投资能够对追加债务融资所带来的相应风险加以平衡。从投资的阶段来看,当代西方的风险资本除了用于对新兴的和富有成长性的企业投资外,还广泛用于破产企业的重建、成熟企业的股权转移以及并购融资等。从投资的领域来看,除了高科技产业以外,风险投资还大量投向以服务行业为代表的第三产业。从投资规模来看,投资额从数万美元到数亿美元不等。

风险投资业中最重要的运作主体是风险投资家,它是一个富有争议的角色,仅从称谓来看,有人称其为商业天使,但同时也有人称其为强盗资本家,而大多数同风险投资业有着紧密联系的公司,则更愿意把风险投资家叫作发展资本家。也许正因为如此,硅谷里的风险投资界才把风险投资家形象地比作将花粉从一家公司传向另一家公司的蜜蜂。

本书所称风险投资,指具备资金实力的投资家将风险资本投资于新近成立的或快速成长但缺乏启动资金的新兴企业,在承担较大风险的基础上为融资人提供长期股权和增值服务,并在获取高额投资回报后成功退出的一种投资方式。这些投资家被称为风险投资人,他们以投入的资金换得企业的部分股份,并以日后获得红利或出售该股权获取投资回报为目的。风险投资的特色在于甘冒高风险以追求最大的投资报酬,并将退出风险企业所回收的资金继续投入高风险、高科技、高成长潜力的类似高风险企业,实现资金的循环增值。投资家致力于筹组风险投资公司、招募专业经理人、从事投资机会评估并协助被投资事业的经营与管理等,早日实现投资收益,降低整体投资风险。

二、风险投资的特点

风险投资是由资金、技术、管理、专业人才和市场机会等要素所共同组成的投资活动,它具有以下六个特点:

(一)风险投资是一种权益投资

风险投资不是一种借贷资本,而是一种权益资本,其着眼点不在于投资对象当前的盈亏,而在于他们的发展前景和资产的增值,以便通过上市或出售达到蜕资并取得高额回报的目的。所以,产权关系清晰是风险资本介入的必要前提。

(二)风险投资是一种无担保、有高风险的投资

风险投资主要用于支持刚刚起步或尚未起步的高技术企业或高技术产品。之所以如

此,一方面是因为这类企业没有固定资产或资金作为贷款的抵押和担保,因此无法从传统融资渠道获取资金,只能开辟新的渠道;另一方面,技术、管理、市场、政策等风险都非常大,即使在发达国家高技术企业的成功率也只有 20%～30%,但由于成功的项目回报率很高,故仍能吸引一批投资人进行投机。

(三) 风险投资是一种流动性较小的中长期投资

风险投资往往是在风险企业初创时就投入资金,一般需经 3～8 年才能通过蜕资取得收益,而且在此期间还要不断地对有成功希望的企业进行增资。由于其流动性较小,因此有人称之为呆滞资金。

(四) 风险是一种高专业化和程序化的组合投资

由于风险投资主要投向高新技术产业,加上投资风险较大,要求风险资本管理者具有很高的专业水准,在项目选择上要求高度专业化和程序化,精心组织、安排和挑选,尽可能地锁定投资风险。为了分散风险,风险投资通常投资于一个包含 10 个项目以上的项目群,利用成功项目所取得的高回报来弥补失败项目的损失并获得收益。

(五) 风险是一种投资人积极参与的投资

风险资金与高新技术两要素构成推动风险投资事业前行的两大车轮,二者缺一不可。风险投资家(公司)在向风险企业注入资金的同时,为降低投资风险,必然介入该企业的经营管理,提供咨询,并参与重大问题的决策,必要时甚至解雇公司经理,亲自接管公司,尽力帮助该企业取得成功。

(六) 风险是一种追求超额回报的财务性投资

风险投资是以追求超额利润回报为主要目的的一种投资行为,投资人并不以在某个行业获得强有力的竞争地位为最终目标,而是把它作为一种实现超额回报的手段,因此风险投资具有较强的财务性投资属性。

三、风险投资的要素

风险投资由风险资本、风险投资人、风险企业和资本市场四大要素构成,对于完整的风险投资体系来说四者缺一不可。

(一) 风险资本

风险资本指由专业投资人提供的投向快速成长并且具有很大升值潜力的新兴公司的一种资本。在通常情况下,由于被投资企业的财务状况不能满足投资人于短期内抽回资金的需要,因此无法从传统的融资渠道如银行贷款获得所需资金,这时风险资本便通过购买股权、提供贷款或既购买股权又提供贷款的方式进入这些企业。

(二) 风险投资人

风险投资人是风险资本的运作者,它是风险投资流程的中心环节,其工作职能是:辨认、发现机会;筛选投资项目;决定投资;促进风险企业迅速成长;退出。资金经由风险投资公司的筛选,流向风险企业,取得收益后,再经风险投资公司回流至投资者。

风险投资人大体可分为以下四类:

第一类是风险资本家（adventure capitalists）。他们是向其他企业家投资的企业家，与其他风险投资人一样，他们通过投资来获得利润。但不同的是风险资本家所投出的资本全部归其自身所有，而不是受托管理的资本。

第二类是风险投资公司（venture capital firm）。风险投资公司的种类很多，但是大部分公司通过风险投资基金来进行投资（风险投资公司除通过设立风险投资基金筹集风险资本外，同时也直接向投资人募集资本，公司本身也采用有限合伙制形式，投资人成为公司的有限合伙人，公司经理人员成为公司的一般合伙人），这些基金一般以有限合伙制为组织形式［虽然有限合伙制（LP）是主要组织形式，但近年来美国税法也允许选用有限责任合伙制（LLPs）和有限责任公司（LLCs）形式作为风险投资公司组织形式］。

第三类是产业附属投资公司（Corporate Venture Investors/direct Investors）。这类投资公司往往是一些非金融性实业公司下属的独立的风险投资机构，它们代表母公司的利益进行投资。和专业基金一样，这类投资公司通常主要将资金投向一些特定的行业。

第四类是天使投资人（angels）。这类投资人通常投资于非常年轻的公司以帮助这些公司迅速启动。在风险投资领域，"天使"这个词指的是企业家的第一批投资人，这些投资人在公司产品和业务成型之前就把资金投入进来。天使投资人通常是创业企业家的朋友、亲戚或商业伙伴，由于他们对该企业家的能力和创意深信不疑，因而愿意在业务开展之前就向该企业家投入大笔资金。

（三）风险企业

如果说风险投资家的职能是价值发现的话，风险企业的职能就是价值创造。风险企业家是一个新技术、新发明、新思路的发明者或拥有者。他们在其发明、创新进行到一定程度时，由于缺乏后续资金而寻求风险投资家的帮助。除了缺乏资金外，他们往往缺乏管理的经验和技能。这也是需要风险投资家提供帮助的。

（四）资本市场

资本市场是风险投资退出的主要渠道，也是风险投资实现增值变现的必经之路。没有发达、完善的资本市场，就不可能使风险投资获得超额回报，从而使风险投资人丧失了进行风险投资的原动力。

四、风险投资的种类

新的风险投资方式在不断出现，对风险投资的细分也就有了多种标准。根据接受风险投资的企业发展的不同阶段，我们一般可将风险投资分为四种类型。

（一）种子资本

那些规模很小或者处于发展初期的企业，既不可能从传统的银行部门获取信贷（原因在于缺乏可资抵押的财产），也很难从商业性的风险投资公司获得风险资本。除了求助于专门的金融渠道（如政府的扶持性贷款）以外，这些企业更多地将目光投向提供种子资本（seed capital）的风险投资基金。种子资本主要是为那些处于产品开发阶段的企业提供小笔融资。由于这类企业在很长一段时期内（一年以上）都难以提供具有商业前景的产品，所以投资风险极大。对种子资本具有强烈需求的往往是一些高科技公司，如生物技术公司。它们在产品明确成型和得到市场认可前的数年里,便需要定期注入资金,以支持研究和开发(R&D)。尽管这类投资的回报可能很高,但绝大多数商业风险投资公司都避而远之,原因有三:一是对投资项目的评估需要相当的专业化知识;二是产品市场前景的不确定性导致这类投资风险太大;三是风险投资公司进一步获得投资人的资本承诺困难较大。

(二)导入资本

有了较明确的市场前景后,由于资金短缺,企业便可寻求导入资本(start-up funds),以支持企业的产品中试和市场试销。但是由于技术风险和市场风险的存在,企业要想激发风险投资家的投资热情,除了本身达到一定的规模外,对导入资本的需求也应该达到相应的额度。这是因为从交易成本(包括法律咨询成本、会计成本等)角度考虑,投资较大公司比投资较小公司更具有投资的规模效应。而且,小公司抵御市场风险的能力也相对较弱,即便经过几年的显著增长,也未必能达到在股票市场上市的标准。这意味着风险投资家可能不得不为此承担一笔长期的、不流动性的资产,并由此受到投资人要求得到回报的压力。

(三)发展资本

发展资本(development capital)这种形式的投资在欧洲已成为风险投资业的主要部分。以英国为例,目前发展资本已占到风险投资总额的30%。这类资本的一个重要作用就在于协助那些私人企业突破杠杆比率和再投资利润的限制,巩固这些企业在行业中的地位,为它们进一步在公开资本市场获得权益融资打下基础。尽管该阶段的风险投资的回报并不太高,但对于风险投资家而言,却具有很大的吸引力。原因就在于所投资的风险企业已经进入成熟期,包括市场风险、技术风险和管理风险在内的各种风险已经大大降低,企业能够提供一个相对稳定和可预见性的现金流。而且,企业管理层也具备良好的业绩记录,可以减少风险投资家对风险企业的介入所带来的成本。

(四)风险并购资本

风险并购资本(venture M&A capital)一般适用于较为成熟的、规模较大和具有巨大市场潜力的企业。与一般杠杆并购的区别在于,风险并购的资金不是来源于银行贷款或发行垃圾债券,而是来源于风险投资基金,即收购方通过融入风险资本,来购并目标公司的产权。以管理层购并(MBO/MBI)为例,由于风险资本的介入,购并所产生的营运协力效果(指购并后反映在营运现金流量上的效果)也就更加明显。目前,MBO和MBI所涉及的风险资本数额越来越大,在英国,已占到风险投资总量的2/3,但交易数量却少得多,原因就在于MBO/MBI的交易规模比其他类型的风险投资要大得多。

五、风险投资的产生与发展

从20世纪中叶至今,国际风险投资在短短几十年的历史中经历了20世纪40年代至50年代的兴起、60年代的发展、70年代的衰退、80年代的复兴、90年代的蓬勃发展、2000年以后网络泡沫的破裂及随后的复兴等阶段。

(一)风险投资的兴起(20世纪40—50年代)

高科技风险投资事业起源于美国。作为一种独立的与众不同的投资,风险投资始于第二次世界大战以后。1946 年怀特成立了第一家私人风险公司,初始资本大约 1 000 万美元。他杜撰了一个新词叫风险投资(venture capital)。他是以共享股份的方式进行风险投资的第一人。

其后不久,波士顿的地方官员筹集了一笔足够的资金成立了美国研究与发展公司(ARD),以便扶植和推进当地企业家的工作。美国研究与发展公司可视为现代风险投资事业的始祖,该公司专注于与国防科技有关的事业投资,当年曾以 7 万美元投资 DEC 公司,10 余年后售出股权,获得近 5 亿美元的回报。

(二)风险投资的发展(20 世纪 60 年代)

1958 年,美国政府通过了《小企业投资法案》,依据该法案,政府对小投资公司(SBIC)提供低息贷款,并给予税收上的优惠。由于高报酬的吸引,许多资金逐渐流向风险投资事业,主要的投资对象为半导体、计算机、精密机器、通信、软件、医疗设备等高科技产业,导致了美国第一次风险投资浪潮。

(三)风险投资的衰退(20 世纪 70 年代)

1969 年,美国资本收益税从 29% 增加到 49.5%,加上 20 世纪 70 年代初期经济危机的致命打击,致使美国风险投资的发展处于停滞甚至衰退状态,风险投资规模明显减小。

(四)风险投资的复兴(20 世纪 80 年代)

1978 年美国政府将资本收益税降低到 28%,1981 年又进一步降低到 20%,美国风险投资业才得以快速发展。20 世纪 80 年代围绕计算机的普及与应用,使美国出现了第二次风险投资浪潮,奠定了美国在以计算机技术为代表的新型产业中的国际优势地位。

(五)风险投资的蓬勃发展(20 世纪 90 年代)

20 世纪 90 年代美国出现了第三次风险投资浪潮,风险投资为美国确立其信息技术(IT)产业在国际上的主导地位做出了贡献,美国也因此成为风险投资最发达的国家。在 20 世纪 90 年代的十年间,美国的风险投资本身已经形成了一个新兴的金融行业。激烈的市场竞争使风险投资公司走出了传统的风险投资模式,转向了更广泛的资金需求市场。除了传统业务外,风险投资家开拓了更广泛的投资业务,如风险租赁、麦则恩投资、风险杠杆并购、风险联合投资等。

(六)网络泡沫的破裂(2000—2005 年)

2000 年是一个重要的转折点,证券市场的过度炒作造成网络泡沫破灭后,全球风险投资业乐极生悲,由巅峰走向低谷,大量风险投资公司和高科技企业遭到重创。作为世界风险投资商和创业企业密切相关的风向标,美国纳斯达克市场从 2000 年的 5 000 多点跌至 1 000 多点,对风险投资家和创业企业的信心造成沉重打击。

(七)风险投资的复兴(2005 年以后)

2005 年重新整合的国际风险投资基金表现出了新四大特征:

(1)投资企业选择重点转向种子公司。

(2)在退出渠道方面,更加重视兼并和收购(M&A)而不是过去的首次公开募股(IPO)。

（3）积极拓展海外市场,输出企业家制度。2006—2010 年,中国、印度、北美、欧洲、以色列等国家和地区成为国际风险投资回报最高的市场。

（4）重点投资行业有所转变,2005 年以来投资已向环保和新能源产业大幅度倾斜。

总的来说,经过 50 多年的发展,高科技风险投资活动已遍及所有发达国家,并开展至部分发展中国家,形成一股推动全球高科技事业发展的巨大动力。

六、投资银行在风险投资中的作用

优秀的新兴公司往往都运用新技术或新发明生产新产品,具有很大的市场潜力,可以获得远高于平均利润的超额收益,但也面临着极大的风险。由于高风险,普通投资者往往都不愿涉足,但这类公司又最需要资金的支持,因而为投资银行提供了广阔的市场空间。

投资银行涉足风险投资有不同的层次。

（一）直接或间接充当风险投资人

（1）投资银行对某些潜力巨大的风险投资公司进行直接投资,成为其主要发起人和大股东;

（2）采用私募的方式为风险投资公司筹集资本,投资银行本身作为私募组织者和主要投资人;

（3）更多的投资银行是作为普通合伙人,通过参与设立风险投资基金或创业投资基金向风险投资公司提供资金来源,并通过参加风险投资基金的管理、决策间接控制风险投资公司的运作。

（二）为风险投资者提供服务

1. 项目筛选

投资银行为风险投资者提供高质量的项目,并与之一起筛选、评估目标企业。

2. 尽职调查

投资银行会对被列为投资备选方案的企业进行初步的审查。初审可以为投资方的选择提供依据和基本信息。如有需求,投资银行将与风险投资家一起对被投资对象的经营思路、技术背景、客户关系等方面进行更深层次的调查与分析。

3. 价值评估

撰写创业投资可行性研究报告,因为多方全面的研究报告可使客户借助多方面资源对风险投资项目有更深入了解,以便其准确进行投资判断。

4. 管理增值

一般来说,风险投资者完成投资后对项目进行监管会比较困难。因此,投资银行可以为投资者提供对被投资公司进行常规访问的服务,跟踪投资项目在产品研发、市场导入、营销计划执行、财务管理等方面的进展,并在访问报告中指出出现的问题和改良意见。

5. 设计退出方案

投资银行为风险投资者提供诸如公开上市（IPO）、股权收购（如 MBO）、清算退出等选择方案并协助其实施。

（三）为风险创业企业提供服务

1. 撰写商业计划书

撰写商业计划书是一项技术性很强的工作,帮助创业者清晰、简练地表达他们的商业计划是投资银行服务必不可少的一部分。

2. 上市的财务顾问

投资银行可以帮助企业准备上市申请的有关文件,安排上市工作时间表和路演活动,并与其他中介机构保持协调。

3. 上市保荐人

具备资质的投资银行可以亲自担任风险创业企业二板上市的保荐人。

第二节　风险投资的主体

一、风险投资的参与主体

风险投资作为现代融资活动,是在多主体参与下进行的。按照各个主体在风险投资活动中的作用,可以把参与主体分为以下儿类:

（一）风险投资人

风险投资人也就是风险资本的提供者,是为风险投资提供原始资金的人。主要包括以下六种:

1. 富裕的家庭或个人

他们通过在资本市场上直接或间接投资等的方式成为风险资本的提供者,这些投资者通常是属于敢于承担风险的一类。

2. 专业的投资机构

包括专业基金、企业年金以及保险机构等,这些机构投资者传统上相当保守,主要投资对象为债券或高分红股票。

3. 大公司资本

出于战略考虑,一些高科技公司通常内部设有风险投资部门,或直接投资于与自身战略利益相关的风险企业。

4. 私募证券基金

主要针对一些有良好业绩并接近成熟的风险企业。通过私募基金,企业可以得到大量注册资本,而投资者则期望未来的高回报。

5. 共同基金

某些投资于高技术产业的共同基金被允许将少量资金投入变现性低的企业,尤其是即将上市的企业。

6. 相关的政府机构资金

政府资金主要是政府为了支持或扶持风险投资业的发展而以资助的方式提供的资金。

（二）风险投资的运作机构

风险投资的运作机构也就是直接运作风险资金使之获取投资回报的机构。主要包括以下三类：

1. 风险投资公司

风险投资公司的种类有许多，一般以有限合伙制和公司制为组织形式。它们多数是由职业投资家组成的专业投资机构。风险投资公司主要担任受托管理资本运作的角色。

2. 产业附属投资公司

这类投资公司往往是一些实业公司下属的独立风险投资机构，它们代表母公司的利益进行投资。这类投资人通常主要将资金投向一些特定的行业。和传统风险投资一样，产业附属投资公司也同样要对被投资企业递交的投资建议书进行评估，深入企业做尽职调查，并期待较高的投资回报。

3. 投资基金

在风险投资中，有些机构是以基金方式运作的，如产业战略基金、公众风险投资基金等。这些机构通过向社会发行基金受益凭证筹集资金，并作为风险资本进行投资运作。

此外，风险投资的运作机构还有一些属于准政府投资机构，比如美国专门为小企业发展提供长期资金的小企业投资公司以及以促进地方经济发展和就业机会为目的根据本地经济发展需要进行投资的企业发展公司等。

（三）创业企业

创业企业也叫风险企业，通常是一些具有发展潜力的、新兴的高新技术中小企业。它们是价值的直接创造者，通过创业企业家和投资机构的共同努力，使创业企业从创立、发展到高速成长至实现上市，最终使风险投资达到预期目的。现实中，创业企业经营失败而导致风险投资失败的概率也很高。

（四）政府部门

政府虽然一般不直接参与风险投资，但通过制定一系列方针政策或提供扶持，可以为风险企业生存和发展建立强有力的支撑体系，从而成为风险投资业不可或缺的参与主体。

政府扶持措施包括直接和间接两种。其中，直接措施主要指提供直接的经费补贴；间接措施包括税收激励、信息服务、信用担保、建立创业板市场、预签购货合同、放宽行政管制等。

二、国外风险投资运作主体模式及其治理机制的优劣比较

（一）国外风险投资运作主体模式

国外风险投资运作主体模式主要有以下三种：

1. 公司制

风险资本采用公司制的组织形式，指完全依照《公司法》组建风险投资公司并依法运作，风险资本的出资者为风险投资公司的股东，并按其股份额投票选举董事会进行投资决策。风险投资公司可以采用私募的方式来筹集资本，也可以是大公司或金融机构为实行

多元化经营或开发公司的专利技术而独资建立的子公司。风险投资公司的股东只承担有限责任。

2. 有限合伙制

有限合伙制是美国最主要的风险投资机构组织形式。有限合伙制下,风险投资公司是依照《合伙企业法》,由普通合伙人和有限合伙人依照合伙合同组建而成的。普通合伙人通常是风险资本的专业管理人员,统管投资机构的业务,提供大约1%的出资额,分享20%左右的投资收益和相当于风险资本总额2%左右的管理费,并且承担无限责任;有限合伙人则负责提供风险资本的绝大部分资金(大约是99%),不负责具体经营,分享80%左右的投资收益,承担有限责任。此外,典型的有限合伙制的风险资本有一个存续期,一般不超过10年,即使延期,最长也不超过15年。

3. 信托基金

信托基金则指依据《中华人民共和国信托法》《中华人民共和国证券投资基金法》等相关法律设立的风险投资基金,其以信托契约方式将风险投资者(持有人)、风险投资基金管理公司(管理人)和受托金融机构(托管人)三者的关系书面化、法律化,以约束和规范当事人的行为。风险投资基金的出资者只承担有限责任。风险投资基金管理公司不是风险基金的所有者,只是按照基金契约的规定负责风险资金的运作和管理。采取信托基金组织形式的风险资本大多为私募基金。

(二) 风险投资运作主体模式的比较

上述三种模式的治理机制优劣比较如下:

1. 激励机制方面

有限合伙制的激励机制体现在其报酬制度的设计上,而且这种设计具有激励相容的特点,即风险资本家在追求自身利益最大化的同时,也使投资者的利益实现了最大化。一是有限合伙制通常规定,作为风险投资家的普通合伙人的报酬由两部分组成:一部分是管理费,这是固定收入,与业绩无关,一般占所管理资金总量的1%~3%,主要用于日常管理费用支出以及支付工资和奖金;另一部分是利润分成,这一部分与管理业绩挂钩,普通合伙人出资1%而可以得到投资收益的20%,有限合伙人出资99%而得到收益的80%。因为普通合伙人拥有的更多是人力资本,他们的专门知识、经验、声誉、管理才能以及商务关系网等将以无形资产的形式参与风险投资,并承担无限责任。而有限合伙人则只以出资额为限,承担有限责任。这种报酬上的制度安排,是充分地考虑了风险投资家的利益激励。二是有限合伙制通常规定,只有普通合伙人可以参与管理事务,有限合伙人不得直接干预经营活动。这就保证了风险资本家在经营活动中的独立地位,有利于他们不受外来干扰,充分、独立、自主地发挥其才能,贯彻经营管理策略。

相比之下,公司制的激励有限。一是公司经理层可以享受利润分成,但要达到20%几乎不可能。二是在公司制下,投资决策权很多时候受公司董事会控制,从而导致决策过程的复杂性,进而导致投资决策的低效率。这样的结果是,一方面经理层有"偷懒"的可能;另一方面,他们不太可能为投资决策失误而承担相应责任。

2. 约束机制方面

有限合伙制的约束机制一是来自外部的经理人才市场,有限合伙制在设计上首要而又最为突出的约束是普通合伙人出资1%而承受无限责任,有限合伙人出资99%但只承担有限责任。二是资金投入实行承诺制的授权资本原则。合伙人不是一次性缴纳他认缴的全部资本,而是分期分批支付所承诺的资金。这样,普通合伙人实际上一次所能动用的资金很有限,从而在制度上降低了普通合伙人的决策失误或内部人控制使有限合伙人遭受损失的可能。三是有限存续期。一个风险投资基金的存续期一般不超过10年,即使延期,最长也不能超过15年,到期则宣布解散。这使得管理者不能永久地控制基金,到期必须交换控制权。这样就使得管理者必须充分发挥其才能,贯彻经营管理策略。另外,还有有限合伙人保留退出权、终止合伙关系或者更换普通合伙人、强制分配机制等约束。

相比而言,公司制的代理成本就要高得多。一是公司制中风险投资家作为公司的管理者,仅仅在其行为明显违反制度规定的情形下才承担责任,其责任同经营绩效结合的程度远不如有限合伙制。二是在存在巨大的信息不对称的情况下,公司股东无法控制代理人的道德风险。三是为了加强对风险投资家的权力约束,公司制中股东往往亲自参与重大事项的决策,这样就会抑制风险投资家的积极性,同时还会由于决策程序的复杂化而不能满足风险投资对投资决策效率的要求。

3. 监管和成本控制机制方面

有限合伙制的风险投资公司通常设立有限合伙人委员会、咨询委员会、托管人三个机构。有限合伙人委员会类似公司制的董事会,负责诸如合伙协议的修改、合伙关系的提前解散、基金存续期的延期、普通合伙人的解雇等;咨询委员会通常由有限合伙人委员会所聘请的技术、经济、财务、金融等方面的专家组成,负责对普通合伙人的投资决策进行评估,对基金的投资项目的价值进行评估;托管人则保管基金资产。这样,就实现了所有权、经营权和占有权的"三权分立",有利于风险资本家"专家理财"。在成本控制方面,由于有限合伙制的管理费是按基金规模的一定比例(一般是1%~3%)提取,有限合伙制组织的日常管理费用易于把握和控制。而在公司制下,公司股东无法对经理层的日常费用支出予以有效控制,因而相应地增加了公司的财务成本和管理成本。

与有限合伙制、公司制相比而言,信托基金制类似于有限合伙制,其激励方案也事先内置于基金契约中,受托的基金管理人(基金管理公司)得到固定比例的管理费和业绩报酬,但低于普通合伙人得到的报酬。

第三节　风险投资的运作程序

风险投资的目的就是通过对风险企业进行投资,从而获取高额的投资回报。而作为风险投资的参与主体,风险投资机构在风险投资运作中起着关键的作用。

一般来说,风险投资的运作程序包括投资对象的筛选与确定、投资协议的签订、风险企业的经营和管理以及风险投资的退出四个阶段。

一、投资对象的筛选与确定

面对众多的投资机会,风险投资机构首先要做的就是从众多的投资机会中选择适合自己投资并符合自己投资目标的投资机会,并通过对投资机会的评价做出正确的投资决策。

（一）投资机会的选择

选择什么样的项目或公司进行投资是风险投资家最为关心的，同时也是衡量投资家眼光和素质的重要指标，项目的选择关键就在于对投资机会的把握。

一般来说，风险投资机构会根据既定的投资策略、经验和风险偏好，通过中介机构进行选择。投资机会的获取主要通过以下三种方式：

（1）企业家主动提出投资申请，并提供相应的商业计划。统计表明，大约25%的投资机会是通过这种方式获取的。

（2）相关机构推介，即通过其他风险资本家、银行或投资中介机构推荐介绍，大约50%的投资机会是通过推荐得来的。

（3）风险投资机构主动寻找有潜力的企业，该方式大约占投资机会的25%。

（二）风险机会分析

通过对风险投资机会的分析，对项目进行筛选，从而选择最有投资价值的项目。风险投资家在判断某个投资建议是否可行时，往往依次分析人、市场、技术、管理等因素。

1. 人的因素

分析"人"指分析创业者的素质，需要从各个不同角度对该创业者或创业者队伍进行考察。如技术能力、市场开拓能力、融资能力、综合管理能力等。

2. 市场因素

分析市场，是因为任何一项技术或产品如果没有广阔的市场前景，其潜在的增值能力就是有限的，就不可能达到风险投资家追求的将新生公司由小培养到大的目标，风险投资通过转让股份而获利的能力也就极为有限，甚至会造成失败。

3. 技术因素

考察产品的技术，判断风险企业（项目）中技术是否首创、未经试用或至少未产业化，其市场前景或产业化的可能性如何。一个成功的风险企业必须要有一个好的技术，所以有经验的风险投资家一定会评估新的技术。

4. 管理因素

企业要有一支能把技术变为产品的有经验的管理队伍，因为只有他们才能保证产品及时进入市场。因此，风险投资家期望的管理队伍是由一批具有高度成就欲的人所组成，他们都是各自领域内的专家、高手，如工程、市场、销售和研究开发等领域。在做投资决策时，经营管理的重要性则是无论如何强调都不会过分的。因为如果在一个低能的管理阶层的管理下，即使是最辉煌的技术或产品也会失败，是不可能出现一个有市场竞争力的新产品的。难怪曾经有一位风险投资家在被问及他的风险投资准则时说过："第一是管理，第二是管理，第三还是管理。"

（三）投资成本的评估

既然风险投资的成功率不高，投资家们就需要极为谨慎地计算发展风险企业所需的成本。计算的依据不仅是企业家所提交的商业计划书，更为重要的是风险投资家们的经验。他们计算企业的财务预算，常常是要计划预算至三五年或八年甚至更长，他们需要估算一个新起步的公司由亏损转赢利所需的总资本，他们还需要知道这个公司大概要花多少年时间才可由亏转盈。这样一个过程，大多数的信息产业公司需要三至五年的时间，而生物技术公司则需要更长一些的时间。风险投资家还要评估十年后的公司收入和利润，从而研判他们投资收益的目标是否能够达到。对通过筛选阶段的备选企业（项目）还需进行深入、复杂且耗时的专业评估，评估结果将决定是否投资、如何投资以及投资多少。此过程由风险投资家或外请专家进行，评估小组通常包括会计师和律师在内。

评估内容主要有：

（1）创业者和管理队伍的素质，包括事业心、动力、信誉、创造性等；

（2）产品差异性，包括特性、价格和分销渠道等；

（3）技术水平和竞争能力；

（4）市场潜力；

（5）撤出渠道和撤出方式。

二、投资协议的签订

（一）交易谈判

申请投资的企业提出项目计划书和前景预测，交由风险投资家审查，风险投资公司对申请项目做出趋向肯定性的技术经济评价，并针对所有设计方面提出问题，要求企业进行解答。经分析研究，核算认为可行后，就可以进入交易谈判阶段。

谈判主要解决的是以下四个问题：

（1）出资额与股份分配，包括申请方技术开发设想与作为研究成果的股份估算；

（2）创建企业人员组织和双方各自担任的职务；

（3）投资者监督权利的利用与界定；

（4）投资者退出权利的行使。

通常，风险投资交易谈判要持续数周至半年时间。在谈判中，双方的律师、会计师、投资顾问等会一同参加。

（二）交易定价

风险投资交易定价指风险投资基金以多大的代价获得风险企业的股权及其在企业中股权比例的确定。它是在协商过程中最具争议的一个方面，是风险投资双方交易洽谈能否成功、风险投资基金能否获得预期收益的一个重要因素。创业家对企业未来价值的评估一般是乐观的，他们总希望能获得更高的价格；而风险投资家出于控制风险和保证收益的目的则提出一个较低的价格。最终的交易定价结果是协商决定的一个双方都可以接受的价格。整个定价过程是一个复杂的过程，是科学方法与经验判断的结合。

1. 影响交易定价的因素

交易定价的原则是收益能够补偿风险。在确定价格时，风险投资家要面临许多无法量化的因素，这大大增加了交易定价的不确定性。因此，在定价过程中，除了部分计算外，大部分还得依靠风险投资家的经验判断。一般来说，风险投资家进行交易定价时，要考虑内部和外部两方面因素。外部因素与一般宏观环境、股票市场形势和风险投资行业及创

业氛围相关,它相对特定的交易来说是外生变量。内部因素主要有:

(1)企业的潜力。包括对收益及产生收益的时间进行量化,估计得出的企业上升与下降潜力。这些估计将建立在对同行业类似企业的比较分析基础上。

(2)判断企业经营计划中给出的财务预测的可靠性。

(3)企业的产品种类、市场类型和未来的市场份额等。

(4)投资期限的长短及投资阶段。

(5)投资工具及收益方式。

(6)预期后续融资将造成的权益稀释。

(7)管理队伍的经济能力与成就。

(8)投资退出的难易程度,如企业能否公开上市或能否顺利出售。

2. 企业未来价值的评估

创业企业价值评估是风险投资中的一个核心问题。对创业企业的合理估值,在创业企业家与风险投资家之间的融资契约谈判中非常关键。企业未来价值的评估是确定风险资本股权比例的基础,对风险企业未来价值的评估是一件很困难的事,不同的风险投资家针对不同的项目有不同的偏好模型。常用的方法有:DCF 模型、APV 法估价创业企业、风险投资法和实物期权法等。

3. 风险投资基金股权比例的确定

风险投资家对每一项具体项目的预期投资报酬均与其预期承担的投资风险密切相关,只有当期望收益率能够补偿他的预期风险时,风险投资家才会接受这一定价,风险投资家根据投资企业所在行业及行业内企业的成长率、风险企业所处的发展阶段、投资期限的长短等因素来确定其期望的收益率。期望收益率一般由年均收益率(复利)或内部收益率(IRR)来表示,也可以用一定时期内投资收回额对原始投资额的倍率来表示。

(三)投资条款

交易条款构思与谈判是协调风险投资家和科技创业者双方的不同需求,对交易结构进行的谈判。在谈判中风险投资家主要考虑相对于投资的风险赚取合理的回报、对风险企业施加足够的影响、在任何情况下都要保证投资顺利撤出;而科技创业者更关心对风险企业的领导权和企业未来的发展前景。

谈判的主要内容包括:金融工具的种类、组合以及资本结构。交易定价就是确定未来企业控制权、对未来融资的要求、管理的介入和资金撤出方式的安排等内容。

(四)签订合同

风险投资机构力图使他们的投资回报与所承担的风险相适应。基于各自对企业价值的评估,投资双方通过谈判达成最终成交价值。通过谈判后,进入签订协议的阶段,签订代表企业家和风险投资双方愿望和应履行双方义务的合同。

三、风险企业的经营和管理

风险基金或风险投资公司有别于传统金融机构的最重要特征之一就是风险投资家具有在投资之后介入风险企业经营管理的意愿。风险投资家本身一般是企业管理的专家或与专家有着广泛的联系,特别是在财务、营销方面能为风险企业提供强有力的支持。另外,与金融机构的密切关系也为风险企业追加融资提供了保障。风险投资管理可分为两个层次,即对风险投资本身的管理和对风险企业的管理。

（一）风险投资管理原则

1. 组合投资原则

即将风险资金按一定比例投向不同行业、不同企业（项目）,或联合几个风险投资公司共同向一家企业投资。这样,既可以分散、降低风险,又可以借其他风险投资者的经验和资金,以较少的投资使风险企业获得足够的资金,迅速发展达到合理规模,尽早取得收益。

2. 分阶段逐步投资原则

即根据高新技术企业从初创到长成的五个阶段（设想、萌芽、产品开发、市场开拓、稳定发展）的不同特点,确定适当比例,分期分批投入资金。一旦发现失败将难以避免,就应尽早果断采取措施,切不可优柔寡断、越陷越深。

3. 分类管理原则

风险投资家（公司）可把风险企业分为成功、一般、失败三类,对成功企业加大投资,强化经营管理,促使它们尽快成熟,及早在股票市场公开上市,使收益达到最大化;对一般企业应保持其稳定发展,促成企业间的收购、兼并活动;对失败企业必须尽早提出警告,协助其改变经营方向,或者干脆宣布破产,以把风险降到最低限度。例如,美国Kiner&Perkins 风险投资公司自1973 年开始,投资700 万美元建立了17 家小企业（与其他风险公司联合投资）,其中7 家失败（占41%）,2 家非常成功（占12%）,其余一般。1984年该公司所持这些公司的股票市值为2.18 亿美元,比初始投资增加31 倍,年收益率达37%。

4. 风险投资主体多元化原则

在美国,风险资金来源相当广泛,既有政府、财团法人的资金,也有来自大众游资、民间企业和海外的投资,还有养老保险基金的积极参与。应坚持专家审查评估制度,强化对立项的约束,防止投资的盲目性。

（二）对风险企业的管理

风险投资机构在对风险企业进行投资的同时,派出管理专家参与企业的经营决策,这就为风险企业管理的现代化提供了可能。通常采用的方法如下:

1. 管理制度规范化

当一家企业比较小时,谈不上规范化管理;可当企业发展到一定规模时就必须建立一套严格的管理规范,使企业实现由"人治"到"法治"的飞跃,避免因迅速发展所带来的管理混乱。

2. 组织结构合理化

企业组织应与企业的发展战略和企业的长期经营目标相适应。高新技术企业具有发展速度快的特点,这就要求企业的组织结构具备充分的柔性、敏感性和适应性,以适应企业快速发展的需要,减少相应的风险。同时,高新技术企业必须突出创新这一基本特征,建立以产品创新为核心的产品型组织结构。

3. 经营决策科学化

首先,提倡群体决策,充分发挥高技术企业人员素质高的优势;其次,可建立企业信息中心,减少因信息不完全所带来的风险。

4. 项目管理高效化

技术开发是高技术企业的核心,企业要想在瞬息万变的市场竞争中取胜,只有不断开发新产品,提高自己对技术创新的适应能力,做好技术储备。这就要求企业加强从项目的立项、开发、调试到生产等环节的科学、高效管理。

四、风险投资的退出

风险投资公司之所以愿冒高风险,目的在于获取高额资金回报,因而公司在将风险投资注入企业 3~8 年后就会带着丰厚的利润将资本撤回。投资公司为了防止资金被锁定,一般在契约条款中意向性规定有资金的退出时间和方式。风险投资公司资金退出的方式及时机选择,取决于投资公司整个投资组合收益的最大化,而不追求个别项目的现金流入最大化。风险资本退出的主要方式有三种:

（一）首次公开发行

首次公开发行(IPO)一种公司的证券,通常是普通股票,第一次向一般公众发行。在美国,IPO 是风险投资资本最常用的退出方式之一,大约 30% 的风险投资的退出采用这一方式。IPO 有令人骄傲的历史记录。苹果公司首次发行获得 235 倍的收益,莲花公司是 63 倍,康柏公司 38 倍。

对于风险投资,IPO 通常是最佳的退出方式。因为,股票公开发行是金融市场对该公司生产业绩的一种确认。公司的管理层很欢迎 IPO,因为这种方式保持了公司的独立性。同时,首次公开发行的公司还获得了在证券市场上持续筹资的渠道。

不过,IPO 也受到一些限制而并非完美无缺。通常通过 IPO 方式可以使合伙投资者获得增值和股权不被稀释的收益,但却不能使合伙投资者立即从风险企业中完全撤出。在大多数情况下,风险投资家(普通合伙人)在公司首次公开发行后,仍要参与风险企业的管理,直至公司股票完全归属有限合伙人或其他人所有。此外,通过公开发行退出的费用往往很高。尽管如此,在首次公开发行后继续持有公司股票并非无利可图,首次公开发行之后投资价值有时仍然是稳步上升的。

（二）出售

考虑到风险投资家在首次公开发行后尚需一段时间才能完全从风险企业中退出,那些不愿意受到首次公开发行的种种约束的风险投资家们可以选择出售的方式退出。出售包含两种形式:

1. 售出

售出又分两种:一般收购和第二期收购。一般收购主要指公司间的收购与兼并;第二期收购指由另一家风险投资公司收购,接受第二期投资。这里最重要的是一般收购。在退出方式中,出售比首次公开发行使用的还要多,但在收益率上仅大约是首次公开发行的五分之一。

近年来,随着美国和欧洲的第五次兼并浪潮的发展,兼并在风险投资退出方式中的比重越来越大,作用也越来越重要。对于风险投资家和有限合伙人来说,出售是有吸引力的。因为这种方式可以立即收回现金或可流通证券,也使得风险投资家可以立即从风险公司中完全退出。但是与IPO相比,公司管理层并不欢迎收购方式,因为风险公司一旦被一家大公司收购后就不能保持其独立性,公司管理层会受到影响。

2. 股票回购

对于大多数投资者来说,这是一种备用的退出方式。当投资不是很成功时就采用这种方式。股票回购包括两种方法:一是给普通股的持股人以股票买回的卖方期权;二是强制购回优先股,普通股的卖方期权提前约定估价。股票回购是投资收益的一项重要保证措施。

(三)清算或破产

相当大部分的风险投资不很成功,风险投资的巨大风险反映在高比例的投资失败上。越是对处于早期阶段的风险企业进行投资,失败的比例越高。因此,对于风险投资家来说,一旦确认风险企业失去了发展的可能或者成长太慢,不能给予预期的高回报,就要果断地撤出,将能收回的资金用于下一个投资循环。

根据相关研究结果,清算方式退出的投资大概占风险投资基金总投资的32%。这种方式一般仅能收回原投资额的64%。清算方式的退出是痛苦的,但是在很多情况下是必须断然采取的方案。因为风险投资的风险很大,同时投资收益又必须予以保证,不能及时抽身退出,只能带来更大的损失。即使是仍能正常经营,如果成长缓慢,收益很低,一旦认定没有发展前途,也要果断行动立即退出,不可动作迟缓。沉淀在这一类公司中的投资资本的机会成本巨大,风险投资一般不愿意承担这样巨大的投资成本。

第四节　我国资本市场与风险投资

一、多层次资本市场体系

(一)我国多层次资本市场体系

我国资本市场从20世纪90年代发展至今,已由场内市场和场外市场两部分构成。场内市场的主板(含中小板)、创业板和科创板(俗称二板)和场外市场的全国中小企业股份转让系统(俗称新三板)、区域性股权交易市场、证券公司主导的柜台市场共同组成了我国多层次资本市场体系(见图9-1)。

和国外资本市场体系相比,中国资本市场体系的显著特点是市场结构不完善。中国资本市场是伴随着经济体制改革的进程逐步发展起来的,发展思路上还存在一些深层次问题和结构性矛盾,主要有:重间接融资,轻直接融资;重银行融资,轻证券市场融投资;资本市场上重股市、轻债市,重国债、轻企债。这种发展思路严重导致了整个社会资金分配运用的结构畸形和低效率,严重影响到市场风险的有效分散和金融资源的合理配置。

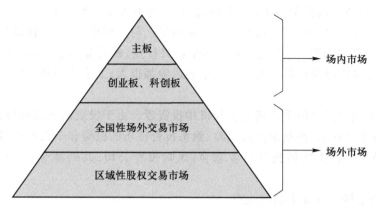

图 9-1　我国多层次资本市场架构

具体来说表现为：① 主板市场，包括上海证券交易所和深圳证券交易所。上海、深圳证券交易所在组织体系、上市标准、交易方式和监管结构方面几乎都完全一致，主要为成熟的国有大中型企业提供上市服务。② 二板市场（创业板、科创板市场）。2004 年 6 月 24 日，为中小企业特别是高新技术企业服务的创业板市场推出，它附属于深圳证券交易所，除能接受流通盘在 5 000 万股以下的中小企业上市这点不同以外，其他上市条件和运行规则几乎与主板一样，所以上市的"门槛"还是很高的。2019 年 6 月，附属上海证券交易所的科创版推出，上市的"门槛"有所降低，主要表现在降低了盈利要求。事实上，我国的科创板市场也属于国外所称的广义创业板市场，所以下文的创业板市场涵盖了科创板市场。③ 三板市场（场外交易市场），包括代办股份转让系统和地方产权交易市场。总的说来，中国的场外市场主要由各个政府部门主办，市场定位不明确，分布不合理，缺乏统一规则且结构层次单一，还有待进一步发展。

（二）创业板市场与风险投资

1. 创业板市场及其特征

创业板市场（GEM）指专门协助高成长的新兴创新公司特别是高科技公司筹资并进行资本运作的市场，有的也称为二板市场、另类股票市场、增长型股票市场等。它与大型成熟上市公司的主板市场不同，是一个前瞻性市场，注重于公司的发展前景与增长潜力。其上市标准要低于成熟的主板市场。创业板市场是一个高风险的市场，因此更加注重公司的信息披露。

相对于主板市场，创业板市场的特征主要表现在：

第一，前瞻性市场。创业板市场对公司历史业绩要求不严，过去的表现不是融资的决定性因素，关键是公司是否有发展前景和成长空间，是否有较好的战略计划与明确的主题概念，市场认同的也是公司的独特概念与高成长性。从这个意义上讲，创业板市场并非只是主板市场之外的一个市场，它具有很强的针对性，主要是吸纳那些能提供新产品与新服务，或公司动作有创意，具有较大增长潜力的公司。

第二，上市标准低。创业板市场是前瞻性市场，因此其上市的规模与盈利条件都较低，大多对盈利不做较高要求。如美国 NASDAQ 小盘股市场仅需要 10 万股，香港创业板也仅要求公众持股的最低量为3 000万港元,并且均不要求有盈利记录。

第三,高风险市场。创业板市场是高风险市场。与主板相比,创业板市场上的公司规模小,业务属于初创阶段,有关企业业务属于新兴行业,缺乏盈利业绩,面临的技术风险、市场风险、经营风险以及内幕交易和操纵市场风险都很大,上市公司破产倒闭的概率比主板要高。

第四,针对熟悉投资的个人投资者与机构投资者。由于投资高风险的特性,创业板市场主要针对寻求高回报、愿意承担高风险、熟悉投资技巧的机构和个人投资者,包括:专项基金和高科技、电信、生物科技等行业基金;风险投资公司;共同基金;有经验的私人投资者。

2. 创业板市场与主板市场的关系

创业板市场与主板市场是现代证券市场不可或缺的两个重要组成部分,其相辅相成的关系体现在以下两个方面:

(1) 创业板与主板市场的角色定位的差异。它们是两个不同的市场,其定位上的差异主要表现在以下几个方面:

① 如果将主板证券市场称为传统市场的话,那么创业板就是一个新兴市场。因此,两者间并不是单纯的主板市场与二板市场之间的关系,更多的是传统市场与新兴市场之间的关系。

② 创业板针对那些中小企业而设,以便为相关企业提供一个持续融资的途径,以助其尽快地成长与壮大。而主板市场则针对那些具有一定业绩基础的大中型企业而设,为该类企业实现规模的扩张提供融资途径。

③ 创业板中所容纳的上市公司具有高成长、高风险的特点。相应地,其所吸收的投资对象也要具备承受风险的能力。而主板市场所容纳的上市公司由于基本归属成熟产业,公司在达到一定规模后其发展也会相对稳定。因此,其资本与收益也会呈现相对稳定的特点。相应地,市场所针对的投资者主要是那些寻求相对稳定投资回报的阶层与类别。作为新兴市场,创业板将在一定程度上担负起制度创新的角色,而主板市场虽然在制度设计方面有诸多缺陷,但基于现实环境的约束,其制度的改革将是渐进的。

(2) 创业板和主板的关系。创业板与主板市场之间既有相互依赖的一面,同时又有竞争的一面。

它们都是证券市场的重要组成部分。作为一个新兴市场,创业板是在主板市场的基础上发展起来的,同时,创业板的发展又进一步促进主板市场的发展。创业板的建立,有助于吸引国内外风险资金,使得创业板成为高技术企业的"孵化器",同时,创业板的建立还有助于提高证券市场的层次性。

两个市场的股价走势在一定程度上是一致的。不管是创业板还是主板市场,两者所依托的宏观经济背景是完全相同的。经济形势、政治局势以及经济政策等宏观因素的变动最终都将反映在两个市场的股价变动中。市场股价的总体变动还取决于每一个上市公司的股价变动,而上市公司的股价变动又取决于其微观企业层面状况的变化。由于创业板与主板市场所涵盖的上市公司的产业归属与产品市场不同,相应地,投资者也会对两个市场的上市公司业绩及其股价寄予不同的预期,因而其股价变动也会有所区别。

创业板与主板市场之间的竞争突出体现在对于上市公司和市场资金的争夺上。在没有建立创业板之前，主板市场是唯一的可供投资者选择的目标市场，并吸引了大量内地企业上市。而在创业板建立之后，主板市场就面临着来自创业板的竞争，面临着上市公司与投资者的分流。静态而言，主板市场的市场规模与地位可能高于创业板，但动态来看，创业板的发展速度与潜力将优于主板市场。

创业板的建立在一定程度上加大了两个市场的走势波动。由于创业板的上市公司选择标准与主板市场完全不同，后者注重上市公司的资本规模与既有业绩水平，而前者更注重上市公司的未来发展，对其静态的盈利能力与资本规模并不做要求或不做过多的要求，从而使得的上市公司在具有潜在成长前景的同时，其未来状况也具有了更大的不确定性。这种不确定性反映在市场上就是股价的剧烈波动，从而有可能造成创业板走势的大起大落。这种走势特点也会或多或少影响到传统市场，从而加剧资本市场的整体波动风险。

二、创业板市场对于风险投资退出和风险企业的影响

（一）创业板市场对风险投资退出的影响

风险投资机构向风险企业一掷千金所追求的是风险企业上市后数十倍乃至上百倍的资金增值，风险企业在创业板上首次公开发行如同鲤鱼跳龙门，标志着风险企业的创业成功，标志着风险资金的投资成功，同时也为风险企业进入迅速发展的新阶段打开了广阔的空间。风险投资上市交易的主要场所是创业板市场，以美国为例，美国主板市场交易品种1 600多种，而创业板市场交易品种也达1 400多种。创业板市场对于风险投资退出的影响是多方面的，主要包括：

（1）创业板市场不仅是风险投资退出的主要渠道，而且其交易活跃与否还会直接影响到其他渠道的退出交易，从而影响到风险资本退出的顺畅程度。创业板市场交易活跃时，其他的退出渠道会同时活跃；创业板市场疲软时，其他退出渠道也同样疲软。

（2）创业板市场价格直接对其他市场交易价格形成价格参照。通过创业板市场的交易品种，人们可以找到其他相应柜台交易（OTC）、协议转让或公司回购的价格浮动幅度，没有这个参照，交易价格形成将受到较大影响。

（3）创业板市场交易的收益情况直接影响风险投资的收益率。例如在纳斯达克市场交易旺盛时，整个美国风险投资收益率能达到800%；而在纳斯达克市场交易低潮时，整个美国风险投资收益率降到了400%以下。

（二）创业板市场对风险企业的影响

创业板市场有助于督促风险企业的健康成长和规范运作。风险企业在创业之初的运营往往颇不规范，容易在细节问题上不符合创业板市场上市的具体规定，这就要求企业家尽早做出企业上市的长远规划，按照创业板上市的有关规定对风险企业进行管理整合，使企业在业务经营、管理制度等方面符合创业板上市的要求。创业企业家除了使风险企业满足诸如企业经营期限、资本金规范、企业管理制度等创业板上市的基本要求外，更应集中精力提升风险企业难以量化的核心竞争力。只有将本企业塑造成为处于高成长市场的

高成长企业,风险企业才有可能从数不胜数的符合创业板上市基本条件的企业中胜出,跃入创业板市场的大门。

扩展阅读 9-1

我国场外交易市场(即 Q 板、E 板、新三板)

我国场外交易市场包括 Q 版、E 版和新三板,主要针对处于初创阶段中后期和成长阶段初期的中小企业,帮助企业解决资本金筹集、股权流转等问题。

(一) Q 板

1. Q 板是什么?

Q 板是上海股权托管交易中心推出的"中小企业股权报价(Quotation)系统",挂牌公司可以通过系统进行线上报价,但交易、融资均在线下完成。上海股交所对 Q 板挂牌企业未设行业限制,主要包括农林牧渔、化工、有色金属、建筑建材、机械设备、交运设备、信息设备、食品饮料、纺织服装、轻工制造、医药生物、公用事业、交通运输、金融服务、商业贸易、餐饮旅游、信息服务、综合服务等。

2. Q 板挂牌条件

Q 板上市条件如表 9-1 所示。

表 9-1　Q 板上市条件

5 个否定项	2 个基本条件
无固定的办公场所	业务基本独立,具有持续经营能力
无满足企业正常运作的人员	
企业被吊销营业执照	
存在重大违法违规行为或被国家相关部门予以严重处罚	不存在显著的同业竞争、显失公允的关联交易、额度较大的股东侵占资产等损害投资者利益的行为
企业的董监高人员存在《公司法》第一百四十八条所列数的情况	

3. Q 板上市流程

Q 板上市流程如图 9-2。

(二) E 板

1. E 板是什么?

E 板(Exchange)全称为非上市股份有限公司股份转让系统,简称转让板,指挂牌公司可以通过系统进行线上报价、线上交易、线上投资等。

2. E 板挂牌条件

申请在上海股权交易中心 E 板上市,应具备以下条件:

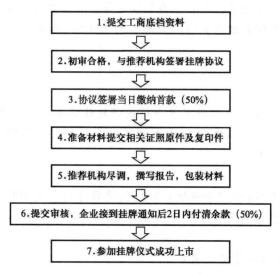

图 9-2　Q 板上市流程图

（1）业务基本独立,具有持续经营能力;

（2）不存在显著的同业竞争、显失公允的关联交易、额度较大的股东侵占资产等损害投资者利益的行为;

（3）在经营和管理上具备风险控制能力;

（4）治理结构健全,运作规范;

（5）股份的发行、转让合法合规;

（6）注册资本中存在非货币出资的,应设立满一个会计年度;

（7）上海股权交易中心要求的其他条件。

3. E 板上市流程

E 板上市,主要业务流程如下:

（1）非上市公司召开董事会和股东大会就同意在上海股权交易中心挂牌并进行股份转让相关事宜做出决议;

（2）非上市公司委托上海股权交易中心推荐机构会员,聘请经上海股权交易中心认定的会计师事务所、律师事务所、资产评估事务所(必要时)为其挂牌提供专业服务;

（3）推荐机构会员向上海股权交易中心报送预审材料;

（4）会计师事务所进行独立审计并出具审计报告、律师事务所进行独立调查并出具法律意见书、推荐机构会员进行尽职调查并形成相关尽职调查文件;

（5）推荐机构会员向上海股权交易中心报送申请文件;

（6）上海股权交易中心对申请文件进行审核;

（7）上海股权交易中心审核同意的,报上海市金融办备案;

（8）获得上海股权交易中心出具同意挂牌的通知后,拟挂牌公司向上海股权交易中心申请股份简称和代码,与上海股权交易中心签订挂牌协议书,办理股份的集中登记;

（9）拟挂牌公司在上海股权交易中心办理挂牌手续;

（10）挂牌前三日，拟挂牌公司在上海股权交易中心指定网站披露《股份转让说明书》《公司章程》《审计报告》《法律意见书》；推荐机构会员在上海股权交易中心指定网站发布拟挂牌公司挂牌公告。

（三）新三板

1. 新三板是什么

为中关村科技园区非上市股份有限公司提供转让试点服务的代办股份系统，因为挂牌企业均为高科技企业而不同于原转让系统内的退市企业及原 STAQ、NET 系统挂牌公司，故形象地称为"新三板"。

2. 新三板挂牌条件

（1）依法设立且存续（存在并持续）满两年，公司净资产满 500 万。有限责任公司按原账面净资产值折股整体变更为股份有限公司的，存续时间可以从有限责任公司成立之日起计算。

（2）业务明确，具有持续经营能力。

（3）公司治理机制健全，合法规范经营。

（4）股权明晰，股票发行和转让行为合法合规。

（5）主办券商推荐并持续督导。

（6）全国股份转让系统公司要求的其他条件。

3. 新三板上市流程

新三板上市流程如图 9-3。

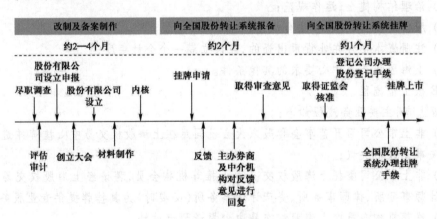

图 9-3　新三板上市流程如图

● 关键术语 ●

风险投资　无担保、有高风险的投资　风险资本　风险企业　风险投资机构　创业板　多层次资本市场

● 本章小结 ●

1. 根据全美风险投资协会的定义,风险投资是由职业金融家投入到新兴的、迅速发展的、有巨大竞争潜力的企业(特别是中小型企业)中的一种股权资本。相比之下,经济合作和发展组织(OECD)的定义则更为宽泛,即凡是以高科技与知识为基础,生产与经营技术密集的创新产品或服务的投资,都可视为风险投资。

2. 风险投资由风险资本、风险投资人、创业企业和资本市场四大要素构成,对于完整的风险投资体系来说四者缺一不可。

3. 从风险投资机构角度来看,风险投资的运作过程包括投资对象的筛选和确定、投资协议的签订、风险企业的经营和管理以及风险投资的退出四个基本阶段。在每个阶段风险投资机构都要做大量细致、复杂的工作,这是获得意向风险投资成功的必要条件。

4. 意向风险投资可分为种子期、初创期、成长期、成熟期四个阶段。每个阶段的主要工作和风险各不相同,风险投资机构的投资与管理策略也相应随之变化。

● 复习思考题 ●

1. 风险投资有什么特点?它与传统的银行贷款有什么区别?
2. 风险投资运作的具体流程是什么?
3. 风险投资的参与主体都有哪些?它们之间是怎样的关系?
4. 我国风险投资的退出机制应该如何完善?
5. 分析风险投资在企业的不同发展阶段所起到的作用。

● 本章实训 ●

一、实训目的
1. 掌握风险投资的基本概念和运作方式。
2. 训练学生深入思考的能力。
3. 训练学生逻辑思维能力,并使其对商业企业发展有深入认识。
4. 训练学生将生活中遇到的企业进行分析,分析该企业是怎样走到今天的。
二、实训内容
(一)背景资料

当当网的融资

1999 年 11 月,由 IDG、卢森堡剑桥集团、软银集团和北京科文经贸总公司共同投资,李国庆和俞渝任联合总裁的当当网正式投入运营。IDG、卢森堡剑桥、软银等向当当网投入 800 万美元风险投资,换取当当网 59% 股份,俞渝、李国庆夫妇及其创业团队通过北京科文经贸总公司共持有当当网41%的股份。投资者不光给当当网带来继续支撑下去的资金,还带来了更多的东西。像IDG就一直在推动着当当网的发展,卢森堡剑桥更提供了一些著名的国外专家和丰富的研究报告等资源,也使当当网受益匪浅。双方相处得一直很愉快。可好时光不久,双方有了控股权之争。

1. 起因:不完善的约定

因为有了足够的资金,当当网很快就发展成为全球最大的中文网上图书音像书店。2003年,当当网在经历了几年的"烧钱"阶段后,开始"收钱进账",销售规模一举突破8 000万元,全国各地,甚至美国、巴西等国家和地区都有当当网的读者。但也就在这一年,李国庆和股东之间的矛盾不可避免地出现了。

2003年6月,李国庆夫妇提出要股东奖励创业股份的要求,希望将增值部分分一半给管理团队作为奖励,遭到了股东的集体反对,理由是创业股份奖励比例太高。而李国庆夫妇坚持"分一半"这个比例不退让,由于只有口头承诺并无书面协议,因此,每次在这个问题上融资双方谈论得都不欢而散。李国庆抱怨说:"资本结构是一个非常敏感的话题,我和股东们每到融资的时候就打架,因为开始没说清楚,到底是资本创造财富,还是创业企业家创造财富,这个问题很难办……没有和他们签字画押,好多口头的承诺都不算数了。"

2. 转机:老虎基金的出现

双方僵持局面到2003年8月因老虎基金的出现而打破。老虎基金在中国投资了卓越网、e龙网两家电子商务网站之后,把目光投向了当当网。俞渝凭着多年在华尔街练就的谈判技巧,加上IDG、卢森堡剑桥、软银急于套现,也运用各种关系推动谈判合作,当当网很快就和老虎基金达成了投资意向。但当李国庆再次以老虎基金的6 500万美元估值证明当当网已经有了数倍增值,提出要给夫妇两人18%的创业股份奖励时,遭到IDG和卢森堡剑桥的拒绝。

于是,李国庆打出辞职变现另起炉灶这张牌,老虎基金也在背后推波助澜,表示愿意将此次投给当当网的全部1 100万美元转投给新成立的公司,并且投资金额可以继续追加。

当时,当当网第二轮私募之后的现金已经所剩不多,仅100万美元,而当当网仍然处于跑马圈地、亏损经营的状态。李国庆、俞渝夫妇如果带领管理团队另立门户,IDG、软银、卢森堡剑桥相当于要在100万美元的基础上追加投资继续支撑当当网。同时,由于失去了一个稳定的管理团队,投资风险将会更大。

迫于无奈,3家投资方最后只得屈服,同意接受老虎基金的投资,并由老虎基金出面,向老股东买了一些股份,再送给管理团队。此次,老股东获得部分变现,IDG套现350万美元,获利3倍以上,当当网则被估值7 000万美元,老虎基金投资1 100万美元。经此一役,李、俞二人认识到了自己作为管理者的价值,进一步要求绝对控股权。

2003年12月李国庆夫妇与老虎基金签订了融资1 100万美元的协议,但是老虎基金的资金迟迟未到账。这期间,俞渝曾与老虎基金谈判代表几度争执,甚至威胁说"现在交割期限已过,当当网有权找新的投资人了"。俞渝所说的"新的投资人"就是亚马逊公司。就在他们夫妇在美国与老虎基金面谈的时候,也顺便秘访了亚马逊公司。

亚马逊公司的出现,对老虎基金构成了相当的压力。几经拖延,在激烈的利益交锋和一次次不欢而散的电话会谈之后,考虑到作为对冲基金,在投资了当当网的竞争对手卓越网之后,如果不投资当当网,将有违对冲基金的初衷,2004年2月25日,老虎基金终于兑现了两个月前的承诺,将约定的1 100万美元划到当当网账户上,获得17.5%的股份,而IDG、卢森堡剑桥、软银等几家则减持为23%,当当网管理层的股份变为59.5%。引人注意的是,与在卓越网董事会占有二席形成鲜明反差,老虎基金在当当网董事会未占一席。

2006年6月26日,当当网从DCM、华登国际和AltoGlobal三家基金引入2 700万美元资金,出让12%股份。当当网方面表示,这轮融资是提高公司抗风险能力的资金准备,并为公司未来发展提供充分财务支持。资金的用途确定为针对地面图书市场发动超低折扣的价格战,以此来巩固其全球最大中文网上书店的地位。2010年12月8日晚,当当网成功在美国纽交所上市,发行价16美元,首日开盘价24.5美元。

资料来源:作者整理。

(二)实训要求

要求学生以小组为单位,查阅并收集相关资料,在了解、理解当当网成长过程的基础上,回答以下问题。

问题1:为什么当当网能够吸引风险投资者?

问题2:当当网的创始人是如何通过多轮融资获得控制权的?

问题3:你认为究竟是资本创造财富,还是创业企业家创造财富?

三、实训组织

1. 指导教师布置实训项目,提出相关文献阅读要求。

2. 学生自由分组,自行选出组长。

3. 以小组为单位,认真学习当当网成长资料,以实训要求中的3个问题为核心,在课堂演讲汇报。

● 即测即评 ●

第十章
投资银行的金融创新

章前引例

中央国债登记结算有限责任公司和东方金诚国际信用评估公司联合发布的《2018 资产证券化发展报告》显示，2018 年我国资产证券化产品发行规模突破 2 万亿元，年末存量突破 3 万亿元。其中，个人住房抵押贷款证券化迅猛扩容，住房租赁证券化方兴未艾，供应链资产支持证券显著提速，多只"首单"类创新产品成功落地，在盘活存量资产、化解不良风险、助力普惠金融方面发挥了重要作用。2018 年，我国资产证券化发展迈上了新台阶。

通过本章的学习你应该掌握投资银行金融创新的含义和动力、投资银行金融创新的途径和方法、投资银行金融创新的内容、投资银行金融创新的风险及防范，比较全面地了解投资银行金融创新的发展历程、主要原则等。

本章知识结构图

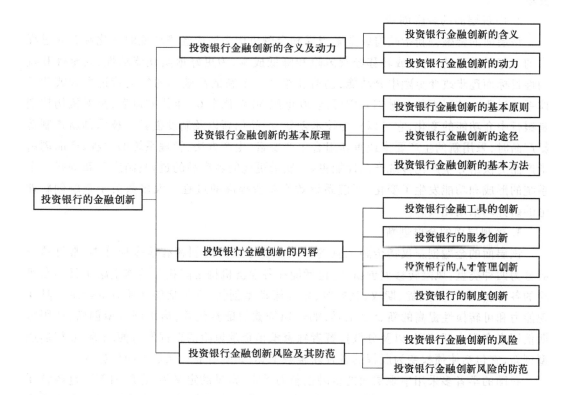

第一节　投资银行金融创新的含义及动力

一、投资银行金融创新的含义

（一）金融创新的含义

关于金融创新的含义,目前理论界还没有统一的界定,各个定义的内涵差异较大,但是多数界定基本上是衍生于创新理论的倡导者熊彼特从经济学角度提出的观点,即创新是企业实现对生产要素的新结合。它包括以下五种情况:引入一种新产品或提供一种产品的新质量;采用一种新的生产方法;开辟一个新市场;获得一种原料或半成品的新供给来源;实行一种新的企业组织形式。一般说来,对于金融创新的界定有三个层面:

1.宏观层面的金融创新

整个金融业的发展史就是一部不断创新的历史,金融业的每项重大发展都离不开金融创新。该层面上的金融创新有如下特点:金融创新的时间跨度长,将金融发展史上的每一次重大突破都视为金融创新;金融创新涉及的范围相当广泛,不仅包括金融技术的创新、金融市场的创新、金融服务和产品的创新、金融企业组织和管理方式的创新、金融服务业结构上的创新,而且还包括现代银行业产生以来有关银行业务、银行支付和清算体系、银行的资产负债管理乃至金融机构、金融市场、金融体系、国际货币制度等方面的历次变革。

2. 中观层面的金融创新

该层面的金融创新指政府或金融当局和金融机构为适应经济环境的变化和金融过程中的内部矛盾运动,防止或转移经营风险和降低成本,为更好地实现流动性、安全性和盈利性目标而逐步改变金融中介功能,创造和组合一个新的高效率的资金营运方式或营运体系的过程。该层面的金融创新主要是 20 世纪 50 年代末 60 年代初以后,金融机构特别是银行中介功能的变化,它可以分为技术创新、产品创新以及制度创新。技术创新指制造新产品时,采用新的生产要素或重新组合生产要素、生产方法、管理系统的过程;产品创新指产品的供给方生产比传统产品性能更好、质量更优的新产品的过程;制度创新则指一个系统的形成和功能发生了变化,而使系统效率有所提高的过程。大多数关于金融创新理论的研究均采用此概念。

3. 微观层面的金融创新

该层面的金融创新仅指金融工具的创新。金融工具的创新有很多种分类,常见的一般分为四种类型:风险转移型创新,它包括能在各经济机构之间相互转移金融工具内在风险的各种新工具,如期货、期权、互换等;增加流动型创新,它包括能使原有的金融工具变现能力和可转换性提高的新金融工具,如长期贷款的证券化等;信用创造型创新,如用短期信用来实现中期信用,以及分散投资者独家承担贷款风险的票据发行便利等;股权创造型创新,它包括使债权变为股权的各种新金融工具,如附有股权认购书的债券等。

我国的学者多采用中观层面的金融创新的界定,常见的定义为:金融内部通过各种要素的重新组合和创造性变革所创造或引进的新事物。在此基础上,将金融创新大致分为三类:金融制度创新、金融业务创新和金融组织创新。从思维层次上看,创新有三层含义:原创性,思想的跃进,如第一份期权合约的产生;整合性,对已有观念的重新理解和运用,如期货合约的产生;组合性创新,如蝶式期权的产生。从金融创新理论来看,流派繁多,主要有以下七种:技术推进理论、货币促成理论、财富增长理论、约束诱导理论、制度改革理论、规避管制理论和交易成本理论。上述这些理论都从某个角度说明一定时间和空间跨度中金融创新背后的生成机理,事实上,每一种创新都是多种因素作用的结果,而且在不同的时空各种因素所起的作用又存在差异。

(二) 投资银行的金融创新

投资银行作为资本市场的重要媒介和组织者,其业务领域早已经大大突破了其传统的本源业务,即证券承销、经纪和自营,一系列新的业务、工具、产品、服务方式不断涌现。企业并购、资产重组、资产管理、基金管理及投资组合服务、项目融资、金融衍生工具交易、资产证券化等日益成为投资银行的重要业务领域。例如,近几年来,高盛集团的佣金和手续费收入,以及顾问和承销收入,对公司收入的贡献比均不超过 20%。因此,可以说,一部投资银行发展的历史是一部新产品不断被创新、新业务不断被开拓的历史。创新是投资银行业发展的主要动力源,没有创新就没有投资银行业的发展。

基于对金融创新的界定，投资银行的金融创新指投资银行通过各种要素的重新组合和创造性变革创造或引进新产品和新服务的过程。它主要包括产品创新、技术创新、制度创新等。

二、投资银行金融创新的动力

根据金融创新的理论，综合来看，投资银行金融创新的动力主要有以下四种。

（一）追求利润的驱使

投资银行作为金融市场中的微观经济主体，一样追求利润最大化。随着全球金融自由化发展，特别是各国放宽对金融机构业务范围的限制，金融业混业趋势势不可挡，金融业竞争已至白热化阶段。投资银行不仅面临同业竞争，还要接受商业银行等其他金融机构的挑战。在激烈的市场竞争下，投资银行现有业务的利润很快被平均化，从而使利润率呈递减趋势，这就迫使投资银行不断进行各种创新以开拓新市场、创造新的业务形式、形成新的利润增长点。从金融创新中增加收益、获取利润是投资银行金融创新最普遍、最直接的动力。当前，发达国家投资银行的本源业务，即证券承销、经纪和自营，占总业务量的比重早已在 10% 以下，而金融衍生品交易、资产证券化、项目融资等正日益成为投资银行的重要业务领域。同时，大量的金融创新仍在不断涌现。

（二）规避风险的驱使

金融市场固有的高风险性，使得投资银行在风口浪尖上生存发展。尤其随着金融自由化和金融全球化的不断发展，外汇市场、货币市场、资本市场的汇率、利率、证券价格等风险不断加大，微观经济个体，包括投资银行，对风险管理的需求不断加强，转移风险、分散风险或尽可能减轻风险不仅是投资银行自身风险管理的需求，也是投资银行赢取客户、拓展市场、增加利润的需求。因此，为降低业务开展过程中的各种风险，满足客户的风险管理需求，投资银行就需要设计出符合当前市场的新的避险工具，采取新的经营方式。因此，规避风险是投资银行实施金融创新的又一重要动因。

（三）规避管制的驱使

相关理论认为，金融创新与金融管制之间存在辩证关系。投资银行作为金融体系的重要组成部分，是资本市场上投资者和筹资者之间的桥梁，可以极大地促进稀缺的经济资源高效率地配置。而金融市场、金融机构等自身都具有极大的风险性。因此，政府相关主管机构都会设置相对严格的监管。政府的监管从某种程度上限制了投资银行利润最大化的追求，尤其是部分监管措施往往滞后于金融市场的发展，这就驱使投资银行进行金融创新以规避管制，或者创造出现行管制达不到的领域的产品，以满足金融市场的需求和自身利润最大化的追求。而金融创新又给金融市场带来了不受约束的风险，从而使得管制进一步改革。如此循环往复，金融创新与金融管制互相驱动，两者不断从一个平衡走向另一个平衡。

（四）市场发展与变化的驱使

随着多种新技术的推出和经济的发展，金融市场不断出现新的发展和变化。这些发展和变化有的为投资银行开辟了新的需求,有的却抑制了投资银行原有的需求。例如,跨国公司的迅速发展为投资银行增加了提供跨国界的国际相关业务的需求。而互联网的出现,使得大企业、大的金融机构等机构投资者绕开投资银行,通过计算机网络进行直接交易,这就使投资银行的经纪业务受到较大的影响。因此,面对不断发展与变化的金融市场,投资银行必须全力开拓新的市场领域,不断进行金融创新,才能求得发展。如果因循守旧、墨守成规、不思进取,终究会被无情的市场所淘汰。

第二节　投资银行金融创新的基本原理

一、投资银行金融创新的基本原则

投资银行金融创新一般要遵守以下六项基本原则。

（一）合法合规原则

投资银行金融创新要遵守法律、行政法规和规章的规定,不能以金融创新为名,违反法律规定或变相逃避监管。合法合规原则既是投资银行在创新环境下有效控制风险的重要基础,也对维护金融市场的公开、公平、公正具有重要作用。

（二）市场主导原则

投资银行金融创新必须面向金融市场真实的需求,提升中介服务功能,改善盈利能力,提高在证券行业的核心竞争力,推动证券行业更好地服务实体经济,实现行业与社会的和谐发展。因此,投资银行进行金融创新,不仅要坚持资本市场中介的基本属性,真正发挥市场组织者、产品开发者、流动性提供者、风险管理者和财富管理者的作用,更要围绕服务实体经济的基本导向,切实防止金融创新脱实向虚、自我循环。

（三）风险控制原则

只要是创新就是未曾验证过的,就会存在一定的不确定性。为了保证投资银行的安全和整个金融体系的稳定,金融创新活动一定要牢牢树立一个底线思维,那就是创新时必须高度重视风险控制。投资银行要有效跟踪、研判和管理创新活动中可能出现的风险,要健全风险隔离措施,把风险控制在自己可承受的范围内,切实防止风险外溢形成系统性、区域性风险,及时适应创新过程中的新模式、新业务、新产品对合规风控工作的新要求,完善风控合规体系。

（四）维护客户利益原则

投资银行金融创新的根本目的是拓宽业务领域,创造出更多、更新的金融产品,更好地满足金融消费者和投资者日益增长的需求,以提高竞争力,增加利润。这就要求投资银行的金融创新要把客户权益的保护放在首位,应遵守职业道德标准和专业操守,完整履行尽职义务,把适当的产品卖给适当的投资人,不能不加选择地任意推销给投资人,要充分维护金融消费者和投资者的利益。

（五）谨慎经营原则

近些年发生的金融风暴充分证明了谨慎经营原则的重要性。一些金融衍生工具可以被金融机构以其财务杠杆工具几十倍甚至上百倍地放大,并最终使得衍生工具价值与其真实资产价值之间的联系被完全割断,其价格与投资价值往往会被高估,市场风险随时都有可能集中爆发。美国的次贷危机就是如此。因此,投资银行在金融创新中必须很好地坚持谨慎经营的基本原则。

（六）信息充分披露原则

阳光是最好的消毒剂。为了确保投资银行客户和其他市场参与者充分了解金融衍生工具所隐含的风险,投资银行必须对创新过程中不涉及商业秘密、不影响知识产权的部分予以充分披露,要确保信息披露的内容真实,准确,完整,没有虚假、严重误导性陈述或重大遗漏。

二、投资银行金融创新的途径

投资银行金融创新的途径主要有金融产品创新、金融机构创新、金融管理制度创新和金融交易创新,下面分别进行介绍。

（一）金融产品创新

金融产品创新是投资银行最为常见的创新途径。金融产品创新主要表现在金融资源的分配形式与金融交易载体的变革与创新。金融产品创新是金融资源供给与需求各方的金融要求多样化、金融交易制度与金融技术创新的必然结果。一方面,金融产品的创新活动能最大限度地动员和分配可支配的金融资源,满足社会经济发展对金融资源的需要;另一方面,金融产品创新能适应在社会财富不断增长的背景下,金融投资者对投资产品的多样化需要和投资风险管理的各种要求。金融产品创新具体又有以下途径:

1. 增强流动性的创新

它产生于对一般流动性需求的增加,它既可以是直接增加流动性,也可以是通过重新分配风险来增加交易量以间接增加流动性。直接增加流动性最典型的一个例子是资产证券化,间接增加流动性最典型的一个例子是可转债在债权、股权间的转化。

2. 降低交易成本的创新

交易成本主要包括手续费、税收、达成交易的谈判费用等。金融衍生工具替代标的资产交易的一个突出优点就是交易成本的降低。如标准化的期货合约,其交易的品种、数量、期限、交割方式和地点都已经标准化,唯一变化的只是价格。因此双方的谈判成本基本上就没有了。

3. 减少信息不对称的创新

信息不对称的现象在金融市场运行中广泛存在,而信息不对称会对投资者的选择产生很大影响,导致无效行为的发生。例如,投资者无法找到最适于投资的对象等。因此,创新金融产品,促进各种信息的揭示,可减少信息不对称,减少市场无效行为。例如,附带回购权的股票,可使投资者了解公司内部人对未来股价的看法。

（二）金融机构创新

金融机构创新指建立新型的金融机构,或者在原有金融机构的基础上加以重组或改造。金融机构创新的原因多种多样。例如,电子技术的发展导致了纯粹网络银行的诞生,套利和投机动机导致对冲基金出现,新经济的热潮引发风险投资基金的大发展,金融管制放松与金融国际化使一大批新式的金融机构产生。

金融机构创新又可以归结为多样化、全能化、同质化三个方面。在多样化方面主要是金融机构类型创新,新型金融机构不断涌现。在全能化、同质化方面,主要是金融组织结构创新。例如,混业经营的趋势使得经营单一业务的金融机构日益向其他业务领域渗透,不同机构逐渐趋同。

(三) 金融管理制度创新

金融管理制度创新是通过创新建立科学高效的管理制度,尤其是内部监控制度、风险管理制度、人力资源管理制度等,以实现投资银行的经营目标,使投资银行持续健康发展。

(四) 金融交易创新

投资银行金融交易的创新主要体现在金融管理法律、法规以及外在环境的改变引起金融交易的创新上。金融交易上的创新即围绕着金融交易运作方式进行的创新。例如,创造新的金融交易载体,改变金融交易流程,增加金融交易形式,启动新的金融交易资源,以及建立针对不同交易对象与工具而又具有新特征的金融交易空间(新类型的交易市场)等。

三、投资银行金融创新的基本方法

(一) 已有金融创新的推广

这种方法指投资银行将已有的金融创新向新的领域进行推广而产生新的金融创新。由于不同的国家和地区的市场环境、经济制度、金融监管制度等存在差异,不同的行业也存在差异,因此,投资银行可以把已有的金融创新向不同的行业或国家进行推广。当然,在推广过程中,投资银行需要考虑不同的应用环境所带来的水土不服。在保留金融创新产品核心要素的前提下,通过纠正错位来克服水土不服就是一个金融创新的方法。例如,金融期货就是在商品期货的基础上形成的。

(二) 已有金融创新要素的改变

这种方法指投资银行通过增加、减少或改变已有的金融创新的要素来形成新的金融创新。一般来讲,投资银行的每一个金融创新成果的推出都会有改良的空间,而通过对已有金融创新的要素进行改良就可以形成新的金融创新成果。例如,在金融衍生工具中的远期、期货、期权中,期货和期权就是对远期不断改良的结果。再如期货,一般规定有产品的基础资产、执行价格、交割日期等,投资银行可以根据实际需求,对基本合约要素进行修改和拓展,便可派生出许多新型的金融衍生产品。

(三) 金融工具和已有金融创新的组合

这种方法指投资银行将现有的两种或者两种以上的金融工具或已有金融创新成果重新组合而生成一种新的金融创新成果。由于不同的金融创新成果有不同的特点,通过将两种或两种以上的金融创新成果重新配比和组合,就可能会产生新的金融创新成果。例如,优先股就是普通股和债券的结合。

（四）已有金融创新的分解

这种方法指投资银行将已有的金融创新进行拆分以形成新的金融创新。例如，可以将一些金融衍生工具中的具有不同风险/收益特性的组成部分进行分解，根据客户的不同需求分别进行定价和交易。经过分解的证券满足不同投资者需要，流动性增强，或交易成本降低，这起到部分之和大于总体的效应。例如，认股权证是一种按照固定价格在未来某一时间购买一定数量股票的权利，它本来是附在债券上，但由于它本身具有市场价值而被分离开来进行单独交易。

（五）引进新技术的金融创新

这种方法指投资银行通过将一些新技术引进金融领域而带来金融创新。例如，计算机技术在各国的证券业被广泛应用，形成了以计算机网络为基础的交易过程而逐步代替了交易大厅的公开竞价。在此基础上，各个市场的交易所正在逐步向外建立正规的计算机网络系统，促进金融产品交易的国际化，从而使它们适用于不同时区的投资者的需求，这也使得全球性 24 小时证券交易市场形成。

（六）彻底性的金融创新

这一方法主要指投资银行根据金融市场的变化运用自己的智慧进行彻底性的金融创新。例如，1981 年，世界银行需要一笔联邦德国马克和瑞士法郎，但当时在国际资本市场上发行美元债券的成本低于发行联邦德国马克和瑞士法郎债券的成本。在这种情况下，美国著名的投资银行所罗门兄弟公司首创了世界上第一宗货币互换。

第三节　投资银行金融创新的内容

一、投资银行金融工具的创新

金融工具创新就是理论界所界定的微观层面的金融创新，是金融创新的主要表现。投资银行金融工具的创新指投资银行在法律规定的范围内，在遵循安全性、流动性和营利性原则的前提下，灵活运用和重新组合原有金融工具的价格、利率、期限、偿还方式、交易方式和风险系数等条件，创造新的金融工具，满足不同层次和不同目的的投资者的需求的过程。根据前面的讲述，金融工具的创新有很多种分类方法，创新的金融工具也数量众多。下面我们就分别以风险转移型的金融衍生工具和增加流动型的资产证券化为例进行介绍。

（一）金融衍生工具

1. 金融衍生工具的含义

金融衍生工具是相对于传统金融工具而言的，金融衍生工具指其价值依赖于标的资产（通常为货币、债券、股票等传统金融工具）价值变动的合约。这种合约可以是标准化的，也可以是非标准化的。标准化合约指其标的资产（基础资产）的交易价格、交易时间、资产特征、交易方式等都是事先标准化的，因此此类合约大多在交易所上市交易，如期货。

非标准化合约指以上各项由交易的双方自行约定,因此具有很强的灵活性,比如远期合约。

金融衍生工具的共同特征是保证金交易,即只要支付一定比例的保证金就可进行全额交易,不需要实际上的本金转移,合约的了结一般也采用现金差价结算的方式进行,只有在满期日以实物交割方式履约的合约才需要买方交足货款。因此,金融衍生工具交易具有杠杆效应。保证金越低,杠杆效应越大,风险也就越大。

金融衍生工具的分类很多,常见的一种分类为:按照金融衍生工具自身交易的方法及特点分为金融远期合约、金融期货、金融期权、金融互换和结构化金融衍生工具。下面分别加以简单介绍。

2. 金融远期合约

金融远期合约指交易双方在未来某一时期按照事先约定的价格买卖一定数量某种标的物的金融合约。与其他衍生工具相比较,金融远期合约是一种相对简单的衍生工具,它通常发生在金融机构之间、金融机构与其客户之间,是一种采取场外交易方式的非标准化合约。常见的金融远期合约主要有远期利率协议、远期外汇协议、远期综合协议等。金融远期合约的主要特征如下:

(1) 合约的规模和内容根据交易者的需要而制定,是非标准化合约。

(2) 货币或其他商品要现货交付,不像期货、期权那样只需在交割日前进行反向交易即可平仓了结。金融远期合约 90% 以上最终要进行实物交割。

(3) 合约本身具有不可交易性,即一般不像期货、期权那样可以随意进行买卖。金融远期合约一般由买卖双方直接签订,或者通过中间商签约。合约签订后,要冲销原合约,除非与原交易者重新签订合约或协议且撤销原合约。因此,金融远期合约流动性较小。

(4) 合约交易无须交易保证金。金融远期合约主要在银行间或银行与企业间进行,不存在统一的结算机构,价格无日波动的限制,只受普通合约法和税法的约束,因此无须支付保证金。

3. 金融期货

金融期货指由期货交易所统一制定的规定在将来某一特定时间和地点交割一定数量的金融商品的标准化合约。金融期货在期货交易所进行交易,交易双方并不直接接触,由各自和交易所的清算公司进行结算。常见的金融期货有外汇期货、利率期货和股票指数期货等。金融期货的主要特征为:

(1) 交易的标的物是金融商品。这种交易对象大多是无形的、虚拟化了的证券。

(2) 金融期货交易是标准化合约的交易。作为交易对象的金融商品,其收益率和数量都具有同质性、不变性和标准性,如对货币币别、交易金额、清算日期、交易时间等都有标准化规定,唯一不确定的是成交价格。

(3) 金融期货交易采取公开竞价方式决定买卖价格。它不仅可以形成高效率的交易市场,而且透明度、可信度高。

(4) 金融期货交易实行会员制度。非会员要参与金融期货的交易必须通过会员代理,由于直接交易限于会员之同,而会员同时又是结算会员,其已交纳保证金,因而交易的信用风险较小,安全保障程度较高。

（5）金融期货的买卖双方可在交割日之前采取对冲交易结束其期货头寸,无须进行最后的实物交割。大多数期货都是通过平仓来结清头寸的。

（6）金融期货交易实行保证金交易制度和每日清算制度。金融期货交易实行保证金交易制度,可以以小博大。而且,每日交易结束后,清算公司都要根据期货价格的升降对每个交易者的保证金账户进行调整。

扩展阅读 10-1

我国的沪深 300 股指期货合约

我国的沪深 300 股指期货是以沪深 300 指数作为标的物的期货品种,在 2010 年 4 月由中国金融期货交易所推出。

其实,早在 1993 年 3 月海南证券交易中心就曾推出深圳综合指数、深圳 A 股指数两种股指期货合约。但海南开展股指期货交易并没有经过国家相关部门批准,属地方越权审批。1993 年 9 月初深圳证券市场出现收市前 15 分钟大户联手打压股指的行为,有关方面认为股指期货加大了市场投机性,决定关闭股指期货。

4. 金融期权

金融期权指合约买方向卖方支付一定费用（称为期权费或期权价格）,在约定日期内（或约定日期）享有按事先确定的价格向合约卖方买卖某种金融工具的权利的契约。金融期权购买方的权利和义务是不对称的,即可以行使权利,但不负有必须买进或卖出的义务。其最基本的用途是转移标的物价格变动风险,最大特点是在保留从有利价格变动中获取收益可能性的同时,也防止了不利价格变动可能带来的更大损失。常见的金融期权有利率期权、外汇期权等。金融期权的主要特征有:

（1）期权交易的对象是一种权利。期权交易是一种权利买卖,即买进或卖出某种金融产品的权利,但并不承担一定要买进或卖出的义务,这个权利是单方面的。

（2）期权交易具有很强的时间性。期权只有在规定的时间内才有效,持有者或执行期权,或放弃、转让期权,超过规定的有效期,期权合约自动失效,期权购买者所拥有的权利随之消失。

（3）期权投资具有杠杆效应。期权投资可以以小博大,即以支付一定的权利金为代价购买到无限盈利的机会。

（4）期权的供求双方具有权利和义务的不对称。期权购买者拥有履约的权利而不承担义务,期权的出售者只有义务而无权利。同时在风险与收益上也具有不对称性,期权的购买者承担的风险是有限的,其收益可能是无限的,金融期权的出售者收益是有限的,其风险可能是无限的。

（5）期权的购买者具有选择权。期权购买者购买的权利是可以选择的,即可以选择执行、转让或放弃。

5. 金融互换

金融互换是一种交易双方约定在未来一定期限内以规定的方式交换彼此的货币种

类、利率基础及其他金融资产等现金流的契约或协议。互换在本质上是一种远期合约，但是又与其他种类的远期合约不同：互换的建立基础是交易双方交换有差别的同类基础资产。互换的主要用途是改变交易者资产或负债的风险结构以规避相应的风险。常见的金融互换有货币互换、利率互换等。金融互换的主要特征为：

（1）期限较长，金额较大。相对于其他金融衍生工具来讲，互换的期限较长，绝大部分互换交易的期限是 3~10 年，少数交易也有比较长的期限。互换的金额较大，单个互换业务的额度通常在 500 万美元和 3 亿美元之间，有时也有采用辛迪加式的大数额互换交易。

（2）形式十分灵活。互换市场交易的不是交易所式的金融商品，互换交易的形式、金额、到期日等完全视客户需要而定，是一种按需定制的交易方式，因此互换交易比起交易所交易的其他金融工具来更能适应投资者的需求。

（3）交易成本低，流动性强，且具保密性。互换协议只需签订一次，就可以在以后若干年内进行多次交换支付，所以互换协议的交易成本较低。标准合同的互换市场具有一定的流动性，其行情活跃，了结合同几乎没有困难，合同可以被出售或中途废止等，因此，流动性一般强于远期合约。另外，只有互换对手知道互换交易的详情，有助于交易的保密性。

（4）无政府监管。从市场交易受管制的程度来看，在互换市场上，实际上不存在政府监管，而期货等衍生工具市场或多或少都受到政府的管制。

6. 结构化金融衍生工具

结构化金融衍生工具是运用金融工程的结构化方法，将若干种基础金融商品和金融衍生工具相结合设计出的新型金融产品。结构化衍生工具是近年来金融市场发展最为迅速的一类产品。结构化金融衍生工具的收益与风险因挂钩的基础资产的不同而具有不同的风险特征，且由于这类产品结构复杂，种类多样，难以为普通投资者所掌握。因此，通常监管机构和行业自律组织均要求金融机构不要将其销售给不具备风险承受能力的客户。

较之其他金融衍生工具，结构化衍生工具的突出优势在于：

（1）结构化衍生工具可以介入不同市场的标的证券，可以连接到股票篮子、指数、基金等；

（2）投资期限及条款设计上更为灵活，更能满足多层次、多样性的市场需求。

（二）资产证券化

1. 资产证券化的含义

资产证券化是近 30 年来国际金融市场领域中最重要的金融创新之一，是被西方金融实务领域广泛认同的业务发展大趋势之一。一般说来，资产证券化指将缺乏流动性但具有某种可预见未来现金流入的资产或资产组合汇集起来，通过结构性重组，将其转变为可以在金融市场上出售和流通的证券，以此来融通资金的过程。资产证券化产生于 20 世纪 60 年代末的美国，80 年代以后在欧洲、亚洲等地得到迅速发展，2007 年的美国次贷危机中就有它的身影。目前，证券资产化的种类越来越多，被证券化的金融资产遍及居民住宅抵押贷款、商业房地产抵押贷款、信用卡应收款、人寿保险单及各种有价证券组合，证券化交易和结构组织也越来越复杂。

2. 资产证券化的意义

资产证券化之所以得到了快速发展,在于它给发起者、投资者以及金融市场等都带来了诸多方面积极的意义。

(1)对发起者的意义。资产证券化对发起者的意义主要包括:资产证券化提供了将相对缺乏流动性、个别的资产转变为流动性高、可在资本市场上交易的金融商品的手段。通过资产证券化,发起者增强了资产的流动性,能够补充资金用来进行另外的投资;资产证券化突破了股票、债券传统两大融资方式的限制,为发起者提供了一个更加有效的、低成本的筹资渠道;资产证券化还有利于发起者将风险资产从资产负债表中剔除出去,从而改善各种财务比率,提高资本的运用效率,满足风险资本指标的要求;资产证券化还为发起者提供了更为灵活的财务管理方式,使发起者可以更好地进行资产负债管理,取得有效的资产与负债的匹配;等等。

(2)对投资者的意义。资产证券化对投资者的意义主要包括:资产证券化为投资者提供了一种有别于传统的新型投资工具;资产证券化为投资者提供了多样化的投资产品,可以满足不同投资者的风险偏好;资产证券化可以帮助投资者突破某些投资限制,扩大投资规模,提高资本收益率;等等。

(3)对金融市场的意义。资产证券化对金融市场的意义主要包括:作为一种新型的融资方式,资产证券化使金融市场发生了深刻的变化,带来了新的资金流动和资源配置方式,进一步优化了金融市场的资源配置;资产证券化进一步推动了直接融资的发展,使证券化融资在更深层次上进行,使市场化融资趋势进一步增强;等等。

3. 资产证券化的运作流程

一个典型的资产证券化的运作流程包括:发起人将证券化资产出售给一家特殊目的机构(SPV),或者由 SPV 主动购买可证券化资产,然后将这些资产汇集成资产池(assets pool),再以该资产池所产生的现金流为支撑在金融市场上发行有价证券融资,最后用资产池产生的现金流来清偿所发行的有价证券。具体程序如下:

(1)选择证券化资产。资产证券化的发起者在分析自身融资需求的基础上,通过发起程序确定用来进行证券化的资产。一般来说,用来证券化的资产主要是那些现金流稳定、同质性较高、信用质量较好且很容易获得相关统计数据的资产。

(2)设立特殊目的机构。SPV 是专门为资产证券化设立的一种特殊实体,是资产证券化运作的关键性主体。组建 SPV 的目的是最大限度地降低发行人的破产风险对证券化的影响,即实现被证券化资产与原始权益人其他资产之间的风险隔离。为此,组建 SPV 时应该遵循以下要求:债务限制,设立独立董事,保持分立性和满足禁止性要求。

(3)证券化资产转移给 SPV。证券化资产从原始权益人向 SPV 的转移是证券化运作流程中非常重要的一个环节。该环节一般要求这种转移在性质上真实出售,其目的是实现证券化资产与原始权益人之间的破产隔离。真实出售的标准应该根据各个国家的会计准则的具体规定来决定。

(4)信用增级。这个环节也是资产证券化流程中一个非常重要的环节。信用增级就是增加资产支持证券的信用级别,其目的是使证券在信用质量、偿付的时间性与确定性等方面能更好地满足投资者的需要,同时满足发行人在会计、监管和融资目标方面的需求。信用增级可以分为内部信用增级和外部信用增级两类,具体手段有很多种。

(5)信用评级。信用评级机构通常要进行两次评级:初评与发行评级。初评的目的是确定为了达到所需要的信用级别必须进行的信用增级水平。在按评级机构的要求进行完信用增级之后,评级机构将进行正式的发行评级,并向投资者公布最终评级结果。

(6)证券设计与销售。信用评级完成并公布结果后,一般由投资银行根据实际情况来选择适当的证券品种,而后 SPV 将证券交给证券承销商去承销。这些证券主要由机构投资者,如保险公司、投资基金和银行等来购买。

(7)支付价款。SPV 从证券承销商那里获得发行现金收入,先向其聘请的各专业机构支付相关费用,然后按事先约定的价格向发起人支付购买证券化资产的价款。

(8)管理资产池。SPV 要聘请专门的服务商(一般由发起人担任)来对资产池进行管理。其作用主要包括:收取债务人每月偿付的本息;将收集的现金存入 SPV 在受托人处设立的特定账户;对债务人履行债权债务协议的情况进行监督;管理相关的税务和保险事宜;在债务人违约的情况下实施有关补救措施等。

(9)清偿证券。按照证券发行时说明书的约定,在证券偿付日,SPV 将委托受托人按时、足额地向投资者偿付本息。利息通常定期支付,本金的偿还日期及顺序根据基础资产和所发行证券的偿还安排而定。证券全部被偿付完毕后,如果资产池产生的现金流还有剩余,那么这些现金流将被返还给交易发起人。至此,资产证券化交易的全部过程也随即结束。

4. 我国的资产证券化试点改革

我国资产证券化试点之路颇为漫长。2005 年,中国人民银行和中国银监会联合发布《信贷资产证券化试点管理办法》,随后建设银行和国家开发银行获准进行信贷资产证券化首批试点。在中国人民银行和中国银监会主导下,基本确立了以信贷资产为融资基础、由信托公司组建信托型 SPV、在银行间债券市场发行资产支持证券并进行流通的证券化框架。

2007 年,浦发、工商、兴业、浙商银行及上汽通用汽车金融公司等机构成为第二批试点单位。但第二批试点额度用完之时,恰逢金融危机席卷全球,对证券化产品的谈虎色变令这一新兴事物的成长戛然而止。

在经历了 2009 年的信贷狂飙之后,监管部门对资本充足率的硬约束以及随后的信贷收紧令,使得业界对资产证券化扩容或重启的呼声四起。

2011 年 5 月,中国银监会发布了《关于中国银行业实施新监管标准的指导意见》(以下简称《指导意见》)。根据《指导意见》对资本充足率和拨贷率的当时要求的推算,六年内中国 13 家上市银行核心资本缺口合计将达到 7 885 亿元,总资本缺口合计将达到 13 919亿元,为 2010 年合计净利润的 2 倍;新增计提拨备合计将达到 10 769 亿元,为 2010 年拨备余额的 1.4 倍。

因此如果 13 家上市银行核心资本充足率、资本充足率分别达到当时的监管要求,在不进行再融资、仅考虑利润留存补充资本金的情况下,2011—2016 年,13 家上市银行核心资本缺口合计将达到 7 885 亿元,总资本缺口合计达到 13 919 亿元。

如果 13 家上市银行拨贷率未来每年均达到当时的监管要求,2011—2016 年新增计提拨备合计将达到 10 769 亿元。2010 年底上述银行拨备余额合计仅为 7 942 亿元,这意味着六年内上述银行拨备规模将增加 1.4 倍,这对各家银行的利润将造成重大影响。

商业银行受冲击最大的部分还是调整部分贷款的风险权重。如果中长期贷款风险权重统一从 100% 调整到 150%,按照 13 家上市银行平均中长期贷款占整个贷款比重约 60%,整个贷款占加权风险资产比重约 90% 来估计,上述银行资本充足率将下降超过 2 个百分点,核心资本充足率将下降接近 2 个百分点。

为弥补此项不利影响,总资本和核心资本缺口分别需要约 9 000 亿元和 7 000 亿元来弥补。这将对商业银行形成重大影响。

外部融资渠道受限,商业银行补充资本金捉襟见肘,我国银行业补充资本金越来越困难。

第一,股票市场难以承受商业银行大规模融资。2010 年我国商业银行融资占整个市场融资规模比重超过 40%,当年我国股市摘得全球 IPO 融资桂冠,但其跌幅全球排名倒数第三,这种局面也不利于资本市场的健康发展,也不利于满足银行业实现可持续发展的长期融资需求。

第一,次级债作为商业银行资本补充渠道受到较多的限制,监管部门做出了严格约束,而混合资本债属于创新资本工具,监管部门审批较谨慎,仅兴业、民生、浦发等少数银行发行过混合资本债,且发行规模均偏小。

在 2008 年国际金融危机后,全球金融机构对于资本的需求普遍提高。欧美银行主要通过剥离非核心资产来筹集资本,而中国银行业则从资本市场上大规模融资来补充资本。

因此开展资产证券化和贷款转让已势在必行。中国银行业贷款结构已经发生显著变化,存短贷长的矛盾凸显,客户集中度和行业集中度维持在较高水平,这固然需要新增贷款调结构,更重要的是需要存量贷款的调结构。而开展贷款转让和资产证券化,不仅有利于我国商业银行达到监管要求,也有利于防范和分散银行风险。

除了银行贷款资产证券化之外,信托受益权也是我国重要的资产证券化基础资产类型,自 2014 年海印股份信托受益权专项资产管理计划发行以来,已有三十多单信托受益权资产证券化项目发行,总规模超过了 100 亿元。信托受益权资产证券化中主要的增信措施是质押担保和保证担保。

随着我国资产证券化市场的蓬勃发展,商业房地产抵押贷款支持证券(CMBS)、住房抵押贷款支持证券(RMBS)、房地产信托投资基金(REITs),以及“购房尾款资产证券化”“物业管理收入资产证券化”等房地产资产证券化交易都在蓬勃兴起。不动产融资环境的变化使得类 REITs 开始得到发展,市场上已出现不少的成功案例。

二、投资银行的服务创新

(一)投资银行的服务创新的含义和目标

投资银行的服务创新指投资银行全方位、多角度地提供各种金融服务,以满足客户的需求,以求得更大的生存和发展的空间。一般来说,服务创新主要包括服务意识的创新、服务环境和服务设施的创新、服务方法的创新和服务手段的创新。20世纪90年代以来，由于商业银行等其他金融机构对投资银行业务的渗透，以及由于新技术带来的革新等因素的影响，投资银行业的竞争越来越激烈。投资银行不仅要依靠"有形产品"取得竞争优势，还要依靠被称为"无形产品"的金融服务取得竞争优势。如何进行服务创新，以打造一个差别化、个性化、综合化服务体系，努力形成具有自身特质、区别于竞争对手、难以轻易模仿的服务优势是每个投资银行考虑的重点。

金融服务创新的目标是：方便、准确、高效。方便就是尽可能地减少手续和环节，且不受时间和空间的限制。准确就是根据金融法规和内控制度，按照客户的指令，准确无误地提供服务、办理业务，不出丝毫差错。高效具有两层含义：一是快捷，提高服务的效率；二是增值，提高经济效益。

（二）投资银行服务创新的内容

投资银行服务创新的内容非常丰富，涉及服务的形式、服务的载体、服务的主体等。

1. 服务形式的创新

投资银行服务形式的创新主要包括：由单纯的礼貌、热情等形象服务向质量服务、效率服务发展、出新；由单一的业务服务向长期为客户提供量身定做的一揽子服务发展、出新；由传统的手工服务向结合当前最新技术的服务发展、出新；等等。

2. 服务载体的创新

金融服务的载体主要是金融工具网络及各种电子设备。首先是金融工具创新，以满足客户不同的需求；其次是运用网络和各种电子设备，不断创新金融服务。

3. 服务主体的创新

服务主体主要指投资银行及从业人员。服务主体的创新要求投资银行从业人员的思想意识、金融理论、行业的熟悉程度、业务开拓和实施能力、市场的洞察力、人际关系管理能力等方面要跟上时代进步，勇于创新，要不断创造和满足客户的需求。

三、投资银行的人才管理创新

投资银行是现代金融体系中的重要组成部分，它为资金使用者和资金提供者提供了便捷通道，节省了交易环节和交易成本，实现了资本的高效配置。投资银行的主要资产是金融智慧。金融人才则是金融智慧的载体。因此，如何创新人才管理机制，以使投资银行从业人员充分发挥个人才能，有效地实现个人职业成长、个人短期利益与公司长期利益的双赢。投资银行人才管理创新的基本价值取向为：

1. 创造性

创造性是投资银行生存的决定因素。人才是创新的源泉，制度是创新的保障。投资银行的人才管理必须为创新人才提供生存、发展的良好环境。为有创造性的人才设计适合他们发展的职业通道。

2. 专业性

投资银行业是知识高度密集型的行业。投资银行从业人员的专业性不仅反映在金融知识、金融理论方面，还体现在从业经验、对行业和渠道的熟悉程度、业务开拓和实施能力、对市场的洞察力、人际关系管理能力等方面。专业能力的不断培养提高是金融人才管理的核心内容。

3. 竞争性

当前,投资银行业的竞争越来越激烈,投资银行的人才管理要增强银行人才的竞争意识和忧患意识,形成一个良好的竞争氛围,以激发投资银行人才的潜能,更好地为投资银行创造价值。

四、投资银行的制度创新

投资银行的制度创新指金融管理法律、法规的改变以及这种变革所引起的金融经营环境与经营内容上的创新,一般包括金融组织制度的创新与金融监督制度的创新。

投资银行监督制度的创新之一就表现为投资银行的全能化。1933 年以前,大多数西方国家的投资银行业务和商业银行业务通常是由同一金融机构经营的,这种混业经营导致了许多潜在利益冲突。以 1933 年美国的《格拉斯—斯蒂格尔法》为标志,美国、日本等西方国家相继确立了以专业分工制、单一银行制、双轨银行系统、多头管理体制为特征的金融制度,其指导思想是防止金融机构之间过度竞争,维护金融机构的健全和稳定。但是,由于资产专用性的薄弱和追求利润动机的驱使,商业银行和投资银行之间分别通过各种业务创新手段来争夺对方的领地的活动就没有停止过。20 世纪 70 年代后,金融业国际化与一体化倾向日趋增强,国际竞争和国际业务的拓展成为投资银行向混合全能化银行发展的主要推动力。由此,西方主要国家普遍放松了对金融业务的管制,纷纷在立法上打破了银行业和证券业的界限,投资银行开始发展多样化、专业化、集中化和国际化的金融业务。1999 年 11 月美国废除了《格拉斯—斯蒂格尔法》,分业管理制度最终解体。

投资银行的组织创新主要表现在组织形态的创新和组织结构的创新。组织形态的创新主要表现在合伙制向公司制演变;组织结构的创新主要表现在随着投资银行规模和业务范围的扩大,出现了与之相适应的新型、简单、安全、高效的组织结构。

我国创业生态不断变化,各种优惠政策激励着创业者与资本的结合;私募股权投资市场更是受到政策的直接影响,募资门槛不断降低,投资空间逐渐释放,退出渠道更加通畅,而随着证券公司、保险公司等相继获批进入私募股权投资(PE)市场,私募股权投资行业已成为中国经济体最活跃的组成部分。除了在政策法规层面逐步走上正轨,中国私募股权投资行业发展中最为瞩目的是市场规模的快速增长,无论是基金募资、投资还是退出,中国私募股权投资(PE)市场都呈现出急剧扩张态势,甚至出现"全民 PE"的疯狂景象。而纵观中国私募股权投资市场现状,中国也正处于从"量"向"质"转变的关键时期。持续高速增长的中国经济已经使中国成为亚洲最为活跃的私募股权投资市场。

2011 年起,中国开始加快经济结构调整和经济发展方式的转变。但由于面临长期高通胀的压力,在信贷政策加剧收紧的背景下,相当多的企业尤其是中小企业、高科技企业面临快速发展与融资艰难的形势,这为直接融资提供了绝好的发展机会。而面对复杂的内、外部环境与形势,中国的股权投资基金行业应充分分析国内外经济形势的新变化、新特点,抓住和利用我国发展的重要战略机遇期,推动中国的股权投资基金行业快速健康发展。

海外学子投资创业经历了近二十年的发展，规模日益壮大。在纳斯达克市场上市的中国企业中，高管大多有海外留学背景；在纳斯达克市场上市的中国企业正推动新技术及传统产业发展，创造了企业在中国发展、在海外融资的新模式。并且，在纳斯达克市场上市的中国企业，已突破了互联网和高科技公司的范围。有来自多行业、多领域的公司登陆纳斯达克市场。

以北京中关村科技园区为例，在纳斯达克市场上市的来自中关村科技园区的中国企业中，海归企业为数不少。这些在纳斯达克市场上市的海归企业，正在由推动国内新经济、新技术、互联网等诸多领域的发展，转向推动中国传统产业的发展。留学人员回国创业给国内带回大批风险投资，这种全新的融资方式，极大地催化了中小企业的成长。

投资银行将从发行通道回归定价与销售本源，业务将呈多元化。证券公司需要具备卓越的综合服务能力，并基于此能力打造"投行+PE"的新商业模式。在"投行+PE"这一赛道中具备竞争优势的证券公司大概率将会享受估值溢价，而这要求研究、投资等业务条线均强且可有效协同。

第四节　投资银行金融创新风险及其防范

一、投资银行金融创新的风险

金融创新是一把双刃剑，收益与风险并存，没有金融创新，金融市场将失去效力和活力，但缺乏风险防范的金融创新，很可能产生更大的金融风险。20世纪70年代以来，随着经济全球化、金融自由化的发展，以及信息技术、网络技术的广泛应用，世界各国的金融系统发生了翻天覆地的变化，金融创新进入到一个大规模、全方位、高速发展时期，新技术、新产品、新市场不断涌现，全面改变了金融系统原有的生存环境和制度体系，带来了金融业的全面繁荣，也为经济增长带来了新的动力。但是由于金融创新是对原有东西的突破和对新目标的追求，其间必然包含着许多不确定因素，尤其部分金融衍生工具的杠杆效应不断被放大，且数量众多又复杂的创新金融工具的风险敞口难以计算，因而，金融创新本身也伴随着一定的风险，金融创新与金融风险加剧一直也是这阶段国际金融市场最为鲜明的发展特征，几乎每一场金融风暴都与金融创新有关。巴林银行倒闭、亚洲金融危机、美国次贷危机等事件都有金融创新的身影。

金融创新绝不是导致金融风暴的根本原因，甚至部分金融创新还有助于金融市场的稳定，例如一些信用衍生工具和投资型结构工具加速了信用风险和负债压力的分散和缓释。但是，金融创新也确确实实给金融业带来了新的风险和薄弱环节，具体主要表现在以下四点：

1. 金融创新增加了金融交易的规模

层出不穷的金融创新大大增加了金融市场的交易规模，而金融机构一般负债较高，再加上许多金融衍生工具具有杠杆性，即投资者在进行金融衍生工具交易时不必缴清相当于相关资产的全部价值，只要缴存一定比例的押金或保证金，便可得到相关资产的管理权，到一定时期再对已交易的金融衍生工具进行反方向交易，进行差价结算。一般来说，投资银行的杠杆率比较高，美林公司的杠杆率在 2007 年是 28 倍，摩根士丹利公司的杠杆率在 2007 年为 33 倍。这些因素都会使非常小的风险放大成巨大的风险。

2. 金融创新增加了新的风险

金融创新所带来的风险不单单是金融衍生工具交易中的风险，它使投资银行以及其他金融机构面临着未曾经历过的一些经营风险和操作风险。例如，金融创新使金融机构所经营的业务范围扩大，许多新兴的表外业务不断出现。表外业务使银行等金融机构的资本需求量压力的减轻，但却增加了它们的负债。稍一疏忽便会使金融机构从中介人变为债务人，金融机构因此处于非常尴尬的地位。

3. 金融创新弱化了金融监管的有效性

金融创新，一方面使金融监管的领域扩大，对象增多；另一方面，表外业务规模的扩大使监管的难度也在增加。另外，金融监管与金融创新的动态平衡关系决定了金融监管具有一定的滞后性。这些因素都弱化了监管的有效性。

4. 金融创新影响了流通中的货币量

一些金融衍生工具创造了新的货币供给，而电子化交易、创新的工具等扩大了货币乘数。以上这些都影响了流通中的货币供应量，增加了中央银行调控的难度。

二、投资银行金融创新风险的防范

金融创新是支持金融业持续发展的不竭动力，我们不能因为金融创新带来的风险就完全抹杀金融创新对金融业的价值和作用。当前所需要做的不是抑制金融创新，而是在做好风险防范、不断提高风险管控能力的前提下鼓励金融创新，以充分发挥它的积极作用，尽量抑制它的负面作用。尤其是像我国这样投资银行发展相对比较落后的国家，所面临的更多是由于金融创新不足而导致的金融结构性失衡，因此，更要做好风险控制下的金融创新。对于投资银行金融创新风险的防范，我们主要从以下几个方面着手。

（一）建立多元化的风险防范机制

由于投资银行金融创新的数量众多又复杂，且不同主体风险防范的目标并不完全一致，这就增加了风险防范的困难，因此，要从多个方面打好基础，建立一个多元化的风险防范机制。具体包括：培育一个公平、公正、公开的良好的市场环境，塑造以严守遵纪守法、诚实守信、勤勉尽责为荣的行业氛围；建立健全法律法规监管体系，建立一套完善的、具体的、合理的法律法规来配套实施；建立一个有效的稽核制度，提高监管的效率和效果；建立监管机构、行业协会、投资银行、国际机构间的良好协调机制，充分发挥各个层次风险防范主体的积极作用；重视对投资者的事先预警和事后保护机制；等等。

（二）不断完善和加强政府监管机构的风险监管体系

政府监管机构的监管在投资银行金融创新的风险防范管理体系中处于核心地位。因此，在面对层出不穷的金融创新时，监管机构需要承担社会责任，努力做好各项工作，积极防范金融风险，维护金融市场的良好秩序。

1. 监管机构不断完善金融创新的法律法规，使交易各方有规可循，使监管行为有法可依

完善的法律法规体系是金融创新风险防范的基础和保障，也是监管机构有效监管的

基础和保障。投资银行金融创新的特点决定了相关的法律法规存在一定的滞后性,因此,就要求监管机构及时做出反应,做好金融法规的规范和废、改、立工作,对目前尚缺、配套条件难以一步到位的个别条款,要通过补充条款予以过渡。通过这些措施不断完善金融创新的法律法规,并以此为标准强化监管,加大执法力度,做到依法办事、违法必究,以规范金融创新的行为,防范金融创新带来的风险。

2. 创新监管理念

首先,监管机构应该由合规性监管转为合规性和风险监管并重,在鼓励法人内部风险监控的同时,建立风险预警机制,提高系统性风险的防范和化解水平,积极构建市场化、国际化的金融监管模式。其次,注重规制监管与原则监管相结合。次贷危机反映出美国规制监管模式的滞后性和不灵活性,因此,必须在坚持规制监管的基础上,实现规制监管与原则监管的有机结合。再次,稳步推进金融业综合监管。在混业经营的模式下,原有的分业监管已不能满足需求,必须稳步推进金融业的综合监管。最后,改进监管手段,鼓励金融监管手段的创新,以金融监管手段的创新应对金融业务的创新。

3. 提高监管人员的综合素质

一是将政治素质高、懂法律、精通金融业务的员工调配到监管岗位上;二是加大培训力度,培养一大批懂得国际金融、了解金融风险、洞悉金融创新业务的复合型金融监管人才;三是落实监管责任,明确监管人员对于金融创新业务的风险监测义务、在风险处置过程中的监管权力和责任。

4. 加强金融监管的国际合作

由于金融创新的国际化,一国金融监管部门无法进行有效监管,这就要求各国金融监管的国际协作,以及各国监管机构与国际性金融组织的合作与协调,以有效地降低金融创新风险。金融创新监管的国际合作监管既包括国与国之间的协作监管,也包括国际性组织对其成员国所进行的风险监管。通过加强金融监管的国际合作,对金融创新实行统一的监管标准,以有效地防范金融创新风险。

(三)积极发挥行业协会的自律作用

行业协会也是防范和化解投资银行金融创新风险的一般力量,也是监管的必要组成部分。行业协会成员由于都是投资银行业内部人士,所以具有信息优势。投资银行金融衍生产品交易的盈亏、风险的大小、交易程序的合理性等,行业协会都很清楚。行业协会通过加强投资银行之间的联系、协调、合作和自我控制等,在防范和化解投资银行金融创新风险上具有重要的意义。行业协会要健全投资银行金融创新的自律管理制度,组织实施行业道德准则,大力推动诚信建设。行业协会要对会员进行有效监督,教育、督促会员遵守行规行约,对破坏行业秩序的行为采取业内批评、通告、开除会员资格以及建议政府有关部门给予行政处罚等惩戒措施。要公平、公正处理行业事务,采取协商、协作、协同、协调的办法,取得会员的支持和理解,协调会员企业关系,促进投资银行金融创新在风险可控的条件下的健康发展。

(四)认真做好投资银行自身金融创新风险的防范工作

投资银行对金融创新风险的防范,离不开自身的内部监管。从某种意义上讲,投资银

行是金融创新风险防范的第一道防火墙,也是最能发挥及时监管的防火墙。为此,投资银行自身应做好以下四项重要工作:

1. 树立风险防范与控制观念,提高风险管理意识

投资银行在金融创新过程中,面对风险的多样化、复杂化趋势,必须确立风险管理意识和观念。投资银行不应该因为金融创新在防范和控制风险上取得一时成效,而忽视其未来可能带来更大的风险。因为风险是不能消除的,有些金融创新只是转嫁了,或者是分散了,或者是延缓了当前的风险,甚至金融创新自身还会带来一些新的风险。例如,在美国的次贷危机爆发前相当长一段时间,一些金融机构就发现了问题,但由于利益驱动,没有采取措施,最终导致了更大的风险。因此,投资银行要树立正确的风险防范和管理意识,要培养员工树立高度的责任感,在日常的监控中及时发现并避免风险。另外,在规划创新体系时要遵循谨慎性原则,回避决策风险;在创新产品的营销中,应遵循风险告知原则和分散风险原则,以达到风险防范的目的。

2. 加强金融创新的内部风险管理体系建设和完善内控机制

纵观由金融创新引发的风险,风险管理体系不完善、内控机制不严格是主要原因。例如,巴林银行的倒闭就是如此。因此,投资银行必须构建能满足金融创新风险防范需要的全面风险管理体系和内控机制。这主要取决于以下几个方面:一是制度设计层面,即内控机制和全面风险管理体系制定的相关制度是否完善、科学有效和具有实际操作性,权力制约与监督的原则是否确实执行到位,内控机制是否覆盖投资银行的所有部门等。二是风险管理体系和内控机制是否与公司的组织结构相适应。公司的法人治理结构是否完善,法人治理结构是否与风险管理和内部控制的组织结构相适应等。三是执行层面,即这种机制和体系能否被所有人员严格执行以及违规后的处罚力度是否足够深刻。部分投资银行投入了大量的资金建设内控机制和全面风险防范体系,但由于在实际运作过程中相关制度并没有被严格执行,制度形同虚设,管理层越权或绕过制度,或抱着侥幸的心理违规操作,最终导致危机发生。

3. 完善投资银行管理和业务运营流程,设置内控关键点和风险防范点

投资银行应该根据金融创新的发展不断完善自己的管理和业务运营流程,分析各流程的风险点和关键控制点,设计内控标准和风险控制指标,建立健全风险防范管理制度。凡是涉及资金及资产处置内容的各种业务均应实行授权管理,没有涉及财务的关键岗位则实行专人管理,严格风险点相关环节的审批、流转、更改和管理程序。对于管理和业务运营流程中不能满足需要的部分应该及时修订、补充,保证风险管理和内控机制的有效。

4. 加强投资银行员工的职业道德教育

投资银行员工的职业道德是投资银行金融创新风险防范的关键因素之一。投资银行的工作都是由具体的员工承担的,投资银行员工掌握的信息远远多于投资者和外部监管者,这就容易造成投资银行员工为了追求自身利益而忽视客户等的利益,做出一些违背职业道德的行为,产生道德风险。因此,投资银行应该重视员工的职业道德教育,培养员工良好的伦理道德和职业操守,形成良好的文化氛围。另外,投资银行还需要从管理制度和内控机制上防范员工的道德风险。

（五）加强制度建设，注重市场约束

市场既是竞争的场所，也是自然的监督机制。各国监管当局应采取各种方法将政府监管与市场约束有机结合起来，提高金融监管的效率。过去发生的很多金融危机都反映出市场制度的不完善，而制度上的不完善带来的风险往往是系统性的，破坏力极强且不易扭转，因此，要注重市场制度建设，充分发挥市场的制约作用，从根本上防范金融创新风险。为此，一是要加强信息披露制度建设，对信息披露的内容、程序、质量标准用法律的形式加以规范；二是完善金融机构的信息库和指标体系；三是加强信用评级机构和金融咨询机构的建设，充分利用外部审计力量，提高金融运行的透明度；四是要建立社会诚信和信用体系。

● 关键术语 ●

投资银行　金融创新　金融创新动力　基本原则　创新途径　创新方法　创新内容
创新风险　风险防范

● 本章小结 ●

1. 投资银行的金融创新指投资银行通过各种要素的重新组合和创造性变革创造或引进新产品和新服务的过程。它主要包括产品创新、技术创新、制度创新等。

2. 投资银行金融创新的动力主要包括投资银行追求利润的驱使、规避风险的驱使、规避管制的驱使、市场发展与变化的驱使等。

3. 投资银行金融创新的基本原则主要包括合法合规原则、市场主导原则、风险控制原则、维护客户利益原则、谨慎经营原则和信息充分披露原则等。

4. 投资银行金融创新的途径主要包括金融产品创新、金融机构创新、金融管理制度创新和金融交易创新。投资银行金融创新的基本方法主要有已有金融创新的推广、已有金融创新要素的改变、金融工具和已有金融创新的组合、已有金融创新的分解、引进新技术的金融创新和彻底性的金融创新等。

5. 投资银行金融创新的内容主要包括金融工具的创新、服务的创新、人才管理的创新和制度的创新等。其中，金融工具的创新是最常见、种类最多的金融创新。

6. 投资银行的金融创新是一把双刃剑，收益与风险并存，没有金融创新，金融市场将失去效力和活力，但缺乏风险防范的金融创新，很可能产生更大的金融风险。因此，既要鼓励投资银行的金融创新，又要通过政府监管机构、投资银行行业的自律组织以及投资银行自身做好风险防范工作。

● 复习思考题 ●

1. 什么是投资银行的金融创新？

2. 投资银行金融创新的动力有哪些？
3. 投资银行金融创新的途径和方法有哪些？
4. 投资银行金融创新的内容有哪些？
5. 简述投资银行金融创新的风险及防范。

● 本章实训 ●

一、实训 A

（一）实训目的

1. 掌握投资银行金融创新的风险及防范。
2. 训练学生收集、阅读的能力。
3. 训练学生观察、分析问题的能力。
4. 训练学生理论联系实际、解决实际问题的能力。

（二）实训内容

1. 背景资料

资贷危机与金融创新

2007 年，一场由美国次贷危机引发的金融危机席卷全球，多家金融机构出现巨额亏损甚至倒闭，股市、债市剧烈波动，同时还伴随着油价大幅上涨，通胀加剧，信贷紧缩。据美国高盛集团统计，全球金融机构在美国次贷危机中所遭受的损失高达 1.4 万亿美元。这场金融危机波及范围之广、影响程度之深、冲击强度之大，为 20 世纪 30 年代以来所罕见。这次全球金融风暴的发生具有一定的必然性，但是多数人认为始作俑者就是令人眼花缭乱的美国次贷"金融创新"。

次贷即次级按揭贷款，是相对资信条件较好的按揭贷款而言的。由于资信较差，商业银行通常要求次级按揭贷款人支付更高的利率，并遵守更严格的还款方式。而《巴塞尔协议》对商业银行有最低资本金的要求，商业银行知道次贷的风险，做了次贷后转手就把贷款卖给投资银行，这样既能把长期才能收回的贷款立刻变现，还能把次贷的风险随之转移出去。投资银行当然也不会安分地抱着一堆次贷坐收利息，投行把这些资产重新汇总，打包成抵押债券出售给世界各地的投资者。同时，投资银行会定期向最初的贷款人收取本息，用于向投资者支付利息。投行同保险公司签订信用违约互换（CDS）合约，支付一定数量的保险金，保险公司则为投行的抵押债券提供信用保险。

次贷是把贷款给了那些千千万万不具备贷款资格的人（通常是无工作、无收入、无资产的三无人员），其中很多都是零首付。只要房价上涨，就不怕房贷贷款人违约，次贷相关者就都能赚得盆满钵满。然而，美国利率上升和住房市场持续降温，给次贷相关者带来了噩梦。利率上升，导致很多本来信用就不好的用户顿觉还款压力加大，违约可能性增加，这给银行贷款的收回造成危机。并且从 2006 年下半年起，美国房价便冲高回落，促使更多人违约并将房子交还给银行。房价跌得越多，需求就越萎缩，如此不断恶性循环，次贷危机的严重性终于暴露出来。没人愿意购买除美国国库券之外的任何债券；人人都希望把手中的债券卖掉,以换回现金;只有借款者,没有投资者;RMBS和担保债务凭证(CDO)要么价格暴跌,要么是有价无市。流动性危机很快又发展为信贷紧缩危机,几乎在一夜之间,华尔街的投资银行、保险公司等金融机构由于缺乏充足的流动性一个个走到了破产的边缘,并且迅速波及世界其他国家次贷的相关者,最终演变成了一场席卷全球的金融海啸。次贷危机对美国投资银行产生的直接后果就是雷曼兄弟破产,美林公司和贝尔斯登公司分别被美国银行和摩根大通集团收购,顽抗到最后的高盛集团和摩根士丹利公司也被迫转型为银行控股公司。

资料来源:作者整理。

2. 实训要求

要求学生以小组为单位,查阅并收集相关资料,在了解次贷危机前因后果的基础上,回答如下问题。

问题1:次贷危机为什么会发生?

问题2:次贷危机的发生与金融创新有什么关系?该如何对待金融创新?

问题3:如何预防和化解金融创新带来的风险?

(三)实训组织

1. 指导教师布置实训项目,提示相关要求。

2. 采取学生自由组合的方式,将班级学生划分为若干小组,并指定组长进行负责。

3. 要求学生以小组为单位,认真查阅并收集次贷危机的相关资料,并就相关问题以PPT形式进行课堂汇报。

二、实训 B

(一)实训目的

1. 掌握资产证券化业务的相关知识。

2. 训练学生分析问题、解决问题的能力。

(二)实训内容

1. 背景资料

我国资产证券化发展再上新台阶

目前,国内资产证券化业务主要分为4种模式:证券公司及基金管理公司子公司资产支持专项计划,即企业资产证券化业务(企业ABS);信贷资产证券化业务(信贷ABS);保险资产证券化业务;银行间市场交易商协会监管的资产支持票据业务(ABN)。

2018年我国资产证券化市场规模继续保持快速增长态势,全年共发行资产证券化产品2.01万亿元,同比增长36%;年末市场存量为3.09万亿元,同比增长47%。

在资产证券化产品总量扩张的同时,产品的份额结构进一步优化,企业ABS和信贷ABS平分秋色,分别占比47%,ABN占比6%。目前,企业资产支持证券仍然是发行规模最大的品种之一,增速较2017年明显下降;信贷资产支持证券显著升温,发行量占比接近企业ABS,托管量重回市场首位;资产支持票据发行量继续大幅增长,但增速较2017年有所回落。

据中诚信国际统计,2018年我国债券发行总规模为43.8万亿元,资产证券化类产品发行规模占债券发行总规模的比例约为4.59%。

除了发行规模亮点纷呈之外,2018年我国资产证券化产品创新不断。

在不动产资产证券化领域,2018年4月27日,我国首单百亿元房地产信托投资基金(REITs)——"中联前海开源—碧桂园租赁住房一号资产支持专项计划"首期17.17亿元成功发行;2018年5月9日,国内首单以公共租赁型住房作为底层资产的REITs产品——"深创投安居集团人才租赁住房资产支持专项计划"获得深圳证券交易所评审通过。

在交易所市场,资产证券化产品在计价方式和投资者结构上取得了突破。比如,2018年1月30日发行的华泰资管—中飞租一期资产支持专项计划是国内首单以外币计价、外币结算的资产支持专项计划产品。

资产证券化市场发行规模"井喷"与多重利好政策密不可分。

2018年,中共中央办公厅、中国证监会、中国银保监会、中国银行间市场交易商协会等部门先后发布七大利好政策,极大地支持和规范资产证券化市场发展。

在房地产领域,2018年4月25日,中国证监会与国家住房和城乡建设部联合印发《关于推进住房租赁资产证券化相关工作的通知》,明确规定了开展住房租赁资产证券化的基本条件、政策优先支持领域、资产证券化开展程序,为住房租赁资产证券化发展带来良机。

在资产管理领域,2018年4月份中国人民银行等多部门发布的《关于规范金融机构资产管理业务的指导意见》,对资产证券化产品在期限错配、净值化、多层嵌套等方面做出豁免,利好资产证券化投资。

在信贷资产证券化领域,2018年8月份中国银保监会发布《关于进一步做好信贷工作提升服务实体经济质效的通知》,提出积极运用资产证券化、信贷资产转让等方式,盘活存量资产,提高资金配置和使用效率。这一政策有助于提升信贷资产证券化市场参与主体的积极性,推动信贷资产证券化市场持续快速发展。

在国企改革领域,2018年9月份中共中央办公厅、国务院办公厅发布的《关于加强国有企业资产负债约束的指导意见》提出,积极支持国有企业依法合规开展以企业应收账款、租赁债权等财产权利和基础设施、商业物业等不动产财产或财产权益为基础资产的资产证券化业务。这意味着国有企业去杠杆使用资产支持证券(ABS)工具成为可能。

在小微企业领域,2018年10月份,中国银行间市场交易商协会发布新版《微小企业贷款资产支持证券信息披露指引》,大力支持银行业金融机构发行微小企业贷款资产支持证券。新政策更加有利于微小企业低成本融资,可以进一步降低微小企业成本,增强对微小企业等实体经济的金融服务。

在长租公寓领域,2018年6月份中国银保监会发布的《关于保险资金参与长租市场有关事项的通知》明确,保险资产管理机构可以通过发起设立资产支持计划等方式间接参与长租市场。这一新政有利于发挥保险资金长期、稳定的优势,助推国家房地产调控长效机制的建设,加快房地产市场供给侧结构性改革。

不过,资产证券化领域所暴露的风险也不容忽视。

2018年以来,各地证监局开出多张ABS罚单,涉及中介机构提供虚假材料、未履行重大事项告知和信息披露义务、未按约定归集基础资产现金流、侵占损害专项计划资产、内部控制制度不健全、尽职调查不充分、担保承诺函伪造、未对基础资产进行审查和存续期管理等多方面风险。

2018 年 5 月至 12 月间,监管部门先后发布《资产支持证券存续期信用风险管理指引(试行)》《资产证券化监管问答(二)》《融资租赁债权资产支持证券挂牌条件确认指南》等多项新规,严格规范"通道"业务,强化信息披露和信用风险管理,优化资产支持证券的业务规则。

我国目前资产证券业务分为企业 ABS、资产支持票据(ABN)等多种形式,监管部门、基础资产和交易场所均不同,目前尚无统一监管法律,需加快顶层设计,建立健全统一的法治化监管体系,避免监管套利风险。

目前我国资产证券化领域的法律制度有待完善,市场联通需要加强,风险事件有所露头,信息披露不够充分,流动性有待提升。当务之急是加快构建资产证券化顶层法律框架,推动信息披露系统建设。资产证券化业务涉及多类市场主体,应明确职责,规范运作,兼顾合规与创新、效率与安全,拓展市场深度,严守风险底线。

资料来源:作者整理。

2. 实训要求

结合上述背景资料,查阅收集相关资料,回答下列问题:

问题 1:我国资产证券化业务取得了哪些进展?

问题 2:我国资产证券化业务的未来发展趋势如何?

(三)实训组织

1. 指导教师布置实训项目,提示相关要求。

2. 采取学生自由组合的方式,将学生划分为小组。

3. 要求学生以小组为单位,认真收集投资银行资产证券化业务的相关资料,并就相关问题以 PPT 形式进行课堂汇报。

● 即测即评 ●

第十一章
投资银行的风险管理

章前引例

2013 年 8 月 16 日 11 点 05 分上证指数出现大幅拉升,大盘一分钟内涨超 5%,最高涨幅 5.62%,指数最高报 2198.85 点,盘中逼近 2200 点。11 点 44 分上交所称系统运行正常。下午 2 点,光大证券公告称策略投资部门自营业务在使用其独立的套利系统时出现问题。有媒体将此次事件称为"光大证券乌龙指事件"。

这次事件时间固然有其偶然因素,但是也暴露出我国投资银行的风险管理和内部控制存在某些不足,甚至缺陷。因此对投资银行而言,加强其风险管理和内部控制是不可或缺的。

通过本章的学习你应该掌握什么是投资银行风险、投资银行的风险类型,了解投资银行的风险管理原则及目标、投资银行的风险价值及投资银行如何进行风险管理。

本章知识结构图

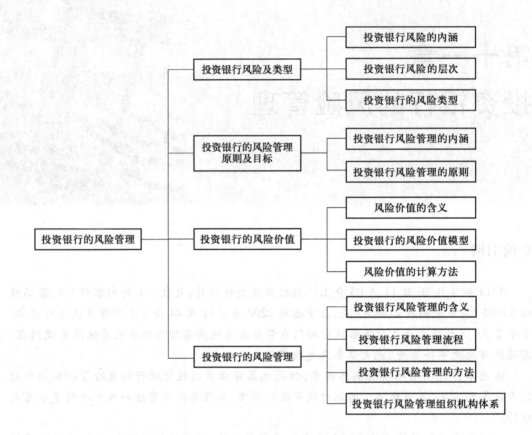

第一节 投资银行风险及类型

一、投资银行风险的内涵

(一)风险的定义

风险代表一种不确定性,它是对潜在的、未来可能发生损害的一种估计和预测。风险大致有两种定义:一种定义强调风险表现为不确定性。风险表现为不确定性,说明风险产生的结果可能带来损失、获利或是无损失也无获利,属于广义风险。而另一种定义则强调风险表现为损失的不确定性。风险表现为损失的不确定性,说明风险只能表现出损失,没有从风险中获利的可能性,属于狭义风险。风险和收益成正比,所以一般积极进取的投资者偏向于高风险是为了获得更高的利润,而稳健型的投资者则着重于安全性的考虑。

(二)投资银行风险的含义

投资银行的风险指由于种种不确定的因素使得投资银行的实际收益与预期收益发生偏离,从而蒙受损失或获取收益减少的可能性。风险贯穿于整个投资银行的方方面面,这是由投资银行自身的业务特点决定的。投资银行业务,无论是传统的证券承销和证券交易业务,还是并购重组、风险投资、公司理财、信贷、资产证券化等创新业务,都伴随着风险。与商业银行不同,投资银行没有存贷款业务,没有相对稳定的收益和利润来源,因此为了猎取较高的收益,它就必须勇于开拓具有较高风险的各项业务。但是,高风险并不能确保高收益,因此,投资银行业务管理的轴心不是资产负债比例管理,而是风险与收益的对应管理,在收益性、安全性、流动性三者协调统一的基础上,合理开展低、中、高不同风险程度(从而不同收益程度)的业务,尽可能以最小的综合风险来获取最大的收益。

二、投资银行风险的层次

投资银行的风险可以分为三个层次。

(一)第一层次风险

第一层次的风险是最直接的风险因素,包括投资银行的流动性风险和资本风险。

(1)流动性风险。流动性风险又称变现能力风险,指投资银行流动比率过低,其财务结构缺乏流动性,由于金融产品不能变现和头寸紧张,从而无力偿还债务的风险。香港百富勤集团的倒闭,就是流动性风险的爆发引致的。

(2)资本风险。资本风险指资本充足性方面的风险,指投资银行资本金过少,缺乏承担风险损失的能力,使自身的安全受到威胁的风险。资本是每个从事经营活动实体存在的基础,资本的缺乏会影响投资银行的正常运营,资本充足不仅有利于公司筹集扩展业务所需要的资金,提高在同行中的竞争实力,还可抵御经营中的风险。由于资本风险对于投资银行的重要性,世界各国证券监管当局非常重视投资银行资本充足性管理。

(二)第二层次风险

第二层次的风险主要包括:经营风险、市场风险、信用风险、法律风险、操作风险、体系风险、制度风险等。

(1)经营风险。经营风险包括合法经营风险和非法经营风险。投资银行的合法证券业务主要包括:代理发行各种有价证券;代理买卖各种有价证券;有价证券的代保管、签证和过户、代理还本付息和分红派息等权益及投资咨询业务等。从业务范围来看,投资银行经营风险主要包括证券发行风险、经纪业务风险和自营业务风险。

(2)市场风险。市场风险指一个或多个市场的价格、利率、汇率、波动率、相关性或其他市场因素水平的变化,导致投资银行某一头寸或组合发生损失或不能获得预期收益的可能性。投资银行在证券或证券衍生产品市场担任做市商或维持该市场有关产品的一定头寸,要面对证券价格风险;投资银行在外汇和外汇期权市场担任做市商或维持一定外汇头寸,要面对外汇风险;投资银行使用利率敏感性工具进行交易,要面对利率水平和波动率变化所带来的利率风险。

(3)信用风险。信用风险指合同的一方不履行义务的可能性,包括贷款、掉期、期权及在结算过程中的交易对手违约带来损失的风险。投资银行签订贷款协议、场外交易合同和授权时,将面临信用风险。通过风险管理控制以及要求交易对手保持足够的抵押品、支付保证金和在合同中规定净额结算条款等,可以最大限度地降低信用风险。

(4) 法律道德风险。券商过度包装上市公司,违反国家有关法律和政策,导致项目人员及公司受到处罚。过度包装甚至造假,可能是出于发行公司的压力,也可能是项目人员马虎,未做尽职调查,也可能是其他中介机构出具虚假材料而承销商未加核查。上述情况,参与其中的所有中介机构都须承担连带责任。项目相关人员违反职业道德、营私舞弊、中饱私囊,也会给公司造成损失。

(5) 操作风险。操作风险指因投资交易或管理系统操作不当而引致损失的风险,包括公司内部风险管理失控所产生的风险。公司内部风险管理失控表现包括:超过风险限额而未被察觉、越权交易、交易或后台部门的欺诈(包括账簿和交易记录不完整,缺乏基本的内部会计控制)、职员的不熟练以及不稳定、计算机系统遭非法侵入等。

(6) 体系风险。体系风险主要包括:① 因单个公司倒闭、单个市场或结算系统混乱而在整个金融市场产生多米诺骨牌效应,导致金融机构相继倒闭的情形;② 引发整个市场周转困难的投资者信心危机。体系风险还包括单个公司或市场的崩溃触发连片公司或整个市场崩溃的风险。

(7) 制度风险。制度风险指投资银行由于在制度的制定、执行和修改等方面不到位而遭受损失的风险。如一些制度订立不够科学、严谨,缺乏时效性,可操作性不强;部分机制缺乏相互支撑、相互制约,约束力和监督力的作用不明显;一些已经不适应形势变化的制度,不能得到及时补充、修改和完善等。

(三) 第三层次风险

第三层次的风险是利润风险。利润风险是投资银行各种业务经营风险的直接反映,是各种风险发生后的集中体现。赢利说明风险控制较佳,利润可以抵御预期的风险损失;亏损则表明公司风险控制欠佳,其损失要由公司自有资本承担,未来抵御风险的能力有所削弱。利润风险来源于其他风险,又对其他风险有深刻影响。

三、投资银行的风险类型

根据马科维茨和夏普的现代投资理论,投资银行风险可以分为系统性风险和非系统性风险。

(一) 系统性风险

1. 系统性风险的含义

系统性风险又称为宏观风险,指整体政治、经济、社会等环境因素对投资银行业所造成的影响,是波及整个投资银行业的风险。系统性风险一般包括经济方面等关系全局的因素,如世界经济或某国经济发生严重危机、持续高涨的通货膨胀、特大自然灾害等。这种风险不能通过分散投资加以消除,因此又被称为不可分散风险。如美国次贷危机自2007年爆发以来在全球的影响不断扩散,其冲击力超出大多数人的预期,众多国际知名的商业银行、投资银行纷纷卷入其中,全球金融业为此付出了沉重的代价。

2. 系统性风险的特点

系统性风险的基本特点是系统性风险造成的后果带有普遍性,对整个投资银行经营的证券市场和绝大多数证券普遍产生不利影响,不能通过分散投资使其相互抵消或者消除,因此又称为不可分散风险。系统性风险可以用贝塔系数来衡量。对系统性风险的识别就是对一个国家一定时期内宏观的经济状况做出判断。

3. 系统性风险的基本类型

系统性风险主要是由政治、经济及社会环境等宏观因素造成的,包括政策风险、经济周期性波动风险、利率风险、购买力风险、市场风险、政治风险等。

(1) 政策风险。政策风险指政府有关政策发生重大变化或是有重要的举措、法规出台,引起证券市场的波动,从而给投资银行带来的风险。政府的经济政策和管理措施的变化,可以影响到投资银行的利润、投资收益的变化;证券交易政策的变化,可以直接影响到证券的价格;一些看似无关的政策变化,比如对于私人购房的政策,也可能影响证券市场的资金供求关系。因此,经济政策、法规出台或调整,对证券市场会有一定影响,如果这种影响较大,会引起市场整体的较大波动。

(2) 经济周期性波动风险。经济周期性波动风险指经济周期性波动引致的证券市场行情周期性变动而引起的不确定性给投资银行造成损失的可能性。经济周期性波动是经济发展过程中的客观规律和常态现象,市场经济内生的自发性调节作用会使宏观经济表现出繁荣、衰退、萧条、繁荣的周期性波动,这种波动首先反映在金融市场的价格、利率、汇率等信号上,进而影响投资银行的经营活动。因此,投资银行要根据经济的周期性来调节自己的业务结构和投资组合,不可逆市而为。

(3) 利率风险。利率风险指市场利率变动的不确定性给投资银行造成损失的可能性。利率变化使投资银行的实际收益与预期收益或实际成本与预期成本发生背离,使其实际收益低于预期收益,或实际成本高于预期成本,从而使投资银行遭受损失。巴塞尔银行监管委员会将利率风险分为重新定价风险、基差风险、收益率曲线风险和选择权风险四类。

(4) 购买力风险。由于物价的上涨,同样金额的资金,未能买到过去同样的商品,这种物价的变化导致了资金实际购买力的不确定性,这称为购买力风险,或通胀风险。投资银行的利润主要通过现金形式来实现,而现金购买力可能因通货膨胀、货币贬值的影响而下降,从而使投资银行的实际收益下降,给投资银行带来实际收益水平下降的风险。

(5) 市场风险。

(6) 政治风险。政治风险是一国发生的政治事件或一国与其他国家的政治关系发生的变化对投资银行造成不利影响的可能性。政治风险主要包括① 征收风险。即东道国政府对外资投资银行实行征用、没收或国有化。② 汇兑限制风险。也称转移风险,指东道国由于国际收支困难而实行外汇管制,禁止或限制外资投资银行将本金、利润和其他合法收入转移到东道国境外。③ 战争和内乱风险。指东道国发生革命、战争和内乱,致使外资投资银行及其财产蒙受重大损失,直至无法继续经营。④ 政府违约风险,指东道国政府非法解除与投资项目相关的协议或者非法违反或不履行与投资银行签订的合同项下的义务。⑤ 延迟支付风险,即东道国政府停止支付或延期支付,致使投资银行无法按时、足额收回到期债券本息和投资利润。

对于投资银行来说,系统性风险是无法消除的,投资银行无法通过多样化的投资组合进行防范,但可以通过控制资金投入比例等方式,减弱系统性风险的影响。

（二）非系统性风险

1. 非系统风险的含义

非系统风险又称非市场风险或可分散风险,指投资银行在经营过程中,由于决策失误、经营管理不善、违规操作、违约等一些原因,导致金融资产损失的可能性。非系统风险只对投资银行的某个业务、某项投资或个别投资银行产生影响,它通常是由某一特殊的因素引起,与整个资本市场的价格不存在系统、全面的联系,而只对个别或少数投资银行的收益产生影响,是发生于个别投资银行的特有事件造成的风险。例如,公司工人罢工、新产品开发失败、失去重要的销售合同、诉讼失败或宣告发现新矿藏、取得一个重要合同等。

2. 非系统风险的特征

非系统风险的主要特征是:非系统风险是由特殊因素引起的,如企业的管理问题、上市公司的劳资问题等;它只影响投资银行某些业务的收益,如投资银行对房地产业股票的投资在房地产业不景气时就会出现亏损;它可通过分散投资来加以消除,由于非系统风险属于个别风险,是个别人、个别企业或个别行业等可控因素带来的,因此,投资银行可通过投资的多样化来化解非系统风险。

3. 非系统风险的基本类型

（1）金融风险。金融风险指的是与金融有关的风险,金融风险是与公司筹集资金的方式有关的。通常我们可以通过观察一个公司的资本结构来估量该公司股票的金融风险。资本结构中贷款和债券比重小的公司,其股票的金融风险低;贷款和债券比重大的公司,其股票的金融风险高。投资银行在具体的金融交易活动中出现的风险,有可能对该投资银行的生存构成威胁,也有可能对整个金融体系的稳健运行构成威胁,甚至导致全社会经济秩序的混乱。

（2）经营风险。经营风险指投资银行的决策人员和管理人员在战略选择、产品价格、销售手段等经营决策和经营管理中出现失误而导致投资银行盈利水平变低、预期收益下降的风险,或汇率的变动导致投资银行未来收益下降和成本增加的风险。经营风险的程度因投资银行而异,取决于投资银行的经营活动。

（3）流动性风险。流动性风险又称变现能力风险,指投资银行流动比率过低,其财务结构缺乏流动性,由于金融资产不能变现和头寸紧张,从而无力偿还债务的风险。流动性指资产能够以一个合理的价格顺利变现的能力,它是一种投资的时间尺度（卖出它需多长时间）和价格尺度（与公平市场价格相比的折扣）之间的关系。一种金融资产在不做出大的价格让步的情况下卖出的困难越大,则拥有该种金融资产的流动性风险越大。流通市场上交易的各种金融产品,流动性风险差异很大,有些金融产品如国债极易脱手,投资银行可轻而易举地卖出,在价格上无须让步;而另一些金融资产在投资银行急着要将它们变现时,很难脱手,除非投资银行忍痛贱卖,在价格上做出很大牺牲。

（4）操作性风险。操作性风险指投资银行因交易或管理系统操作不当以及外部事件而引致损失的风险,包括公司内部风险管理失控所产生的风险。1995年2月巴林银行的倒闭说明了防范操作风险的重要性。英国银行监管委员会认为,巴林银行倒闭的原因是新加坡巴林期货公司的一名职员尼克·里森越权交易,而巴林管理层对里森隐瞒的衍生工具交易毫无察觉。里森作为交易员,同时兼任不受监督的期货交易、结算负责人,巴林银行未能对该交易员的业务进行监督,以及未将前台和后台的职能分离,正是这些操作风险导致了巨大的损失并最终毁灭了巴林银行。巴林银行倒闭不久,日本大和银行又暴出类似丑闻。1995 年,大和银行发现一名债券交易员因为能够接触到公司会计账簿而隐瞒了约 1 亿美元的债券市场亏损。

（5）信用风险。信用风险的产生,是由投资银行持有的基础证券的承诺现金流量可能完全收不到,也可能不能完全收到所引起的。投资银行签订贷款协议、场外交易合同和授权时,将面临信用风险。如果投资银行可以收回原先借出的本金加上利息收入,它们不会面临信用风险;如果借款者违约,贷出本金和预期的利息两者都有风险。信用风险一般产生于市场交割和本金支付。当某一业务伙伴对公司的债务超过公司对它的债务时,市场风险的各个组成部分,如绝对和相对价格的变动、收益曲线的变化、币值波动、市场流动性的变化都有可能引起信用风险。20 世纪 90 年代是金融危机多发的年代,继欧洲货币危机和墨西哥金融危机后,1997 年发生的亚洲金融危机更是让大量公司陷于信用风险。例如,由于亚洲金融风暴,J.P.摩根公司将其约 6 亿美元的贷款划为不良贷款,从而导致其1997 年第四季度的每股盈利只有 1.33 美元,比上年的 2.04 美元降低 35%,也低于当时市场预期的 1.57 美元。

（6）道德风险。道德风险亦称道德危机,道德风险指参与合同的一方所面临的对方可能改变行为而损害到本方利益的风险。道德风险是 20 世纪 80 年代西方经济学家提出的一个经济哲学范畴的概念,即"从事经济活动的人在最大限度地增进自身效用的同时做出不利于他人的行动",或者说当签约一方不完全承担风险后果时所采取的自身效用最大化的自私行为。如投资银行相关人员违反职业道德、营私舞弊、中饱私囊,给投资银行造成损失。

（7）法律风险。投资银行法律风险指投资银行因经营活动不符合法律规定或者外部法律事件导致风险损失的可能性。引起法律风险,可能是因为合约根本无从执行,或是合约一方存在超越法定权限的行为。法律风险包括合约潜在的非法性以及对手无权签订合约的可能性。如券商过度包装上市公司,违反国家有关法律和政策,导致项目人员及公司受到处罚。

（8）体系风险。

第二节　投资银行的风险管理原则及目标

一、投资银行风险管理的内涵

（一）风险管理起源

风险管理作为企业的一种管理活动,起源于 20 世纪 50 年代的美国。当时美国一些大公司出现的重大损失使公司高层决策者开始认识到风险管理的重要性。1953 年 8 月12 日通用汽车公司在密歇根州的一个汽车变速箱厂因火灾损失了 5 000 万美元,成为美国历史上损失最为严重的 15 起重大火灾之一。这场大火与 20 世纪 50 年代其他一些偶发事件一起,推动了美国风险管理活动的兴起。后来,随着经济、社会和技术的迅速发展,人类开始面临越来越多、越来越严重的风险。科学技术的进步在给人类带来巨大利益的同时,也给社会带来了前所未有的风险。1979 年 3 月美国三里岛核电站的爆炸事故、1984 年 12 月 3 日美国联合碳化物公司在印度的一家农药厂发生的毒气泄漏事故、1986 年苏联乌克兰切尔诺贝利核电站发生的核事故等一系列事件,大大推动了风险管理在世界范围内的发展。同时,在美国的商学院里首先出现了一门涉及如何对企业的人员、财产、财务资源等进行保护的新型管理学科,就是风险管理。目前,风险管理已经发展成企业管理中一个具有相对独立职能的管理领域,在围绕企业的经营和发展目标方面,风险管理和企业的经营管理、战略管理一样具有十分重要的意义。

(二)投资银行的风险管理的含义

投资银行的风险管理指投资银行识别风险、估测风险、评价风险进而有效地控制风险,以尽量避免风险损失和争取风险收益。风险管理是投资银行经营活动的一项重要内容,是在一个肯定有风险的环境里把投资银行的风险减至最低的管理过程。

二、投资银行风险管理的原则

(一)全面性原则

风险管理必须覆盖投资银行的所有业务部门和岗位,并渗透到决策、执行、监督、反馈等各项业务过程和业务环节。因此,投资银行倚重各业务部门去实施持续的风险识别、风险评估和风险控制程序。

(二)独立性原则

投资银行应设立风险管理委员会、审计稽核部等部门,部门内部设立风险管理小组,上述各风险管理机构和人员应保持高度的独立性和权威性,负责对投资银行管理业务及内部风险控制制度的执行进行监察和稽核。

(三)防火墙原则

投资银行必须建立防火墙制度,业务中的投资管理、研究工作、投资决策和交易清算应在空间上和制度上严格隔离。对因业务需要知悉内幕信息和穿越防火墙的人员,应制定严格的批准程序和监督处罚措施。

(四)适时有效原则

在保证所有风险控制措施切实有效的基础上,投资银行业务内部控制制度应具有前瞻性,并且必须随着公司经营战略、经营方针、经营理念等内部环境和法律法规、市场变化等外部环境的改变及时进行相应的修改和完善。

(五)定性与定量相结合原则

定性与定量相结合原则要求投资银行建立完备的制度体系和量化指标体系,采用定性分析和定量分析相结合的方法,同时重视数量分析模型和定性分析的应用,使风险控制更具科学性和可操作性。

第三节　投资银行的风险价值

一、投资银行风险价值的含义

风险价值又称风险收益、风险报酬,投资银行风险价值指投资银行由于冒风险进行经营活动或投资而获得超过资金时间价值的额外报酬。所承受的风险越大,投资银行对风险报酬率的要求就越高。

风险价值有两种表现形式:风险报酬额和风险报酬率。风险报酬额是风险价值的绝对数形式,指投资银行由于冒风险进行经营活动或投资而取得的超过正常报酬的额外报酬;风险报酬率是投资的风险价值的相对数形式,指的是额外报酬占原投资额的比重。

投资报酬一般是货币时间价值(利率)与风险投资价值(风险报酬率)之和,投资报酬率=利率+风险价值率。

二、投资银行的风险价值模型

(一)投资银行的风险价值

投资银行的风险价值指在一定的持有期和给定的置信水平下,利率、汇率等市场风险要素发生变化时可能对某项资金头寸、资产组合或机构造成的潜在最大损失。VaR(value at risk)按字面解释就是风险价值,其含义是,在市场正常波动下,某一金融资产或证券组合的最大可能损失。更为确切的是指,在一定概率水平(置信度)下,某一金融资产或证券组合价值在未来特定时期内的最大可能损失。用公式表示为:

$$P(\Delta P \Delta t \leq VaR) = \alpha \tag{11-1}$$

式中:P——资产价值损失小于可能损失上限的概率,即英文的 Probability;

ΔP——某一金融资产在一定持有期 Δt 的价值损失额;

VaR——给定置信水平 α 下的风险价值,即可能的损失上限;

α——给定的置信水平。

例如,在持有期为 1 天、置信水平为 99% 的情况下,若所计算的风险价值为 1 万美元,则表明该银行的资产组合在 1 天中的损失有 99% 的可能性不会超过 1 万美元。风险价值通常是用银行的市场风险内部定量管理模型来估算。

(二)VaR 风险控制模型

1. VaR 模型基本思想

VaR 按字面的解释就是处于风险状态的价值,即在一定置信水平和一定持有期内,某一金融工具或其组合在未来资产价格波动下所面临的最大损失额。乔里恩把 VaR 定义为"给定置信区间的一个持有期内的最坏的预期损失"。

2. VaR 基本模型

乔里恩对 VaR 的定义为:

$$VaR = E(\omega) - \omega^* \tag{11-2}$$

式中：$E(\omega)$——资产组合的预期价值；

ω——资产组合的期末价值；

ω^*——置信水平 α 下投资组合的最低期末价值。

又设 $$\omega=\omega_0(1+R)\qquad(11-3)$$

式中：ω_0——持有期初资产组合价值；

R——设定持有期内(通常一年)资产组合的收益率。

$$\omega^*=\omega_0(1+R^*)\qquad(11-4)$$

式中：R^*——资产组合在置信水平 α 下的最低收益率。

根据数学期望值的基本性质，将式(11-3)、(11-5)代入式(11-4)，有

$$
\begin{aligned}
VaR &= E[\omega_0(1+R)]-\omega_0(1+R^*)\\
&= E\omega_0+E\omega_0(R)-\omega_0-\omega_0 R^*\\
&= \omega_0+\omega_0 E(R)-\omega_0-\omega_0 R^*\\
&= \omega_0 E(R)-\omega_0 R^*\\
&= \omega_0[E(R)-R^*]
\end{aligned}
$$

$$(11-5)$$

$$\therefore\qquad VaR=\omega_0[E(R)-R^*]$$

式 11-5 即为该资产组合的 VaR 值，根据式(11-4)，如果能求出置信水平 α 下的 R^*，即可求出该资产组合的 VaR 值。

3. VaR 模型的假设条件

VaR 模型通常假设如下：

(1)市场有效性假设；

(2)市场波动是随机的，不存在自相关。

利用数学模型定量分析社会经济现象，都必须遵循其假设条件，特别是对于我国金融业来说，由于市场尚需规范，政府干预行为较为严重，不能完全满足强有效性和市场波动的随机性，在利用 VaR 模型时，只能近似地进行正态处理。

三、风险价值的计算方法

常用的风险价值的计算方法主要有：历史模拟法(historical simulation method)、方差—协方差法(variance-covariance method)、蒙特卡洛模拟法(monte carlo simulation method)和极值理论法。风险价值已成为计量市场风险的主要指标，也是投资银行采用内部模型计算市场风险资本要求的主要依据。

(一)历史模拟法

1. 历史模拟法含义

历史模拟法(见图11-1)借助于计算过去一段时间内的资产组合风险收益的频度分布，通过找到历史上一段时间内的平均收益，以及在既定置信水平 α 下的最低收益率，计算资产组合的 VaR 值。

历史模拟法假定收益随时间独立同分布，以收益的历史数据样本的直方图作为对收

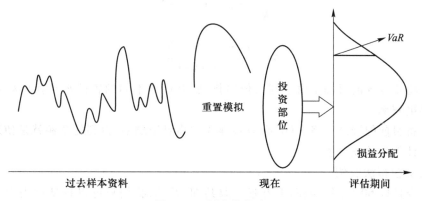

图 11-1　历史模拟法

益真实分布的估计,分布形式完全由数据决定,不会丢失和扭曲信息,然后用历史数据样本直方图的 P 分位数据作为对收益分布的 P 分位数波动的估计。

一般地,在频度分布图中,横轴衡量某机构某日收入的大小,纵轴衡量一年内出现相应收入组的天数,以反映该机构过去一年内资产组合收益的频度分布。

首先,计算平均每日收入 $E(\omega)$;

其次,确定 ω^* 的大小,相当于图中左端每日收入为负数的区间,给定置信水平 α,寻找和确定相应最低的每日收益值。

设置信水平为 α,由于观测日为 T,则意味着在图的左端让出

$t = T \times \alpha$,即可得到 α 置信水平下的最低值 ω^*。由此可得:

$$VaR = E(\omega) - \omega^* \tag{11-6}$$

历史模拟法是一个简单的、非理论的方法,有些金融商品的完整历史交易资料不易取得,此时可以借由收集此金融商品的风险因子计算过去一段时间内的资产组合风险收益的频率分布,通过找到历史资料求出其报酬率,然后搭配目前持有资产的投资组合部位,则可以重新建构资产价值的历史损益分配,然后对资料期间的每一交易日重复分析步骤,如果历史变化重复,则可以重新建构资产组合未来报酬的损益分配。

2. 历史模拟法的计算步骤

假设现在的时间为 $t=0'$,$S_i(t)$ 为资产 i 在时间 t 的价格,以历史模拟法来估算未来一天的风险值。

(1)选取过去 $N+1$ 天资产 i 的价格作为模拟资料。例如首先找出过去一段时间(假设是 201 天)的股票收盘价 $S_i(-1)$、$S_i(-2)$、$\cdots$、$S_i(-200)$、$S_i(-201)$。

(2)将过去彼此相邻的 $N+1$ 笔价格资料相减,就可以求得 N 笔该资产每日的价格损益变化量。例如,$\Delta 1 = S_i(-1) - S_i(-2)$、$\Delta 2 = S_i(-2) - S_i(-3)$、$\cdots$、$\Delta 200 = S_i(-200) - S_i(-201)$。

(3)步骤 2 代表的是资产 i 在未来一天损益的可能情况(共有 N 种可能情形),将变化量转换成报酬率,就可以算出 N 种的可能报酬率。

$$R_1 = \frac{S_i(-1) - S_i(-2)}{S_i(-2)} \tag{11-7}$$

$$R_2 = \frac{S_i(-2) - S_i(-3)}{S_i(-3)} \qquad (11-8)$$

$$R_N = \frac{S_i(-N) - S_i(-N-1)}{S_i(-N-1)} \qquad (11-9)$$

（4）将步骤3的报酬率由小到大依序排列，并依照不同的置信水平找出相对应分位数的临界报酬率。

（5）将目前的资产价格 $S_i(0)$ 乘以步骤4的临界报酬率，得到的金额就是使用历史模拟法所估计得到的风险值。

3. 历史模拟法实例

假设今日以60元买入鸿海1万张股票共60万元，我们只可以找到过去101个交易日的历史资料，求在95%置信水平之下的日风险值。

（1）根据过去101日鸿海每日收盘价资料，可以产生100个报酬率资料。

（2）将100个报酬率由小排到大找出倒数第五个报酬率（因为置信水平为95%），在此假设为-4.25%。

（3）-4.25%×600 000 = -25 500

（4）所以 $VaR = 25\ 500$，因此明日在95%的概率下，损失不会超过25 500元。

4. 历史模拟法的优缺点

（1）优点：第一，不需要加诸资产报酬的假设。利用历史资料，不需要加诸资产报酬的假设，可以较精确反映各风险因子的概率分配特性，例如一般资产报酬具有的厚尾、偏态现象就可能透过历史模拟法表现出来。

第二，不需要分配的假设。历史模拟法是属于无母数法的一员，不需要对资产报酬的波动性、相关性做统计分配的假设，因此免除了估计误差的问题。况且历史资料已经反映资产报酬波动性、相关性等特征，因此使得历史模拟法相较于其他方法，更不易受到模型风险的影响。

第三，完全评价法。不需要类似一阶常态法以简化现实的方式利用趋近求解的观念求取近似值。因此无论资产或资产组合的报酬是否为常态或线性，波动是否随时间而改变，Gamma 风险是否存在，皆可采用历史模拟法来衡量其风险值。

（2）缺点：第一，资料的品质与代表性。庞大历史资料的储存、校对、除错等工作都需要庞大的人力与资金来处理，如果使用者对于部位大小与价格等信息处理、储存不当，就会产生垃圾进、垃圾出的不利结果。有些标的物的投资信息取得不易，如未上市公司股票的价格、新上市（柜）公司股票的历史资料太短、有的流动性差的股票没有每日成交价格等。若某些风险因子并无市场资料或有历史资料的天数太少，模拟的结果可能不具代表性，容易有所误差。

第二，极端事件的损失不易模拟。主要的原因就是重大极端事件的损失比较罕见，无法有足够的资料来模拟损失分配。极端事件发生期间占整体资料时段的比例如何安排也是个问题，不同的比例会深深影响历史模拟法的结果。以国际股票投资为例。1997年的亚洲金融危机、2001年美国发生的"9·11"恐怖攻击事件、美伊战争的进展等都会引发全球股市的大幅变动，若这些发生巨幅变动的时间占整体资料时段的比例过大，就会高估正常市场的波动性,因而高估真正的风险值。

第三,因子的变动假设。未来风险因子的变动会与过去表现相同的假设,不一定可以反映现实状况。涨跌幅比例改变、交易时段延长、最小跳动单位改变等,都会使得未来的评估期间的市场的结构可能会产生改变,而跟过去历史模拟法选样的期间不同。并且,从未在选样期间发生的事件,其损益分配是无从反映在评估期间的风险值计算上的。

第四,资料选取的长度。虽然资料笔数要够多才有代表性,但是太多久远的资料会丧失预测能力,但是过少的时间资料又可能会遗失过去曾发生过的重要信息。两者的极端情况都会使历史模拟法所得到的风险值可信度偏低,造成两难的窘境。到底要选用多长的选样期间,只有仰赖对市场的认知与资产的特性,再加上一点主观的判断来决定了。

（二）方差—协方差法

方差—协方差法同样是运用历史资料计算资产组合的 VaR 值。其基本思路为:

首先,利用历史数据计算资产组合的收益的方差、标准差、协方差;

其次,假定资产组合收益是正态分布,可求出在一定置信水平下,反映了分布偏离均值程度的临界值;

最后,建立与风险损失的联系,推导 VaR 值。

设某一资产组合在单位时间内的均值为 μ,标准差为 σ,$R^* \sim \mu(\mu、\sigma)$,又设 α 为置信水平 α 下的临界值,根据正态分布的性质,在 α 置信水平下,可能发生的偏离均值的最大距离为 $\mu-\alpha\sigma$,即 $R^*=\mu-\alpha\sigma$。

$$\because \quad E(R)=\mu \tag{11-10}$$

根据 $VaR=\omega_0[E(R)-R^*]$ 有

$$VaR=\omega_0[\mu-(\mu-\alpha\sigma)]=\omega_0\alpha\sigma \tag{11-11}$$

假设持有期为 Δt,则均值为 $\mu\Delta t$、标准差为 $\sigma\Delta t$,这时上式则变为:

$$VaR=\omega_0 \cdot \alpha \cdot \sigma \frac{\Delta t}{2} \tag{11-12}$$

因此,我们只要能计算出某种组合的标准差 σ,则可求出其 VaR 的值。

除了历史模拟法和方差—标准差法外,计算资产组合的 VaR 值的方法还有更为复杂的蒙特卡洛模拟法。它是基于历史数据和既定分布假定的参数特征,借助随机产生的方法模拟出大量的资产组合收益的数值,再计算 VaR 值的方法。

（三）蒙特卡洛模拟法

蒙特卡洛模拟法又称统计模拟法、随机抽样技术,是一种以概率和统计理论方法为基础的随机模拟计算方法,是使用随机数（或更常见的伪随机数）来解决很多计算问题的方法。具体指将所求解的问题同一定的概率模型相联系,用计算机实现统计模拟或抽样,以获得问题的近似解。为象征性地表明这一方法的概率统计特征,故借用赌城蒙特卡洛之名。

蒙特卡洛模拟法解题过程的三个主要步骤:

（1）构造或描述概率过程。对于本身就具有随机性质的问题,如粒子输运问题,主要是正确描述和模拟这个概率过程。对于本来不是随机性质的确定性问题,比如计算定积分,就必须事先构造一个人为的概率过程,它的某些参量正好是所要求问题的解。即要将不具有随机性质的问题转化为随机性质的问题。

（2）实现从已知概率分布抽样。构造了概率模型以后,由于各种概率模型都可以看作是由各种各样的概率分布构成的,因此产生已知概率分布的随机变量（或随机向量）,就成为完成模拟实验的基本手段,这也是蒙特卡洛模拟法被称为随机抽样技术的原因。最简单、最基本、最重要的一个概率分布是(0,1)上的均匀分布（或称矩形分布）。随机数就是具有这种均匀分布的随机变量。随机数序列就是具有这种分布的总体的一个简单子样,也就是一个具有这种分布的相互独立的随机变数序列。随机数来自对这个分布的抽样。可以用计算机产生随机数,但价格昂贵,不能重复。另一种方法是用数学递推公式产生随机数。这样产生的序列,与真正的随机数序列不同,所以称为伪随机数,或伪随机数序列。不过,经过多种统计检验表明,它与真正的随机数,或随机数序列具有相近的性质,因此可把它作为真正的随机数来使用。从已知分布中进行随机抽样有各种方法,与从(0,1)均匀分布中抽样不同,这些方法都是借助于随机序列来实现的,也就是说,都是以产生随机数为前提的。由此可见,随机数是我们实现蒙特卡洛模拟的基本工具。

（3）建立各种估计量。一般说来,构造了概率模型并能从中抽样后,即实现模拟实验后,我们就要确定一个随机变量,作为所要求的问题的解,我们称它为无偏估计。建立各种估计量,相当于对模拟实验的结果进行考察和登记,从中得到问题的解。

（四）极值理论法

极值理论是处理与概率分布的中值相离极大的情况的理论,常用来分析概率罕见的情况,如百年一遇的地震、洪水等,在风险管理和可靠性研究中时常被用到。极值理论和很多广泛应用的分布如正态分布、威布尔分布相联系。

极值理论是测量极端市场条件下风险损失的一种方法,它具有超越样本数据的估计能力,并可以准确地描述分布尾部的分位数。它主要包括两类模型:BMM(block maxima method)模型和POT(peaks over threshold)模型。两类模型的主要区别有:

（1）极值数据的获取方法上的区别,BMM模型通过对数据进行分组,然后在每个小组中选取最大的一个构成新的极值数据组,并以该数据组进行建模;POT模型则通过事先设定一个阈值,把所有观测到的超过这一阈值的数据构成数据组,以该数据组作为建模的对象。两个模型的共同点是只考虑尾部的近似表达,而不是对整个分布进行建模。

（2）两个模型分别采用极值理论中的两个不同的定理作为理论依据,同时也因为获取极值数据的方法不同而分别采用不同的分布来拟合极值数据。

（3）BMM模型是一种传统的极值分析方法,主要用于处理具有明显季节性数据的极值问题;POT模型是一种新型的模型,对数据数量的要求比较少,是现在经常使用的一类极值模型。

（4）BMM模型主要用于对未来一段较长的时间内的 VaR 和 ES 进行预测;而 POT 则可以进行单步预测,给出在未来一段小的时间内 VaR 和 ES 的估计值。

（5）BMM模型的前提条件是样本独立同分布;POT模型的前提条件是超限发生的时间服从泊松分布,超限彼此相互独立,服从 GPD(generalized Pareto distribution)分布,且超限与超限发生的时间相互独立。样本独立同分布可以保证 POT 模型前提条件的实现。

扩展阅读 11-1

Creditmetrics 模型

Creditmetrics 模型是由 J.P.摩根公司和一些合作机构于 1997 年 4 月推出的一种度量组合价值和信用风险的方法,它以资产组合理论、VaR(value at risk)理论等为依据,以信用评级为基础,不仅可以识别贷款、债券等传统投资工具的信用风险,而且可以用于金融互换等现代金融衍生工具的风险识别,已被广泛运用于发达国家银行的信贷风险管理中。Creditmetrics 模型的核心思想是组合价值不仅受到资产违约的影响,资产的信用等级发生变化也会对其产生影响,而违约仅是信用等级变迁的一个特例。

一、Creditmetrics 模型的基本思想

(1)信用风险取决于债务人的信用状况,而企业的信用状况由被评定的信用等级表示。因此,信用计量模型认为信用风险直接源自企业信用等级的变化,并假定信用评级体系是有效的,即企业投资失败、利润下降、融资渠道枯竭等信用事件对其还款履约能力的影响都能及时恰当地通过其信用等级的变化而表现出来。信用计量模型的基本理论就是信用等级变化分析。转换矩阵(transition matrix)一般由信用评级公司提供,即所有不同信用等级的信用工具在一定期限内变化(转换)到其他信用等级或维持原级别的概率矩阵,是该模型重要的输入数据。

(2)信用工具(包括债券和贷款等)的市场价值取决于债务发行企业的信用等级,即不同信用等级的信用工具有不同的市场价值,因此,信用等级的变化会带来信用工具价值的相应变化。根据转换矩阵所提供的信用工具信用等级变化的概率分布,同时根据不同信用等级下给定的贴现率就可以计算出该信用工具在各信用等级上的市场价值(价格),从而得到该信用工具市场价值在不同信用风险状态下的概率分布。这样就达到了用传统的期望和标准差来衡量资产信用风险的目的,也可以在确定的置信水平上找到该信用资产的信用值,从而将 VaR 方法引入到信用风险管理中来。

(3)信用计量模型的一个基本特点就是从资产组合而并不是单一资产的角度来看待信用风险。根据马科维茨资产组合管理理论,多样化的组合投资具有降低非系统性风险的作用。信用风险很大程度上是一种非系统性风险,因此,在很大程度上能被多样性的组合投资所降低。另外,由于经济体系中共同的因素(系统性因素)的作用,不同信用工具的信用状况之间存在相互联系,由此而产生的系统性风险是不能被分散掉的。这种相互联系由其市场价值变化的相关系数(这种相关系数矩阵一般也由信用评级公司提供)表示。由单一的信用工具市场价值的概率分布推导整个投资组合的市场价值的概率分布可以采取马科维茨资产组合管理分析法。

(4)由于信用计量模型将单一的信用工具放入资产组合中衡量其对整个组合风险状况的作用,而不是孤立地衡量单一信用工具自身的风险,因而,该模型使用了信用工具边际风险贡献这样的概念来反映单一信用工具对整个组合风险状况的作用。边际风险贡献

指在组合中因增加某一信用工具的一定持有量而增加的整个组合的风险(以组合的标准差表示)。通过对比组合中各信用工具的边际风险贡献,进而分析每种信用工具的信用等级、与其他资产的相关系数以及其风险暴露程度等各方面因素,可以很清楚地看出各种信用工具在整个组合的信用风险中的作用,最终为投资者的信贷决策提供科学的量化依据。

二、Creditmetrics 模型的计算

Creditmetrics 模型的计算中,需要确定的变量:一是风险期的长度,通常设定为一年。这是由于评级机构的违约概率数据通常每年公布一次,银行对客户的授信也通常是每年审核一次。二是信用评级系统。每一个债务人被授予一个信用评级,可全部采用中介机构的评级结果,也可采用内部评级结果。三是债务人信用评级转移矩阵,即债务人在风险期信用评级转移至其他所有状态的概率,转移概率通常由历史数据统计得出。四是信贷利差溢价,以计算贷款或债券在不同评级上的现值。五是不同评级级别债务的违约回收率。Creditmetrics 模型假设不同借款人的违约回收率的相关性为零,同时假设同一借款人不同种类借款的违约回收率的相关性为零。六是资产之间变化的相关性。七是资产之间的联合违约概率以及联合转移概率。

(一)单笔贷款信用风险情况计算

计算信用评级转移矩阵:由于银行贷款客户个体差异,一笔贷款在发放有效期内,质量水平在不同年份可能有所差异。重估贷款现值:通过重估贷款现值直接反映出未来等级变化的结果。计算公式为:

$$P=D+\frac{D}{1+R_1+S_1}+\frac{D}{(1+R_2+S_2)^2}+\cdots+\frac{A+D}{(1+R_{i-1}+S_{i-1})^{i-1}} \quad i=1,2,\cdots,n \quad (11-13)$$

式中:A 是本金;D 是利息;R 是无风险利率;S_{i-1} 是年度信用风险价差。在假定该贷款信用状况正态分布的情况下,可求出该笔贷款在下一年度的均方差值和标准差。在不同的置信水平下,即可测算出该贷款的 VaR 值。

(二)两笔贷款信用风险情况计算

联合贷款信用风险转移概率的计算是一个两步骤的过程。第一,需要一个模型来解释移动转移。在 Creditmetrics 模型中,莫顿式的模型被用来将资产价值或收益波动性与个别借款人的不连续的信用评级联系起来。第二,需要一个模型来计算个别借款人资产价值波动性之间的相关系数。

对于不同贷款之间资产波动的相关系数,Creditmetrics 模型并非直接观察资产价值或收益,而是观察股票的收益,从多因素模型出发来估计上市公司行业的相关系数,公式为 $R_a=aR_b+U_a$。式中:R_a 是 A 公司的股票收益;R_b 是该公司所在行业的收益指数;a 为敏感系数;U_a 为假定在贷款组合中可以被多样化的特殊风险。R_a、R_b 的取值,可以从股票市值上反映出来,而其往往是根据历史数据库直接求得。Creditmetrics 模型实际上也就是通过大量的历史数据来最终得出不同行业企业间的相关系数。

联合贷款价值计算:在 64 种联合移动概率之外,可以在两笔贷款情况下计算 64 种联合贷款价值。每种信用状态下,每笔贷款的市场价值可如前面所述计算,随后只要将个别贷款价值相加,就可以得到一种组合的贷款价值。

计算联合贷款 VaR 值:在 64 种可能的联合概率和 64 种可能的贷款价值之下,贷款组

合的均值与其方差可按如下公式计算：

$$R_p = \sum_{i=1}^{n} X_i Ri \tag{11-14}$$

$$\sigma_p^2 = \sum_{i=1}^{n} X_i \sigma_i^2 + \sum_{i=1}^{n} \sum_{j=1}^{n} X_i X_j \sigma_{ij}(i \neq j) \tag{11-15}$$

在正态性假设和确定一定的置信水平之后，贷款组合的 *VaR* 也就可以求出。

（三）有大量 N 笔贷款的信用风险状况

有大量 N 笔贷款时，正态分布模型可以沿着两个方向加以延伸。第一个选择是保持展开贷款的联合转移矩阵，以及直接或通过逻辑推理计算组合的均值和方差。然而，这样会使计算变得很困难。第二个选择是灵活运用计算贷款组合方差的公式。事实上，N 笔贷款的组合分析取决于总体贷款组合中每一对贷款组合的风险，也取决于每笔贷款的个别风险。为估计 N 笔贷款的一种组合风险，只需计算包含两种资产的次级组合的风险。而在正式的组合贷款计算中，为了更科学准确地反映问题及解决历史数据不足的问题，Creditmetrics 更多地使用蒙特卡洛模拟法，这样可以得到更加准确的组合贷款实际分布、不同贷款之间的相关系数等。

第四节　投资银行的风险管理

一、投资银行风险管理的含义

（一）风险管理的定义

风险管理是社会组织或者个人用以降低风险的决策过程，通过风险识别、风险估测、风险评价，并在此基础上选择与优化组合各种风险管理技术，对风险实施有效控制和妥善处理风险所造成的损失后果，从而以最小的成本收获最大的安全保障。

（二）风险管理的内容

风险管理含义的具体内容包括：

（1）风险管理的对象是风险。

（2）风险管理的主体可以是任何组织和个人，包括个人、家庭、组织（包括营利性组织和非营利性组织）。

（3）风险管理的过程包括风险识别、风险估测、风险评价，选择风险管理技术和评估风险管理效果等。

（4）风险管理的基本目标是以最小的成本收获最大的安全保障。

（5）风险管理是一个独立的管理系统。

二、投资银行风险管理流程

投资银行的风险管理体系常常由四个环节构成，即风险识别、风险分析与评估、风险控制和风险决策。

（一）风险识别

风险识别就是在纷繁复杂的宏观、微观市场环境中及经营管理过程中识别出可能给投资银行带来意外损失和额外收益的风险因素。风险识别需要投资银行对宏微观经营环境、竞争环境有充分的了解，有完备的信息收集处理系统，还需要丰富的实践经验和深刻敏锐的洞察力。

（二）风险分析与评估

风险分析指投资银行深入全面地分析导致风险的各种直接要素和间接要素，如影响市场行情的宏观货币政策、投资者的心理预期的过程。风险评估指管理者具体预计风险因素发生的概率，预测这些风险因素对投资银行可能造成损失和收益的大小，进而尽可能地确定投资银行面临的风险程度的过程。

风险评估中需要用到风险管理指标体系，主要适用于可度量风险的识别和评估。该体系分为两个层次，一是反映公司整体风险情况的，二是反映各部门风险情况的。一级指标体系中包括安全性指标（如资产负债率、资产权益率等）、流动性指标（如流动比率、速动比率、期投资余额占资本的比例等）、风险性指标（自营证券期末余额与所有者权益比例、风险投资比率、应收账款比率）和盈利性指标（如资产收益率、资本收益率等）；二级指标分为证券经营部门和投资管理部门监控指标、经纪业务监控指标和承销业务指标。

（三）风险控制

风险控制就是指对投资银行的风险进行防范和补救。它包括风险回避、风险分散、风险转移、风险补偿等多种方式。风险回避主要指在资产的选择上避免投资于高风险的资产，通过对资产期限结构进行比例管理等方式来规避风险；风险分散主要指通过资产投资的多样化，选择相关性较弱的甚至是不相关或负相关的资产进行搭配，以实现高风险资产向低风险资产扩散；风险转移指通过合法的交易方式和业务手段将风险转移到受让人的手里；风险补偿指通过将风险报酬打入价格或订立担保合同进行保险等方式保证一旦发生风险损失就可以有补救措施。

（四）风险决策

投资银行风险决策一般由投资银行管理者在风险分析和评估的基础上做出，是风险控制的基础。它指投资银行的管理层在综合考虑风险和收益的前提下，根据自身的风险偏好以及对相关业务的发展前景的一些判断，选择风险承担的过程。风险决策首先要依据投资银行的经营目标确定决策目标，然后采用概率论、决策树等方法提供两个或两个以上的方案，最后确定优选方案。

三、投资银行风险管理的方法

投资银行风险控制有四种基本方法：风险回避、损失控制、风险转移和风险保留。

（一）风险回避

风险回避指投资银行有意识地放弃风险，完全避免特定的损失风险。简单的风险回避是一种最消极的风险处理办法，因为投资者在放弃风险行为的同时，往往也放弃了潜在的目标收益。所以一般只有在以下情况下才会采用这种方法：

（1）投资主体对风险极端厌恶。

（2）存在可实现同样目标的其他方案，其风险更低。

（3）投资主体无能力消除或转移风险。

（4）投资主体无能力承担该风险，或承担风险得不到足够的补偿。

（二）损失控制

损失控制指制订计划和采取措施降低损失的可能性或者是减少实际损失，降低损失程度。控制的阶段包括事前、事中和事后三个阶段。事前控制的目的主要是为了降低损失的概率，事中和事后的控制主要是为了减少实际发生的损失。

（三）风险转移

风险转移，指投资银行通过契约，将让渡人的风险转移给受让人承担。通过风险转移，有时可大大降低经济主体的风险程度。风险转移的主要形式是合同和保险。

（1）合同转移。通过签订合同，可以将部分或全部风险转移给一个或多个其他参与者。

（2）保险转移。保险是使用最为广泛的风险转移方式。

（四）风险保留

风险保留，即风险承担。也就是说，如果损失发生，投资银行将以当时可利用的任何资金进行支付。风险保留包括无计划自留、有计划自我保险。

（1）无计划自留。指风险损失发生后从收入中支付，即不是在损失前做出资金安排。当经济主体没有意识到风险并认为损失不会发生时，或将意识到的与风险有关的最大可能损失显著低估时，就会采用无计划保留方式承担风险。一般来说，无计划保留应当谨慎使用，因为如果实际总损失远远大于预计损失，将引起资金周转困难。

（2）有计划自我保险。指可能的损失发生前，做出各种资金安排，以确保损失出现后能及时获得资金以补偿损失。有计划自我保险主要通过建立风险预留基金的方式来实现。

四、投资银行风险管理组织机构体系

投资银行的风险管理组织结构一般由审计委员会、执行管理委员会、风险监视委员会、风险政策小组、业务单位、公司风险管理委员会及公司各种管制委员会等组成。高盛集团的风险管理组织架构如图 11-2 所示。

（一）审计委员会

审计委员会一般全部由外部董事组成，由其授权风险监视委员会制定公司风险管理政策。审计委员会是投资银行高层次的风险管理机构。

（二）风险监视委员会

风险监视委员会一般由高级业务人员及风险控制经理组成，并由公司风险管理委员会的负责人兼任该委员会的负责人。该委员会负责监视公司的风险并确保各业务部门严

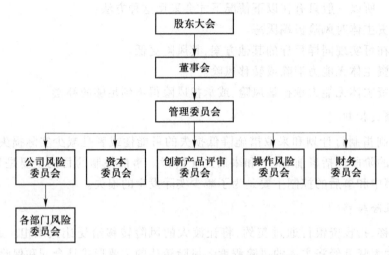

图 11-2　高盛风险管理组织架构

格识别、度量和监控与其业务相关的风险。该委员会还要协助公司最高决策执行委员会制定对各项业务风险的容忍度,并不定期及时向公司最高决策执行委员会和审计委员会报告重要的风险管理事项。

（三）风险政策小组

风险政策小组则是风险监视委员会的一个工作小组,一般由风险控制经理组成并由公司风险管理委员会的负责人兼任负责人。该小组审查和检讨各种风险相关的事项并向风险监视委员会汇报。

（四）最高决策执行委员会

公司最高决策执行委员会为公司各项业务制定风险容忍度,并批准公司重大风险管理决定,包括由风险监视委员会提交的有关重要风险政策的改变。公司最高决策执行委员会应该特别关注风险集中度和流动性问题。

（五）公司风险管理委员会

公司风险管理委员会是一个专门负责公司风险管理流程的部门,它根据董事会和执行委员会确定的风险管理要求,负责审议公司风险管理的战略、制度和政策;审定公司总体风险限额及分配方案;审定全面风险管理报告和风险评估报告;审定重大风险、重大事件和重要业务流程的评估标准、管理制度及内控机制;定期评估公司资产配置的风险状况及风险限额的执行情况;审议风险管理策略和重大风险事件的解决方案;审定执行委员会授权的有关风险管理的其他重大事项。风险管理委员会直接对执行委员会负责,由首席执行官、首席运营官、首席风险官和相关部门负责人组成。

风险管理委员会一般由市场风险组、信用风险组、投资组合风险组和风险基础结构组四个小组组成。

（1）市场风险组负责确定和识别公司各种业务需要承受的市场风险,并下设相对独立的定量小组专门负责建立、验证和运行各种用来度量、模拟各种业务的数学模型,同时负责确立、监视和控制公司各种风险模型的风险集中度和承受度。

（2）信用风险组负责评估公司现有和潜在的个人和机构客户的信用度,并在公司风险监视和度量模型可承受风险的范围内决定公司信用风险的承受程度。该组需要审查和监视公司特定交易、投资组合以及其他信用风险的集中程度,并负责审查信用风险的控制流程,同时与公司业务部门一起管理和设法减轻公司的信用风险。该组通常设有一个特别的专家小组专门负责公司资产确认和管理早期可能出现的信用问题。

（3）投资组合风险组具有广泛的职责,包括通过分析公司范围内重点事件,把公司的市场风险、信用风险和运作风险有机地结合起来统筹考虑,进行不同国家风险和定级的评估等。该组一般设有一个流程风险小组,集中执行公司范围内风险流程管理的政策。

（4）风险基础结构组向公司风险管理委员会提供分析、技术和政策上的支持以确保风险管理委员会更好地监视公司范围内的市场、信用和投资组合风险。

除了以上有关风险管理组外,投资银行内部还有各种管制委员会制定政策,审查和检讨各项业务,以确保新业务和现有业务的创新不超出公司的风险容忍度。这些委员会一般包括新产品审查和检讨委员会、信用政策委员会、储备委员会、特别交易审查检讨委员会等。

● 关键术语 ●

投资银行的风险　系统性风险　非系统性风险　风险管理　风险价值　*VaR*　历史模拟法　方差-协方差法　蒙特卡洛模拟法　极值理论法

● 本章小结 ●

1. 投资银行的风险指由于种种不确定的因素使得投资银行的实际收益与预期收益发生偏离,从而蒙受损失或减少获取收益的可能性。投资银行的风险可以分为三个层次。第一层次的风险是最直接的风险因素,包括投资银行的流动性风险和资本风险;第二层次的风险包括经营风险和制度风险;第三层次的风险是利润风险。

2. 投资银行风险可以分为系统性风险和非系统性风险。系统性风险又称为宏观风险,指整体政治、经济、社会等环境因素对投资银行业所造成的影响,是波及整个投资银行业的风险。系统性风险的基本特点是造成的后果带有普遍性,对整个投资银行经营的证券市场或绝大多数证券普遍产生不利影响。系统性风险主要是由政治、经济及社会环境等宏观因素造成的,包括政策风险、经济周期性波动风险、利率风险、购买力风险、市场风险、政治风险等。非系统风险又称非市场风险或可分散风险,指投资银行在经营过程中,由于决策失误、经营管理不善、违规操作、违约等一些原因,导致金融资产损失的可能性。由于非系统风险属于个别风险,是由个别人、个别企业或个别行业等可控因素带来的,因此,投资银行可通过投资的多样化来化解非系统风险。非系统风险的基本类型包括金融风险、经营风险、流动性风险、操作性风险、信用风险、道德风险、法律风险和体系风险等。

3. 投资银行的风险管理指投资银行能够识别风险、衡量风险、分析风险进而有效地控制风险,以尽量避免风险损失和争取风险收益。风险管理是投资银行经营活动的一项重要内容。投资银行风险管理的原则主要有全面性原则、独立性原则、防火墙原则、适时有效原则和定性与定量相结合原则。

4. 风险价值又称风险收益、风险报酬,投资银行风险价值指投资银行由于冒风险进行经营活动或投资而获得超过资金时间价值的额外报酬。风险价值有两种表现形式:风险报酬额和风险报酬率。风险报酬额是风险价值的绝对数形式,指投资银行由于冒风险进行经营活动或投资而取得的超过正常报酬的额外报酬;风险报酬率是投资的风险价值的相对数形式,指的是额外报酬占原投资额的比重。投资报酬一般是货币时间价值(利率)与风险投资价值(风险报酬率)之和,投资报酬率=利率+风险价值率。

5. 投资银行的风险价值其含义是在市场正常波动下,某一金融资产或证券组合的最大可能损失。更为确切的是指,在一定概率水平(置信度)下,某一金融资产或证券组合价值在未来特定时期内的最大可能损失。VaR 按字面的解释就是处于风险状态的价值,即在一定置信水平和一定持有期内,某一金融工具或其组合在未来资产价格波动下所面临的最大损失额。VaR 模型可衡量市场风险和信用风险的大小,不仅有利于金融机构进行风险管理,而且有助于监管部门有效监管。常用的风险价值模型技术主要有:历史模拟法、方差—协方差法、蒙特卡洛模拟法和极值理论法。风险价值已成为计量市场风险的主要指标,也是投资银行采用内部模型计算市场风险资本要求的主要依据。

6. 风险管理是社会组织或者个人用以降低风险的决策过程,通过风险识别、风险估测、风险评价,并在此基础上选择与优化组合各种风险管理技术,对风险实施有效控制和妥善处理风险所造成的损失后果,从而以最小的成本收获最大的安全保障。投资银行的风险管理体系常常由四个环节构成,即风险识别、风险分析与评估、风险控制和风险决策。投资银行风险控制有四种基本方法:风险回避、损失控制、风险转移和风险保留。投资银行的风险管理组织结构一般由审计委员会、执行管理委员会、风险监视委员会、风险政策小组、业务单位、公司风险管理委员会及公司各种管制委员会等组成。

● 复习思考题 ●

1. 什么是投资银行风险? 怎样理解投资银行风险价值?
2. 简述投资银行的风险类型。
3. 投资银行非系统风险有哪些?
4. 投资银行有哪些风险控制的基本方法?
5. 投资银行如何进行风险管理?

● 本章实训 ●

一、实训目的
1. 掌握投资银行风险管理的相关知识。
2. 训练学生分析问题、解决问题的能力。

二、实训内容

（一）背景资料

雷曼兄弟公司破产中的风险启示

2008 年 9 月 15 日，美国第四大投资银行雷曼兄弟公司按照美国公司破产法案的相关规定提交了破产申请，成为了美国有史以来倒闭的最大金融公司。拥有 158 年历史的雷曼兄弟公司是华尔街第四大投资银行。2007 年，雷曼兄弟公司在世界 500 强排名第 132 位，2007 年年报显示其净利润高达 42 亿美元，总资产近 7 000 亿美元。从 2008 年 9 月 9 日，雷曼公司股票一周内股价暴跌 77%，公司市值从 112 亿美元大幅缩水至 25 亿美元。2008 年第一个季度中，雷曼兄弟公司卖掉了 1/5 的杠杆贷款，同时又用公司的资产作抵押，大量借贷现金为客户交易其他固定收益产品。第二个季度变卖了 1 470 亿美元的资产，并连续多次进行大规模裁员来压缩开支。然而雷曼兄弟公司的自救并没有把自己带出困境。雷曼兄弟公司最终还是没能逃离破产的厄运。

1. 破产原因

（1）外部原因。受次贷危机的影响。此次次贷危机，造成整个证券市场出现了流动性危机。在这一轮由次级贷款问题演变成的信贷危机中，众多金融机构因资本金被侵蚀和面临清盘的窘境，这其中包括金融市场中雄极一时的巨无霸们。贝尔斯登公司、"两房"、雷曼兄弟公司、美林公司、美国国际集团皆面临财务危机或被政府接管、或被收购或破产收场，而他们曾是美国前五大投行中的三家，全球最大的保险公司和大型政府资助机构。在支付危机爆发后，各家机构股价均较最高值下降 98% 或以上。六家金融机构的总资产超过 4.8 万亿美元。贝尔斯登公司、雷曼兄弟公司和美林公司的总资产在次贷危机中分别减值 32 亿、138 亿及 522 亿美元，总计近 700 亿美元，而全球金融市场减值更高达 5 573 亿美元。因减值造成资本金不足，所以全球各主要银行和券商都在寻求新的投资者来注入新的资本，试图渡过难关。

（2）雷曼兄弟公司自身的原因。第一，进入不熟悉的业务，且扩张太快，业务过于集中。20 世纪 90 年代后，随着固定收益产品、金融衍生品的流行和交易的飞速发展，雷曼兄弟公司也大力拓展了这些领域的业务，并取得了巨大的成功，被称为华尔街上的"债券之王"。雷曼兄弟公司"债券之王"的称号固然是对它的褒奖，但同时也暗示了它的业务过于集中于固定收益部分。

第二，自身资本太少，杠杆率太高。雷曼兄弟公司的自有资本太少，资本充足率太低。为了筹集资金来扩大业务，它们只好依赖债券市场和银行间折借市场，然后将这些资金用于业务和投资，赚取收益。就是说，公司用很少的自有资本和大量借贷方法来维持运营的资金需求，这就是杠杆效应的基本原理。借贷越多，自有资本越少，杆率就越大。杠杆效应的特点就是，在赚钱的时候，收益是随杠杆率放大的；但当亏损的时候，损失也是按杠杆率放大的。所以说杠杆效应是一柄双刃剑。

2. 从中得到的风险启示

（1）提高风险预防意识。正如比尔·盖茨所说的"微软离破产永远只有 18 个月"，企业越大，企业家越要有危机意识。

在 2000 年后房地产和信贷这些非传统的业务蓬勃发展之后,雷曼兄弟公司和其他华尔街上的银行一样,开始涉足此类业务。这本无可厚非,但雷曼兄弟公司的扩张速度太快。即使是在房地产市场下滑的 2007 年,雷曼兄弟公司的商业地产债券业务仍然增长了约 13%。这样一来,雷曼兄弟公司面临的系统性风险非常大。显然,雷曼兄弟公司对于这样的风险是无所知或者过于乐观的。

(2)提高企业的抗风险能力。雷曼兄弟公司作为一个生存了 158 年的企业,其内部管理已经达到了相当规范的程度,但其仍在困境中破产,说明企业的抗风险能力是一个综合的因素,所以企业不仅要加强内部管理,同时也要提高在困境中生存的能力,企业家要随时准备好面对引起企业倒闭的困境。风险管理方法可以分为三大类:风险控制方法、风险的财务安排和保险。合理地运用三种风险管理方法,设置专门的风险评估机构,是对管理者最基本的要求。

(3)正确的风险管理决策和原则。雷曼兄弟公司的破产主要是因为其持有大量次贷债券,之所以持有大量的次贷债券,说明持有次贷债券是雷曼兄弟公司的战略决策,如果单就破产而言,可以说是雷曼兄弟公司的战略规划出现了问题。探究本质也可以说是雷曼兄弟公司的风险管理决策出了问题,所以企业的风险管理决策是非常重要的。决策的任何疏漏都会将企业带入无法预料的困难境地。企业决策者应尽量持着谨慎的态度做决策,不冒不能承受的风险,不因小失大,考虑损失的可能性和风险特征与应对方法。

资料来源:作者整理。

(二)实训要求

结合上述背景资料,查阅收集相关资料,回答下列问题:

问题 1:投资银行经常会面临哪些风险?

问题 2:从雷曼兄弟公司的教训看,我国投资银行的风险管理未来应该如何加强?

三、实训组织

1. 指导教师布置实训项目,提示相关要求。

2. 采取学生自由组合的方式,将学生划分为小组。

3. 要求学生以小组为单位,认真收集投资银行风险管理和内部控制的相关资料,并就相关问题以 PPT 形式进行课堂汇报。

● 即测即评 ●

第十二章
投资银行内部控制与外部监管

章前引例

　　2008 年 9 月 15 日,在美国由次贷危机引发的金融危机愈演愈烈之际,有 158 年历史的全球第四大投资银行雷曼兄弟公司按照美国《破产法》第 11 章规定向纽约南区美国破产法庭申请破产保护。这是有史以来世界规模最大的破产案,破产资产高达 6 390 亿美元,是第二大破产案主角世通公司的将近 6 倍,是第三大破产案主角安然公司的 10 倍。那么,什么原因造成雷曼兄弟公司及其他投资银行出现困境呢? 业界探讨的原因有很多,但是内部控制不严、外部监管不力是不可避免谈到的两条原因。

　　通过本章的学习你应该掌握什么是投资银行的内部控制、投资银行内部控制的主要内容有哪些、什么是投资银行的自律组织、自律组织的自律包括哪些内容、什么是监管机构的外部监管、外部监管的内容又有哪些,比较全面地了解投资银行内部控制、自律组织的自律和监管机构的外部监管之间的联系与区别。

本章知识结构图

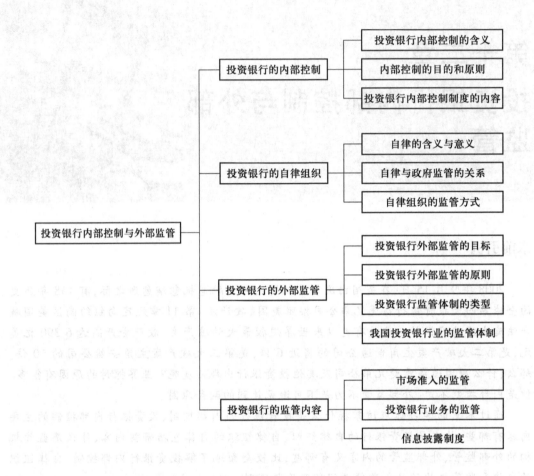

第一节　投资银行的内部控制

一、投资银行内部控制的定义

投资银行的内部控制是投资银行自我规范、自我约束和自我完善的一种自律行为,是投资银行为完成既定的工作目标和防范风险,对内部各职能部门及其工作人员从事的业务活动进行风险控制、制度管理和相互制约的方法、措施和程序的总称。投资银行的内部控制主要包括内部控制机制和内部控制文本制度两个部分。内部控制机制指投资银行的内部组织结构以及其相互之间的制约关系;内部控制文本制度指投资银行为规范经营行为、防范风险而制定的一系列业务操作程序、管理方法和措施等规章的总称。

投资银行业是一个高风险的行业,2007年爆发的次贷危机中美国五大投资银行或破产或被收购或转行的最终命运使现代投资银行业的高风险更是暴露无遗。因此,如何防范和化解投资银行的经营风险,不仅是监管机构必须考虑的一个重要问题,也是投资银行自身所面临的一项重大问题。从已有的历史经验来看,要防范和化解投资银行的经营风险,就必须充分发挥以下几个层次的力量:监管机构的监管和调控作用;社会中介机构(如会计师事务所、律师事务所等)的监督作用与行业自律作用;投资银行经营机构的自我控制作用。以上这几个层次的力量互为补充,缺一不可,而且监管的历史经验表明,监管机构的外部监管只有通过行业自律和投资银行的自我控制才能更为有效。因此,投资银行的自我控制是投资银行监管工作的重要组成部分,是规范投资银行经营行为、有效防范风险的关键,也是衡量投资银行经营管理水平高低的重要标志。建立一个运转良好有效的内部控制制度,对于防范和化解投资银行的风险具有十分重要的意义。

二、投资银行内部控制的目标和原则

(一)投资银行内部控制的目标

投资银行的内部控制首要的就是确定内部控制目标。根据国外相关的研究成果和我国《证券公司内部控制指引》等相关文件,投资银行的内部控制必须达到以下五个目标:

(1)保证经营的合法合规及内部规章制度的贯彻执行。

(2)防范经营风险和道德风险。

(3)保障客户及资产的安全、完整。

(4)保证业务记录、财务信息和其他信息的可靠、完整、及时。

(5)提高经营的效率和效益。

(二)投资银行内部控制的原则

投资银行内部控制应当贯彻健全、合理、制衡、独立的原则,确保内部控制有效。

(1)健全性。内部控制应当做到事前、事中、事后控制相统一,覆盖投资银行的所有业务、部门和人员,渗透到决策、执行、监督、反馈等各个环节,确保不存在内部控制的空白或漏洞。

(2)合理性。内部控制应当符合国家有关法律法规和监管机构的有关规定,与经营规模、业务范围、风险状况及投资银行所处的环境相适应,以合理的成本实现内部控制目标。

(3)制衡性。投资银行部门和岗位的设置应当权责分明、相互牵制;前台业务运作与后台管理支持适当分离。

(4)独立性。承担内部控制监督检查职能的部门应当独立于投资银行其他部门。

三、投资银行内部控制制度的内容

投资银行内部控制的理论基础是企业的内部控制理论。内部控制理论的发展经历了内部牵制、内控制度、内部控制结构与内部控制整体框架四个阶段。其中内部控制整体框架是对内部控制全面的论述,主要涉及的要素有控制环境、风险识别与评估、控制活动与措施、信息沟通与反馈、监督与评价等。

投资银行的内部控制制度的内容主要包括内控机制和内控文本制度两个方面。内控机制是实施内部控制的行为主体,只有建立了合理而高效的内控机制,才能增强投资银行的决策能力、执行能力和监控能力,才能有效地防范经营风险;而内控文本制度是内控行为主体的行为规则,没有规则,投资银行的运作就会出现混乱,陷入无序状态。

(一) 内控机制

内控机制指投资银行的组织结构及其相互之间的制约关系。建立合理、健全的内控机制,是投资银行各项经营活动得以正常开展、实现有效管理、防范经营风险的重要保证。各投资银行内部组织结构的设立,必须体现相互独立、相互制约的原则。

从其功能而言,投资银行内控机制可以分为以下三个方面:

1. 决策系统

投资银行的决策系统包括股东大会、董事会及决策机构。其中股东大会、董事会的性质和职权与其他行业的股份公司的基本一样。例如,股东大会是投资银行的最高权力机构,董事会是投资银行的决策机构等。当然,无论是股东大会还是董事会都只决定大政方针,具体的日常事务都由总经理依据股东大会、董事会的决议做出具体的决策。

2. 执行系统

投资银行的执行系统包括公司的总经理、各职能部门和分支机构等执行机构,他们具体执行股东大会、董事会的各项决议。其中,总经理不仅组织执行股东大会、董事会的决议,而且还负责投资银行的许多日常经营决策。各职能部门依据本部门的职责负责具体执行公司的决策,它们一般又可以分为三类:一是业务部门,如证券投资部、投资银行部、资金管理部等;二是管理部门,如分支机构管理部门、财务部门、人事部门、后勤部门等;三是研究开发部。分支机构是投资银行执行系统的一个重要组成部分,是投资银行从事投资银行业务的基层单位。

3. 监督系统

投资银行的监督系统主要由监事会和稽核部组成。监事会是投资银行的最高检查监督机构,其职责为监督投资银行的高层决策人员和管理人员的行为,检查财务情况,以及检查股东大会和董事会决议的执行情况等。稽核部一般隶属于董事会领导,是投资银行的内部监督机构。具有相对的独立性,拥有不受其他部门制约而独立开展监督工作的权力。其主要工作职责为监督投资银行各职能部门、分支机构是否依法和依照银行的制度、业务流程等来运营,检查各项制度的落实情况等。

(二) 内控文本制度

内控文本制度是投资银行内控制度的另一个重要组成部分,它是投资银行为规范经营行为、防范风险而制定的一系列业务操作程序、管理办法和措施等规章的总称,是投资银行各职能部门和分支机构经营运作必须遵守的规范,简言之,是投资银行的内部"游戏规则"。

1. 制定内控文本制度的原则

制定内控文本制度,必须遵循以下原则:

(1) 依法原则。各项内控制度必须符合国家和主管机关所制定的法律、法规,不得与之相抵触。

(2) 可行性原则。投资银行制定的各项内部制度必须切实可行。

（3）权威性原则。颁布实施的各项制度必须具有高度的权威性,成为所有员工严格遵循的行动准则,任何人不得拥有超越制度约束和违反规章的权力。投资银行的经营运作要真正做到有法可依、有法必依、违法必究。

（4）全面性原则。内控制度必须包含投资银行的不同决策和管理层次,贯穿于全部业务过程和各个操作环节。

（5）稳健性原则。内控制度的核心和出发点,是防范投资银行经营中的各项风险,保证投资银行各项业务的正常开展和稳健经营。

（6）相互制约原则。各项制度必须体现各部门之间相互制约、相互监督的原则,监督部门必须与执行部门分开,操作人员与控制人员必须适当分开,并向不同的管理人员负责。在存在管理人员职责交叉的情况下,要为负责控制的人员提供直接向最高管理层报告的渠道。

2. 内控文本制度的内容

投资银行的内控文本制度涉及投资银行运营的方方面面,主要包括:建立包括授权管理、岗位职责、监督检查、考核奖惩等在内的各项内部管理制度;为经纪、自营、投资银行、受托投资管理、研究咨询以及创新业务等制定统一的业务流程和操作规范;建立业务风险识别、评估和控制的风险管理流程和风险化解方法;等等。

第二节 投资银行的自律组织

一、自律的含义和意义

（一）自律的含义

自律,就是自我监管。自律组织就是通过制定公约、章程、准则、细则,对各项金融活动进行监管的组织。行业自律组织一般实行的是会员制,符合条件的证券经营机构或者其他相关机构,都可以申请加入。如我国的证券业协会就是一个投资银行的行业性自律组织,该协会还在 2002 年 12 月 9 日专门成立了投资银行业委员会。

（二）自律的意义

自律组织是防范和化解投资银行经营风险三个层次力量中的一种,是市场监管的必要组成部分。投资银行自律组织通过加强投资银行之间的联系、协调、合作和自我控制等,在防范和化解投资银行的风险、促进投资银行业的健康发展等方面都起着重大的作用。

1. 自律组织是金融风险管理成败的重要一环

投资银行能否实现自律性约束,是金融风险管理成败的关键。如投资银行不思自我约束,那么再完善的法律都将是一纸空文,再严格的监管都难以落到实处。而加强行业自律是自律组织一个非常重要的职能,自律组织通过对会员单位的自律管理,强化投资银行的自律约束,防范和化解金融风险,以维护本行业的共同利益,促进本行业的良性健康发展。

2. 自律组织从某种意义上讲更有利于投资银行业的良性健康发展

金融交易中存在信息的不对称性,自律性组织由于都是行业内部人士,所以具有信息优势。投资银行金融交易的盈亏、风险的大小、交易程序的合理性等,自律性组织都很清楚。而其他外部人士,包括监管机构都极易受蒙蔽。因此,自律组织制定的章程更有利于投资银行业的良性健康发展。

3. 自律组织能够取得有别于政府监管的效果

政府监管由于人力、财力、技术力量、信息等因素,往往偏重宏观以及行业的整体,且具有一定的滞后性。而自律性组织具有信息的全面性、快捷性、敏感性,其技术力量也足以使其能察觉微观的动向,防患于未然。另外,也能在问题产生之后,及时妥善处理。

二、自律和政府监管的关系

自律和政府监管既有区别,又有联系,两者之间存在相互补充、相互促进的关系。

(一) 两者的区别

1. 性质不同

政府监管机构的监管带有行政管理的性质,属于强制管理,属于"他律";自律组织对投资银行的监管属于自我约束的性质,是通过制定公约、章程、准则、细则等,对会员的投资银行活动进行自我监管。

2. 监管依据不同

政府监管机构依据国家的有关法律、法规、规章和政策来进行监管,自律组织除了依据国家的有关法律、法规和政策外,还依据自律组织制定的章程、业务规则、细则等对投资银行进行管理。

3. 监管范围不同

政府监管机构负责对全国范围的投资银行业务活动进行监管,自律组织主要对属于其会员的投资银行的业务活动进行监管。

4. 监管的具体内容不同

以我国证券业协会为例,我国的证监会主要负责制定全国性投资银行的法规,拟定监管条例,监管自律组织及证券中介机构,对重大违规案件进行查处等。而证券业协会主要是对其会员证券公司进行一线监管。

5. 两者采用的处罚方式不同

政府监管机构可以对违法违规的投资银行采取罚款、警告的处罚,情节严重的可取消其从事某项或所有证券业务的资格;自律组织对其会员投资银行的处罚较轻微,包括罚款、暂停会员资格、取消会员资格等,情节特别严重的可提请政府主管部门或司法机关处理。

(二) 两者的联系

1. 监管目的一致

都是为了确保国家有关证券市场的法律、法规、规章和政策得到贯彻执行,维护证券市场的"三公"原则,保护投资者的合法权益。

2. 自律组织在政府监管机构和投资银行之间起着桥梁和纽带作用

自律组织为其会员提供了一个相互沟通、交流情况及意见的场所，可以将会员面临的困难、遇到的问题、对投资银行业发展的意见和建议向政府监管机构反映，维护会员的合法权益。政府监管机构还可通过自律组织对投资银行活动进行检查、监督。

3. 自律是对政府监管的积极补充

自律组织可以配合政府监管机构对其会员进行法律法规政策宣传，使会员能够自觉地贯彻执行，同时对会员进行指导和监管。

4. 自律组织本身也须接受政府监管机构的监管

自律组织的设立需要政府监管机构的批准，其日常业务活动要接受政府监管机构的检查、监督和指导。

三、自律组织的监管方式

自律组织一般是通过制定公约、章程、准则、细则，对会员的各项金融活动进行自我监管。以我国的证券业协会为例，我们看一下协会的部分章程（2017 年 6 月 17 日中国证券业协会第六次会员大会审议通过）：

协会依据《证券法》的有关规定，行使下列职责：

① 教育和组织会员遵守证券法律、行政法规；

② 依法维护会员的合法权益，向中国证监会反映会员的建议和要求；

③ 收集整理证券信息，为会员提供服务；

④ 制定会员应遵守的规则，组织会员单位的从业人员的业务培训，开展会员间的业务交流；

⑤ 对会员之间、会员与客户之间发生的证券业务纠纷进行调解；

⑥ 组织会员就证券业的发展、运作及有关内容进行研究；

⑦ 监督、检查会员行为，对违反法律、行政法规或者协会章程的，按照规定给予纪律处分。

自律组织对其会员的监管一般有两种方式：一是对会员公司每年进行一次例行检查，包括对会员的财务状况、业务执行情况、客户服务质量等的检查；二是对会员的日常业务活动进行监管，包括对其业务活动进行指导，协调会员之间的关系，对欺诈客户、操纵市场等违法违规行为进行调查处理等。

第三节　投资银行的外部监管

投资银行的外部监管指监管机构依法对投资银行及其金融活动进行直接限制和约束的一系列行为的总称。投资银行的外部监管可以分解成投资银行的监督和投资银行的管理。投资银行的监督指投资银行的监管机关通过对投资银行进行全面的、经常性的检查以促使其依法稳健经营，健康发展；投资银行的管理指国家根据有关法律授权有关部门制定和颁布有关投资银行的组织机构、业务活动的特殊规定或条例。投资银行监管的目的是为了实现证券市场的公平、公正和公开，确保证券市场健康发展。

一、投资银行外部监管的目标

从理论上讲,投资银行外部监管是为了防止投资银行发生危机和金融市场的失灵。具体到各个不同时期、各个国家,投资银行外部监管的目标呈现出多样性和复杂性。但是,现代投资银行外部监管的目标也存在一些共性,这些共性表现在:

(一) 维护投资银行业乃至金融体系的安全与稳定

投资银行属于高风险行业,投资银行作为金融体系的重要组成部分,其本身产生的问题会对整个金融体系造成极大的破坏,进而影响经济社会的稳定。因此,监管机构的任务在于通过实施的种种措施确保投资银行在法定范围内稳健经营,防范和化解风险,以提高投资银行业乃至金融体系运行的安全性和稳定性,为经济发展服务。

(二) 保护投资者的合法权益

投资者是市场的参与者和主要的资金供应者,是投资银行的服务对象。只有尊重投资者,保护其合法权益,才能使投资者建立起信任和投资信心。投资者的信任和信心是金融市场与投资银行生存和发展的前提。因此,监管机构只有通过种种措施来维护金融市场的安全与稳定,促进公平竞争,投资者的信心才能维持和巩固,投资者的利益才有保障,投资银行才能发展。

(三) 促进投资银行业的公平竞争

监管机构对投资银行的外部监管是要在保证安全与稳定的基础上,为投资银行提供一个公平的竞争环境,促使投资银行不断提高服务质量和服务效率。这样才能防止和打破垄断,才能促使投资银行业健康、有序地发展壮大。

(四) 实现投资银行业经营活动与国家金融货币政策的统一

投资银行进行经营活动的根本目的是追求利润的最大化,其经营活动有时会与国家的金融货币政策产生矛盾,抵消甚至破坏国家金融货币政策的实施效果。因此,监管机构必须通过强有力的一些措施,限制那些与国家货币政策目标相背离的经营活动,促进其与国家所制定的目标趋于一致。

二、投资银行外部监管的原则

(一) 依法原则

这一原则要求监管机构在对投资银行外部监管时,必须依据现行相关的法律法规,保持监管的严肃性、权威性、强制性和一贯性,不能随心所欲,有法不依,甚至知法犯法,执法犯法。坚持这一原则,一方面要求监管机构在执行监管时必须依法办事,严肃执法;另一方面要求监管工作人员知法、懂法、守法,坚持执法的连续性、一贯性和不可例外性。

(二) 协调性原则

这一原则要求监管机构对投资银行的监管行为应具有协调性,这种协调性主要包括:一是不同监管主体之间的协调性,即不同监管主体要统一监管标准和口径,合理划分职责范围,既不能互相冲突,重复监管,又不能各自为政、互相推脱,留有监管空白;二是同一监管主体不同职能部门之间以及上下级之间要相互协调,合理明确划分职责;三是外部监管与其他宏观调控的协调。

（三）效率原则

这一原则要求监管机构在对投资银行业监管时要讲究效率,要尽可能地减少监管成本,增加净效益。另外,这一原则还要求在对投资银行业进行外部监管时,不能妨碍投资银行间的正常竞争,也不能妨碍其与其他金融机构的公平竞争,要创造良好的金融外部环境,以促进整个金融体系效率的提高。

（四）外部监管与行业自律相结合的原则

这一原则要求监管机构在对投资银行进行统一的、强有力的监管同时,也要充分发挥行业自律组织的作用,充分发挥其在投资者与政府监管部门之间的纽带作用,使两者相互促进、相互补充,共同促进投资银行业的规范、健康发展。

三、投资银行业监管体制的类型

由于各个国家现行的政治、经济体制以及金融市场发展程度的不同,投资银行的监管体制也是有所区别的。综合各国对投资银行外部监管的实践来看,监管体制大体可以分为以下三种类型。

（一）集中型监管体制

集中型监管体制指国家通过制定系统而严密的法律,设立隶属于政府或直接隶属于立法机关的全国性证券监管机构对投资银行业进行集中统一监管,而各种自律性组织,如证券业协会等只起协助性作用。这种监管体制以美国、日本、韩国等国为代表,其中尤以美国最为典型,因而这种体制也被称作美国模式。我国目前也属于这种类型。该种体制是以主张国家干预经济的理论为基础,以政府对证券市场的积极干预和法律对证券活动的严密规制为显著特征,目前已经成为国家证券管理法律化的典范。这种体制的显著特点为:

（1）有一套较为完备的监管投资银行的专门的法律、法规。如美国,政府陆续出台了一系列专门性法律来规范投资银行的业务活动,包括《证券法》(1933 年)、《证券交易法》(1934 年)、《投资公司法》(1940 年)、《投资咨询法》(1940 年)、《证券投资保护法》(1970年)等。同时,各州还制定了本州的证券管理法规。

（2）有权力高度集中统一的全国性的专门监管机构,其中,以独立监管机构为主体。如美国,投资银行由专门的证券管理机构——证券交易委员会(SEC)管理,它直接隶属于国会,独立于政府(不受联邦储备委员会和财政部的管理)。该委员会具有某种立法权和司法权,主要任务是执行美国的证券法规,负责对全国证券发行、证券交易、证券商、投资银行等依法实行全面监管。

集中型监管体制的优点主要有:具有统一的证券法律和专门的法规,使证券行为和投资银行业务活动有法可依,提高了监管的权威性;一个超脱于市场参与者的统一的监管机构,能公平、公正、严格地发挥监管作用,防范市场失灵情况出现;监管者的地位超脱,有足够的权威来维护证券市场的正常运行,保护投资者的利益。

　　集中型监管体制的不足之处主要有：监管者超脱于市场，可能使监管脱离于实际，缺乏效率，甚至可能产生对证券市场的过多干预；监管机构与自律组织相比距离市场相对较远，掌握的信息相对有限，对证券市场发生的意外行为反应较慢，监管的效率降低；监管者的超脱地位使其往往以严厉的执法者或救助者面目出现，容易引发道德风险和逆向选择，增加监管者的间接成本。

　　（二）自律型监管体制

　　自律型监管体制指国家除了某些必要的立法之外，较少干预投资银行业，主要是通过投资银行业自律组织和投资银行自身进行自我管理，辅以政府有关职能部门监督。这种监管体制以英国、荷兰、爱尔兰、中国香港特别行政区等地区为代表，其中尤以英国最为典型，因此这种体制又被称为英国模式。这种体制以自由的市场经济理论为基础，政府很少干预证券市场和投资银行，以行业自律和投资银行自身内部控制为显著特征。这种体制的显著特点为：

　　（1）通常没有制定专门规范投资银行业和证券市场管理的法律、法规，主要是通过一些间接的法律法规来调整和制约投资银行业和证券市场的活动，作为自我管理的指导和补充。如英国，国家没有专门的《证券法》和《证券交易法》，在1986年的《金融服务法》出台之前，仅有1958年的《反欺诈（投资）法》、1948年和1967年的《公司法》、1973年的《公平交易法》等。这些法律对证券交易行为、股份公司行为、内幕交易行为等做了一些规定，但都是间接的、分散的。

　　（2）没有设立专门的全国性的证券监管机构，而是依靠证券市场的参与者，如证券商协会、证券交易所等自律组织进行自我管理。例如英国，虽然设立了证券投资委员会，但它既不属于立法机关，也不属于政府机构，没有实质的监管权，倒是有些部门承担了一些监管工作。如英格兰银行负责商业银行证券部的监管等，实际监管工作主要是通过以英国证券交易所协会、证券转让与合并专业小组和证券业理事会为核心的自理管理系统进行。证券交易所协会是英国证券市场的最高管理机构，主要依据该协会制定的《证券交易所管理条例和规则》进行自律管理。

　　自律型监管体制的优点主要有：在保护投资者利益的同时，能发挥市场的创新和竞争性，有利于活跃市场；由于投资银行更贴近市场，在信息资源方面具有更大的优势，因此允许投资银行参与制定证券市场监管规则，能使监管更符合实际，也使制定的监管规则（条例）具有更大的灵活性和更高的效率；自律组织直接置身于市场之中，能对市场发生的违规行为做出迅速而有效的反应，对突发事件可以更妥善地解决。

　　自律型监管体制的不足之处主要有：监管的重点通常放在保证市场的有效运转和保护自律性组织成员的利益上，对投资者的利益往往难以提供充分的保障；由于缺乏专门的监管立法，对违法行为的约束缺乏强有力的法律效力，这影响了监管的权威性，监管手段较弱，监管力度不够；没有统一的监管机构，难以实现全国证券市场的协调发展，而监管者的非超脱性难以保证监管的公正。

　　（三）中间型监管体制

　　中间型监管体制是集中型监管体制与自律型监管体制两者相互渗透、相互结合的产物。实行这种体制的国家既设有专门性的立法和政府监管机构进行集中监管,也强调自律组织的自律管理,但在实践中则有所侧重。因此,这种监管体制又被称为中间型监管体制、分级监管体制。分级监管体制包括二级监管模式和三级监管模式。二级监管模式指由中央政府和自律型机构相结合,共同行使对投资银行监管的权力;三级监管模式指由中央政府、地方政府和自律机构共同履行对投资银行的监管职责的监管体制。这种监管体制的实施国以德国、意大利、泰国等国家为代表。例如德国,在证券市场的管理上,由联邦政府制定和颁布证券法规,由各州政府负责实施监管,由交易所委员会、证券审批委员会和公职经纪人协会等自律组织进行自我管理。

从理论上讲,证券市场中存在多个利益主体,筹资者与投资者、证券机构与客户之间有着各自不同的利益,存在种种矛盾和冲突,客观上需要一个协调不同利益主体之间矛盾并超脱于这些利益主体的机构。同时,证券市场是一个高风险的市场,影响深度大,波及范围广,需要通过集中型监管来规范各市场主体的行为,维护市场的秩序。但是,由于证券市场参与者众多,运作程序复杂,相关因素广泛,仅靠监管机构的监管是不够的,必须要求证券市场所有利益主体进行相互监督和自我约束。同时,进行自律也是市场组织者和参与者自身利益的需要。因此,集中型监管与自律型监管的结合是相当重要的。

中间型监管体制有利于集中型监管体制和自律型监管体制各自优势的发挥,又能弥补各自的不足之处,体现出这两种体制所不具备的优点。因此,当前世界上大多数实行集中型监管体制或自律型监管体制的国家都逐渐地向中间型监管体制靠拢。例如,美国也开始重视政府监管与证券交易所和证券机构等自律性组织的监管相结合。英国1986年颁布了《金融服务法》,首次以立法形式对证券业进行直接管理;1998年6月1日又成立了金融管理局,加强了对投资银行业的集中统一型监管。但是,由于具体国情的不同,各个国家监管的侧重点不同,有的国家侧重于集中统一监管,有的则侧重于自律监管。

四、我国投资银行业的监管体制

(一)我国投资银行业监管体制的沿革

随着我国投资银行业的发展,我国的投资银行业监管体制沿革经历了由分散、多头监管到集中统一监管的过程,大致可分为三个阶段。

1. 第一阶段(1992年5月以前):地方分头监管阶段,主要由上海、深圳两地地方政府管理

由于该阶段的证券市场只是一个区域性市场,证券发行与交易限于上海和深圳两市试点,国家对投资银行的监管并不集中统一,是多头、分散的。在中国人民银行和国家经济体制改革委员会等部门决策下,证券发行与交易主要由上海、深圳两地地方政府管理。上海、深圳两地人民银行分行相继出台了一些有关规章,对证券发行与交易行为进行规范。针对各地出现的证券发行、交易的不规范行为,各地方政府部门陆续颁布了一些地方性法规,开始对当地的证券市场进行一定程度的管理。如北京市1986年10月13日出台

了《北京市企业股票管理、债权管理暂行办法》、上海市 1987 年 5 月出台了《上海市股票管理暂行办法》、深圳市 1986 年出台了《深圳市有关股票管理的一些规定》等。

2. 第二阶段（1992 年 5 月—1997 年年底）：过渡阶段

该阶段是由中央与地方各部门共同参与管理向集中统一管理过渡的阶段。1992 年 5 月，中国人民银行成立证券管理办公室，同年 7 月，国务院建立国务院证券管理办公会议制度，代表国务院行使对证券业的日常管理职能。1992 年 10 月，国务院决定成立国务院证券委员会及其执行机构——中国证券监督管理委员会为专门的国家证券监管机构，同时将发行股票的试点由上海、深圳等少数地区推广到全国。同时，国务院赋予中央有关部门部分证券监管的职责，形成了多部门共管的局面。如国家计委根据证券委的计划建议编制证券发行计划；中国人民银行负责审批和归口管理证券机构、报国务院证券委员会备案等。另外，地方政府仍在证券管理中发挥重要作用。上海、深圳证券交易所由当地政府归口管理，由证监会实施监督；地方企业的股份制试点，由省级或计划单列市人民政府授权的部门会同企业主管部门审批。

3. 第三阶段（1997 年底至今）：集中统一监管

该阶段是集中型监管体制定型阶段。1997 年 8 月 15 日，国务院正式做出决定，上海、深圳证券交易所划归中国证监会直接管理。1997 年 11 月根据中央金融工作会议决定，撤销国务院证券委员会，其监管职能移交中国证监会。1998 年 4 月，中国人民银行行使的对证券市场监管职能（主要是对证券公司的监管）也移交中国证监会。同时，国家对地方证券监管体制进行改革，将以前由中国证监会授权、在行政上隶属各省市政府的地方证券监管机构收归中国证监会领导，同时扩大了中国证监会向地方证券监管机构的授权，增加了对证券经营机构的设立、变更、分立、合并、增资扩股、撤销、停业、年检及对证券公司高级管理人员的任职资格进行初审并出具初审意见及进行日常监管等内容。证券交易所也由地方政府管理转为中国证监会管理。1999 年 7 月 1 日，《证券法》开始实施，明确提出了我国实行集中统一的监管体制，中国证监会派出机构也正式挂牌。2000 年初，根据《证券法》，改组后的中国证券业协会开始运作。2006 年 1 月 1 日修订后的正式实施的新《证券法》赋予了证监会准司法权。由此，我国的集中型监管体制在实践中逐步定型。

（二）目前我国的投资银行监管体制

目前我国的投资银行的外部监管体制是集中型监管体制，即以中国证监会依法统一监管为主，证券交易所、证券业协会等自律组织管理为辅。

1. 中国证券监督管理委员会

中国证券监督管理委员会是目前我国对证券市场、证券业进行统一宏观管理的主管机构，同时又是国家对证券市场、证券业实施监管的执行机构。其主要职责有：起草或制定有关证券业和证券市场交易管理的规定和实施细则，起草证券法规；监督管理有价证券的发行上市、交易；监管上市公司及有关人员执行证券法规的行为；审查上市公司的有关报告；监管上市公司的收购、兼并活动；对境内企业和境外企业发行股票实施监管；会同有关部门进行证券设计，研究分析证券市场形势，并及时向国务院报告工作，提出建议；等等。

2. 自律组织

我国当前投资银行的自律组织主要有证券交易所、证券业协会等。证券交易所的主要职能包括:提供证券交易的场所和设施;制定证券交易所的业务规则;接受上市申请,安排证券上市;组织、监督证券交易;对会员、上市公司进行监管;管理和公布市场信息;等等。中国证券业协会的主要职责是:贯彻、执行国家有关方针、政策和法规,对证券经营机构进行自律管理;组织证券从业人员岗位培训;推动证券行业的国际交流与合作;代表会员的共同利益,维护会员的合法权益,为会员提供信息和咨询服务,集中反映会员的愿望和要求;等等。

第四节　投资银行的监管内容

一般而言,监管机构对投资银行监管的内容大致可以分为市场准入监管、日常业务监管、信息披露制度等方面。

一、市场准入的监管

市场准入的监管也就是对投资银行资格的监管。投资银行业是一个高风险行业,为了防范风险,维护金融体系的安全,世界上所有存在资本市场的国家都对投资银行设定了资格标准,各国的监管机构都会参与投资银行设立的审批过程。只是由于各国国情以及对市场认识的不同,监管机构在参与的程度和方式上存在一些差异。目前,各国对市场准入的监管大致可以分为两种类型:注册制和特许制。

（一）注册制

在注册制条件下,监管部门仅限于保证投资银行所提供的资料无任何虚假的事实,投资银行只要符合法律规定的设立条件,在相应的证券监管部门和证券交易部门申请注册后便可以设立。目前该种制度的实施国以美国为代表。美国《证券交易法》(1934年)规定,投资银行必须取得证券交易委员会(SEC)的注册批准,并且成为证券交易所或全国证券业协会的会员,才能开展经营活动。实质上,美国投资银行必须在证券交易委员会和证券交易所进行两次注册。

第一,在证券交易委员会登记注册。投资银行必须填写注册申请表,内容包括投资银行的注册资本及构成、经营活动区域、经营的业务种类、组织管理机构等。接到投资银行的注册申请后,证券交易委员会要对投资银行进行考察,主要有以下几个方面:投资银行的交易设施是否具备,自有资本是否充足,来源是否可靠;投资银行管理人员的资格是否具备,尤其是要考虑其是否曾违反证券法规和其他法律;投资银行是否具备从事其申请的业务能力。然后,将在45天内(必要时可延至90天)予以答复。同时,投资银行还要向证券交易委员会缴纳一定的注册费。

第二,在证券交易所登记注册。申请注册的程序与在证券交易委员会的注册程序类似。投资银行必须得到证券交易委员会的注册批准之后,才能在交易所注册。同时交易所还要考察其是否能够遵守交易所的规章制度。投资银行被批准成为证券交易所的会员后,要按规定缴纳会员费。

从美国的注册制中,可以看出注册制更多地强调的是市场机制的作用,通过市场机制和交易所席位的限额来控制投资银行的数量,其理论依据是"太阳是最有效的防腐剂,灯光是最有效的警察"。但是,如果市场机制不完善或交易所限额失控,将会使进入金融市场的投资银行数量失控,造成金融体系的混乱。因此,实行注册制的前提是要有一个成熟、完善和有效的金融市场。

（二）特许制

在特许制条件下,投资银行在设立之前必须向有关监管机构提出申请,经监管机构核准之后才能设立。同时,监管机构还将根据市场竞争情况、证券业发展目标、该投资银行的实力等考虑批准其经营何种业务,而且一般都对投资银行设定有最低资格要求。例如资本金的要求、硬件设施的要求、管理人员的要求等。该种制度的实施国以 1999 年以前的日本为代表（日本在 1998 年 12 月 1 日通过新的《证券交易法》,改特许制为注册制）。日本实行特许制时,任何从事证券业的投资银行在经营证券业之前,必须向大藏省提出申请,大藏省在考察其资本金、业务水平、未来的盈利性以及市场竞争状况和证券业发展目标等因素之后,根据不同的业务种类来发放不同的许可证。如对经营证券经纪、自营、承销等业务者授予综合类业务的许可证,对从事证券经纪业务者授予证券经纪业务的许可证等。日本对投资银行的最低资格要求主要包括:拥有足够的资本金,而且资本金的来源是稳定可靠的,例如,规定从事证券承销业务的投资银行最少要有 30 亿日元的资本金;投资银行的管理人员要具有良好的信誉,有良好的素质和证券业务水平;投资银行的业务人员也必须受过良好的教育,并且和管理人员一样必须具有相当的证券业务知识和经验;要求投资银行具有比较完备、良好的硬件设施。

与注册制相比,特许制对投资银行的市场准入要求更为严格,行政色彩较为浓厚。特许制要求投资银行的设立不仅自身要具备一定的经营实力,而且还要适应整个证券市场的情况。在这种制度下,政府起着主导作用。此外,对于既从事证券经纪业务,又做自营买卖的投资银行,各国的监管机构通常都设置了更高的要求。除了一般的资格要求之外,监管机构对从事自营业务的投资银行往往规定要拥有更高的资本金,其管理人员和从业人员要具备更好的证券业务水平,要通过更严格的考核。

目前,我国投资银行的设立采用许可制,投资银行的设立必须获得中国证监会颁发的许可证。《中华人民共和国证券法》第 118 条规定:"设立证券公司,应当具备下列条件,并经国务院证券监督管理机构批准:（一）有符合法律、行政法规规定的公司章程;（二）主要股东及公司的实际控制人具有良好的财务状况和诚信记录,最近 3 年无重大违法违规记录;（三）有符合本法规定的公司注册资本;（四）董事、监事、高级管理人员、从业人员符合本法规定的条件;（五）有完善的风险管理与内部控制制度;（六）有合格的经营场所、业务设施和信息技术系统;（七）法律、行政法规和经国务院批准的国务院证券监督管理机构规定的其他条件。"未经国务院证券监督管理机构批准,任何单位和个人不得以证券公司名义开展证券业务活动。

二、投资银行业务的监管

由于理论界对投资银行的定义尚未达成共识,因此对投资银行的业务范围的规定也就不尽相同。一般认为,投资银行的主要业务为证券承销业务、证券经纪业务、证券自营业务、企业并购重组业务、风险投资业务、咨询服务业务、资产管理业务、金融创新业务等。我国《证券法》第 120 条规定:"经国务院证券监督管理机构批准,取得经营业务许可证,证券公司可以经营下列部分或者全部业务:(一)证券经纪;(二)证券投资咨询;(三)与证券交易、证券投资活动有关的财务顾问;(四)证券承销与保荐;(五)证券自营;(六)证券资产管理;(七)证券自营;(八)其他证券业务。"

（一）证券承销业务的监管

投资银行在证券承销业务中会掌握大量的证券,可能会以此来操纵市场,获取不正当的收益。因此,监管机构对投资银行证券承销业务的监管主要在于禁止其在承销活动中获得不合理利润,以及利用热门股票发行或在稳定价格时操纵市场等方面。具体内容主要包括以下四个方面:

（1）禁止投资银行在承销中以任何形式进行欺诈、舞弊、操纵市场、内幕交易。

（2）投资银行负有信息披露的义务。信息的首次披露应完全披露证券发行者与发行证券相关的所有情况,信息的持续披露应该定期披露证券发行者的财务状况和经营状况。禁止投资银行参与或不制止证券发行者在发行公告中弄虚作假、欺骗公众。此外,当投资银行与证券发行者有关联时,应当予以公布,以便投资者有充分的心理准备和正确的认识。

（3）投资银行应当建立一整套行之有效的制度,防止承销风险。禁止投资银行在证券承销中过度投机和承销风险超过自身承受范围的证券。

（4）禁止投资银行对证券发行者征收过高的费用,从而造成发行者的筹资成本过高,侵害发行者与投资者的利益,影响二级市场的运行。大多数国家规定,投资银行从事证券承销业务的佣金最高不得超过其交易额的 10%。

（二）证券经纪业务的监管

由于投资银行在从事证券经纪业务时只是根据客户的指令买卖证券,赚取佣金收入。因此,监管机构对证券经纪业务的监管重点在于投资银行的职业道德、行为规范等方面,以保护投资者的利益。具体内容主要包括以下五个方面:

（1）投资银行在经营证券经纪业务时必须坚持诚信原则,禁止任何欺诈、违法、私自牟利的行为。在向投资者提供信息时,必须保证所提供信息的真实性和合法性,同时所提供的信息要语义清楚,不能含有让投资者混淆的内容。

（2）在接受客户委托方面,多数国家禁止投资银行接受客户全权委托,即投资银行全权代理客户选择证券种类、买卖数量、买卖机构、买卖时机,防止投资银行侵犯客户的利益。有些国家虽然设置了全权委托账户,但是也做了一些限定,禁止投资银行做出不必要的买进卖出,未经委托,不能自作主张替客户买卖证券;接受委托,进行证券买卖之后,必须将交易记录交付委托人。我国《证券法》规定:"证券公司办理经纪业务,不得接受客户的全权委托而决定证券买卖、选择证券种类、决定买卖数量或者买卖价格。"

（3）投资银行不得向客户提供证券价格即将上涨或下跌的肯定性意见;不得劝诱客户参与证券交易;不得利用其作为经纪商的优势地位,限制某一客户的交易行为;不得从事其他对保护投资者利益和公平交易有害的活动，或从事有损于证券业信誉的活动。我国《证券法》规定："证券公司不得对客户证券买卖的收益或者赔偿证券买卖的损失做出承诺。"

（4）投资银行应该严格按照规定收取佣金。很多国家都对投资银行向客户收取佣金的比例范围做了限制。在规定的范围内，或者如果监管机构没有限制，佣金比例可以由投资银行和客户协商决定，但必须遵循诚信原则，不得欺诈投资者。

（5）除了金融监管机构和国家执法机关调查外，投资银行负有对客户的证券交易信息保密的义务，不得以任何方式向第三人公开。

（三）证券自营业务的监管

投资银行从事自营业务时，往往会在利益的驱动下忽视风险。另外，由于其自身拥有资金、信息等优势，特别是在同时从事经纪业务和自营业务时，更易操纵市场，损害投资者利益。监管机构对证券自营业务的监管主要在于风险防范、经营规范等方面，具体包括以下几个方面：

（1）限制投资银行承担的风险。监管机构一般要求投资银行在进行证券交易时按一定比例提取准备金；对外负债的总额不超过其资本净值的倍数；流动负债不得超过流动资产的一定比例，限制其通过借款买卖证券；严格限制投资银行购买"有问题"的证券（如遇到重大自然灾害或严重财务困难的公司的股票、连续暴涨暴跌的股票等）。

（2）禁止投资银行操纵证券的价格。监管机构限制投资银行大量的买进或卖出某一证券，往往规定一家投资银行所购买的某一种证券的数量，不得超过发行公司证券总量的一定百分比，或者是规定不能超过该公司资产总额的一定百分比。

（3）要求投资银行进行自营业务时必须遵守证券市场规则，公平竞争。投资银行必须标明自营业务的内容，不得进行内幕交易和暗箱操作，不得利用资金、信息等优势操纵证券价格。

（4）要求投资银行的自营业务与经纪业务严格分开。很多国家都规定了委托优先和客户优先的原则，即当投资银行的买卖价格与客户的买卖价格相同，即使投资银行叫价在先，也要优先完成客户的委托；在同一时间，不得同时对一种证券既自行买卖又接受委托买卖。我国《证券法》规定：证券公司必须将其证券经纪业务、证券承销业务、证券自营业务、证券做市业务和证券资产管理业务分开办理，不得混合操作。

（5）规定投资银行必须实名经营。投资银行的自营业务必须以自己的名义进行，不得假借他人或以个人名义进行。我国《证券法》规定：证券公司自营业务必须以自己的名义进行，不得假借他人名义或者以个人名义进行。证券公司的自营业务必须使用自有资金和依法筹集的资金。证券公司不得将其自营账户借给他人使用。

（四）企业并购业务的监管

随着企业并购的增多，企业并购业务在投资银行业务中占据的比重不断增加，由此引发的内幕交易等也不断增加。监管机构对企业并购业务的监管重点放在信息披露等方面，具体包括以下几个方面：

（1）强化信息披露制度。上市公司重大的购买或出售资产行为、董事会决议等都必须及时披露,持续时间较长的并购必须定期连续公告,禁止对重要事实做任何不实陈述,禁止企业并购中任何欺诈、使人误解的行为和任何操纵行为等的出现。

（2）股东持股披露义务。股东的持股数量达到一定数量时,必须进行披露。监管机构一般规定披露持股的比例要求、披露的期限以及股份变动数额,以保护中小股东的利益。

（3）禁止内幕交易。企业并购一般会导致公司的股价波动,而投资银行会比一般的投资者较早、较全面的掌握内部信息,因此,监管机构禁止投资银行利用内幕消息进行证券交易,或者向别人泄露内幕消息以使他人利用该信息获利。

（五）投资咨询业务的监管

投资银行在提供投资咨询服务时易于为了自身的利益而罔顾客户的利益,甚至欺诈客户。因此,监管机构对投资咨询业务的监管重点放在职业道德、保护客户利益等方面。大多数国家都通过立法对投资咨询业务做了法律上的规定,我国也由证监会发布了《证券、期货投资咨询管理暂行办法》,监管的主要内容有以下五点:

（1）实行业务许可制。投资银行从事证券、期货咨询业务必须取得中国证监会的许可,否则不得从事各种形式的证券、期货投资咨询业务。

（2）对咨询机构和咨询人员有相应的条件和资格要求。申请从事证券、期货投资咨询的机构,必须在资本、设施及从业人员等方面符合法定的条件,由地方证管局初审后报中国证监会审批,方可从业。证券、期货投资咨询人员必须参加某个证券、期货投资咨询机构方可执业,且不得同时在两个以上的证券、期货投资咨询机构执业。

（3）投资银行从事咨询业务时,不得代理从事证券、期货的买卖,不得向投资人承诺投资收益,不得与他人合谋操纵市场或进行内幕交易。

（4）向投资人提供的投资分析、预测和建议所立足于的有关信息资料,应当是真实、合法的且完整、客观和准确。

（5）向投资人就同一问题提供的投资分析、预测和建议应当一致,不得对客户区别对待。

（六）金融创新业务的监管

投资银行为了规避管制、分散和转移风险、追求利润等,非常热衷金融创新业务,从而使得越来越多的金融衍生产品出现,给金融体系带来了更大的风险。监管机构对金融创新业务的监管重点在风险控制等,具体包括以下四个方面:

（1）增加市场的透明度。要求投资银行制定一套完善的风险管理、咨询收集的制度,密切注意资本市场的变化,定期地向监管机构和投资者公布信息。同时还规定投资银行公开的资料会计口径必须标准化,以便于评估市场风险。

（2）扩大监管范围。根据投资银行金融创新业务的发展,不断扩大监管范围和创新监管手段,将各种创新业务也纳入监管。

（3）加强协调合作。监管机构要加强与自律组织的协调合作,还要加强与其他国家监管机构的协调合作,以确保投资银行的规范运作。

（4）重视对电子信息系统的安全性管理,要在技术上加强安全,以避免重大损失。

(七) 日常经营活动的监管

监管机构还要加强对投资银行业日常经营活动的监管,具体包括以下几个方面:

(1) 经营报告制度。投资银行必须将经营活动按统一的格式和内容定期向证券监管机构报告。例如,美国规定投资银行必须向证券交易委员会上交年报、季报和月报三种经营报告。我国《证券公司监督管理条例》规定,证券公司应当自每一会计年度结束之日起4个月内,向证券监督管理机构报送年度报告,自每月结束之日起7个工作日内报送月度报告。

(2) 经营管理制度。监管机构都是通过有关法律、法规禁止投资银行内幕交易行为、操纵市场行为、制造虚假信息行为和欺诈客户行为。比如,美国证券交易委员会通过"反垄断条款""反欺诈、假冒条款"和"反内部沟通条款"等来限制投资银行的上述行为。

(3) 资本比率限制。为了防范投资银行过度地追求风险,监管机构都对投资银行的资本充足率做了要求,规定了投资银行持有净资本的最低限度,以保证投资银行在日常经营中保持足够的现金资产。比如,美国证券交易委员会规定,投资银行的净资本(由现金和随时可变现的自由资本构成)与其负债的比例最低不得低于 1∶15。我国《证券公司管理办法》规定,证券公司净资本不得低于其对外负债的 8%;证券公司流动资产余额不得低于流动负债余额;综合类证券公司的对外负债不得超过其资产额的 9 倍;经纪类证券公司的对外负债不得超过其资产额的 3 倍。

(4) 收费限制。为了控制交易费用,维护投资银行客户的利益,各国监管机构都对投资银行业经营证券承销、经纪以及咨询等业务的收费有一定的限制。例如,美国投资银行经纪业务的佣金额不得超过交易额的 5%,其他业务的佣金比例不得高于 10%;否则按违反刑法论处。

(5) 缴纳管理费制度。投资银行还要按照一定的比例向监管机构和证券交易所缴纳管理费用。监管机构和证券交易所把这些费用集中起来,主要用于对投资银行经营活动进行检查、监督等方面的行政开支。我国政府规定自 2003 年 1 月 1 日起,对在我国境内登记注册的证券公司、基金管理公司、期货经纪公司均收取机构监管费。其中,对证券公司每年按注册资本金的 0.5‰收取,最高收费额为 30 万元。

三、信息披露制度

信息披露制度指有关行为主体从维护投资者权益和资本市场运行秩序出发,根据法律法规的规定,完整、准确、及时地向社会公众公开披露信息的制度。信息披露制度起源于英国 1844 年的《合股公司法》,为美国 1933 年《证券法》所确立,并逐渐发展成熟和完善,它是美国证券法律的核心与基石。目前,许多国家都通过立法制定了信息披露制度,它已成为金融监管的重要手段。

(一) 建立信息披露制度的必要性

1. 市场竞争的不完全性要求建立信息披露制度

与商品市场一样,资本市场也无法避免市场失灵带来的影响。资本市场的市场失灵一方面表现为资本品价格形成过程中的非市场化因素的介入以及投资者对这些因素反映的差异性,进而表现为价格信号产生过程的不完善和价格所反映信息的不完整、不一致甚至不真实;另一方面则表现为资本市场效率下降或有效性不足。由于投资银行的主要业务集中于资本市场,因而也会受到资本市场失灵的影响。为了保护投资者利益,加强对投资银行的监管,就必须建立完整的信息披露制度。

2. 信息的不对称性要求建立信息披露制度

市场的有效性主要体现在价格对可获得信息的及时和充分反映上。同商品市场一样,证券市场上也存在严重的信息不对称。上市公司及投资银行的有关人员肯定比普通投资者更清楚公司的财务状况、盈利能力和发展潜力等信息。这种信息的不对称就可能导致内幕交易、关联交易和欺诈投资者等情况的出现,造成投资者利益受损,社会资源达不到优化配置。因此,要解决信息不对称,建立完整的信息披露制度是必不可少的。

（二）我国投资银行的信息披露制度

证券市场相关主体承担信息披露的义务,信息披露制度主要包括首次披露、定期报告和临时报告三大部分。具体到对投资银行信息披露的要求,我们以企业并购业务为例加以说明。

1. 对持股情况需要进行披露的条件

投资者持有上市公司已发行股份的5%;投资者持有上市公司已发行股份的5%后,其所持该上市公司已发行的股份比例每增加或者减少5%。

2. 披露的时间

首次达到5%时,或增减5%,应当在该事实发生之日起3日内进行报告和公告。

3. 披露的方式

应向证券监督管理机构、证券交易所做出书面报告,通知该股份有限公司,并予以公告。

4. 披露期间禁止的行为

不得再行买卖该股份有限公司的股票。首次达5%为3天;随后增减达5%,为报告期限内(即在该事实发生之日起3日内)和做出报告、公告后2日内。

● 关键术语 ●

投资银行　内部控制　内部控制机制　内部控制文本　自律组织　外部监管　市场准入监管　日常业务监管　信息披露制度

● 本章小结 ●

1. 投资银行的内部控制是投资银行自我规范、自我约束和自我完善的一种自律行为,是投资银行为完成既定的工作目标和防范风险,对内部各职能部门及其工作人员从事的业务活动进行风险控制、制度管理和相互制约的方法、措施和程序的总称。投资银行的内部控制主要包括内部控制机制和内部控制文本制度两个部分。

2. 投资银行内控机制指投资银行的组织结构及其相互之间的制约关系。建立合理、健全的内控机制,是投资银行各项经营活动得以正常开展、实现有效管理、防范经营风险的重要保证。各投资银行内部组织结构的设立,必须体现相互独立、相互制约的原则。

3. 投资银行内控文本制度是投资银行内控制度的重要组成部分,它是投资银行为规范经营行为、防范风险而制定的一系列业务操作程序、管理办法和措施等规章的总称,是投资银行各职能部门和分支机构经营运作必须遵守的规范。

4. 自律组织就是通过制定公约、章程、准则、细则,对各项金融活动进行监管的组织。投资银行的自律组织一般实行的是会员制,符合条件的证券经营机构或者其他相关机构,都可以申请加入。

5. 投资银行的外部监管指监管机构依法对投资银行及其金融活动进行直接限制和约束的一系列行为的总称。投资银行的外部监管可以分解成投资银行的监督和投资银行的管理。投资银行的监督指投资银行的监管机关通过对投资银行进行全面的、经常性的检查以促使其依法稳健经营,健康发展;投资银行的管理指国家根据有关法律授权有关部门制定和颁布有关投资银行的组织机构、业务活动的特殊规定或条例。投资银行监管的目的是为了实现证券市场的公平、公正和公开,确保证券市场健康发展。

6. 各国对投资银行进行外部监管的体制可以分为集中型、自律型和综合型三种类型。我国属于集中型。监管的内容大致可以分为市场准入监管、日常业务监管、信息披露制度等。

● 复习思考题 ●

1. 什么是投资银行的内部控制? 内部控制包括哪些内容?
2. 什么是投资银行自律组织的自律? 它与主管机构的监管的联系和区别是什么?
3. 什么是投资银行的外部监管? 外部监管的体制包括哪几种?
4. 投资银行外部监管的内容有哪些?

● 本章实训 ●

一、实训目的

1. 掌握投资银行的内部控制与外部监管。
2. 训练学生收集、阅读的能力。
3. 训练学生观察、分析问题的能力。
4. 训练学生理论联系实际、解决实际问题的能力。

二、实训内容

(一) 背景资料

我国投资银行业务的违规案件

资料一:2013 年 3 月 2 日,万福生科(万福生科股份有限公司的简称)发布自查公告,承认 2008 年至 2011 年累计虚增收入 7.4 亿元左右,虚增营业利润 1.8 亿元左右,虚增净利润 1.6 亿元左右。2013 年 5 月 14 日,证监会通报了万福生科(湖南)农业开发股份公司涉嫌财务造假、欺诈发行及相关中介机构违法违规案,这是首例创业板公司涉嫌欺诈发行股票的案件。经证监会处理,万福生科董事长被移交司法机关。其保荐机构平安证券被暂停保荐资格 3 个月,同时罚没 7 665 万元收入,该决定从 9 月 24 日起生效执行。证监会认为,万福生科发行上市过程中,平安证券及其他中介机构未勤勉尽责,内控制度未能有效执行。

资料二:从胜景山河造假上市被否,到未经许可擅自修改爱尔眼科、华测检测的招股说明书,再到贝因美因高新技术资质造假而被处以罚款,一桩桩造假、隐瞒甚至违规操作事件背后,频频见到平安证券身影。

此外,多家平安证券保荐的上市公司业绩大变脸,尤其是创业板公司。据《每日经济新闻》统计,创业板 316 家上市公司中,2011 年年报业绩同比出现下滑,即"变脸"的公司共有 88 家,其中由平安证券保荐的有 17 家,占到五分之一,而整个平安证券保荐的创业板公司共为 39 家。也就是说,近半数平安证券保荐的公司业绩出现了变脸。其中 2011 年年报显示创业板唯一亏损的当升科技亦由平安证券操刀上市。2012 年一季报净利润同比下滑最高的超图软件,也是平安投行保荐。

资料三:科创板新股上纬新材惊现发行"地板价",报价若再低 1 分钱就可能存在发行失败的情况。业内人士认为,在注册制背景下,新股发行的难度越来越大,竞争也越来越激烈。券商不仅要完成常规承销业务,同样也需要有专业的投研能力和报价能力,未来承销能力高低将成为券商抢占 IPO 蛋糕的关键因素。同时这也为不少筹备上市的企业和保荐机构敲响了警钟,若询价环节出现报价失败的情况,前期努力可能功亏一篑。

根据披露情况显示,按照询价后计算,上纬新材此次募资总额仅为 1.08 亿元,扣除相关费用后,募资净额为 7 004 万元,竟然低于该公司上一年净利润总额。按照此前公司募资 2.16 亿元人民币的计划来看,此次上纬新材的募资完成率仅为 50%。这一募资额也创下了科创板募资额度最低的纪录。这也意味着,相关负责保荐承销的券商也可能会拿到"地板价"佣金。

值得注意的是,上纬新材超低募资额的情况并非孤例。Wind 数据显示,今年以来超 48 家 IPO 企业募资不达预期,科创板企业高达 19 家,其中,龙腾光电的发行价仅为 1.22 元/股,公司预计募集 15.52 亿元,实际募集为 4.07 亿元,募资完成率仅 26.21%。这也让市场开始怀疑中介机构的定价和投研能力。

据悉,2020 年以来,不少新股的询价逐渐远离券商出具的投价报告区间,并呈现明显的"打折"现象,最低折扣率甚至低于二折。有券商投行人士指出,随着新股发行常态化,很多企业都会选择慢慢上市,但投价报告内的估值还是太高了,所以询价者会按照定价往下五六折报价,以接近企业的合理估值。

在业内人士看来,"低价发行"现象意味着新股发行失败的案例可能很快就会出现。上述券商投行人士指出,为防止报价失败,除了避免估值过高之外,很多询价机构不愿意给出更高区间位置的高价,以防报价被剔除,这也造成了机构"抱团报价"现象。从上纬新材案例中不难发现,报价的一致性非常高。

低价发行结果的合理性与可接受性,并不意味着询价过程是公平合理、符合市场规律的。用非市场化的手段达到了所谓的市场化效果,并不是真正的市场化博弈。

随着新股发行难度的提升,未来券商的承销能力也将面临考验。当前注册制环境下,不少核心业务不突出的企业可能会面临低估值、低发行的情况,券商需要提升自己承销保荐能力,从而体现其竞争优势。券商仍按照传统的高价估值、溢价发行的思路做承销保荐工作肯定是不行的,只有承销能力比较强的公司,才能完成上市目标。

资料来源:作者整理。

(二) 实训要求

要求学生以小组为单位,查阅并收集相关资料,在了解我国上市公司 IPO 造假事件的基础上,回答如下问题。

问题1:为什么我国上市公司 IPO 频出造假问题?

问题2:我国投资银行在上市公司造假中扮演了什么角色?

问题3:我国投资银行的内控机制和外部监管起到了什么作用? 我们该如何改进?由此我国投资银行 IPO 的改革趋向是什么?

三、实训组织

1. 指导教师布置实训项目,提示相关要求。

2. 采取学生自由组合的方式,将班级学生划分为若干小组,并指定组长进行负责。

3. 要求学生以小组为单位,认真查阅相关资料,并就相关问题以 PPT 形式进行课堂汇报。

● 即测即评 ●

参考文献

[1] 郭树华,赵晨,曲海斌.我国商业银行投资银行业务国际化发展的绩效评价分析[J].经济问题探索,2020.

[2] 安世友,罗瑞玲.金融资产管理公司转型投资银行的实现路径[J].中国银行业,2020.

[3] 赫国胜,郑雪.我国商业银行经营投资银行业务对风险影响的实证研究[J].金融发展研究,2020.

[4] 王开阳,张彩玉.中美投资银行的国际化水平、企业绩效与境外营收比较研究[J].经济问题探索,2020.

[5] 王旭霞.投资银行稳健性的实证分析研究[J].中国证券期货,2020.

[6] 许傲.我国投资银行业务发展的新探索[J].大众投资指南,2019.

[7] 齐美玲.科创板设立背景下投资银行转型发展问题探讨[J].市场研究,2019.

[8] 崔健,孙碧涵.次贷危机后美国投资银行业务调整研究[J].当代经济研究,2019.

[9] 李勇,陈耀刚.全球金融危机下投资银行发展模式研究[J].金融论坛,2011,4:26-31.

[10] 李志刚.中国商业银行综合化经营战略的实施研究[J].金融研究,2012,9:4-11.

[11] 刘炜,张吉祥.商业银行发展投资银行业务的战略思考[J].新金融,2010,7:45-46.

[12] 张守川.从金融监管改革新形势看商业银行风险管理转型升级的着力点[J].宏观经济研究,2012.1:33-37.

[13] 张峻.商业银行新兴业务[M].北京:中国金融出版社,2009:9-13.

[14] 张志元.投资银行学[M].北京:机械工业出版社,2009.